文明的度量

社会发展如何决定国家命运

[美] 伊恩·莫里斯 著
(Ian Morris)
李阳 译

THE MEASURE OF CIVILIZATION
How Social Development Decides the Fate of Nations

中信出版集团 | 北京

图书在版编目（CIP）数据

文明的度量 /（美）伊恩·莫里斯著；李阳译. --
2 版. -- 北京：中信出版社，2024.5
书名原文：The Measure of Civilization: How Social Development Decides the Fate of Nations
ISBN 978-7-5217-6438-3

Ⅰ.①文… Ⅱ.①伊… ②李… Ⅲ.①东西文化－文化史－研究 Ⅳ.① K103

中国国家版本馆 CIP 数据核字（2024）第 054966 号

THE MEASURE OF CIVILIZATION: How Social Development Decides the Fate of Nations by Ian Morris
Copyright © 2013 by Princeton University Press
Simplified Chinese translation copyright © 2024 by CITIC Press Corporation
Published by arrangement with the author through Sandra Dijkstra Literary Agency,
Inc. in association with Bardon-Chinese Media Agency
ALL RIGHTS RESERVED
本书仅限中国大陆地区发行销售

文明的度量

著者：　　[美] 伊恩·莫里斯
译者：　　李阳
出版发行：中信出版集团股份有限公司
　　　　　（北京市朝阳区东三环北路 27 号嘉铭中心　邮编　100020）
承印者：　河北鹏润印刷有限公司

开本：880mm×1230mm　1/32　　印张：12.75　　字数：330 千字
版次：2024 年 5 月第 2 版　　　　印次：2024 年 5 月第 1 次印刷
京权图字：01-2013-7147　　　　　书号：ISBN 978-7-5217-6438-3
审图号：GS（2023）2636 号（本书地图系原书插附地图）
定价：88.00 元

版权所有·侵权必究
如有印刷、装订问题，本公司负责调换。
服务热线：400-600-8099
投稿邮箱：author@citicpub.com

The farther you can look into the past, the better you can see into the future.

— Ian Morris

献给
我的父亲

总序　人类历史发展的两大主线

葛剑雄
复旦大学文科特聘资深教授

由中信出版集团出版的伊恩·莫里斯教授的系列著作，包括《西方将主宰多久》《文明的度量》《战争》《历史的偏见》《地理即命运》《希腊人》六本。我受邀为该系列图书作总序。

翻阅这些书，我发现其时间跨度从一万年前直至2103年，空间跨度几乎遍及全球，涉及人文、科学、自然、社会各领域，覆盖大多数学科，各方面都远远超出了我的研究范围和认知能力。尽管如此，直觉告诉我，作者的研究和论述抓住了人类历史发展的两条主线，相当深刻又非常形象地揭示了人类文明的发展规律。

人类处于地球表层极其复杂多样的环境中，人类历史的发展是各种因素综合作用的结果。但从人类诞生至今，一直到可以预见的未来，始终贯穿着两条主线：一是人类与自然的互动和协调，即人类不自觉地或自觉地适应地理环境；二是人类不断克服自身的生物性、兽性，形成人性，并逐步确立人类共同的精神标准和价值观念。

人类诞生于非洲，在此后相当长的阶段内都不具备生产能力，只能靠采集和狩猎为生。尽管自然界的野生植物、动物丰富多样，但可供史前人类觅食并用于维生的种类和数量还是有限的。特别是在同一个空间范围内，因此史前人类会本能地扩大采集和狩猎的范围，且一旦在新的区域内生存下来，就不再返回。总有些史前人类比同伴有更强的好奇心，他们会在食物并未采尽时就迁入新的区域，这些人或许会因为采集和狩猎所得不足以维生而灭绝，或许就此完成了一次迁徙。

人类就这样走出了非洲，并最终走到地球上大多数适合人类生存的地方。但这一过程极其漫长，而且最终能走到新的定居地的人或许只是少数。那时的人类由于完全不了解外界的环境，再次向外走的时候往往没有选择的余地，只能一次次地试错，其中的无数支迁徙人群会以灭绝告终。有幸迁入一些自然条件相对优越地方的人，则获得了更好的繁衍条件，并逐渐创造出文明。

孕育了早期文明的地方，如肥沃新月地带、爱琴海周边、希腊沿海平原、地中海中的岛屿、尼罗河三角洲、黄河中下游地区等，都具有较好的自然条件。地球上可能被人类驯化为粮食作物的20余个品种，大多数生长在地中海式气候带。环地中海地带的人类最早驯化了小麦、豌豆、橄榄等优质作物，生产出充足的食物，为人口聚集和阶层分化提供了稳定的物质基础。又如黄河中下游地区是黄土高原和黄土冲积形成的平原，土壤疏松，原始植被易于清除，五六千年前气候温暖，降水充足，形成大面积的农田，文明曙光在这一带发展成华夏文明的核心绝非偶然。

因各种原因而迁入自然条件较差地区的人群，不得不选择游牧、狩猎、饲养、采集等生产方式，一般难以形成充足而稳定的食物供应，人口数量有限且分散，阶层分化出现得较晚，且层次简单，以至长期无法形成城市或行政中心。等到他们演化到足以改变生产方式，或有能力发展定居型农业时，近处的宜农地域早已被其他人群占有。在从事不同产业的人群交错分布的地区，由于农耕人群具有更强的生产和生存能力，采用其他生产方式的人群往往会被压缩到自然条件更差的空间，他们或者被迫外迁，或者被并入农耕人群。例如先秦时在黄河中下游地区还有不少以牧业为主的戎、狄部族，到公元前221年秦始皇统一六国，在长城以内已不存在聚居的牧业部族。

在总生产力相对较低而管理成本相对较高的条件下，统治阶层要维持自己的权力、地位和利益，必定会采用专制的办法，早期的政治实体、酋邦、国家基本采用专制政治体制，并先后转为世袭制。但由于地理环境不同，每个地区的专制集权程度不一，统一的范围也各异。如中华文明形成于黄河中下游地区，以黄土高原和黄土冲积平原为基础，这些基本属于宜农地区，面积大，中间没有明显的地理障碍，便于统治管理，行政成本低，很早就产生了大一统的观念和理论，并在公元前221年由秦始皇首先实现，建立了中央集权的专制政治体制，延续到20世纪初的清朝末年。但在希腊半岛，由于仅在沿海地区有狭窄的平原，其他都是山岭、峡谷、山地，交通不便，对异地的统治管理行政成本太高，因此形成了一个个独立的城邦，整个半岛从来没有出现如秦朝那样的中央集权专制政权，即使是在国力最强盛时，也只是主要城邦间的松散联合。上埃及与下埃及之间也只是联合，而不是中国式的中央集权。波斯帝国、亚历山大帝国、罗马帝国、拜占庭帝国、奥斯曼帝国，没有一个产生过"大一统"思想和理论，没有一个建立过真正意义上的中央集权政权。

游牧部族一般只能生产出勉强维持生存的食物，一旦出现不利的气候条件，往往只能选择迁徙。由于他们掌握的地理信息有限，迁徙大多是盲目的，因此其中一部分会以部族的灭绝或被其他部族吞并而告终。在迁徙遇到人为阻力时，他们别无选择，只能以武力对抗，结果可能获得依靠生产无法获得的食物、其他生活物资和财富。这无疑会诱发他们本来就难免的贪欲、野心和兽性，转而以掠夺、杀戮为手段获取更有利的生存条件。在耕地不足、气候不利或遭遇天灾人祸时，农业部族也不得不部分或全部迁徙。他们的最终命运取决于能否获得足够的土地和包括人文、自然两方面资源的基本生存条件。

而像古代中国这样拥有辽阔的疆域和足够的农田、能够生产出足够的食物和其他生活物资供养其人口的国家，在不利的气候条件或异常灾害面前，具有充分的回旋余地，通过内部的人口迁移和资源配置就能解决，如人口从北方迁往南方，从平原进入谷地、山区，由黄河流域转移到长江流域，开发尚未开发的区域。所以，从西汉至明朝，统治者尽管拥有足够的军事控制能力，却始终没有在蒙古高原、青藏高原和东北地区设立正式的郡县（州县）制度。开疆拓土或坚守边界，更多的是出于国家安全的考虑，或者是反击入侵的结果。对于新获得的疆土，统治者仅实施军事监护和象征性的行政管理，一旦国力衰退或鞭长莫及，就会轻易放弃。

有人将不同群体、不同民族、不同国家、不同文明之间的差异和特点归因于血统、基因，甚至认为存在优劣之分。但遗传学研究已经证明，人类出自同一个祖先、同一种基因，今天的不同人种、不同遗传基因是同一祖先的后裔散布到地球各地后长期演变的结果。而导致这些演变发生的主要原因，是各地不同的地理环境，而不是当初已经存在遗传基因的差异。

随着生产力的发展，特别是在工业化以后，一些人陶醉于科学技术的长足进步和物质财富的迅速增加，一度产生"人定胜天"的观念，提出征服自然的号召，造成某些资源的枯竭、某些物种的灭绝，并对局部区域的环境造成难以消除的污染和不可修复的破坏。殖民主义、帝国主义、垄断资本推波助澜，加剧环境恶化，引发社会危机。一方面，科学技术的发展达到空前的高度；另一方面，人类与自然的和谐共生共存也受到严峻的考验。

人类历史的另一条主线，是人类不断克服自身的生物性、兽性，并不断完善人性的过程。

在人类的祖先还在非洲以及走出非洲的过程中，绝大多数人都还只有生物性、兽性,与其他动物没有明显的区别。他们的发声、觅食、饮食、避热、御寒、集群、争斗、交配、生殖、育雏、病痛、死亡、迁徙等,与其他动物无异。与此同时,其中个别人或少数人,由于超常的生理发育,或脑功能的进化,或迄今我们还无法理解的原因,产生或强化了好奇心、羞辱感、舒适感、荣耀感、判断力、思维力、表达力、感染力、想象力、模仿力,并且不断克服自身的生物性和兽性。但多数人并不具备他们这样的能力,而且不认同他们的行为方式和表达出来的感情,视他们为异类,甚至加以驱逐或杀害。但其中有的人依靠自己的体力和智力,成为部落的首领,通过暴力强制或劝导示范,使部落成员接受他的生活方式、是非标准、行为规范,增强了部落成员的人性。这一过程是漫长的、曲折的、反复的,但最终结果是,一些部落形成了比较共同的人性,结为更大的部落联盟或部族,进而形成酋邦、政治实体和早期国家。

早期人类在面对变幻莫测又威力无穷的自然界和无法对抗的敌对群体时,无不寄希望于神灵、祖先,产生广泛的多神崇拜,形成越来越隆重丰盛的祭祀。由于所崇拜和祈求的是拟人化的神灵,所以他们就按自己的标准和理想来准备祭祀用品和殉葬品——动物、植物、鲜血、器官、心脏、头颅、奴隶、俘虏、美女、异人等和各种珍贵的物品。中国秦汉时的观念是"事死如生",所以皇帝的陪葬品应包括他生前所需要的一切。随着人类自身的物质需求、审美标准和价值观念的变化,食物、鲜花和精心制作的祭祀器物才逐渐出现,伴随以音乐、舞蹈和隆重的仪式,殉葬品也逐渐改为俑、器物、模型、图画和象征性器物。

由于种种原因,包括迄今我们还不能了解的原因,特定区域(一种说法是在亚美尼亚一带)的人类产生了语言,随着人口的迁徙而产生不同语系的分支和更多不同的语言。有了语言,杰出的、先知先觉的人,无论是对部落的其他成员强制推行人性还是教化感化,都有了更有效的手段。一万年以来，地球上先后产生了不同的文字。文字的使用和传播，使人类的思想和精神生活得到记录和推广，也使人的生活方式、行为规范、好恶程度、是非标准、价值观念等得到准确的记录和表达，又通过家庭、家族的权威和政权的权力，形成规则、惯例、法令、制度、法律等。

统治者和统治阶层拥有丰厚的物质条件和强大的行政权力，可以有效地推行他们所认可的人性，尽管他们自己未必真正践行。一方面，他们可以通过家庭、学校、社会等各种途径对民众进行教化；另一方面，他们也会用规则、法律限制乃至严刑峻法加以强化、强制。在宗教盛行后，统治者还会借助于宗教。只要他们想推行的"人性"得到宗教信仰的肯定，被列入信仰的范围，或被解释为信仰的表现，统治者不需要付出任何行政成本，就能获得最大的效益，但统治者实际推行的"非人性"，也在这种政教合一的条件下被推向极致。

虽然宗教是创造人本身的人性的理想化、完美化和神秘化的产物，但一旦形成宗教信仰，信众就丧失了本来的人性，而必须完全接受神、上帝或主赐予的"人性"，方能弥补自己与生俱来的罪愆。宗教领袖、神职人员假神的名义，或者依照他们自己对神谕的理解，推行他们的"人性"。任何宗教信仰本质上都是排他的，在形成世俗的世界秩序和国际条约之前，宗教之间不可避免地存在难以调和的冲突，引发持久的、激烈的宗教战争。政教合一、宗教战争，曾经使欧洲相关宗教信仰地区经历了人类历史上最黑暗的时代。所以现代社会必须实行政教分离，在保证宗教信仰的同时，也要求宗教不干预政治、教育、科学和学术。

在生存资源有限、人类的生存能力不可能及时提升的条件下，群体之间为争夺生存资源引发的斗争和战争不可避免，无论胜负，都可能激发人固有的生物性、兽性，使有些个体或群体以掠夺、侵略代替生产，甚至以杀戮为乐趣。一旦兽性强的人掌握了权力，或者成了大群体的首领，更会不顾后果地持续发动战争。另外，人性的张扬也使有些个体或群体以正义的战争守卫自己的财物，维护自己的权益，以战止战。当拥有足够的实力时，他们还会用人性规范战争，并感化或强制对手遵守这些规则。如中国春秋时代的宋襄公，在敌强我弱的情况下还坚持不攻击正在渡河、未布好阵势的敌军和头发斑白的老年人，在兵败身伤时仍然坚持。在古希腊、古罗马时代，一些决斗、战争的规范初步形成；而在中世纪后，欧洲也逐渐产生规范战争行为、战场救护、善待战俘、保护平民的国际条约。

生产力和科学技术的进步，武器和战争手段的发展，人口的增加，使掌握国家权力的战争狂人具有无限的杀伤力，其兽性的膨胀会给全人类带来浩劫。但人性也凝聚着另一些人类群体、民族、国家，为了自己的利益、尊严、独立、自由、民主进行并坚持正义的战争。在二战中，大多数国家和人民结成同盟，打败了侵略者，消灭了法西斯，建立了联合国，确立了国际关系的准则，制定了相关的国际法。但时至今日，一些人的兽性依然得不到抑制，膨胀为侵略、掠夺、反人类行为、恐怖活动，并因拥有最先进的武器和战争手段给全人类带来巨大的灾难。

人类的精神活动对物质条件的依赖性很低。一位天才、一位杰出人物，只要他（或她）尚未进入脑死亡状态，就能运用思维，就能保持和提升人性，就能创造精神财富。当然，这一切只有被记录、被传播，才具有社会意义和实际意义。所以人类的精神境界、人性的高度，并不一定随着时间的推移和物质基础的改善而同步提升。某位天才、杰出人物曾经创造的精神境界、达到的人性高度和纯度，或许永远不可能被复制和超越。

任何一种人类文明，作为某一特定的群体在特定的时间和空间范围内创造的物质财富和精神财富的总和，其形成和发展、兴盛和衰落，离不开基本的物质条件。但在群体摆脱了物资匮乏状态，特别是进入富裕社会后，文明的命运在很大程度上就取决于精神财富，取决于人性。人类的未来、人类命运共同体的精神基础，就是中国共产党提出和倡导的全人类价值共识，即"和平、发展、公平、正义、民主、自由的全人类共同价值"，这是全人类人性的升华和结晶。

由于主观和客观条件的局限，作者没有涉及这两条主线的全部，在涉及的部分也未必都能做出圆满的阐述，但这套书的贡献已足以奠定作者里程碑式的地位。我谨将这套书介绍给各位读者。

新版自序　如何预测未来事物的形态

就在 50 年前，大多数欧美历史学家还认为，西方对世界的主宰已成定局。一些人认为西方文化或宗教因素可以解释这一点，另一些人则把原因归于西方的政治制度，甚至还有人认为是西方人的基因促成了这一点。然而，随着证据的积累，这些理论一个接一个地崩塌，徒留历史学家们争论过去的长期模式究竟是怎样的。因为人们无法就已发生的事情达成一致，所以也不可能解释为什么会发生这些事情。

我们需要的是一种方法，让学者们把注意力集中在同一组证据上，比较其中相似的东西，这样一来，他们就可以把东西方的历史并排放在一起去研究。我坚信，要想做到这一点，就需要量化社会发展的历史。我所说的"社会发展"，指的是技术、生存、组织和文化方面的总体成就，人们通过这些成就来吃饭、穿衣、居住和繁衍，解释周围世界，在群体内解决纠纷，扩张自己的势力并压缩其他群体的势力，保卫自己、抵御其他群体扩张势力的行动。基本上，社会发展可用来衡量全社会在这个世界上达成自己目标的能力。衡量东西方的发展有助于我们对其进行比较，看看西方的社会发展是否真的可以追溯到几千年前，还是说西方的领先实际上是近期才发生的，甚至是偶然的。

我们甚至可以找到一些例子来说明这项工作是如何完成的。1990年，联合国邀请巴基斯坦经济学家马赫布卜·乌尔·哈克设计了一个HDI（人类发展指数），衡量政府在创造条件让公民实现其内在潜能方面的成功程度。"人类发展"是一个相当模糊的概念，因此哈克将其简化为三个可以实际衡量的参数：出生时的预期寿命、知识和教育，以及生活水平。这三个参数并没有包括联合国所考虑的一切，但其覆盖的要素已非常广泛，使指数既具有实用性，又足够简单到可以通过计算得出数字。

社会发展指数需要具有与其相同的参数，但两者毕竟是截然不同的议题，因此不能参考沿用上述提到的那三点。于是，我在本书中考察了另外四个参数：能量获取、社会组织能力、战争能力和信息技术。与哈克所简化出的人类发展的三个参数相同的是，这四个参数并没有涵盖我对社会发展的所有定义，但通过结合考古学、文字记录和比较证据，我们可以计算出几千年来东西方在这四个参数上的大致分数。

这些分数揭示了历史的大格局。因为欧亚大陆西部的农业革命大约比东方早2 000年开始，所以在公元前12000年前后，西方的发展开始领先于东方。村庄、城镇、城市、政府、军队、帝国、文字系统、金属制品，这些事物都先在西方出现（通常在东地中海沿岸），直到公元550年前后，西方的社会发展水平仍然是地球上最高的。再过约30年，隋朝成功地将中国重新统一，而在西方，没有任何类似的组织能够重建破碎的罗马帝国。之后的1 000多年，直到约1750年，世界上生产力最强的经济体、最大的城市、最先进的学术、最强大的陆军和海军都出现在中国。直到西欧人学会了利用化石燃料中蕴含的大量能源，这个情况才有所改变。1750年后，东方的发展速度比以往任何时候都要快，但西方的发展速度要快得多。直到1850年，西方人，尤其是英国人，以一种前所未有的方式主宰了世界。然而，社会发展的故事并没有就此结束。到1950年，化石燃料经济也在东亚蔓延开来，东方的发展进程逐渐赶上西方。

  本书中计算的社会发展指数将向你展示人类历史的更大形态。但它们能向前投射，预测未来事物的形态吗？这是本书最后部分要解决的问题。我认为，在其他条件相同的情况下，我们应该期待东方的发展在2100年前后赶上西方。然而，不可能所有的背景条件都是相同的，因为现在发展是如此迅速，以至人类在未来100年里所经历的变化将比过去10万年所经历的还要多。"东方"和"西方"将失去自身所有的意义，人类正在把自己改造成一种全新的物种。

目 录

第一章　度量社会的发展　　001
　　为何西方主宰世界　　001
　　什么是社会发展　　004
　　进化、分化：怎么理解社会发展　　006
　　争论：谁犯了错　　016
　　我们需要解释什么　　023

第二章　方法和假设：建立社会发展指数　　024
　　核心假设　　024
　　度量的方法：如何选择参数　　039
　　如何计算不同地区的分数　　041
　　主要反对者的声音　　044
　　结论：社会发展指数的优势　　048

第三章　能量获取　　051
　　厄尔·库克的分析框架　　052
　　度量的单位　　056
　　证据的本质　　057
　　对西方能量获取的估计　　058
　　对东方能量获取的估计　　108
　　16 000 年能量获取状况　　140

I

第四章　社会组织能力：上限未定　**143**
方法、假设和数据来源　143
对西方城市规模的估算　146
对东方城市人口的估算　154
城市的规模　166

第五章　战争能力：工业变革带来的巨大差距　**175**
量化战争能力　175
西方的战争能力　179
东方的战争能力　199
战争能力：工业革命至关重要　215

第六章　信息技术：它影响了社会　**220**
读、写和计算　220
计算信息技术的分数　222
对西方信息技术的估计　231
对东方信息技术的估计　234
信息技术：最难衡量的参数　236

第七章　让历史成为指南：度量文明发展的意义　**239**
误差和讹误　240
指数的直观显示　250
文化与社会发展　254
社会发展与直线进化　259
社会进化的方向　262

致　谢　**267**
注　释　**269**
参考文献　**335**

第一章
度量社会的发展

为何西方主宰世界

大约250年前,西欧的知识分子遇到了一个问题。问题本身没问题:西方似乎主宰着世界,却不知道何以如此。18世纪理论家的解释千差万别,不过最流行的几种观点都认为:自远古时代起,西方就形成了一些与世界上其他地方不同的特质,这些特质决定了欧洲终有一天要主宰世界。

直到21世纪初,这样的观点仍然有市场,只是形式得到了极大的改良。其中最具影响力的观点与18世纪的如出一辙,认为欧洲人继承了某种独特而先进的文化传统。[1]这种西方文明的根源通常要追溯到古希腊和古罗马,不过也有人认为,史前印欧人、古日耳曼人,或者说中世纪的欧洲人,才是西方文明的奠基者。[2]

在18世纪,还有一股思潮认为,正是得天独厚的环境和气候条件,使得欧洲人比其他人种精力更充沛、创造力更强。这种观点至今仍有大量支持者。[3]一些学者将生态论和文化论结合起来,提出是两者的相互作用将现代化初期的欧洲推上了一条崭新的道路。[4]甚至连欧洲人在生理上优于其他人种的观点,也在改头换面后仍为一些人所坚持：一些经济学家声称，自13世纪以来，自然选择使得欧洲人比其他任何人种都更节俭、更勤劳；[5]与此同时，也有很多古人类学家认为，自一万年前农业起源以来，遗传进化方面的差异使得欧洲人及其后代比其他人种更具活力、更善于发明创造。[6]

这些理论全都成形于18世纪，当时欧洲的财富暴涨和实力激增的现象迫切需要得到解释。直到20世纪晚期，在东亚也出现了同样的暴涨现象后，这些理论才遭遇严峻挑战。随着日本、"亚洲四小龙"和中国大陆跃居主要经济体，越来越多的学者认识到，用长期的文化、环境或种族因素来解释西方成功的理论，肯定是不正确的。他们开始认为，世界历史的重头戏并非西方长期而不可阻拦的崛起，而是多极世界的形成，西方只是在近代暂时甚至可能是偶然占据了优势。

这些新理论甚至比旧的长时段注定论还分支众多。其中一些最为极端的观点认为18世纪理论家的认识恰好是颠倒的。按照这些新理论，实际上中国曾经在一个相当长的历史时期内在全球占据领先优势，只是一系列怪异的偶然事件才使得天平短暂地向欧洲倾斜。[7]然而，绝大多数理论观点完全反对进行长期分析，认为复杂的亚洲社会和欧洲社会是沿着平行的轨道发展的，直到18世纪甚至19世纪，由于双方在国家结构、自然禀赋、自然地理和政治地理，或者思想潮流方面的细小差异，欧洲才获得了统治地位。[8]

关于西方崛起的原因和后果的争论，引起了很多人的兴趣，但不同理论的支持者似乎经常是在各说各话。他们常常以不同的方式定义关键术语，使用不同类型的证据，并采用不同的举证标准。结果，对立双方很难就自己试图说明什么达成一致，更不用提如何说明了。

在我看来，真正需要讨论的问题，是我称为"社会发展"的问题，也就是社会通过影响物质环境和智力环境以达成相应目标的能力。新版本的18世纪理论的捍卫者们倾向于认为，西方的社会发展在数百年前甚至数千年前就已经领先于世界其他地方了。他们的批评者则倾向于认为，西方只是在六七代人之前才脱颖而出的。如果真想解释西方称霸的原因，就需要衡量社会发展的情况，对其进行跨越时空的比较。我们只有在建立了社会发展史的基本模式后，才能着手分析历史为什么是这样演进的。

定量分析并不一定使争论更加客观，但的确通常能使之更清晰，能促使争论各方讲清楚他们所使用的术语究竟是什么意思，阐明他们为什么要赋予这些差异特定的数值。任何不同意某位学者观点的人，都可以关注其证据和用于计算分值的方法，而不是交换含混不清、理论化程度不足的概括性总结。与社会发展概念类似的数值指数，以这样或那样的名称，在人类学、考古学、经济学、金融学、社会学和政策制定等领域，都已经得到了完善，而且在 HDI 中，也有一个这样尺度鲜明的模式。[9]

20 世纪六七十年代，一些历史学家也开始将类似方法引入历史研究，通过搜集大量统计数据来解决重大问题。其经典的案例也许当数罗伯特·福格尔和斯坦利·恩格尔曼合著的《苦难的时代》。该书汇集了数千份种植园档案中的数据，分析出 19 世纪美国南方的奴隶制究竟怎样有利可图，以及奴隶们又有怎样的亲身经历。[10]

《苦难的时代》为计量史学提供了一个成功的模式。该书共有两卷，第一卷是较宽泛的概述，既针对专业学者，又面向对美国历史感兴趣的一般读者；第二卷则详尽地展现了福格尔和恩格尔曼的统计技术和对统计资料的运用。

《文明的度量》将遵循这一模式。本书是我所著《西方将主宰多久》的姊妹篇。在我写那本书时，编辑和我决定将其支撑材料放到网上，而不是再出一本纸书，但自那时起，有些人明显希望得到这些材料的纸质版本，并希望内容更为广泛并得到修订。[11]

我写《文明的度量》主要有两个目的。第一个目的是我想给批评《西方将主宰多久》的人提供些"弹药"。他们需要这些"弹药"来对我在该书中得出的结论进行系统的分析。尽管我当然希望自己的论述能经得起这样的挑战，但如果我本人的分析能引发清晰的争论，最终得到更完善的社会发展指数，并对西方实力和财富的崛起做出更令人信服的解释，那么也是不错的结果。

第二个目的是想为比较史学变得更清楚、更可量化做出贡献。由生物学家转为历史学家的彼得·图尔钦曾指出："科学的历史是有说服力的。一门学科通常只有在创造出数学理论后，才会成熟。"[12]适合一切尺度，能回答所有从事比较研究的社会科学家想问的所有问题的指数，是永远不可能存在的，但是能使比较史学成为这样一门成熟学科的最好办法之一，也许就是精心设计出多重指标，使每项指标都能解决一个特定问题。本书起首处，我要开宗明义地对我在提及"社会发展"这个概念时所想的，做出正式定义。继而，我要对为做出这个定义所吸收的观点，以及最近50年来针对这些观点的异议，逐一进行综述。在第二章中，我试图从这些批评中提炼出社会发展指数所面临的主要挑战，然后解释我是如何努力应对这些挑战的。在本书的主体部分（第三章到第六章），我列举了自己的成果所依据的证据。这些成果主要是在能量获取、社会组织能力、战争能力和信息技术方面取得的，这是社会发展指数的四个参数。在最后一章，我思考了对于社会科学中的其他争论，社会发展指数能做出什么贡献。

什么是社会发展

我所说的"社会发展"，指的是"社会达成目标的能力"。我要给这一参数贴上"社会发展"的标签，是因为它与发展经济学的核心观点有很多共同之处。[13]历史学家彭慕兰曾提出，将这一概念称为"社会力量"也许更好，但这不能令我信服，尤其是因为这个概念与以前曾极具影响力的"社会力量"（特别是社会学家迈克尔·曼所定义的那种）极其不同，如此用词很可能会造成不必要的混淆。[14]

社会发展是一个重要概念，因为西方（这是又一个需要定义的重要概念，在第二章有详细的说明）在过去 200 年来主宰世界的主要原因是：（1）其社会发展程度超过了世界其他任何地方；（2）程度之高，使得西方能够在全球施展其实力。

也许我们应当将"社会达成目标的能力"称作社会发展的最小定义。这样很便利，却不够精确，而且像所有最小定义一样，其外延抽象化程度很高，使之很难用于操作（也就是说，我们看不出这样含混的一种说法可做何用）。

因此，社会科学家们通常会在最小定义后加上一个"理想型"定义。这种理想型定义"旨在汇集众多最大属性，也就是囊括所有（非特有的）有助于以其最纯粹、最理想（或许也是其最极端）的形式定义该概念的特性"[15]。

用更正式的说法来说："社会发展就是技术、生存、组织和文化方面的总体成就，人们通过这些成就来吃饭、穿衣、居住和繁衍，解释周围世界，在群体内解决纠纷，扩张自己的势力并压缩其他群体的势力，保卫自己、抵御其他群体扩张势力的行动。"[16]

从原则上讲，社会发展是我们可以衡量并通过时间和空间进行比较的事物。如果西方的社会发展水平自远古时代起就高于世界其他地方的话，那么"为什么西方主宰世界"的答案一定深藏在历史中，正如西方生态和环境优越论者所主张的那样。然而，如果西方的社会发展是在公元前 1000 年后才开始遥遥领先于其他地区的，我们也许就要断定：主张古希腊、古罗马重要性的人是正确的。但是如果事实证明西方的社会发展超越其他文明是发生在现代的事情，那我们就不得不承认那些旧的理论都是错误的，必须另寻解释了。

我想强调的一点是，社会发展是对社会达成目标的能力的**衡量**，而不是对社会达成目标的能力的**解释**。社会发展只是向我们展示了我们需要解释的模式。

社会发展也不是衡量不同社会的价值的标尺。例如，21世纪的日本是一个拥有空调、自动化工厂和繁华都市的国度，到处是汽车和飞机、图书馆和博物馆，同时也拥有高科技的医疗条件和受教育程度较高的居民。当今的日本人对物质环境和智力环境的利用远比他们1 000年前的祖先要充分。在1 000年前的日本，上述事物一概没有。因此，要说现代日本的社会发展水平比中世纪的日本要高，是完全成立的。然而这绝不意味着现代的日本人比平安时代的日本人更聪明、更富裕或者更幸运（更不用说"更幸福"了）。同样，社会发展指数得分的高低与道德、环境及其他社会发展的成本毫无关系。社会发展是一种中性的分析范畴。

进化、分化：怎么理解社会发展

学者们对类似于社会发展的观点一直饶有兴趣。对于这一历史观点，已有若干出色的评述，所以我不打算再做全面概括了。[17] 我将只关注看上去与本书中将构建的社会发展指数最为相关的观点，然后介绍一些对这些方法最为重要的批评。

最有助益的起点也许当数那位古怪的英国大学问家赫伯特·斯宾塞于1857年发表于《威斯敏斯特评论报》上的《论进境之理》了。[18] 像19世纪中叶的许多英国知识分子一样，斯宾塞也感到自己生活在一个先前难以想象的进步时代，并想对此做出解释。他认为："从科学所能探及的最遥远的过去，到新奇事物层出不穷的昨天，进步最本质的成分，是从相同性质转化为不同性质。"他提议将事物从起初简单到变得越来越复杂的机制称为"进化"：

事物经过持续分化的过程，从简单发展到复杂，可以看出在我们所能推论的宇宙的最早变化中，在我们能够通过归纳而确定的最早变化中，是相似的。这种发展可以从地球在地质和气候上的演变中看出；可以从地球表面每个单个的有机体的演变中，以及各种有机体的繁殖中看出；可以从人类的进化中看出，无论是关注文明的个体还是各种族整体；可以从社会的演变中看出，就其政治、宗教、经济组织的变化而言；可以从所有那些或具体或抽象的人类活动产物的演变中看出，正是这些无穷无尽的人类活动的产物构成了我们日常生活的环境。[19]

在接下来的40年内，斯宾塞将地质学、生物学、心理学、社会学、政治学和伦理学归拢成一个涵盖一切事物的单一的进化理论，来解释宇宙是怎样从简单而无差别变得复杂而千差万别的。在其三卷本《社会学原理》中，斯宾塞提出人类社会的发展经历了四个演变阶段，从简单社会（没有领袖的游群），到复合社会（有政治领袖的稳定村落）和二重复合社会（有教会、国家、复杂的劳动分工和学术活动的群体），到多重复合社会（像罗马那样伟大的文明，当然还有维多利亚时代的英国）。[20]

斯宾塞的观点赢得了大量读者，自19世纪50年代起，很多人都认可了他的理论，并以此来构筑自己的思维，我将使用"社会进化论"这个术语，作为本章将要讨论的所有理论流派的广泛标签。我也将把"社会进化"（英国喜用的术语）和"文化进化"（美国喜用的术语）视为同义词。

到1870年时，斯宾塞已然成了用英语写作的最具影响力的哲学家。当19世纪晚期日本和中国的知识分子们认为他们需要了解西方的成功经验时，斯宾塞的著作也是他们的首选之一。甚至在《物种起源》的前五版中并未使用"进化"一词的达尔文，在1872年修订第六版时，也不得不向斯宾塞借用了这个词。

还有几位19世纪末的理论家（经常和斯宾塞一起被称为"古典进化论者"）也创造了他们自己版本的斯宾塞类型学。例如，爱德华·泰勒在其《原始文化》一书中论述了从原始到野蛮再到文明的变化过程。路易斯·亨利·摩尔根在他的《古代社会》中也使用了同样的术语，这本书对恩格斯的《家庭、私有制和国家的起源》产生了极大的影响。[21]

可供这些理论家利用的考古资料少之又少，因此他们非常倚重假设。他们假设19世纪定居于非洲、亚洲、大洋洲和南美洲的居民，其祖先就是在那里居住的，他们的理论阐释了这些已经处于多重复合社会（即文明的演变阶段）的人，一定是自史前时代就在那里定居了。然而，甚至他们所依赖的极其有限的民族学信息都充满了问题。这些信息大多来自传教士和殖民地官员，他们所感兴趣的，通常都只是他们所接触的群体的一些非常特别的特征。结果，在20世纪初，第一代专业人类学家独立展开田野调查后，他们很快就发现，那些理论家所假设的事实，很多完全是错误的。

进入20世纪第二个十年时，出现了强烈的反对声浪，在整个20世纪，斯宾塞关于进化和分化应当是历史研究的中心的观点时过境迁。[22] 其批评者中最重要的当数弗朗茨·博厄斯（一位移居美国的德国学者）和布罗尼斯瓦夫·马林诺夫斯基（一位移居英国的波兰学者）。到20世纪20年代时，他们已说服了很多人类学家，使后者相信田野调查的内容包括大量独立的"文化"，每种文化都必须理解为一个独特的、无缝的连贯系统。

功能主义认为观点、体系和价值会在所有这些独立的文化中达到平衡，这一理论变得越来越流行，人类学家认为，与那些古典进化论者跳跃式的推测相比，功能主义是建设自然科学的社会学更可靠的基础。[23] 采用功能主义方法的代价之一，无疑是难以对随时间推移而发生的变化进行跨文化的比较和解释，但社会学家们通常愿意付出这个代价，而斯宾塞的进化论作为科学思维的一项组织原则，很快崩溃了。

20世纪20年代，有些马克思主义者仍执着于用进化论来论事，但在很多西方自由民主国家（以及在法西斯国家，尽管相当困难），大多数社会学家和人类学家都认为，将人类群体按照从简单到多重复合或从野蛮到文明的序列排列，就相当于编造既虚假又无意义的故事。

20世纪30年代也许是博厄斯单一主义的高潮期，但钟摆已开始向回摆动了。考古学家V.戈登·柴尔德，又一位移民的学者（从澳大利亚移民到了英国），其学术生涯便极好地证明了这一点。[24] 在两次世界大战之间的年代，地层挖掘（即在一个考古遗址将沉积物分层，排列出可相互对照以确定时期的序列）成为考古学的规范，并且积累了足够多的资料，使得广泛的综合分析成为可能。

柴尔德的第一部真正成功的著作《欧洲文明的曙光》[25]，简直是那个时代的典型。该书专注于某一特定地区，而不是像斯宾塞那样以全球为单位进行思考；同时以迁移和传播，而不是进化和分化来解释文化的变化。然而到了20世纪30年代，柴尔德像西方自由民主国家的很多社会学家一样，转向了马克思主义，开始探讨一些非常不同的问题。在《人类创造自身》和《历史发生了什么》两本书中，他意识到考古学日益扩大的资料库已经理所当然、不容置疑地展现出，在世界不同地区，农业和城市是独立发展的。到1951年时，他甚至打算写一本叫作"社会进化"的书。[26]

就在同一时期，美国的许多社会学家也回到了进化论的框架之内。其中一些人像柴尔德一样，倾向于马克思主义（例如，人类学家莱斯利·怀特以笔名发表了一系列左翼政论文章）。[27] 不过也有一些人强烈反对这种倾向，例如，经济学家华尔特·罗斯托给他的经典著作《经济成长阶段》起了个副书名——"非共产主义宣言"。[28] 然而无论政治动机如何，美国人多倾向于像斯宾塞那样强调分化，而不是选择柴尔德的更人本主义的进化论。

这些思想家中影响力最大的也许当数社会学家塔尔科特·帕森斯了。在一系列研究论文中，帕森斯不仅提出了一种社会阶段的新类型学［原始阶段、中间阶段（又可再细分为古代时期和晚近时期）和现代阶段］，而且提出了用以解释从原始时期到现代的发展的一种复杂的框架体系。[29] 帕森斯认为社会进化是由累进的 6 种"进化的共性"构成的，每种共性包括"各种结构形成的一种综合体，其相关发展过程会极大提升特定种类的生命系统的长期适应能力，只有发展出这种综合体的系统才能获得更高水平的一般适应能力"[30]。首先产生的是社会分层和文化正统性（即社会内的等级制度和分化，以及社会之间的群体认同性和分化），其次产生官僚机构和市场，最后是普遍性的规范准则（特别是在法律和宗教方面）和民主。

帕森斯比柴尔德更雄心勃勃，他意图将从人类进化到 20 世纪的资本主义在内的所有一切，都囊括进一个单一的框架内，但也因为其思想的循环性，即认为分化既是进化的原因又是结果，而受到广泛批评。[31] 因此，尽管有一些社会学家对其主旨感兴趣，但仍然转向其他方向去寻找对社会进化的解释。

帕森斯之后，这些年来作品得到最广泛传诵的进化论者，似乎当数人类学家莱斯利·怀特了。他强调能量获取是推动进化的动力。[32] 像其他进化论者一样，怀特也将历史按阶段划分（他的划分法是：原始社会、文明社会和复合社会），然而与他的大部分前辈不同的是，他提出，"当每年人均利用的能量增长了，或者技术手段使能量发挥作用的效率增长了，或者上述两个因素同时增长了的时候，文明就进步了。"[33] 怀特的结论是，历史可以概括为一个公式：$C = E \times T$，即文化（Culture）＝能量（Energy）× 技术（Technology）。[34] 人们在从事农业生产后，便从原始社会进步到文明社会；实现工业化后便从文明社会进步到复合社会。

这是对斯宾塞-帕森斯路线的重大背离，但是当怀特关注起能量利用提高的结果时，他的理念被认为更接近于社会进化论的正统了。他认为，从原始社会通过文明社会到达复合社会的最重要的结果，是分化的增长。正如他所解释的：

> 农业……极大地增加了粮食供给，反过来又促使了人口的增长。随着人力劳动在农业生产中的效率越来越高，社会中越来越多的人力可以从获取食物这一任务中分离出来，转向其他职业。于是社会中出现了很多职业群体，如泥瓦匠、金属工、玉匠、织工、文书、祭司等。其结果是加速了艺术、手工艺和科学（如天文学、数学等）的进步，因为这些行业已掌握在专家，而不是"万金油"手里了。随着生产的发展，社会分工进一步细化，增加了更多的职业群体，生产的目的变成了交换和销售（而不再像部落社会那样主要是为了使用），于是出现了交换的媒介：货币、商人、银行、典当行、放贷者、奴隶等。财富的积累和对有利之地的争夺引发了征服战争，促成了职业军人和统治阶级、奴隶制和农奴制的产生。于是，存在于人力发展阶段的农业，使人类的生活和文化发生了深刻的变化。[35]

二战后的二三十年，美国思考社会进化问题的学者通常聚拢在"新进化论"的标签下，以便与（主要流行于欧洲的）19世纪的古典进化论相区别。新进化论的讨论大多贯穿着两大观点：一种是回归于"分化是进化的最重要的结果"（按照帕森斯的观点，这也是进化的原因）；另一种观点希望对进化进行量化，以便做出更明确的对比。

用数值尺度来为社会进化分级的主张，可以追溯到19世纪晚期古典进化论的鼎盛时期。在可靠的、跨文化的数据的基础上进行这样的分级，最早的尝试也许当数泽巴尔德·施泰因梅茨的长篇大论《社会类型的分级》，主要关注生存技术。[36] 汉斯·涅波尔在其经典的论文《作为产业制度的奴隶制》中更详尽地阐述了这种主张，伦纳德·霍布豪斯及其合作者则进一步扩展了这一框架。[37]

到二战结束时，美国社会学家又发现了大量的新证据，统计技术也越来越成熟，使得那些早期的尝试显得毫无立足之地。人类学家卡尔顿·库恩在一本大众教科书中发出了一番简短议论，他提出了这样的观点：通过统计一个社会中专家的数量、贸易量、企业集团的数量，以及机构的复杂程度，建立更加完善的数值指标应当是可能的，然而，第一个真正可用的指标是拉乌尔·纳罗尔提出的。[38]

纳罗尔是"人类关系区域档案"（Human Relations Area Files，简写为"HRAF"）的一名研究人员。"人类关系区域档案"是耶鲁大学于1949年建立的一个雄心勃勃的项目，旨在为人类行为、社会和文化进行全球性比较创建一个数据库。[39] 纳罗尔从全球范围内随意挑选了30个工业化前的社会（既有当前的，又有历史上的），然后遍搜"人类关系区域档案"以探究它们的分化情况。

鉴于分化可能存在几乎无限的维度，纳罗尔为这一概念的运用设立了两个原则。首先，他认为必须将研究限制于部分参数，这些参数能以最小的数目涵盖斯宾塞关于分化的大部分想法；其次，选定的参数必须符合一些基本的准则。它们必须有文化自由性（不能有种族优越的偏见）、逻辑独立性（不能充斥着伪相关）、充分的文献资料和可靠性（专家们不能对事实有太大的分歧），以及便利性（如果数据太难获得，则评分系统是不切实际的）。

纳罗尔将目光落在三个参数上：社会中最大定居点的规模、其手工业生产的专业化程度，以及该社会子群的数量。在调查了各种各样的定义问题和方法问题后，他对这三个参数进行了量化，将结果转换为标准格式，生成了一种"社会发展指数"，以63分为最高分。在他的分数表上，以12分垫底的是火地岛的雅甘人，1832年达尔文造访火地岛时,惊叹他们"生存于比世界上其他任何地方的人都要低的进化状态"[40];高居榜首的是15世纪的阿兹特克人,为58分。

几年后,当时还在美国自然历史博物馆任职的罗伯特·卡内罗提出了另一种迥然不同的建立指数的方法。[41]卡内罗像帕森斯一样,也对下面这个问题感兴趣:所有社会在从一级复杂/分化水平提高到另一级时,是否都必须具备"进化的共性"(卡内罗称之为"功能性先决条件")。他借用社会心理学家的量表分析技术,继而寻找起"具备下列特点的参数:(1)这些参数的出现标志着复杂性程度提高了;(2)这些参数一旦形成,就很可能保留下来,即使不是无限期地保留,至少也会在相当长时间内保留下来"[42]。

卡内罗挑选了八个这样的参数(石制建筑、国家级政府、冶金、社会分层、纺织、酿酒、制陶、农业),根据其有/无而打分,而不是像纳罗尔那样赋予数值。随后,他挑选了九个南美洲社会,将它们排列在一张他称为"量图"的图中(图1.1)。

石制建筑	−	−	−	−	−	−	−	−	+
国家级政府	−	−	−	−	−	−	−	+	+
冶金	−	−	−	−	−	−	+	+	+
社会分层	−	−	−	−	−	+	+	+	+
纺织	−	−	−	−	+	+	+	+	+
酿酒	−	−	−	+	+	+	+	+	+
制陶	−	−	+	+	+	+	+	+	+
农业	−	+	+	+	+	+	+	+	+
	雅甘人	谢伦特人	库伊库鲁人	图皮南巴人	希瓦罗人	库马纳人	安塞尔马人	奇布查人	印加人

图1.1 卡内罗的量图,显示了南美洲九个社会中其选定的八个文化参数的有(+)与无(−)

卡内罗称,该图使他不仅能给这九个社会的复杂性评分,从0分(又是19世纪的雅甘人)到9分(15世纪的印加人),也使他可以证

013

明这八个参数全部都是功能性先决条件,即"x 必然优先于 y,也就是说,如果没有 x 的预先存在,y 是不可能存在的"[43]。在后来的一篇文章中,卡内罗根据史实,检验了他的关于古代近东和盎格鲁-撒克逊的英国出现上述参数的顺序的指数,声称自己的方法可拥有高于 0.90 的"可再现系数"[44]。

此后 10 年间,通过采用不同统计技巧而进行的实验和得到的指数大量涌现。其中大多遵循纳罗尔和卡内罗的模式,将反映大量不同的人类活动的参数聚拢在一起,试图得出对整个社会的概括印象,[45] 但也有一些人选择仅仅关注某种能够更直接地反映分化情况的特殊史料,比如丧葬情况或定居模式。[46] 然而,尽管有种种不同,各式各样的数据指数大多产生了近似的结果:根据卡内罗的统计,当时结论比较相近的分析家达到了 87%~94%。[47]

到了 20 世纪 70 年代后期,新进化论变成了非常热门的研究项目,部分要归因于两本书对基于分化的理论进行了非常清楚的阐释,分别是埃尔曼·塞维斯的《原始社会组织》和莫顿·弗里德的《政治社会的进化》。[48] 前者将社会划分为游群、部落、酋邦和国家,(更多地受到马克思主义影响的)后者则将社会分类为平等主义阶段、等级阶段、阶层化阶段和国家阶段。这些类型学(尤其是塞维斯的类型学)多多少少在整个社会科学的领域里替换了帕森斯和怀特的术语。

20 世纪 70 年代也许是美国新进化论的高潮。然而,就像是 20 世纪第二个十年的离奇回响(当时古典进化论眼看着就要产生出一种崭新的大综合),在社会科学的许多领域,钟摆突然远离一切近似于斯宾塞的理论而去。经济史和政治学是鲜有的例外,也许是因为制度分析日益增长的影响力推动了接近于过去的阶段理论,以及定量进化论在苏联依然受到青睐。[49] 然而在西欧和美国,社会学、人类学和考古学关于进化论的争论,也像 20 世纪第二个十年那样带着政治色彩。关于党派偏见、招摇撞骗和劣质学术的指责,败坏了 20 世纪八九十年代许多支持和反对进化论的著述的形象。

一些人类学家和考古学家认为"从简单到复杂的元叙事是一种主导性的意识形态。这种意识形态组织了当今世界史前史的写作，使之有利于现代化精神和西方优越性"[50]；另一些人则回应，评论家应当"抛弃他们对'他异性'和'自反性'之类的执着，转向评价真正重要的客观问题，进行一些深刻的思考，在解答问题时采用严格的定量方法"[51]。大学里的人类学系往往是斗争最激烈的地方，一般分化为文化派和进化派两翼，有的各自招录教师和研究生（如哈佛大学），有的甚至索性分裂成两个系（如斯坦福大学）。

自约2000年起，向社会进化论的又一次回摆似乎开始了。在20世纪70年代新进化论的鼎盛时期，自封为达尔文主义者的考古学家是其最猛烈的批评者。按照主要的达尔文主义者之一罗伯特·邓内尔的说法，"如果说进化的意思是指其在科学中的作用的话，那么文化进化论既不是科学，又不是理论，更不是进化论。就其本身而言，在信守科学方法的考古学中，将其作为一个解释框架，是不适当的"[52]。

然而，社会进化论的最新一次崛起，在很大程度上却是由生物学和社会行为的共同进化的理论化推动的。[53] 贾雷德·戴蒙德的《枪炮、病菌与钢铁》一书，无疑是最具影响力的作品。该书非常恰当地将生物学、考古学、人类学和历史学研究结合起来，引人入胜地讲述了过去15 000年来植物、动物和人类社会的共同进化。[54]

戴蒙德在其学术生涯开端时是生物学者，曾在加利福尼亚大学洛杉矶分校的医学院任教多年，现在他是该校的地理系教授。除了曾短期在斯坦福大学做过访问学者，他从未在任何大学的人类学系、考古系或历史系担任过教职，但他已经成为这些领域最畅销读物的作者。

考虑到20世纪90年代关于进化论的学术争论中的火药味，戴蒙德的书之所以成功，很大程度上是因为吸引了非专业读者，该书是已经在大学外销售了数百万册后，才在大学内产生影响的，这也许并非偶然。这对于新的社会进化论来说似乎很典型。尽管再没有人能与戴蒙德的成功相比，但政治学、经济学、宗教哲学、心理学、考古学、人类学和历史学领域的学者都在为争取更广大的读者而写作。[55] 这一趋势使得大多数关于新进化论的著述摒弃了狭隘的专家腔调，又回归了斯宾塞和达尔文时代的风气，那时候严肃的学术著作都希望能吸引非专业读者。

尽管学术界争论不断，我们还是很有理由相信，21世纪第二个十年有可能出现生物进化论和社会进化论的新的综合，论述这种新综合的著述将同时针对大学内外的读者。[56] 我写作《西方将主宰多久》和《文明的度量》，主要目的之一也是希望为这种新综合做出贡献。我提出的"社会发展"概念，脱胎于可回溯至斯宾塞的社会演变思想，建立在可回溯至纳罗尔的指数建设传统之上，然而本书仍将努力对在20世纪曾频繁再现的上述思想做出严厉批判。

在下一节中，我概括了一些对社会进化论的最重要的反对意见。我主要关注过去50年，尤其是20世纪80年代的批评声音。这些批评可谓是这种方法最急需解决的问题。在本章结尾，我从这些争论中提炼出了建立社会发展指数所必须克服的最重要的难题。

争论：谁犯了错

分化

我从"分化"这个词说起，是因为自斯宾塞以来的大多数理论家，都将这个词视为社会的维度，当社会进化得更为复杂时，其"分化"就会增加。然而实际上，尽管"分化"现在已被普遍认为是核心概念，但其经历了曲折的历史。

在分化问题上，考古学家面临的困难也许比所有其他领域的学者都要大，因为他们发现分化实在是太难以度量了。[57] 20世纪70年代，考古界的一些社会进化论者被吸引去研究墓葬，希望丧葬礼俗能够清楚地表明社会分化出了什么样的社会角色，[58] 然而到了20世纪80年代，批评家展示的是，埋葬者通过他们对死者的不同待遇所要表达的，实际上是对活人之间应保持的理想关系的看法，而不像信奉帕森斯理论的社会学家所认为的是实际社会角色的表现。[59] 于是，尽管分化在正式定义时很被看重，但在考古学家实际判断进化/复杂性时，分化起不了太大作用。例如，在纳罗尔1956年的社会发展指数中，只有一个参数（定居点规模）会被合理地视为分化；而在卡内罗最终的参数列表上，只有1/6的维度与分化直接有关。[60]

自20世纪80年代起，考古学家普遍渐渐放弃了将分化作为分析工具，而社会学家放弃得更彻底。他们指出，在某种程度上，或许我们认为的最复杂的社会——伟大的现代民族国家——实际上在分化程度上还不及一些现代化之前的古代国家。这些古代国家有着复杂的住宅、秩序和等级网。[61] 查尔斯·蒂利提出，去分化是同质的市民社会兴起的标志。[62]

这个过程对于现代性来说也不算独特：在另一个广为人知的事例中，公元前5世纪的雅典这一同质的市民社会，合法的分化程度也远不及此前古代时期的城邦。尽管公元前6世纪和前5世纪的国家能力和繁荣程度有巨大增长，[63] 雅典墓葬所表现出来的身份结构的复杂程度却显著下降了。[64]

蒂利由此得出的结论是："我们没有理由认为分化本身是一个连贯的、普遍的、像法律规定一样的社会过程。"于是，自20世纪80年代起，"分化"一词便从社会学的讨论中消失了，甚至比从考古学讨论中消失得还要彻底。[65]

复杂性

如果说"分化"太不连贯，无法作为社会进化理论的基础的话，

"复杂性"一词也必须随之丢弃,因为在大多数社会学家的正式定义中,这个词是完全依赖于"分化"的。[66] 然而,在过去 20 年间,相当多的社会学家都提出,如果我们以从自然科学领域汲取的复杂性理论来替代基于斯宾塞的分化的社会科学观念的话,"复杂性"可以保留为一个中心概念。[67]

许多版本的复杂性理论都认为,如果我们将组织视为复杂的适应系统的话,我们很快就能看到宏观的模式和结构,从作用者依照完全不同的观念或者根本不依照任何观念行动的微观行为中显现出来。[68] 斯宾塞也许会欣赏这样的观点:秩序和等级制度的出现和毁坏是自然过程[通常被称为自组织临界性(Self-Organized Criticality,简写为"SOC")],对 137 亿年前宇宙的形成和人类组织的形成同样有重大意义。相关的观点已为人类学、考古学、管理学、历史学、国际关系学和政治学所采用。[69]

复杂性理论者经常会吸收和利用新进化论者的分类法,特别是当他们想要描述现代化之前的人类社会时。然而,他们也往往认为新进化论不严密、陷于经验主义,且缺乏清楚的解释。

进化

虽然复杂性理论者复兴了斯宾塞的进化观,将其作为一个能涵盖从地质学到法律程序等一切的概念,但是自 20 世纪 70 年代起,有一些社会学家逆向而行,拒绝再使用同样的标签来描述达尔文学说的生物有机体的改变和社会组织中发生的多样化类型的变化。

最尖刻的批评也许来自社会学家安东尼·吉登斯。他提出任何自称为进化论的理论,"都必须至少与生物进化论有一些假定的概念上的连续性……(并且)社会进化论必须具体说明一些不只是一系列涉及某种特定条件的变化的东西,即某种能成为变化原理的东西"。他认为社会进化论与生物进化论的共性极少,特别是因为社会进化论依赖于将达尔文的变化原理——适应——不断扩展，直至其变得"无可救药地难以名状"[70]。

许多生物学家都同意这一观点。约翰·梅纳德·史密斯，这位将博弈论运用于生物进化论的先驱人物尤其直言不讳。他认为"进化理论的解释力在很大程度上依靠三大假设：突变是非适应性的，后天属性是不可遗传的，遗传是符合孟德尔法则的——遗传是原子性的，我们平等地从双亲那里继承原子，或者说基因，而不从任何其他人那里继承。而在文化类比中，这三大假设都是不成立的"[71]。

一些考古学家对这类担忧的回答是，将人工制品视为人类表型的延伸，关注自然选择在它们古往今来的独特的持续状态中是如何运作的。[72] 考古学者罗伯特·伦纳德总结了自称"信奉达尔文学说的考古学家"的观点，解释说，"对社会进化论者来说，适应就是在环境中有功能的任何行为。对进化论者来说，适应是在很长时间内被自然选择所改变，以使其服务于某种重要的进化功能的一种表型特征"[73]。信奉达尔文学说的考古学家们对社会进化论往往比支持复杂性理论的学者们更为苛刻，他们普遍认为社会进化论在关于选择的单位方面呈现无可救药的混乱，在论及"适应"时更是如此。[74]

进步

今天已经很少有社会学家将"进步"这个词用作社会进化或分化的同义词了。但这是斯宾塞的核心概念之一，因此需要简单评述。

斯宾塞一定会认为诸如帕森斯的"进化的共性"和卡内罗的"功能先决条件"等社会学概念，与他的"进步"概念大致相同，无论后韦伯学派的社会学家如何费力地试图将事实与价值分开，许多社会进化论的批评者似乎也赞同这一点。例如，考古学家迈克尔·尚克斯和克里斯托弗·蒂利提出，关于进化、分化及相关概念的讨论，"很容易陷入自我辩护或断言西方优先等状态"[75]。如果他们的意见是正确的，那么关于进步的隐含假定就将不可避免地被纳入所有关于社会进化的讨论中。

阶段理论

几乎所有古典进化论者和新进化论者，从提出了从简单社会到三重复合社会的类型学的斯宾塞，到提出了游群、部落、酋邦和国家的交替论的塞维斯，都创造了社会进化的阶段理论。这些理论有很多优点，尤其是它们具有能够预测无法直接观察到的变量的可能性。比如说，假如所有游群都的确是以小股、流动的群落生活，人口密度很低，只有最低限度的技术，等级观念很弱，性别秩序肤浅，那么对于对一个社会略知一二，比如只了解其生存基础和聚落形态的考古学家们来说，也许就能设想出该社会的一些无事实证明的特征，比如其法律或其亲属关系。

根据人类关系区域档案的数据，考古学家查尔斯·麦克奈特声称推测准确率可达50%[76]，而在20世纪70年代，很多史前史学者都在辛勤地工作以阐明各阶段的考古关联，并在它们当中划分出具体的社会。[77]然而，正如经常发生的情况一样，这种研究本身就会产生问题。个案研究发现一些社会并没有按照阶段理论所宣称的那样运行；[78]而对人类关系区域档案数据所进行的要素分析，又不能证明变量间存在明确的关联，因为不同的运转会产生极其不同的负载。[79]

20世纪80年代所进行的更仔细的跨文化调查表明，统计问题反映了真正混乱的现实。一项对新大陆各社会的调查发现"每个检查过的属性……都有相当大的差异性。这些差异是连续的，而非离散的，没有显而易见的社会模式或亚型。而且，不同的组织特征之间也表现出了不同强度的关系"[80]。

更糟糕的是，由于阶段之间清晰的界限在现实世界中非常模糊，很难知道经验数据什么时候会证伪任何具体的阶段理论。在一个事例中，同一会议文集的撰稿者们，就人口密度和定居地规模是否与政治制度有确定的关联，得出了截然相反的结论。[81]

一些考古学家为澄清问题，试图将塞维斯提出的四个原始阶段划分出子类型，[82]或者主张酋邦和国家代表着互不相容的发展道路，而不是连续的阶段。塞维斯本人对混乱的回答是提出了一个更简单的"大分水岭"，在分水岭之前的"原始社会被划分为亲族群体，它们之间的关系是平等主义的"，在分水岭之后，"它们中的一些出现了等级制，进行控制和指导的是一股中央权威力量，即政府"[83]。然而，大多数考古学家却持相反意见，越发认为阶段只是简略描述，或者是为启发目的而在不断变化的现实上叠加的理想类型。[84]

社会

伴随着对理论家们将社会划分成不同阶段的连贯性的挑战，还有对"社会"本身的连贯性的挑战。

社会学家们长期以来坚持认为"社会"是通过实践而非一元化制度组成的群体。人们也许会根据种族、政治、宗教、文化或其他条件来规定自己的社会。通常一个人会同时属于好几个社会，需根据具体情况以在它们当中做出选择（或者被选择）。迈克尔·曼将社会称为"同盟的、重叠的、交叉的网络"，吉登斯则谈及"社会系统在嵌入其中的一系列其他系统性关系的背景中'凸显'出来。它们之所以凸显，是因为确定的结构原理足以创造出一种跨越时空的可具体指明的总体的'制度的聚类'"[85]。

人类学家也有这样的担忧。阿希尔·古塔和詹姆斯·弗格森为批判他们称之为"刻板的'某某'模式"在20世纪的大部分时间里主宰了人类学的思想，提出：

> 无论地方和文化存在什么样的关系，都必须作为人类学研究

的问题，而不能被当作讨论的出发点；文化的领域化（比如成为种族或民族的文化）必须理解为正在进行的历史和政治进程的复杂且偶然的结果。正是这些进程，而不是先给定的文化领域实体，需要进行人类学研究。[86]

社会学家分析的"社会"，通常与人类学家研究的"文化"殊为不同，同时两者似乎与考古学家通常称为"文化"的人工制品的群集也不大相同。（考古学家对"文化"的经典定义是："在有限的地理范围内持续而反复地出现的明确而广泛的人工制品种类的多元集合。"[87]）

纳罗尔意识到了这一问题，他创造了一个新术语："文化单位"[88]作为回应。他将"文化单位"划分为四个类型，因两种地质年代计算尺度而有所不同，但这种复杂的想法没有得到多少支持。如果分析单位当真这样不稳定，那么社会进化论的基本内容，也就是长期大规模的比较，似乎注定要走向失败。

量化

量化是大多数社会进化研究的核心。半个世纪前，纳罗尔和卡内罗就已为如何将名义数据转化为区间数据这一基本问题绞尽脑汁。但到了20世纪70年代，将独特的人类状况或历史情境转换为可供计算的序列数据这一愿望本身就受到了挑战。正如尚克斯和蒂利所看到的，将历史"数学化"是进化论者们"把西方主宰合法化"这一不可告人的目的的一部分。他们指出，数学化背后错误的假设，就是当我们量化时，"我们重新发现了我们本来的数学上的自我，并且在对直接性和事实性的痴迷中发现了当前存在的必然性，这变成了客观必然"[89]。

社会学家马克·格兰诺维特在其一篇代表文章中提出，社会科学家们被拽向了两个相反的方向。一个倾向于将社会科学的主题"过度社会化"，在所有问题中都嵌入了太多的背景，给相互矛盾的意义建设和颠覆留下了太大的余地,以致任何解决方案都变成了不可能;另一个倾向是"社会化不足",从背景中曲解细节,强加意义,因此得到的只能是肤浅的答案。[90]

在抽象性和直接性之间寻找最好的平衡点就成为挑战。不同学科往往青睐于光谱上不同的点,人类学和历史学在过度社会化方向上走得最远,而经济学和心理学在社会化不足方向上走得最远。如果(本章之前引用的)彼得·图尔钦的说法"一门学科通常只有在创造出数学理论后,才会成熟"是正确的,那么社会进化论就需要更多(也更精妙)的量化;如果尚克斯和蒂利以及那些与他们持同样见解的人是正确的,那么数学化和社会进化论就不过是社会化不足的极端版本。

我们需要解释什么

这是一组可怕的批评攻势。如果这被证明是正确的,那么斯宾塞学派的社会进化论传统,以及通过一种社会发展指数来解答"为什么西方主宰世界"这个问题的所有希望,似乎都存在致命缺陷。

准备与批评者辩论以捍卫进化论的人并不少。[91] 不过,在本书中,我打算改弦易辙。过去半个世纪里出现的很多批评意见是很有道理的,值得认真对待,然而这并不意味着20世纪八九十年代出现的完全摒弃社会进化论的倾向也是正确的。在第二章中,我试图证明,如果我们认真对待这些批评,是有可能建立一种更具针对性、更具说服力的指数的。这个指数将能够避免新进化论的许多缺点,真正为我们提供一种工具,让我们看到如果我们想要知道为什么(目前)西方主宰世界,我们需要解释什么。

第二章
方法和假设：建立社会发展指数

在第一章中，我提出，对于长达两个世纪的关于"为什么西方主宰世界"这一问题的争论，最好的解决办法是建立一个社会发展指数，这样我们就能够将西方社会的发展与非西方社会的发展进行长期比较。我们只有确定了需要解释的历史的轮廓，才能对"为什么西方主宰世界"做出更好的解释。

继而我考察了自19世纪50年代以来的社会进化论研究，以及自20世纪70年代以来对其最新版本，即新进化论的批评。在本章中，我将描述一种社会发展指数，它既回应了对进化论的最严厉的批评，又没有忽视中心目标——能够对社会发展进行跨越时空的度量和比较。

我的方法依赖于九个核心假设。首先，我会对它们进行阐述；其次，我将继续解释社会发展指数将如何运作。在本章结束时，我将解释为什么我认为这个指数完善了20世纪新进化论的指数。

核心假设

我做了九个核心假设，每个假设都需要进行不同程度的讨论。

1. 定量分析

除非社会发展是可量化的，否则这就是一个无用的概念。已经有好几代历史学家对定量和定性的优缺点进行了争论，我不打算对这些越来越没有结果的争论老调重弹。[1]

我并不想当然地认为定量分析就一定比定性分析更客观，无论我们是计算还是描述，都总会出现本能的判断和潜在的武断。第三章至第六章将详细介绍一些在这方面我所做过的最重要的判断和武断。

也就是说，定量分析的办法应比定性分析更清晰，因为定量迫使分析者专注于这些判定，并要系统地阐明做出某个选择而不是另一选择的理由。如果我们不对社会发展进行定量分析，争论就将继续陷入打概念仗的泥沼。所以我们的目标必须是为社会发展建立一个数字指标，以便在世界上的不同地区和不同历史时期之间进行直接比较。

2. 简约性

尽管没有人找到这句引言的原始出处，但据说爱因斯坦说过："在科学上，应当使事情尽可能地简单，直到不可能更简单为止。"我认为，必须以此作为研究社会发展的目标，但是并非所有人类学者都同意这样的看法。（就此而言，也并非所有自称社会科学家的学者都同意。）

学者们通常会认为做学问的目的应当是为我们对世界的理解增加复杂性。无疑有许多问题，尤其在文化研究方面，需要能使我们的认知更加复杂、更加精微的方法，为此甚至可以付出使之晦涩难懂的代价，但在讨论"为什么西方主宰世界"这个话题时，一般来说，主要是因为太复杂了，使得中心议题在大量细节中被模糊了，分析往往会陷入"只见树木，不见森林"的典型误区。

3. 参数

要设定像"社会发展"这样一个宽泛的概念，需要我们先将其分解为更小的、可直接度量的单位。遵照人类发展指数的模式,[2]在为社会发展的形式下定义时,我试图涵盖全部标准的最小数量的具体参数。任何参数列表都不可能是完美的,但我们追求的目标是挑选出最佳集合。也就是说,如果我们在这种集合中增加更多的参数,就将经不起爱因斯坦的简约性的考验,因为那将使事情走向毫无必要的复杂;而如果我们减少参数,那么这份列表就将无法包含定义的全部要素,并将使事情过分简单化。

第一个人类发展指数是在1990年由经济学家马赫布卜·哈克设计的,旨在将发展经济学家的注意力从国民收入核算转移到人类福祉。[3]哈克与阿马蒂亚·森及一个联合国经济学家团队合作,巧妙地设计出了人类发展指数,为联合国开发署的官员们提供了一种单一分数,使他们能够了解各国在促进其居民发挥内在潜力方面的表现。

人类发展指数利用三个指标:出生时的预期寿命、教育水平(成人识字率占比2/3,大中小学入学率占比1/3),以及生活质量[以美元计算的购买力平价换算的人均GDP(国内生产总值)]。联合国开发署经常改变其计算方法,2011年的变动尤为明显,为生成分数提供了一个便利的计算器。[4]

人类发展指数因对指标的选择、基础数据的差错、对教育和收入的加权方式、对环保和道德的忽视等原因被批评得体无完肤,[5]然而它仍然被证明极其有用,并得到了广泛运用。

人类发展与我在第一章中定义的社会发展并不相同,但是要确定一个识别少量的可定量特征的参数这一基本原则方面,两者却是相通的。当然,人类发展指数与我的社会发展指数也存在较大的差异,最明显的是,每个发表的人类发展指数都是对一时的快照,不考虑历史变化。人类发展指数可以通过比较同一国家每个年度报告中的分数,在一定程度上估量该国在一段时间内的变化,但由于其可能得到的最大分值总是1.0,人类发展指数更适合于在图表中标示一个国家在某一时间点在世界上的相对地位，而不大适合度量其发展水平历经时间长河的变化。

总之，尽管人类发展指数和我的社会发展指数的目标大为不同，但其基本原则——少量的可定量分析的参数能够作为较为宽泛的概念的代表物——是个极好的起点。

4.有用参数的标准

在社会科学中，就如何挑选好参数有很多讨论，大多数说法都关注以下六项标准。[6]

（1）参数必须是相关的。也就是说，必须告诉我们一些与我在第一章中所定义的社会发展有关的情况。

（2）参数必须是独立于文化之外的。例如，我们也许会认为文学和艺术的质量可用于衡量社会发展，但是众所周知，对这些问题的判断是受到文化制约的。

（3）参数必须是相互独立的。例如，我们如果以一国人口数量和一国财富数量为参数，就不能再以人均财富量为第三个参数了，因为这是前两个参数的产物。

（4）参数必须有充分的文献证明。当我们回溯几千年前的历史时，这的确是个问题，因为现有的文献证据内容差异很大。特别是对遥远的过去，我们的确可能对一些潜在的有用的参数知之不多。

（5）参数必须是可靠的。也就是说，专家们对证据的判断多少是一致的。

（6）参数必须是便于获取的。这也许是最不重要的原则，但取得证据的难度越大，计算结果的时间越长，这个参数的用处越小。

5.关注东方和西方，而不是整个世界

对社会发展进行真正的全球考察，尽可能详细地评估世界所有地

区的情况，当然是非常受欢迎的。然而，那需要极其大量的工作，对于解释"为什么西方主宰世界"这个问题着实是个阻碍，它增添了不必要的复杂性，经不起简约性的检验。

"为什么西方主宰世界"这一争论的核心问题是，西方的社会发展水平在遥远的古代就比世界其他地区的高，还是西方仅在近代异军突起。为回答这个问题，我们没必要同样详细地调查世界上所有地区的社会发展状况。出于贾雷德·戴蒙德的《枪炮、病菌与钢铁》和《西方将主宰多久》第二章[7]中讨论的原因，在最近一次冰期的末期，大约公元前13700年时，"幸运纬度带"（大致为北纬20°~35°的欧亚非大陆和南纬15°至北纬20°的美洲，图2.1）地区中的一小部分社会的社会发展开始加速，超越了世界上所有其他地区。

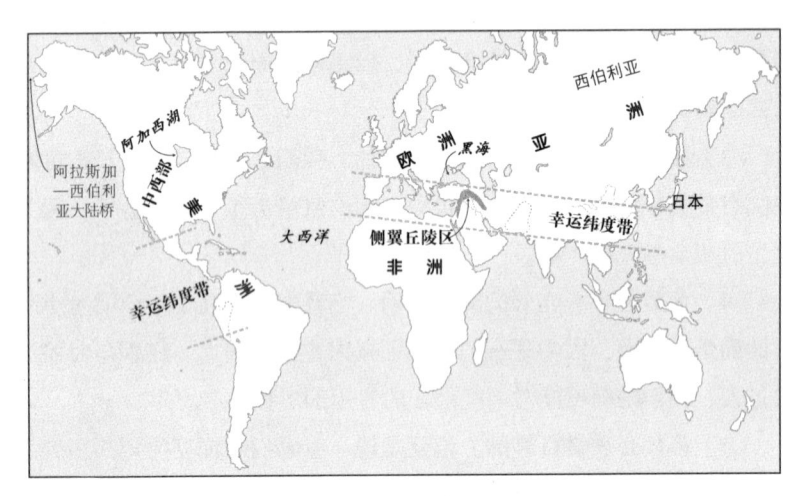

图 2.1　幸运纬度带

资料来源：Michele Angel

在过去数百年间，世界上仅有的似乎比较可能与西方匹敌的地区，是那些从美洲核心地区发展起来的地区，以及南亚和东亚。这些地区在最后一个冰期末期时，成为潜在的可驯养的动植物聚集最稠密的地区。实际上，自最后一个冰期末期起，唯一在社会发展方面得分高于西方的地区是东亚。因而，遵照简约性原则，我关注东西方的对比。

6."东方"和"西方"的定义

解释"为什么西方主宰世界"这个问题的最大困难之一，在于不同的学者倾向于以不同的方式定义"西方"这个词，使争论陷入了打概念仗的僵局。据历史学家诺曼·戴维斯计算，学术界共有不下12种不同的定义，相通之处仅仅是他所谓的"弹性地理"。戴维斯的结论是，西方"几乎可以被其定义者以任何他们认为合适的方式进行定义"，结果便是"西方文明本质上是个知识建构上的混合词，可用来进一步为其创造者的利益服务"[8]。

戴维斯指出，问题在于历史学家往往从他们喜欢与西方联系起来的一些价值着手，比如，民主、基督教、科学或自由，再确定一批似乎享有这些价值的国家，然后一本正经地将这些国家与一系列他们认为不享有这些价值的"非西方"国家对比，并就差异提出解释。他们的困境在于，对结论持反对意见的历史学家们也可以很简单地将另外一些价值定为西方的精髓，提取另外一些享有这些价值的国家进行不同的对比，自然会得出不同的结论，但同样能服务于自己的目的。

为了避免这种民族优越感，我做出了极其不同的假设。我并非建立一些我认为属于西方的价值，再沿时间回溯，而是一开始就着眼于故事开端，再向后展望。地区之间生活方式的根本不同，实际上只是在最后一个冰期结束后才开始发展起来的。当时一些群体开始栽培植物、驯化动物，而另一些群体仍在延续着狩猎和采集的谋生手段。[9]正如我在《西方将主宰多久》的第二章[10]中所解释的，我对"西方"的定义是，人类在欧亚大陆最西部最早开始驯养生活的核心地区，即底格里斯河和幼发拉底河的源头地区，通过一系列殖民和竞争而发展和扩张的社会。

在这一地区，驯养生活促使人口增长，同时推动了社会向前发展和人口向外扩张。到公元前 4000 年时，这个"西方"已经扩展至包括了欧洲大陆的大部分地区，以及今埃及、今伊朗的西部边缘和中亚的一些绿洲（图 2.2）。在公元第一个千年，"西方"继续扩张，囊括了今天我们称为欧洲的全部地区；在公元第二个千年，欧洲人又将"西方"扩展至美洲、大洋洲和非洲海岸。

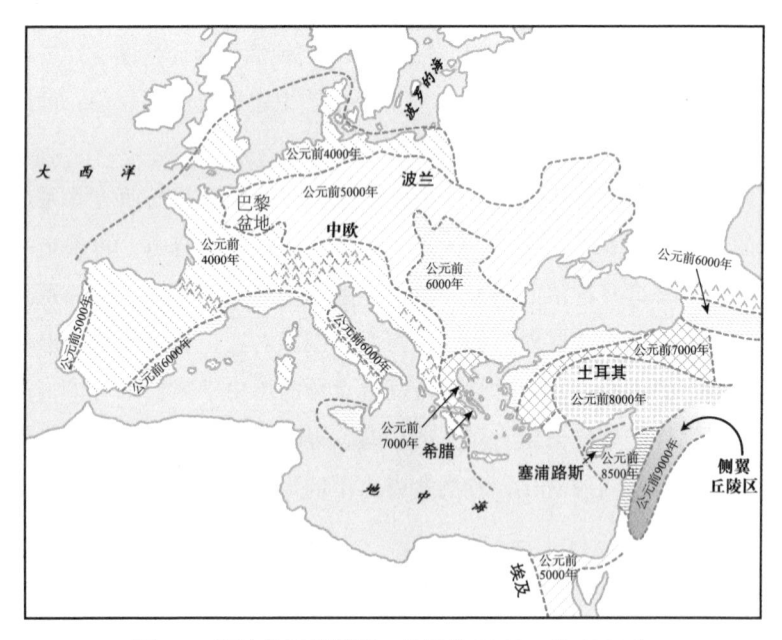

图 2.2 西方的早期扩张，公元前 9000—前 4000 年

同样，当我提及"东方"时，指的是人类在欧亚大陆最东部最早开始驯养生活的核心地区，即黄河和长江之间的地区，也是通过一系列的扩张和竞争而发展和扩张的那些社会。像在西方一样，驯养生活促使人口增长，同时推动了社会向前发展和人口向外扩张。到公元前 2000 年时，"东方"扩展至包括了我们今天称为东南亚的大部分地区。

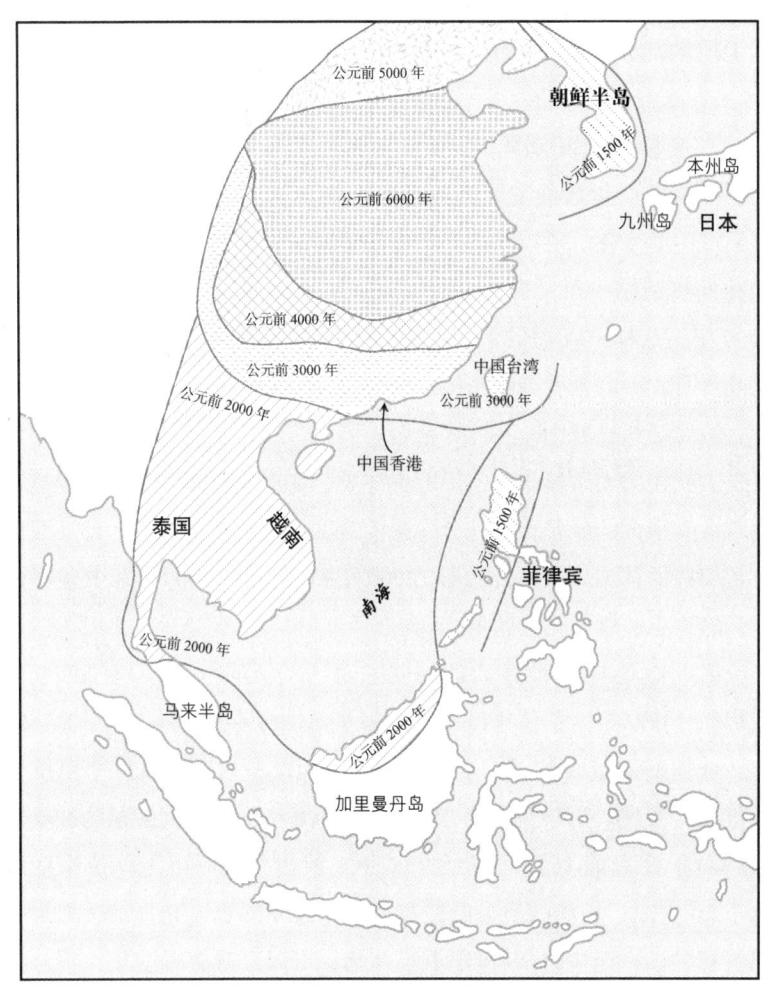

图 2.3 东方的早期扩张，公元前 6000—前 1500 年

到公元前 1500 年时，"东方"又囊括了今菲律宾和朝鲜半岛（图 2.3），在公元第一个千年中又吸纳了日本。

这种将"东方""西方"定义为欧亚大陆最东端和最西端的驯养生活核心地区的社会的办法，对我来说是常识问题。这样定义还有一大好处，就是使我们能够对长期的人类历史采取一贯的概念，避免困扰了很多关于"为什么西方主宰世界"的争论的意识形态极端化。

7. 度量的时间间隔

社会发展指数的主要目标之一，是度量（一个社会）随时间推移而产生的变化，所以指数必须有历经时间长河的维度。我从最后一个冰期接近结束时，即公元前 14000 年开始打分，一直持续到公元 2000 年，这样不仅提供了一个便利的结束点，也使我们能再有一些时间看看此后的发展趋势如何。

遵照简约性原则，在计算社会发展指数时，时间间隔应当小到足以显示变化的大致模式，但不能更小了。在史前时期，年代测定技术通常会有很大的误差，但社会变化的速度通常也非常缓慢。即使我们有足够好的证据来区别公元前 12000 年和公元前 11900 年，其差异也许仍然太小，以至无法度量。

因此我使用一种浮动的间隔。对于公元前 14000—前 4000 年，我以每 1 000 年为单位来度量社会发展。对于公元前 4000—前 2500 年，证据的质量改善了，变化加速了，因此我以每 500 年为单位来度量社会发展。对于公元前 2500—前 1500 年，我将间隔减为 250 年。最终对于公元前 1400—公元 2000 年，我以每 100 年为单位来度量。到了 20 世纪，资料的质量已使我们可以逐年探查变化。甚至如果我们愿意的话，至少自 20 世纪下半叶起，可以逐月查看变化，不过精确到这个程度对于回答"为什么西方主宰世界"这个问题并无多少助益，却要增加巨大工作量，违背了对有用参数的讨论中的第 6 条原则。

这个办法的缺点之一在于史前时代的变化不可避免地会被消除掉。的确，从长远来看，冰期结束后的头几千年里，社会的发展变化比过去数百年缓慢得多，但在极少数的情况下，史前考古遗迹的年代也可以得到非常精确的确定（例如，法国阿尔卑斯山山脚的湖畔村庄，通过树木年代学测出的时间,误差只在几年之间)[11],很明显,这些漫长的波段遮掩了很多较短的周期。目前,似乎还没有办法解决。

8. 关注核心地区

历史学家彭慕兰在其里程碑式的著作《大分流》中指出,一些历史学家热衷于宣扬欧洲的优越地位,于是经常犯一个低级的错误,即把近代欧洲早期最发达的部分,如英国和荷兰,与整个中国对比,然后得出结论:欧洲在18世纪甚至在17世纪,就要发达得多。[12] 将不相称的地区做比较,得出的是无意义的结果(这就是第一章中所提到的,纳罗尔提议用他本人创造的更抽象的"文化单位"来取代考古学家和人类学家用于做比较的正式单位的原因)[13]。因此,以适当的、可比较的时空单位来考察社会发展,对我们来说是至关重要的。

有一个解决方案,是把上述定义的整个东方地区和西方地区作为我们的分析单位,尽管这意味着西方的分数,比如说1900年的分数,将把英国的工人、俄国的农奴、墨西哥的日工,以及澳大利亚的农场工人归在一起计算。继而我们不得不为整个西方地区计算一个平均的发展分数,然后再对东方做一遍同样的工作,再对历史上每一个更早期的点重复同样的进程。这样做就太复杂了,因而是不切实际的,违背了对有用参数的讨论中的第6条原则;而且这样做也许根本是无意义的。当要解释"为什么西方主宰世界"时,最重要的信息通常会来自比较每个地区最发达的部分,也就是聚集着政治、经济、社会和文化最强烈的相互作用的核心地区。社会发展指数需要衡量和比较这些核心地区内发生的变化。

随着时间推移,这些核心地区发生了极大的迁移和变化(图2.4)。从公元前11000年至约公元1400年,西方的核心地区在地理上非常稳定,一直安于地中海的东端,除了约公元前250—公元250年的500年间,罗马帝国向西扩张,将意大利纳入自己的版图。否则,西方的核心地区就始终维持在今伊拉克、埃及和希腊形成的三角形内。自 1400 年起,这一核心地区不断地向北方和西方迁移,先到达意大利北部,继而到达西班牙和法国,然后又扩张至英国、低地国家和德国。1900 年,该核心地区跨越了大西洋。到 2000 年时,它牢牢地在北美洲扎了根。

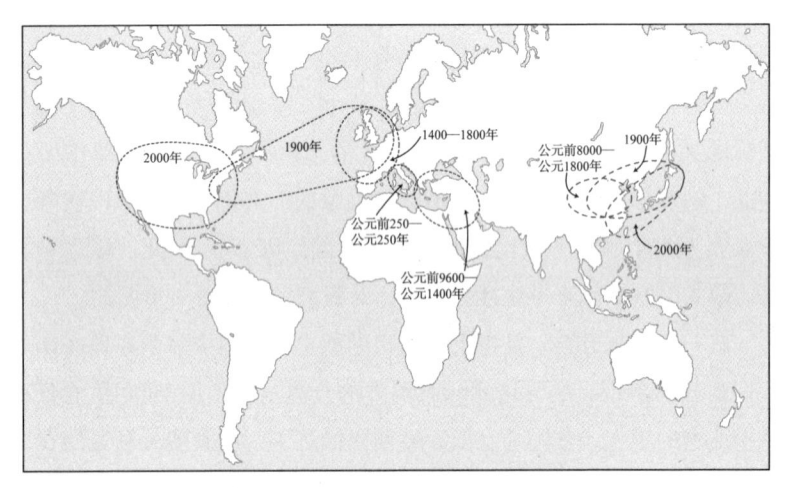

图 2.4 东方和西方核心地区的迁移

资料来源:Michele Angel

在东方,其核心地区始终保持在最初的黄河—长江地带,一直到 1850 年。尽管大约公元前 4000 年后,重心北移至黄河流域的中原地区,公元 500 年后又回到了南方的长江流域,公元 1400 年后再次逐渐北移。到 1900 年时,该核心地区将日本纳入其中,到 2000 年时又将中国东南部纳入其中。

至于东方和西方核心地区的确切边界在哪里,无论在什么时间点,专家们都有不同见解。表 2.1 大致标示了我视为核心地区的区域。

表 2.1 公元前 14000—公元 2000 年，西方和东方的核心地区

西方	
公元前 14000 年	侧翼丘陵区（西南亚）
公元前 13000 年	侧翼丘陵区（西南亚）
公元前 12000 年	侧翼丘陵区（西南亚）
公元前 11000 年	侧翼丘陵区（西南亚）
公元前 10000 年	侧翼丘陵区（西南亚）
公元前 9000 年	侧翼丘陵区（西南亚）
公元前 8000 年	侧翼丘陵区（西南亚）
公元前 7000 年	侧翼丘陵区（西南亚）
公元前 6000 年	侧翼丘陵区（西南亚）
公元前 5000 年	侧翼丘陵区（西南亚）
公元前 4000 年	美索不达米亚（西南亚）
公元前 3500 年	美索不达米亚（西南亚）
公元前 3000 年	埃及（东北非）
公元前 2500 年	埃及（东北非）、美索不达米亚（西南亚）
公元前 2250 年	埃及（东北非）、美索不达米亚（西南亚）
公元前 2000 年	埃及（东北非）、美索不达米亚（西南亚）
公元前 1750 年	埃及（东北非）、美索不达米亚（西南亚）
公元前 1500 年	埃及（东北非）、美索不达米亚（西南亚）
公元前 1400 年	埃及（东北非）、美索不达米亚—安纳托利亚（西南亚）
公元前 1300 年	埃及（东北非）、美索不达米亚—安纳托利亚（西南亚）
公元前 1200 年	埃及（东北非）
公元前 1100 年	埃及（东北非）
公元前 1000 年	埃及（东北非）
公元前 900 年	亚述—美索不达米亚（西南亚）
公元前 800 年	亚述—美索不达米亚（西南亚）
公元前 700 年	亚述—美索不达米亚（西南亚）
公元前 600 年	埃及（东北非）、美索不达米亚（西南亚）
公元前 500 年	波斯帝国（西南亚）
公元前 400 年	波斯帝国—爱琴海（西南亚—东北非—东南欧）
公元前 300 年	希腊化王国（西南亚—东北非—东南欧）
公元前 200 年	地中海盆地（西南亚—东北非—东南欧）
公元前 100 年	地中海中部（南欧）
公元前/公元 1 年	地中海中部（南欧）
100 年	地中海中部（南欧）

(续表)

	西方
200 年	地中海中部（南欧）
300 年	地中海东部（西南亚—东北非—东南欧）
400 年	地中海东部（西南亚—东北非—东南欧）
500 年	地中海东部（西南亚—东北非—东南欧）
600 年	地中海东部（西南亚—东北非—东南欧）
700 年	埃及（东北非）、叙利亚—伊拉克（西南亚）
800 年	埃及（东北非）、叙利亚—伊拉克（西南亚）
900 年	埃及（东北非）、西班牙（东南欧）
1000 年	地中海盆地（西南亚—北非—南欧）
1100 年	地中海盆地（西南亚—北非—南欧）
1200 年	地中海盆地（西南亚—北非—南欧）
1300 年	地中海盆地（西南亚—北非—南欧）
1400 年	地中海盆地（西南亚—北非—南欧）
1500 年	大西洋沿岸地区（西欧）
1600 年	大西洋沿岸地区（西欧）
1700 年	法国、英国、荷兰（西北欧）
1800 年	法国、英国（西北欧）
1900 年	德国、法国、英国、美国（北欧、北美洲）
2000 年	美国（北美洲）
	东方
公元前 14000 年	黄河—长江流域（中国）
公元前 13000 年	黄河—长江流域（中国）
公元前 12000 年	黄河—长江流域（中国）
公元前 11000 年	黄河—长江流域（中国）
公元前 10000 年	黄河—长江流域（中国）
公元前 9000 年	黄河—长江流域（中国）
公元前 8000 年	黄河—长江流域（中国）
公元前 7000 年	黄河—长江流域（中国）
公元前 6000 年	黄河—长江流域（中国）
公元前 5000 年	黄河—长江流域（中国）
公元前 4000 年	黄河—长江流域（中国）
公元前 3500 年	黄河—长江流域（中国）
公元前 3000 年	黄河—长江流域（中国）
公元前 2500 年	黄河—长江流域（中国）
公元前 2250 年	黄河—长江流域（中国）

（续表）

	东方
公元前 2000 年	黄河流域（中国）
公元前 1750 年	黄河流域（中国）
公元前 1500 年	黄河流域（中国）
公元前 1400 年	黄河流域（中国）
公元前 1300 年	黄河流域（中国）
公元前 1200 年	黄河流域（中国）
公元前 1100 年	黄河流域（中国）
公元前 1000 年	黄河流域（中国）
公元前 900 年	黄河流域（中国）
公元前 800 年	黄河流域（中国）
公元前 700 年	黄河流域（中国）
公元前 600 年	黄河流域（中国）
公元前 500 年	黄河—长江流域（中国）
公元前 400 年	黄河—长江流域（中国）
公元前 300 年	黄河—长江流域（中国）
公元前 200 年	黄河—长江流域（中国）
公元前 100 年	黄河—长江流域（中国）
公元前/公元 1 年	黄河—长江流域（中国）
100 年	黄河—长江流域（中国）
200 年	黄河—长江流域（中国）
300 年	长江流域（中国）
400 年	长江流域（中国）
500 年	长江流域（中国）
600 年	黄河—长江流域（中国）
700 年	黄河—长江流域（中国）
800 年	黄河—长江流域（中国）
900 年	长江流域
1000 年	黄河—长江流域（中国）
1100 年	黄河—长江流域（中国）
1200 年	黄河—长江流域（中国）
1300 年	黄河—长江流域（中国）
1400 年	黄河—长江流域（中国）
1500 年	黄河—长江流域（中国）
1600 年	黄河—长江流域（中国）、日本

(续表)

东方	
1700年	黄河—长江流域（中国）
1800年	黄河—长江流域（中国）
1900年	日本
2000年	中国东部、日本

9. 近似和讹误

理所当然的是，世上根本没有百分之百精确的指数，无论是从较严格的意义上来解释"精确"一词，即意味着每一个细节都绝对正确，还是从较宽泛的意义上解释，即意味着所有专家都会做出同样的估计，即使他们无法证明这些估计是正确的。在所有历史知识中，我们可以完全确信的只有很少一部分，而专家们能一致同意的更少。因此，如果问我计算的社会发展指数得分是否正确，是没有意义的。它们当然是不正确的。唯一有意义的问题是，它们有多不正确？它们是否大错特错，证明了我错误地识别了社会发展历史的基本形状，意味着我对"为什么西方主宰世界"这一问题所做的解释存在致命的缺陷？抑或这些误差实际上都微不足道？

解决这些问题有两个主要办法。一个办法是假设我犯了系统性错误，普遍高估了西方的分数而低估了东方的分数（或者相反），然后再问：（1）我们需要将分数改变多少，才能使历史看似非常不同，使得《西方将主宰多久》一书中所提出的论点不再适用？（2）这样的改变是否合理？我将在第七章中回答这些问题。

另一个办法是假设我的错误不是系统性的，高估或低估东方和西方分数的错误都是以随机和不可预知的方式犯下的。解决这类问题的唯一办法是自我修复我打分所基于的证据。我将在第三章至第六章详细说明这种办法。

度量的方法：如何选择参数

第一项挑战是找到符合有用参数假设下所列六项原则的最小数目的参数。在试过几种组合之后，我选定了四个参数：（a）能量获取、（b）社会组织能力、（c）信息技术、（d）战争能力。

（a）能量获取必须作为社会发展的所有可用的衡量尺度的基础。牛顿的热力学第二定律告诉我们，物质的复杂组合使得其如果没有自身所处环境的补充能量的输入，经过一段时间就会分解。人类如果不获取能量，也会（像植物和其他动物一样）死去。同样，除非人类能从自身所处环境中获取能量，否则人类创造的社会也会瓦解。人类群体为了增强对他们所处的物质环境和智力环境的控制，并把该做的事情做好，因而不得不增加其能量获取。

然而，单是能量获取不足以衡量对社会发展至关重要的一切事物。甚至我所知道的对文明最简化的定义——莱斯利·怀特的 $C = E \times T$（文化 = 能量 × 技术），都认为衡量人们对其所获取的能量的使用方式，与衡量能量本身同等重要，这是理所当然的。但怀特对"技术"的分类太宽泛、太难以量化，所以我进一步将其细分为三个参数。

（b）社会组织能力是其中的第一个。这一概念不可避免地在相当大的程度上与斯宾塞的分化概念重合，但为了避开我在第一章中提到的关于定义和衡量尺度的无休止的争论，我从经济学家那里学来了一招，以社会中最大永久定居点的人口规模，作为对社会组织能力的大致的间接度量。[14]

这也许看上去像种奇怪的方式。今天世界上一些最大的城市简直是功能失调的噩梦，充斥着犯罪、污秽和疾病。然而历史上的大多数大城市无疑也是如此。在公元前1世纪，罗马有100万居民。那里也有街头犯罪团伙，时常会导致政府停转；城市人口死亡率过高，以至每个月都不得不容许上千名乡下人移居罗马，以保持人口数量。[15]然而尽管罗马有种种邪恶，保持其城市运转的组织能力，却是世界上任何其他早期社会所远远无法达到的——正如管理像拉各斯（人口约1 100万），或孟买（人口约1 900万），更不用说东京（人口约2 670万）这样的城市，要求有远高于罗马帝国的组织能力。

这就是社会科学家经常将城市化作为评估社会组织能力的大致尺度的原因。有几种办法可以做到这一点。我们可以计算一个社会中居住在特定规模（一万人是较流行的截断点）的定居点的人口比例，也可以将定居点分成不同的等级，并计算每个社会有多少个等级。然而我选择的办法，是只分别计算东方和西方社会最大永久定居点的人口数量。我选择这种办法，一是，如果我们要将研究一直回溯到公元前14000年的话，就必须使用一些证据，而这种办法看上去最适合于这类证据；二是，我知道还没有哪项研究表明这种办法逊于任何复杂得多的办法。

（c）信息技术是能量消费方面又一个不可或缺的要素。随着社会发展的推进，人们必然要处理和交流巨量的信息。任何社会如果没有文字和计算系统，都不可能发展得太远。为了发展得更远，要求有越来越成熟的媒介储存和传播信息，要求有专门的机构将读写和计算技能传授给越来越多的人。

（d）战争能力也是社会发展至关重要的一部分。像植物和所有其他动物一样，人类若想生存，必须竞争和合作。鉴于人类（像蚂蚁和黑猩猩一样）已经发展为一种社会性物种，需要时常将其合作性的行动转为群体针对其他敌对群体的暴力竞争。[16] 在考古记录中，武器和堡垒占有非常突出的地位，当信息技术达到能够记录细节的阶段后，世界上大多数文明的文字资料中，都充斥着对战争和战役的描写。

这四个参数并非合起来就构成了过去16 000年社会发展的总体画面，也没有比联合国的参数（即预期寿命、教育和收入）告诉我们更多关于我们想了解的人类发展情况。这些特征的功能非常有限：它们只是给我们提供一个关于社会发展的有用概览，展示一下我们在回答"为什么西方主宰世界"这个问题时需要解释的模式。

并不是只有这四个参数能起到这样的作用。我也观察过若干其他可能的参数，包括最大的政治中心的人口规模、科学能力和对于技术能力的更广泛的衡量尺度，但是，没有一个能像能量获取、社会组织能力、信息技术和战争能力这样，更好地服务于有用参数假设下开列的原则。也就是说，参数中的确有相当大的冗余，说明与社会发展的核心概念关联密切的任何参数组合，都可能产生非常近似的一套分数。

如何计算不同地区的分数

对任何指数来说，最大的挑战无疑都是决定如何给参数分配分数。为了使情况较为简单，我决定将1 000分定为公元2000年前所可能得到的最高分数，即指数的顶点。然而，这个顶点与HDI中可能的最高分1.0所起的作用非常不同。在联合国的指数中，1.0代表着某种完美，意味着任何一个社会的得分都不可能高于1.0。而我的社会发展指数则相反，1 000分只是2000年所能得到的最高分。从2000年到本书写作时，又过了很多年，西方发展的分数在继续上涨，已经超过了1 000分。假如东方和西方继续以20世纪的速度发展，到21世纪末时，两者都将达到5 000分；而如果增长率超过20世纪的速度（正如目前的情况），两者在2100年时的得分还会更高。

设计了HDI的经济学家们创建了一个详尽的权重体系，将三个参数的分数标准化，然后计算出相加后总分的平均数。相反的是，当1956年纳罗尔发表了他原创的社会发展指数时，他给他的三个参数设置了相同的权重，他解释说："因为没有明显的原因表明某一参数比另一参数有更高的重要性。"[17]

不同权重的优缺点总是有讨论的余地,[18]我将在第七章再次讨论这个问题,但是纳罗尔的办法在这里似乎比联合国的要中肯。即使有很好的理由确定某项参数比另一项更重要,也没有根据可以假设这一重要性能贯穿我们所考察的整个 16 000 年,或者它们始终同样适用于东方和西方。

因此我把我的 1 000 分平均分配在四个参数上。这意味着在某个参数上能获得最高值的社会,将在其达到该水平的阶段(在任何情况下,都将是 2000 年)获得 250 分,而其他社会因为达到的是较低值,相应地获得较低的分数。我将在第三章至第六章中详细说明证据、定义问题和我如何计算每个参数的分数,但在此,我要简短地举一个具体例子,以说明打分系统的运行机制。我将以社会组织能力为例,通过最大定居点规模来进行间接度量,因为这也许是最简单明了的参数。

大多数地理学家都将 2000 年时的东京,归为自公元前 14000—公元 2000 年我们所知的最大城市,该城有大约 2 670 万居民。因此,2000 年的东京获得了划拨给社会组织能力这一参数的满分 250 分,即意味着在指数中,每 106 800 人得 1 分(2 670 万人除以 250 分)。2000 年,西方核心地区的最大城市是纽约,约有 1 670 万人。按照每 106 800 人 1 分的算法,纽约的得分是 156.37 分。

1900 年的资料没有这么完备,但所有历史学家都一致认为那时候的城市要小得多。在西方,1900 年的伦敦大约有 660 万居民,得 61.80 分;而在东方,最大的城市还是东京,但那时只有 175 万人,得 16.39 分。

当我们回溯到 1800 年时,历史学家不得不将若干不同种类的证据结合起来,包括粮食供应和税收记录、城市覆盖的地理区域、这些区域内房屋的密度,以及逸闻等,不过大多数人的结论是,北京是当时世界上最大的城市,人口可能有 110 万,得 10.30 分;西方最大的城市还是伦敦，人口大约为86.1万人，得8.06分。

时间越往前推移，误差幅度将越大，但在公元1700年之前的1 000年间，世界上最大的城市显然在中国（日本的城市经常紧随其后）。公元800—1200年，长安、开封和杭州的人口数量先后接近或超过100万人（分数在9分左右）。相较之下，西方城市始终没有超过其一半的规模（西方最大的城市通常在南欧和西南亚的伊斯兰地区，而不是欧洲北部和西部的基督教地区）。再往前几个世纪，这种情况则要颠倒过来：公元前1世纪，有100万人口的罗马无疑是世界上最大的大都会，而那时长安的居民人数可能只有其一半。

当我们回退到史前时代时，证据无疑越发模糊了，数字也变得小得多了。但将系统的考古调查结果和较小区域内详细的发掘记录结合起来，我们仍能对城市规模产生合理的感知。这在很大程度上是"电锯的艺术"，不过就算是最广为人们接受的估量结果，仍可能有10%的偏差，但误差幅度不可能更大了。而且由于我们对东西方的考古遗址采用了同样的估算方法，因此大概的趋势应该还是相当可靠的。

由于在社会组织能力这个参数上，每拥有106 800人才能得1分，即每拥有略多于1 000人得0.01分，这是值得纳入指数的最低分数了。能达到这个水平的西方最大的村落出现在约公元前7500年，而东方最大的村落出现在约公元前3500年。在这两个时间点之前，西方和东方的得分都将为0（参见第四章）。

另外三个参数的分数也以同样的方式计算：（1）确定在这个参数中能得到最高分的社会（就能量获取而言，在2000年的美国，平均每个居民每天消耗大约228 000千卡的能量）；（2）将满分250分分配给这个社会；（3）计算得到1分所需要的表现（就能量获取而言，228 000千卡除以250分，等于平均每人每天消耗912千卡得1分）；（4）估算在历史上的不同时期里，每个社会在这个参数上的分值；（5）将这些估算出的分值除以分母（比如前文的"912"），将它们换算成指标中的分数。在计算了自公元前14000—公元2000年整个时期中每个参数的得分后，我只需将四个参数的得分相加，就能得到一系列每个地区的社会发展指数得分。这样，我们就得以比对世界上不同地区在历史的不同时期的社会发展状况了。

主要反对者的声音

根据第一章回顾的关于新进化论的争论，可能存在四种主要的反对意见。我将针对每一种说上几句，解释一下为什么这几种反对意见都不是致命的。

1. 对不同时代和地区的社会发展进行量化和对比的方法，使人类失去了人性，因此我们不能这样做。

这是20世纪七八十年代人类学和社会学领域反对新进化论的浪潮中最具影响力的声调，类似的观点在历史学家中也赢得了许多追随者。然而，这是至今提出的反对意见中也许最令人无所谓的，因为一旦我们认识到不同的问题需要我们以不同程度的抽象性来解决，其力量就基本消失了。

20世纪80年代后期，许多领域的学者都感觉到像新进化论、新古典经济学等高度抽象的科目及同源方法，都留下了太多未解之谜，于是他们非常明智地转变了观念，采取了似乎更有利于做好工作以回答他们感兴趣的问题的思维方式。例如，许多社会学家不再将支持常态和结构化的分化和功用作为组织概念，甚至社会科学中最坚定地致力于量化和抽象化的人口学和经济学，也进行了自身的后现代转型。[19]

当然，我发现自己的研究正是如此。在利用新进化论和20世纪80年代中期的比较框架，弄清了铁器时代希腊的社会变化后，[20]这些方法的局限性就变得越来越明显了。古希腊社会一些最重要的特征，如激进的男性民主制与大规模奴隶制的结合，很不符合塞维斯、帕森斯和弗里德的理论，他们都认为民主是与先进的现代国家相关联的。[21]如果完全不解释希腊民主制的来源，无视古希腊人的独特成就，而在社会发展指数中给希腊打分，就会使事情更加困难。[22]

但这并不意味着社会进化论和社会发展指数都是在浪费时间，这只是意味着回答这个特别的问题还需要其他工具。用一种更狭隘、更排他主义的方法去研究古希腊社会，会比用进化论的方法产生更多成果，但这样也有局限性，尤其是不足以解释经济、军事和政治发展是如何驱动了公元前第一个千年（公元前1000—前1年，以此类推）内的变化的。为了弄清这些问题，也得到其他材料的指引，我重新转向更广泛的进化论工具和将希腊置于全球框架中的需要。[23]

为什么目前西方主宰世界，与为什么有些希腊城邦给予所有成年男性公民投票权，是不同类型的问题。前者是一个宏大的比较研究的问题，要求我们纵观上万年历史，横跨百万平方千米土地，汇聚几十亿人口。为实现这一目标，一个社会发展指数恰好是我们所需的工具。

2. 对社会进行量化和对比是一种合理的做法，但我定义的社会发展（社会达成目标的能力），却不是应该度量的事物。

这种反对意见用不着多费口舌就能解决。持这种意见的批评者需要表明有其他事物可供度量和对比，且这个事物将比我定义的社会发展更有助于解释为什么西方主宰世界。我不知道是否存在这样的其他事物，所以我请批评者们来确定，并证明它们能产生更有益的结果。

3. 我所定义的社会发展，也许是一种在历史长河中对比不同地区的有用方式，但我用来度量的参数（能量获取、社会组织能力、战争能力和信息技术），并不是最好的参数。

这种反对意见可能以下面三种形式出现。

（1）在我考察的四个参数（能量获取、社会组织能力、战争能力和信息技术）之外，我们还应增加更多的参数。不过尽管必然还有很多参数可供我们考察，但精简原则要求我们在能涵盖社会发展全部意味的最小数量的参数之外，不再增加更多的参数。批评者需要证明我的四个参数实际上未能涵盖社会发展的一个或多个重要方面，而涵盖这些方面将会产生与我的指数大相径庭的结果，因而值得付出额外的努力，增加工作的复杂性。

（2）我们应当采用不同的参数。同样，当然有其他变量可供我们度量，但我考察过的所有其他参数，都不大符合前述各种原则，普遍存在严重的经验主义问题，或文化依赖性，或相互重叠。如前所述，大多数其他参数在历史大部分时期中都多多少少显示出相当大的冗余性，而对于它们的任何貌似合理的替代性组合，往往都会产生大致相同的最终结果。

（3）我们关注的参数应当更少。考虑到四个参数当中存在的冗余，我们或许应减少几个参数，以增强简约性。很显然，方法也许是放弃社会组织能力、战争能力和信息技术，只专注于能量获取，因为社会组织能力、战争能力和信息技术都只是使用能量的途径。[24] 图2.5展示了单看能量获取会是什么样的。图2.6则不同，展示了由全部参数产生的分数，但两者的区别并不大。在单有能量获取参数的图中，正如在完全的社会发展情况示意图中一样，自晚冰期以来，西方仍在90%的时间里领先东方；东方仍然是在大约公元550—1750年超越了西方；大约公元100—1100年仍然有一个"硬天花板"阻碍了发展（稍高于每人每天30 000千卡）；后工业革命时代的得分仍高于较早的时代；2000年时，世界仍然由西方主宰。

单是关注能量，当然有更加简约的好处，但也有巨大的缺陷。我采用的四个参数并不完全多余，自大约公元1800年工业革命开始以来，能量获取与其他参数呈现非线性关系。能量获取的余裕的增长，导致了选定领域中的能量消费的极其巨大的增长。新技术的出现，20世纪城市的规模翻了两番，战争能力增强了50倍，信息技术跃进了80倍，而人均能量获取才翻了一番。如果只关注能量，就经不起爱

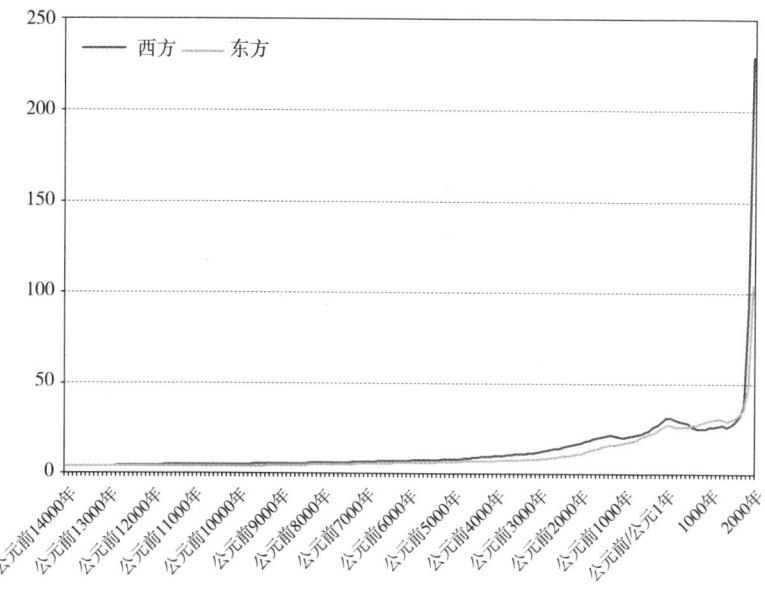

图 2.5　公元前 14000—公元 2000 年，东西方的能量获取情况（线性标尺）

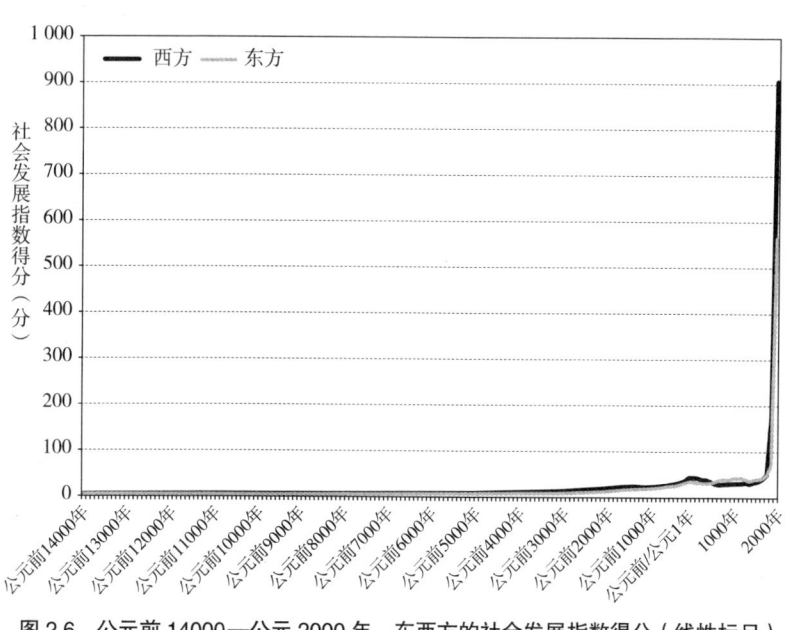

图 2.6　公元前 14000—公元 2000 年，东西方的社会发展指数得分（线性标尺）

047

因斯坦理论的检验，因为那样太简单了，扭曲了历史的原貌。

4.这四个参数确实是度量社会发展的好办法，但我犯了事实错误，得到了错误的度量结果。

正如在讨论近似和讹误时提到的，应对这个反对意见有两种主要方法。一种是假设我犯了系统性的经验主义错误，始终高估了西方的分数而低估了东方的分数（或者相反），然后问两个问题：（1）我们需要将分数改变多少，才能使历史看似非常不同，使得《西方将主宰多久》一书中所提出的观点不再适用？（2）这样的改变是否合理？我将在第七章里论述，我有充分的理由认为这种意见不能成立。

另一种辩驳这种意见的办法是，假设存在一贯但并不系统的经验主义错误，随机、出人意料且严重地夸大或低估了东方和/或西方的分数。避免这一危险的唯一办法，无疑就是贯彻第三章到第六章提出的意见，对照证据去检查指数中的分数。

结论：社会发展指数的优势

对于我创造的社会发展指数，我最想说的是，它既反映了对社会进化论的批判，也反映了社会进化论者的贡献。自斯宾塞最初的文章发表以来，[25] 社会进化论的批评者就辩称，社会进化论者试图解释一切，却最终往往什么也没有解释清楚。

批评者有一点显然是正确的，就是不存在放之四海而皆准的社会发展指数。纵观整个20世纪，指数创造者想把各种各样的主题纳入自己的框架，却往往使得其不具备可操作性，而解决这个问题的努力，经常又使情况雪上加霜。例如，卡内罗的解决办法是给他的指数增加越来越多的参数，结果，参数从1962年的8种膨胀到1970年的618种，且仍然望不到尽头。[26]

本书中的指数并不试图解释一切，而是只专注一个问题：为什么欧亚大陆西端的社会，在19世纪主宰了世界，而其在北美的殖民地，又在20世纪取代了它们。

这样的专注有三点好处，使我们得以：（1）以这一特定问题定义社会发展的核心概念；（2）选择能直接证明核心概念，同时又合情合理、易于操作的参数；（3）设计能在时间的推移中度量变化的指数。

这些好处也使得我避免了许多摧毁了新进化论者的指数的困难。其中最重要的也许是棘手的分化概念。这个概念是从斯宾塞那里传承下来的，但几乎不可能付诸实践。由斯宾塞学说的分化概念发展而来的某些见解，在任何关于社会发展或社会进化的有用的定义中，都应占有一席之地。而这种见解的确在我的指数中出现了，作为更广泛的社会组织参数的一部分，通过城市规模进行间接度量。然而，这里提供的指数确保不会陷入考古学家兰德尔·H.麦圭尔在新进化论者对分化的研究中所发现的那些陷阱。[27]

同时，这个指数也避免了与任何特定的社会进化理论挂钩（比如说，与卡内罗的量表分析相反，而量表分析又与直线发展的阶段理论明显挂钩）。这个指数也同样便于度量是否所有社会都的确是沿着卡内罗提出的路线发展的，或者自组织临界性是否始终符合长期、大规模的社会变迁。

本章介绍的方法对解决分析单位问题也有一定的作用。这个问题曾令20世纪的社会进化论者痛苦不堪。这里介绍的办法，也使得在确定东方和西方各自的核心地区（这些区域的社会发展水平高于它们的周边区域）方面，具有很大的灵活度。

这对于通过城市规模这个变量间接度量的社会组织能力参数也很适用，尽管它并未完全解决能量获取、战争能力和信息技术的单位定义问题。对于这些参数，仍然有可能有倾向性地确定一个核心，有意地将高分和低分的地区结合在一起，人为地制造出较低的总体分数。

在《西方将主宰多久》一书中，[28]我将下面这个问题称为"彭慕兰问题"：彭慕兰注意到，认为欧洲在工业革命以前就已经比中国发达的历史学者，经常试图以一种不相称的比较来证明自己的论点，即以欧洲一小块发达的核心地区（通常包括英国和低地国家）与整个中国相比较。彭慕兰指出，更相称的比较，应当是将英国与长江三角洲比较，或者将整个中国与整个欧洲相比较。[29]

我的指数应对"彭慕兰问题"的主要办法是要求分析必须清楚。表2.1清楚地显示了在每个时间点上，哪个地方被认为是每个地区的核心地区。该表允许批评者们挑战定义，提出另外的核心地区，并显示出他们的修改将会如何改变分数。将假设暴露于挑战和歪曲之下，给指数建设提供了一种较好的基础，比试图制定能应对一切可能性的规矩要好。

最后，说说定量分析的问题。长达50年的关于社会进化的数值方法的辩论，其主要教训是辩论本身就跑题了。有些学者从原则上就反对定量分析的办法，另一些学者也同样如此反对定性分析，但两派学者都错了。有些问题只能用定量的办法来回答，而有些问题只适用于定性的办法。如果"为什么西方主宰世界"这个问题果真是一个关于社会发展的问题的话，那么最好的办法是定量分析，使用一个能向我们展示需要解释的历史轮廓的社会发展指数。

第三章
能量获取

约80年前,莱斯利·怀特曾说,能量获取应当是了解社会发展的基础。[1] 物质的复合性层次要想随时间的推移而维系,除非它们能自由地从自身所处的环境中获取能量,人类及其社会也不例外。[2]

如果没有氧气,构成我们身体的物质的复合性层次在几分钟后就会开始瓦解;如果没有水,我们几天后就会完蛋;如果没有食物,我们至多撑上几个星期,最终身体还是会垮掉。如果将多个人聚在一起创造超个体,人们就必须获取更多的能量,这使得能量获取成为社会发展的基础。

我所说的"能量获取",指的是人类对能量全方位的获取,最重要的有以下三项。

食物。无论是直接消耗,还是喂养供劳力的牲畜,还是喂养供食用的肉畜。

燃料。无论是用于做饭、取暖、制冷、烧窑或烧炉,还是用于为机器提供能源。燃料既包括木头、煤炭、石油、天然气,又包括风能、水能和核能。

原材料。无论是用于建筑、金属制品、制陶、制衣,还是用于任何其他目的。

如此定义的能量获取与更普遍使用的生理幸福感尺度有关，但要宽泛一些。生理幸福感尺度包括诸如实际工资、人均 GDP、人均 GNP（国民生产总值），或者人均 NDI（国民可支配收入）等。实际工资衡量校正了通货膨胀的个人收入（无论是以现金还是以其他形式获取）；GDP 衡量消费、生产添加的价值和一国疆域内产生的收入；GNP 衡量的是加上或减去从世界其他地方获取的财产转让或劳动收入的净收入的 GDP；而 NDI 衡量的是加上或减去以货币或实物形式从世界其他地方获取的经常净转移的 GNP，包括税收和馈赠。只需将 GDP、GNP 和 NDI 各自简单地除以所研究地域的人口数量，就可转换为人均数字。

经济学家通常关注的是人均实际工资、人均 GDP、人均 GNP 和人均 NDI，而不是能量获取，很大程度上是因为这些度量标准在现代经济体（即 1800 年后的西方、1900 年后的东方和 1950 年后的世界其他地方）中，比种类更广泛的能量获取记录要完备得多。然而，如果在时间跨度极长、生存实践的本质变化巨大的情况下做比较，能量获取是一种更灵活的度量标准。

厄尔·库克的分析框架

在医学研究者、工程师、自然科学家、社会科学家和人道主义者的贡献下，关于人类能量消费情况的文献大量涌现。然而，相形之下，很少有人尝试对其进行历史的综合分析[3]，而且由于不同的研究者专注于不同的能量获取特点（比如，食物消费、净能量消费、物质生活标准、总消费等），以不同的方式对其进行度量（比如，每人每天消耗多少千卡的能量、出生时的预期寿命、实际工资、身高等），或者对变化进行定性分析而不是定量分析，连形成总体概貌也很复杂。因此，我首先要更严密地定义我的一些术语。

我的总体框架要从一幅广为引用的图说起（图3.1）。[4]这幅图最初是于1971年发表在《科学美国人》杂志上的。在该图中，得克萨斯农工大学的地球科学家厄尔·库克对狩猎-采集社会、早期农业社会（他指的是大约公元前5000年的西南亚农民）、先进农业社会（大约公元前1400年的西北欧农民）、工业社会（约1860年的西欧人），以及他本人身处的北美和西欧的技术社会的典型的人均能量获取，进行了粗略估计。库克给四项指标打了分：食物（包括喂养的家畜）、家庭和商业、工业和农业，以及交通运输。此图表成为研究能量获取情况的历史学家一个常用的出发点。

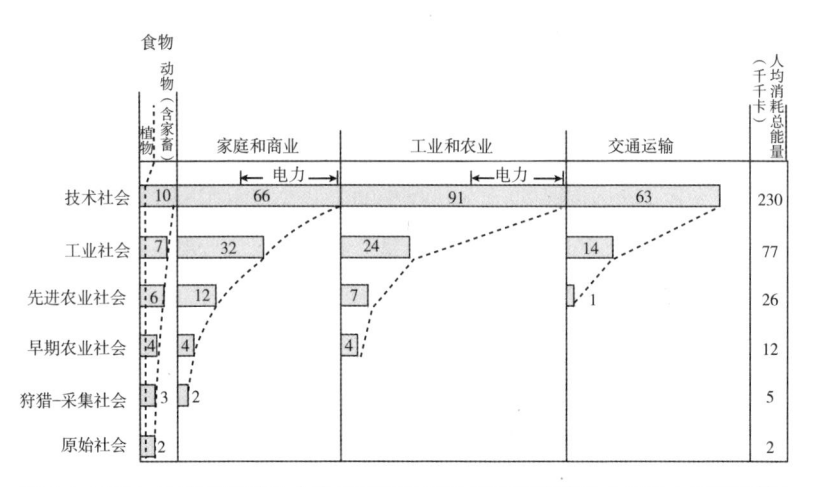

	食物 植物 动物（含家畜）	家庭和商业	工业和农业	交通运输	人均消耗总能量（千千卡）
		←电力→	←电力→		
技术社会	10	66	91	63	230
工业社会	7	32	24	14	77
先进农业社会	6	12	7	1	26
早期农业社会	4	4	4		12
狩猎-采集社会	3	2			5
原始社会	2				2

图3.1 厄尔·库克绘制的社会发展不同阶段的能量消费情况（以每人每天计算）
资料来源：Cook, "Flow of Energy," 137

库克将食物能量与非食物能量区别对待，这是至关重要的。人类对食物能量的消费是具有极大的强制性的：如果在一段时间内，这一数值远低于平均每人每天2 000千卡，人们就会变得虚弱而无法劳动。他们将丧失身体的机能，过早死去。然而，如果食物能量的输入长期高于4 000千卡，人们会变得肥胖，患上极其严重的相关疾病，同样会有不少人过早死去。(营养学家通常会用"卡路里"来描述物理学家所说的营养"千卡",食品包装上的营养成分表上列出的热量实际上指的是千卡。)

食物能量的消费会随时间推移而变化,部分是因为人们会在诸如谷物等"廉价"热量食物和诸如肉之类的"昂贵"热量食物之间来回摆动(大致估算,消耗10千卡的植物才能生产1千卡的肉类)。在肉类丰富的21世纪,饮食通常会达到每人每天大约10 000千卡。然而,非食物形式的能量消耗变化更大。大多数狩猎-采集社会消耗的非食物能量都相当少:他们需要生物质[①]用于烹饪、燃料、衣服、武器、容器和个人饰品,但通常居住在非常简陋的栖身所里,只有极少的实用物质产品。农业社会通常有数量多得多的坚固房屋,有大量的各式各样的人工产品,而现代工业社会无疑更是能生产出数量巨大的非食物产品。在最简单的热带狩猎-采集社会,总能量获取量(食物+非食物)大致会低至每人每天4 000~5 000千卡;而在当代美国,这个数字则会高达每人每天230 000千卡,全球平均水平现在大约为每人每天50 000千卡。

在历史上的大部分时期,人均非食物能量都是趋于上涨的,但人们没有多少办法将非食物热量转化为食物。结果,增加食物能量的困难成了扩大人口规模和提高生活水平的主要障碍。英国人口学家托马斯·马尔萨斯在其《人口原理》中就已认识到这个问题。他写道:"应当始终牢记,食物与原材料极其丰富的加工产品之间存在本质区别。对这些产品的需求可以促使人们需要多少就能生产出多少。然而对食物的需求,绝对没有这样的创造力。"[5]

甚至在史前时代,非食物能量都能稍稍缓解食物供应的压力。例如,提供肥料[6]、改善交通以使食物从充裕的地方流动到匮乏的地

[①] 利用大气、水、土地等通过光合作用而产生的有机体,即一切有生命的可以生长的有机物质。——编者注

方,还可以提供燃料以加工食物。然而,直到19世纪(具有讽刺意味的是,始于马尔萨斯在世时),交通、加工、肥料和科学干预才对食物供应进行了彻底改革,使得人类的身材、寿命和健康状况得到不断改进。[7]

尽管这在马尔萨斯和库克的研究中都占据重要位置,对长期经济史感兴趣的社会科学家们仍通常会忽略食物能量和非食物能量的差别,只专注于食物,他们的结论是:自1万年前农业被发明出来到200多年前工业革命之前,几乎没有发生什么变化。[8]在最被广为引用的最近的一次讨论中,经济史学家格雷戈里·克拉克清楚地表明:"1800年时世界上的人均富裕状况并不比公元前100000年时好。"[9]但他的论断是错误的。正如马尔萨斯所认识到的,如果良好的天气状况和先进的技术或组织促使食物产量提高了,人口往往会增长,消耗掉剩余的食物,迫使人们消费更少、更廉价的食物能量,然而尽管人均食物供应面临下行压力,从长远来看,非食物能量获取的增长,在整个全新世(约1.1万年前至今的时期)却得到了稳步的累积。

库克提出,虽然在典型的狩猎-采集社会中,每人每天只能获取2 000千卡的非食物能量,但到早期农业社会时便提高到8 000千卡,而先进的前工业化农民每人每天可获取20 000千卡非食物能量。我重新构建的框架表明,从长远看(暂且忽略几个暴跌期),自大约公元前12700年冰期结束后的13 000年间,非食物能量的获取缓慢而平稳上升,直到罗马时代的意大利(这是最先进的古代农业帝国的核心地区)可能会达到每人每天25 000千卡。这似乎是前工业社会可能达到的上限,相当于经济史学家E. A.里格利所说的高级有机经济体和化石燃料经济体之间的界限。[10]

在将近2 000年间,农业帝国/帝制国家不断冲击着这个上限却无法突破。到了17世纪和18世纪,当全球化达到了能使植物和动物在大洲之间流动的程度时，投入交通运输业的热量开始间接地转化为食物热量。然而，直到19世纪，在企业家们学会了将煤燃烧所释放的热能转化为动能之后，非食物能量的获取量才得到了极大增长，使之能够转化成食物热量。这便使人类摆脱了"马尔萨斯陷阱"——至少目前如此。

库克的估计当然只是个起点，因为他只提出了六个数据点（原始社会、狩猎-采集社会、早期农业社会、先进农业社会、工业社会、技术社会），没有尝试区分世界上的不同地区，也没有提供估计时所使用的资料来源。因此，在重新探索东西方的能量获取情况时，我先将库克的数据作为出发点，在给定的能量体制内为"正常"的消费建立一个数量级，然后利用更详细的证据，估算出每个时间点上东西方核心地区实际上距离这些正常的数据有多远。

度量的单位

在书中，我使用下列传统的度量单位：

1 卡＝将 1 立方厘米的水的温度提升 1 摄氏度所需要的热量

1 卡＝4.2 焦耳

1 焦耳＝0.238 卡

1 英制热量单位＝1 055 焦耳

1 吨小麦当量＝3 300 000 千卡

1 吨原油当量＝10 038 000 千卡

1 升小麦当量＝0.78 千克小麦当量＝2 574 千卡

1 兆焦＝239 999 千卡

1 瓦特＝1 焦耳/秒

1 马力＝750 瓦特

成人满足基本生理需求所需食物热量=2 000~2 700 千卡(=8~11 兆焦≈90 瓦特)/(人·天)[11]

证据的本质

关于能量获取的可靠统计资料，在东方的核心地区，只能部分回溯到 20 世纪，在西方也只能回溯到 19 世纪早期。即便如此，这些资料通常也都会遗漏农业社会用于燃料和建筑的大量的生物质。[12] 零星的统计资料在中国和日本的部分地区可追溯至 19 世纪，在西欧可至少追溯至 17 世纪。在此之前，无论东方还是西方，都只有文本记录，偶尔才有一些计量文献，在中国可回溯至公元前 1200 年，在美索不达米亚和埃及可回溯至公元前 3000 年，但这些资料都无法提供像现代时期那样可供了解的细节。

我们在时间上回溯得越远，就越必须依赖于考古证据和比较证据。前者有时能为我们勾勒出一幅关于谷物和技术的非常清晰的画面，以及关于贸易水平和生活水准的一种尽管模糊但仍然很重要的认识。结合现代背景下文献翔实的关于类似的谷物、技术、贸易和生活方式的能量产额的比较证据，我们可以大致了解能量获取的情况。我们偶尔也可以对照一些完全不同类别的证据，如冰芯和泥炭沼泽的污染记录等，进行交叉检验。

将这些形形色色的资料结合在一起，当然是个挑战，时常需要施展猜测的功夫。一方面，这使得专家们永远不可能对公元 1900 年之前的东方和公元 1700 年之前的西方的精确分数达成一致意见；但另一方面，这些证据的确形成了没有专家会质疑的历史上能量获取的参数。例如，没人会认为公元 1000 年西方的核心地区（大约在伊拉克—埃及一带）或东方的核心地区（黄河流域）的能量获取数据，会像 1 000 年后的美国或日本一样高，或者就此而言，像 1900 年、

1800年，甚至1700年时的核心地区那样高。同样，也不大可能会有专家提出公元1000年时西方的能量获取数据会和1 000年前罗马帝国时一样高，但几乎所有专家都会同意，那时的能量获取数据会比大约公元前1000年"黑暗时代"的地中海地区高。在东方，大多数中国经济史学家也许会同意，东方的能量获取水平在公元1000年前后的宋朝，比在公元1年前后的汉朝要高，比在公元前1000年前后的西周时期更是要高得多。任何违背这些看法的结论，都会招致严密的审查。

在一定限度内，我们当然可以建立一个大致的、约略的能量消费数字，但更重要的是，我们能否将误差幅度控制到足够小，从而大概估计能量获取的状况，使我们能够确认对"为什么目前西方主宰世界"这个问题的最好解释，究竟是长时段注定论，还是短时段偶然论，抑或根本是某种其他理论。

对西方能量获取的估计

表3.1、图3.2和图3.3显示了我对公元前14000年以来西方能量获取的估计。

计算不同时期的能量获取的最好方法，是从最广为人知的时期向最不为人知的时期推算，因此我不是从公元前14000年起始，不断向前推进至公元2000年，而是让我的讨论从目前开始，回溯至公元1700年，然后向后进行两次大跳跃，再去填补三个时期之间的沟壑。第一次跳跃是跳回到约公元前500—公元200年的古典地中海世界，有好几位经济史学家新近提出了一些消费水平的数据；第二次跳跃是跳回到我们故事的开端，即大约公元前14000年时，在这个时间点上（尽管会令非考古学家们大吃一惊），我们可以对晚冰期狩猎-采集社会的消费做出非常有把握的估计。

表 3.1 公元前 14000—公元 2000 年，西方的能量获取及对应分数

年代	千卡/（人·天）	分	年代	千卡/（人·天）	分
公元前 14000 年	4 000	4.36	公元前 500 年	23 000	25.06
公元前 13000 年	4 000	4.36	公元前 400 年	24 000	26.15
公元前 12000 年	4 500	4.90	公元前 300 年	26 000	28.33
公元前 11000 年	5 000	5.45	公元前 200 年	27 000	29.42
公元前 10000 年	5 000	5.45	公元前 100 年	29 000	31.06
公元前 9000 年	5 500	5.99	公元前/公元 1 年	31 000	33.78
公元前 8000 年	6 000	6.54	100 年	31 000	33.78
公元前 7000 年	6 500	7.08	200 年	30 000	32.69
公元前 6000 年	7 000	7.63	300 年	29 000	31.60
公元前 5000 年	8 000	8.72	400 年	28 500	31.06
公元前 4000 年	10 000	10.90	500 年	28 000	30.51
公元前 3500 年	11 000	11.99	600 年	26 000	28.33
公元前 3000 年	12 000	13.08	700 年	25 000	27.24
公元前 2500 年	14 000	26.00	800 年	25 000	27.24
公元前 2250 年	16 000	17.44	900 年	25 000	27.24
公元前 2000 年	17 000	18.52	1000 年	26 000	28.33
公元前 1750 年	19 000	20.65	1100 年	26 000	28.33
公元前 1500 年	20 500	22.34	1200 年	26 500	28.88
公元前 1400 年	21 000	22.88	1300 年	27 000	29.42
公元前 1300 年	21 500	23.43	1400 年	26 000	28.33
公元前 1200 年	21 000	22.88	1500 年	27 000	29.42
公元前 1100 年	20 500	22.34	1600 年	29 000	31.06
公元前 1000 年	20 000	21.79	1700 年	32 000	34.87
公元前 900 年	20 500	22.34	1800 年	38 000	41.41
公元前 800 年	21 000	22.88	1900 年	92 000	100.00
公元前 700 年	21 500	23.43	2000 年	230 000	250.00
公元前 600 年	22 000	23.97			

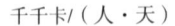

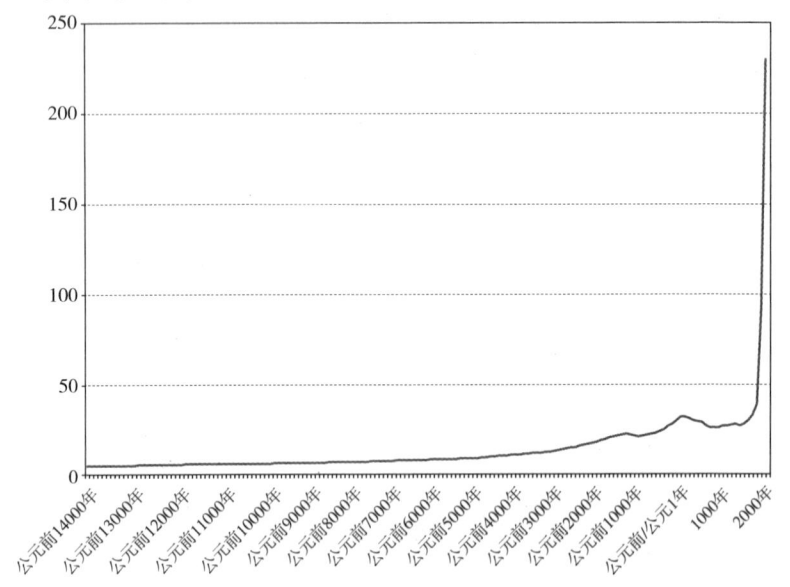

图 3.2 公元前 14000—公元 2000 年，西方能量获取的情况（线性-线性标尺）

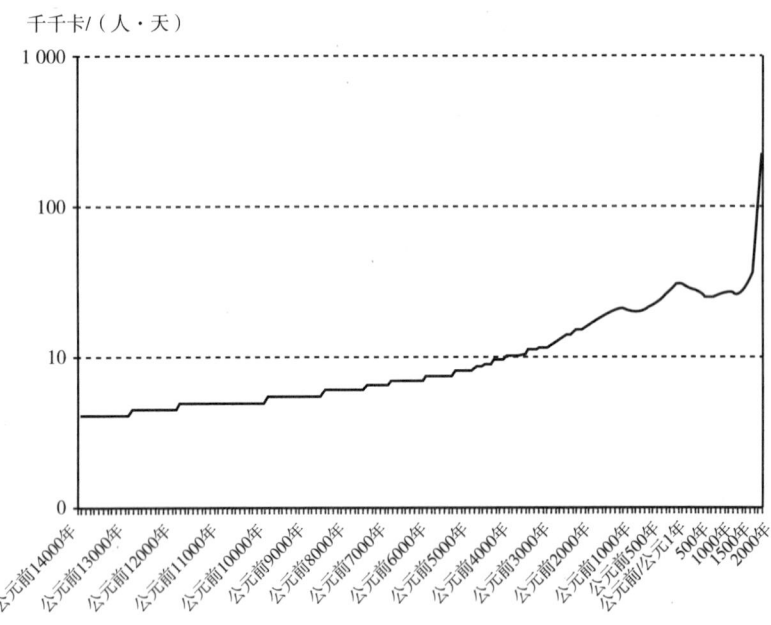

图 3.3 公元前 14000—公元 2000 年，西方能量获取的情况（对数-线性标尺）

不远的过去（1700—2000年）

2000年的统计数据质量很好，据此可以得出西方核心地区（美国）的人均获取食物+非食物总能量为（每人每天）大约230 000千卡。[13]按照第二章中介绍的方法，每人每天获取230 000千卡能量（这是史上最高的能量获取水平）可得到满分250分，意味着在指数中，每人每天获取920千卡能量得1分。

我们关于1900年甚至1800年西方最先进的经济体（大西洋北岸一带）的资料，至少在某些方面是相当完备的。有可回溯至1700年的关于欧洲某些部分的工业产值的比较丰富的资料，[14]但主要难题是怎样将这个信息与用作燃料、房屋和衣服等的生物质结合起来。最依赖于生物质的农民往往不会留下太多的文字记录，这就迫使我们关注那些根据比较证据所做的估计，再与文学和艺术作品中的定性证据进行对比核实。定性证据通常极其丰富，[15]但又必须将不同来源的资料汇集起来，这不可避免地会扩大误差。

将化石燃料和生物燃料的数字，与英国经济学家安格斯·麦迪逊的人口数据相结合，显示西方核心地区典型的能量获取数字为：1900年，每人每天约92 000千卡；1800年，每人每天约38 000千卡。[16]据我的大致估计，1900年的每人每天92 000千卡可分解为约41 000千卡来自化石燃料，8 000千卡来自食物/牲畜饲料，43 000千卡来自非食物生物质；而1800年的每人每天38 000千卡，可分解为约7 000千卡来自化石燃料，6 000千卡来自食物/牲畜饲料，25 000千卡来自非食物生物质。1900年的每人每天92 000千卡和1800年的每人每天38 000千卡这两个数字，都与库克所估计的1860年的先进西方经济体能量获取数据为每人每天77 000千卡的数字相吻合，在这样的数据可等同的范围内，与遗嘱检验记录和工业考古学所提供的关于家庭用品增长的证据，看来是一致的。[17]1800年和1900年的数字比2000年的数字所容纳的误差幅度要大，但与历史文献中关于能量消费给人们留下的深刻印象，以及美国经济史学家罗伯特·C.艾伦所重新确定的实际工资的变化趋势，也是相符的。[18]

我所估计的西方核心地区的人均能量获取在1800—1900年有242%的增长，低于已被广泛接受的发达的欧美核心地区工业产值增长的统计数字。[19]那是因为在估算工业产值时，生物质和肌肉力量通常完全不纳入计算，这使得总体能量获取的情形被扭曲了。19世纪工业产值的一个重要剖面是在向着取代生物质和肌肉力量，而不是增加它们的方向发展，在这一过程中要容许工业核心地区有比以往高得多的人口密度，而又不至于产生环境灾难。

当我们回顾公元1800年之前时，不确定性无疑大大增加了，但我们的估计仍然有强大的约束力。西方的能量获取情况在18世纪的增长速度显然要比在19世纪的慢，但比在17世纪或16世纪时要快；如果库克的推断，即中世纪晚期的先进农业社会已能达到每人每天获取26 000千卡能量的水平是正确的，那么公元1700年前后早期现代化的西北欧所消费的能量，一定在每人每天30 000~35 000千卡。

1700年和1400年西方核心地区能量获取的比大致为5∶4，这一猜测是基于大量的文献资料和考古证据做出的，内容涵盖整个社会生活的方方面面，如房屋质量的改善，家庭用品品种的增多和质量的改善，西北欧地区实际工资的上涨，昂贵热量消费的增长，工作时间的增加，等等。[20]

安格斯·麦迪逊估计西欧的人均GDP在1500—1700年，从798美元（以国际元来表示，这是一种与1990年的1美元具有同等购买力的假设单位）增长至1 032美元。[21]有好几位经济学家都认为麦迪逊的数字估计得低了，[22]但其总体趋势似乎没有错误——只要我们记住，几乎所有的计算结果似乎计算的都只是非食物能量。成人的身高是反映儿童营养水平的强有力的指标，[23]但1700年与1400年的数据似乎变化不大。[24]

我的数字（即1700年时西方的每人每天能量获取为32 000千卡）当然是个推测，但我认为误差不超过10%，原因如下。

一是，如果西北欧的能量消费在1700年时已经超过了每人每天35 000千卡，但是到1800年时只增长到38 000千卡，就很难解释工业和运输业上消耗的所有额外能量从何而来（正如罗伯特·C.艾伦所展示的，实际工资在1750—1800年也许是下降了，随后也增长得很缓慢，直到1830年，因为新的经济精英获得了大量利润，又进行了再投资）。[25]

二是，西北欧的能量消费在1400年时已经达到了每人每天26 000千卡，假如在1700年仍然低于每人每天30 000千卡，就很难解释贸易、工业、农业和林业在15—17世纪，怎么可能像我们所知的那样迅猛发展，同期能量获取却增长得这样缓慢。

三是，假设西方的能量消费在1400年后迅猛上升，在1700年前后却仍低于每人每天30 000千卡，在此情况下，我们可以将1400年的数字从每人每天26 000千卡压低至每人每天20 000千卡，那么我们将不得不要么承认，（按前现代化的标准，）生产力极高的1400年前后的欧洲社会，在能量获取方面还不及大约3 000年前青铜时代的地中海东南地区，这似乎不大可能；要么承认，大约公元前1600年的能量获取要更低，或许在每人每天15 000千卡左右，这反过来又要求我们将更早的数字压得更低。由于我们可以为后冰期时代的能量获取设一个至少每人每天4 000千卡的下限，将公元前第二个千年的能量获取水平压低到每人每天15 000千卡，这么一来，像公元前1500年前后乌尔这样的考古遗址有坚固的房屋，而像公元前12000年前后以色列的艾因-马拉哈这样的遗址只有非常简陋的栖身所，两者之间生活水平存在的巨大差异就难以解释了。[26]

图3.4所展现的数据是我对现代西方的估计。

千千卡/(人·天)

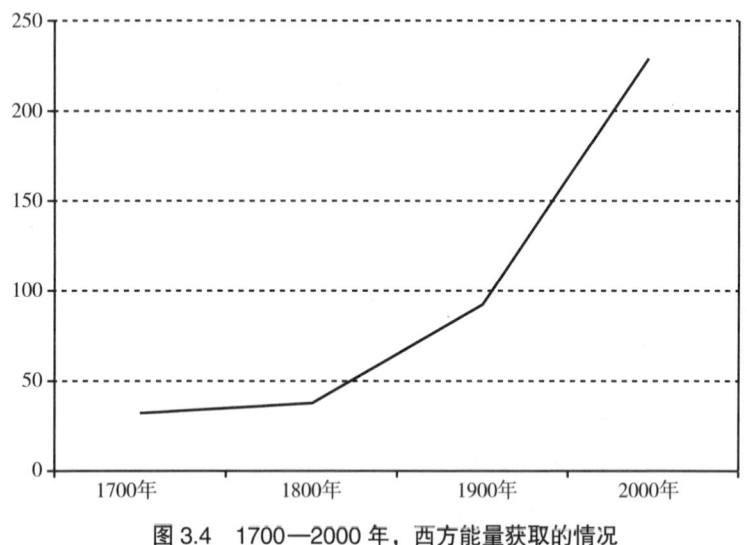

图 3.4　1700—2000 年，西方能量获取的情况

古典时期（公元前 500—公元 200 年）

过去几年，有几位历史学家和经济学家曾尝试量化古典时期地中海地区的实际工资和人均 GDP。这些计算虽然与本书所定义的能量获取不是一回事，但是迈出了非常有益的一步。

实际工资

我们有关于古代地中海地区工资和食物价格的信息，虽然数据参差，但十分有用，据此也能计算出部分时期和地方某类人每天能买得起的小麦数量。在一篇重要文章中，美国古代史学家沃尔特·沙伊德尔循早期现代史学家扬·卢滕·范赞登之例，将古代的工资数据换算为"小麦工资"，借以表示一名工人一天收入可以买到的小麦的升数。[27] 掌握了这样的信息，以及 1 升小麦（0.78 千克）含 2 574 千卡能量，我们就能计算出由工资水平代表的能量获取情况了。

沙伊德尔证明,在公元前400年之前不久,一名雅典成年男子的实际工资,每天可以购买含有超过22 400千卡能量的小麦,而到了公元前3世纪20年代,实际工资的购买力上升到相当于每天可购买33 500~40 000千卡能量的小麦。这是极高的数字了,接近于18世纪甚至19世纪早期的西方核心地区了。

沙伊德尔关于公元前几个世纪罗马时代的意大利的数据,变化要大得多。其中罗马城的工资相当于每天可获得15 500到超过43 000千卡的能量,而庞贝的每日工资可获得12 000~30 000千卡的能量。这些数字的平均值为每天大约25 000千卡,但正如沙伊德尔所指出的,考虑到变异量,很难过于相信这个数字。

这些数字代表着前进的一大步,但在将实际工资与能量获取相关联的道路上,也有后退的两步。首先,正如沙伊德尔本人所强调的,数据点非常分散,我们无法判断数据是否典型。在古代欧亚大陆的西部只有一例,即公元前385—前61年的巴比伦,我们知道许多商品的真正详细的一系列价格点,然而价格的波动也很大。[28] 由于我们经常不得不面对一连几个世纪无资料的情况,只搜集到单独的价格点,因此我们很可能会被零星信息误导。

其次,工资水平与总体的食物和非食物能量获取之间的关系很不明朗。我们只有少量行业的工资信息,许多人也许部分地或很大程度上是在非货币化经济中从业的,比如在家庭农场或家庭商铺中谋生。在古典时期的雅典,工资数据来自诸如军饷和担任公职所获的俸禄之类的国家雇佣部门。[29] 在这些部门,国家扮演了独家垄断买方的角色,这就使得工资水平与私有领域的关系变得很难琢磨了。

罗马的数据并没有那么严重地偏斜于国家付酬,[30] 但也有其自己的问题。我们不知道无记录的行业和有记录的行业的对比情况,也不知道家庭通常有什么样的收入来源来补充文献中提到的工资收入,或典型的家庭在能量获取方面有多少来自完全在货币化经济之外的生物质。

065

人均GDP

还有一个办法是计算古代社会的GDP,再除以其人口规模。有多位历史学家和经济学家提供了对公元最初两个世纪罗马帝国的估计(表3.2)。这个办法避免了实际工资的一些问题,但也产生了其自身的一些新难题,最明显的是计算须依赖于一系列假设。[31] 沙伊德尔和史蒂文·弗里森甚至承认"研究罗马世界的学者,如果不熟悉我们的方法,也许会倾向于把这种项目贬斥为一团乱麻般的臆想"[32]。

表3.2 对罗马人均GDP的估计

	千克小麦当量/(人·年)	千卡/(人·年)	千卡/(人·工作日)
基思·霍普金斯	491	1 620 000	4 438
麦迪逊、雷蒙德·戈德史密斯	843	2 780 000	7 616 仅算意大利:12 712
彼得·特明	614	2 030 000	5 561
麦迪逊、雷蒙德·戈德史密斯(经沙伊德尔、弗里森的数据调整)	620	2 050 000	5 616 仅算意大利:9 370
埃及"概况",沙伊德尔、弗里森	390	1 290 000	3 534
埃及"可观数字",沙伊德尔、弗里森	940	3 100 000	8 493
沙伊德尔、弗里森	714	2 360 000	10 710
301年,戴克里先价格法令(根据艾伦的资料)	204	670 000	1 836

资料来源:Hopkins, "Taxes and Trade in the Roman Empire"; Goldsmith, "Estimate of the Size and Structure"; Maddison, *Contours of the World Economy*; Temin, "Estimating GDP"; Scheidel and Friesen, "Size of the Economy"; Allen, "How Prosperous Were the Romans?"

最重要的假设是估计最小食物需求量,这一"提高"能表现出非食物消费情况;另一个假设是要表现出政府开支情况,还要推测出每年工作日的典型数字。关于所有这些数据,意见都很不一致。公元最初两个世纪人均GDP的估计结果,低至古代史学家基思·霍普金斯提出的相当于每人每工作日 7 364 千卡，高达经济学家雷蒙德·戈德史密斯和麦迪逊提出的每人每工作日 12 636 千卡。[33] 沙伊德尔和弗里森强调研究一系列估计的必要性，但他们的确提出了每人每工作日 10 710 千卡，作为总结性的数字（7 000 万人口在 220 个工作日中生产了 5 000 万吨小麦当量）。将估算方法与罗马帝国治下的埃及的资料相结合后，他们认为实际的数字必然在每人每工作日 5 864~14 091 千卡，采用好几种不同的方法计算出的数字也都会合于这一范围。

这些能量获取的分数比从实际工资推算出来的要低得多，这似乎出于两个原因。首先，人均 GDP 的估算法是运用于整个罗马帝国，而不是意大利核心地区的。这又一次提出了关于单位选择的"彭慕兰问题"（见第二章）。我们需要专注于西方最发达的核心地区，在此应该是意大利。麦迪逊意识到了这一点，提出流入意大利的税收和贡赋提高了其 NDI，使之比帝国其他地区高出 2/3，这将使麦迪逊对意大利能量消费的估算被推高到每人每工作日 12 712 千卡（或者，使用沙伊德尔和弗里森对他的分数提出的调整，每人每工作日 9 370 千卡）。[34]

然而，意大利的这个分数甚至仍然低于沙伊德尔所使用的从罗马和庞贝的实际工资推算出的能量获取下限，接近于库克计算的早期农业社会（他指的是大约公元前 5000 年西南亚的农业社会）的分数。对此的解释是，用于所有对 GDP 数字的"提高"，非常严重地低估了罗马经济中用于燃料和建筑、风能和水能，以及原材料的生物质。霍普金斯只提高了 33%，试图覆盖种子和损耗，即使戈德史密斯给出的最高估计（与麦迪逊、沙伊德尔和弗里森的所得一致）也只有 75%。关于能量获取的对比数据表明，真实水平一定高得多。[35]

加拿大科学家瓦茨拉夫·斯米尔在其对生物质能精妙的研究中，以能量密度为标准，将生物质燃料分成了两类（表 3.3）。[36] 他界定的极低密度类（泥煤、生材、草类）每千克产生 5~10 兆焦（相当于 1 200~2 400

千卡）能量，而低密度类（作物残茬、风干木材）每千克产生12~15兆焦能量（相当于2 880~3 600千卡），看来与古罗马最为相关。煤炭的使用在罗马帝国并非无足轻重，尤其是在北方省份，但化石燃料的确还不是主要的燃料来源。[37]

表3.3 能量密度

密度	能量来源	能量密度（兆焦每千克）
食品		
极低	蔬菜、水果	0.8~2.5
低	薯类、牛奶	2.5~5.0
中等	肉类	5.0~12.0
高	谷物和豆类	12.0~15.0
极高	食用油、动物脂肪	25.0~35.0
燃料		
极低	泥煤、生材、草类	5.0~10.0
低	作物残茬、风干木材	12.0~15.0
中等	烟煤	18.0~25.0
高	木炭、无烟煤	28.0~32.0
极高	原油	40.0~44.0

资料来源：Derived from Smil, *General Energetics*

我们当然没有罗马帝国生物质燃料使用情况的统计数字，但我们的确有一些具有提示性的比较证据。20世纪热带狩猎-采集群体通常靠每人每年不到500千克的生物质燃料过活，其中大部分估计是极低密度类的，也就是说，其能量获取量大概为每人每天1 300~2 600千卡。气候较冷地区的农业社会通常使用的生物质燃料约为每人每年2.5吨，估计既有低密度类的，也有极低密度类的；假设低密度类/极低密度类的比为50∶50，那么能量获取量约为每人每天12 329~22 191千卡。18世纪西北欧和北美先进的有机经济体的使用量为每人每年3~6吨。如果我们再次假设低密度类和极低密度类燃料的比为50∶50，那么能量获取量将为每人每天21 699~43 397千卡。[38]

这些关于其他社会生物质燃料使用情况的数据，与库克对西欧中世纪晚期先进农业社会的非食物能量消费的估计（即每人每天20 000千卡）是一致的。最重要的问题是，古代地中海地区的经济在这个范围处于什么位置。要回答这个问题，我们必须求助于考古学。

考古证据

考古方法包括调查古人为获取能量所留下的实际物质残存，其形式包括人类和动物的骸骨、炭化的种子、花粉、房屋、人工产品和污染留下的化学痕迹。这种实地考察的办法比更程式化的实际工资法和人均GDP法混乱得多，但更具有实证效力。最重要的是，比之非常抽象的人均GDP法，这能描绘更清晰的画面，并显示出无论实际工资法还是人均GDP法，都严重地低估了古代社会的能量获取能力。

考古证据证实了实际工资法产生的数据给人们留下的印象，即按照古代社会的标准，公元前4世纪的希腊人获取能量的能力很高。[39]他们的饮食相对较好，肉类的含量通常较低，尽管各地差别较大。[40]橄榄油、葡萄酒、水果、大蒜和鱼类占了相当大的比重，尽管鱼类的消费量像肉类一样，各地差别很大。[41]食物消费不足以将成年男子的平均身高提高到168厘米以上，[42]但鉴于"昂贵"的热量的数量，按照地中海地区古代社会的标准，典型的希腊人摄入的食物能量一定是相当高的，也许能达到每人每天4 000~5 000千卡。

典型希腊人的饮食好（人口增长也快），部分也许是因为太阳活动减弱，公元前800年的气候从亚北方期转为了亚大西洋期，给地中海地区带来了更凉爽、更湿润的天气，有利于依赖冬季的雨水种干谷的农民。然而，最近对地中海东部地区的80份文献的综合研究显示出了超乎寻常的区域差异，只在大约公元前800—前200年，存在细微的变化。[43]

无论气候扮演着什么角色，希腊人的行为变化似乎的确发挥着作用。自20世纪80年代起，实地调查的考古学家们就认识到，之前认为希腊农业模式效率低下和厌恶风险，绝对是不正确的，因为这样的农业体系不可能生产出足够的粮食，以支撑古希腊世界的人口密度。[44]

关于聚落形态和发掘出来的农庄的证据，表明公元前500—前200年可能出现了连片土地上密集耕作的变化，肥料得到大量施用，通常生产是为了适应市场，通过干谷耕作获得的收益至少要到19世纪才能与之媲美。[45]孢粉数据支持了这一观点，在大约公元前500—前200年，不仅在希腊，而且遍及地中海东部地区，甚至远至亚洲的伊朗西部，出现了谷物和橄榄生产的高峰。[46]

古典时期希腊的房屋又大又舒适，通常都有240~320平方米的套内面积。关于房屋价格的资料存在争议，[47]但一般来说一座房屋的成本大概是1 500~3 000德拉克马银币，当时5 000千卡的日常饮食需要约半个德拉克马，这意味着一座普通房屋的成本相当于1 500万~3 000万千卡的能量。按30年的房屋寿命期平摊，相当于每天将近1 375~2 750千卡。（我们无从得知希腊人预期的房屋寿命是多久，但30年似乎大致符合从考古遗址观测到的房屋重建率。）

更难量化的是窑炉、熔炉、作坊等代表的人均能量消费。正是这些窑炉、作坊生产了我们在希腊人的房屋中，在神庙、堡垒、武器和盔甲、战船、公共建筑、私人纪念碑、道路、港口、艺术作品，以及考古学家们发掘的无数其他目标中发现的所有人工制品。还有从远在乌克兰和埃及等地的农场运来的大量食物，其运输成本所代表的人均能量消费。然而，对比古希腊定居点（如毁于公元前348年，如今已被发掘得很详细的奥林图斯）与中世纪和早期现代西北欧地区的定居点（如英国的沃拉姆·珀西）的房屋质量和手工艺品的丰富程度，更不用说对比中世纪和早期现代的希腊，会给人们留下深刻的印象：古希腊人享受着极高的物质生活水平。[48]

同样惊人的还有，古希腊人不仅承受得起相当高水平的非食物消费，并且在公元前4世纪的爱琴海一带也承受得起较高的人口密度。[49] 公元前4世纪，希腊多个地区的人口密度直到20世纪才被追平。如此多的希腊人居住在小城镇，而非小村落或农庄，这个事实一定意味着他们的能量获取达到了非同寻常的高度。希腊历史学者杰夫·克朗在一篇重要论文中利用住房证据，论证了在许多方面，普通的希腊人实际上过得比18世纪普通的英国人都要好。[50]

希腊考古资料清晰地指向高能量获取量（按照前现代的标准）。我估计公元前4世纪的这个数字为每人每天20 000~25 000千卡（更可能接近上限），在公元前1000—前800年的"黑暗时代"的水平，即每人每天接近16 000千卡的基础上急剧上升。[51]

大量关于罗马的证据表明，1—2世纪意大利地区的能量获取，比公元前4世纪时的希腊还要高。农业产量的水平仍然存在争议，尽管按照前现代的标准，埃及的灌溉农业的产量似乎极高。[52] 对于消费的定量研究——包括从定居点发现的牲畜骸骨，到沉船残骸的数量、因工业活动而产生的铅和锡污染的水平、森林采伐的程度、在石头上公开铭刻的频率、流通中的钱币数量，以及沿德国边境发现的考古出土物的数量在内的一切——也指向了同样的结果：地中海的人均获取能量在公元前第一个千年增长迅猛，其巅峰时期是公元前100—公元200年，然后在公元第一个千年的中期下跌。[53] 图3.5展示了沉船残骸数量的升降（通常被视为海上贸易水平的表现），与西班牙佩尼多维洛地区年代确定的沉积物中铅污染水平的高低紧密匹配。

每类资料都有其自身的局限，[54] 但没有一个论点能令人信服地解释清楚公元前第一个千年非食物消费的惊人增长，以及为何其巅峰出现在公元头两个世纪。沉船残骸的资料和罗马城周边的运输用陶器的巨大垃圾堆（其中仅泰斯塔西奥山就有2 500万个陶器的残片，这些陶器曾被用于装船运输7.6亿升橄榄油）[55]，也证明了非食物能量被用于增加食物供给，而且"昂贵"食物热量的消费水平异乎寻常地高。一些学者还探明了公元头两个世纪人们身高有所增长，尽管另一些学者比较悲观，认为罗马帝国早期意大利成年男子的身高普遍不到165厘米，比铁器时代或中世纪的意大利人要矮。[56] 更多的证据，以及更多的与之相应的统计技术的运用，应当能解决这个问题，我们寄希望于历史学者格尔杰·克莱因-戈尔德维克的罗马人骨骼数据库的面世。

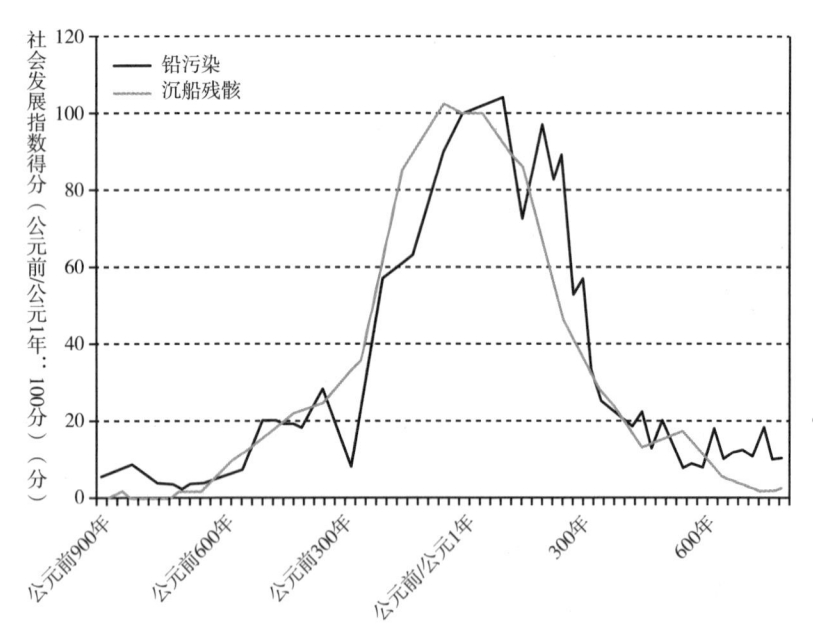

图3.5 沉船残骸和铅污染情况所显示的公元前后第一个千年经济增长和下跌情况

资料来源：Parker, *Ancient Shipwrecks*; Kylander et al., "Refining the Preindustrial"

像在希腊的情况一样，房屋证据的信息量也许是最大的，考古学家罗伯特·斯蒂芬和杰夫·克朗搜集和分析了这方面的资料。[57] 来自埃及和意大利的资料已经表明，公元初的几个世纪，典型的罗马房屋甚至比古希腊的房屋还要大，而且（按照前现代的标准）复杂精细的水管设施、排水系统、屋顶和地基在社会各阶层的房屋中都可见到。[58]

罗马考古遗址中物质产品的激增更令人惊讶。批量生产的精美的轮制陶器、装葡萄酒和橄榄油的双耳瓶，还有贱金属的饰物和工具的大规模生产，在公元头几个世纪达到了前所未有的水准。[59]分布图也显示，到公元200年时，贸易网络之广大和密集远超后世，至少要到17世纪才又恢复到这时的水准。[60]与帝国正式边界之外很远的印度的贸易规模，尤其令人印象深刻。[61]

考古数据表明，通过考察实际工资，尤其是人均GDP的办法来研究罗马经济，会低估罗马核心地区的能量消费情况。迄今为止，所有的人均GDP计算均以人类对食物能量的生理需求为出发点，对非食物消费进行了随意的"提高"，既没有考虑生物质能的比较证据，也没有考虑非食物消费异乎寻常的激增的考古证据。正如前面所提到的，至今出现的最大的"提高"为75%，但比较证据表明，对于复杂的农业经济来说，这个数字太低了。

库克总结说，即使对于一个"标准的"先进农业经济体，"提高"的幅度都应远超300%。[62]考古证据清楚地表明，大约公元前200—公元200年的罗马时代的意大利，绝非一个"标准的"先进农业经济体。目前还没有办法非常精确地确定应当对其"提高"多少，但考古证据给我的启示是，应当比古希腊高出许多，很可能应提高400%以上。因此，1世纪时罗马核心地区总能量获取能力大约为每人每天31 000千卡。

这一估计使得公元100年前后的罗马核心地区的能量获取能力，仅略低于公元1700年的西北欧核心地区。对罗马经济来说，这是一个比人均GDP的估计更乐观的评定，但能解决对罗马经济观察方法不一致的问题。麦迪逊的数字显示公元头几个世纪的罗马帝国，与1500年的西北欧最相当，不过他随后又指出，罗马的城市化水平实际上与约1700年的西欧更接近，而不是约1500年。虽然沙伊德尔和弗里森也曾总结说，2世纪时整个罗马帝国范围的经济不像1580—1600年的荷兰或1680—1700年的英国的经济那样精密，但他们的确提到过，意大利核心地区的表现要好得多。经济学家保罗·马拉尼马也得出了同样的结论。[63]

我只知道还有另外两个尝试，通过我在这里使用的方法，计算了整个罗马帝国的能量获取。第一个是瓦茨拉夫·斯米尔在其《为什么美国不是新罗马》一书中提出的。[64]这本书旨在彰显当代美国和古罗马之间的不同。斯米尔非常正确地强调的一个观点是，两者在能量获取方面存在巨大的鸿沟。然而，在试图证明这个非常有效的观点时，他过分低估了罗马人的能量消费数据。他认为当代美国人使用的能量比罗马人高出30~50倍，这将使罗马人的总能量获取数值定为每人每天4 600~7 700千卡。如果我们假设其中大约2 000千卡是食物（这意味着忽略考古证据所显示的来自肉类、食用油和葡萄酒等的相当高的"昂贵"热量消费水平），那么就只剩下每人每天2 600~5 700千卡来涵盖所有其他能量消费了。为了证明这个估计是正确的，斯米尔提出罗马人使用的燃料每人每年只有相当于180~200千克的木材，或者说大致为每人每天1 750~2 000千卡的热量。

这些数字与关于罗马人的消费状况，或罗马时代沼泽、冰芯和湖床的铅污染程度的考古证据并不相符。斯米尔的数字与他在《世界历史的能量》一书中使用的前现代时期生物质的数据，也不相符。[65]斯米尔对罗马能量获取能力的估计低至与一些有记录的最简单的农业社会相当。我本人的估计与意大利人口史学家洛·卡西欧和马拉尼马的计算大致相当，我们都将巅峰时代的罗马（约公元100年）的能量获取能力与1700年的西北欧相提并论，而麦迪逊和沙伊德尔、弗里森则认为其与16世纪的西北欧更相近。[66]然而，斯米尔在《为什么美国不是新罗马》一书中提出罗马人获取的非食物能量只有每人每天2 600~5 700千卡，这就将罗马人的水平降至不足斯米尔本人在《世界历史的能量》一书中估计的18世纪的西北欧能量获取数字（每人每天21 700~43 400千卡）的1/8了，使罗马人更接近于狩猎-采集社会，而不是早期现代农业社会。所有其他类的证据都使这一数据显得实在太低了。

第二个尝试是保罗·马拉尼马在他的论文《罗马世界的能量消费和能量危机》中提出的，这篇论文是其在2011年罗马美国学院的一次会议上发表的。[67]该论文的附录之一直接回应了我在《西方将主宰多久》一书中的论点，提出罗马人获取的能量在巅峰时期为每人每天6 000~11 000千卡。这大致是斯米尔所估计的数字的2倍，却不及我的预估数字的1/3。

我们的计算之间的某些差异是明显的。正如上文所述，不同类型的食物能量有不同的成本。通常要耗费大约10千卡的饲料才能产生1千卡的肉食，这意味着向肉类消费转变的时期，也是人均能量消费增长的时期。以面包和水为食的人，也许会像以牛排和香槟酒为食的人一样，吃掉同样千卡的食物能量，但食用牛排/香槟酒代表着高得多的整体能量消费水平。考古证据表明，罗马时期大多数人的饮食成本都有巨大增长。这在罗马本地最为显著。葡萄酒和橄榄油消费的爆炸性增长创造了泰斯塔西奥山，但即使在最简陋的村落遗址，也出现了向更昂贵的食物能量转化的惊人证据，覆盖的人口达数千万。虽然普通罗马人的饮食并非牛排和香槟酒，但的确他们至少有橄榄油和进口葡萄酒。

马拉尼马将用于建筑、工业和运输的材料排除在了能量之外。在罗马时代之前的大部分时间里，这种定义上的差异不会对计算产生重大的影响，因为那时候的建筑、工业和运输业一直非常简单。但考古证据又一次清晰地显示，罗马时代与前罗马时代最巨大的反差之一就是这些领域迎来了蓬勃发展。

马拉尼马在定义上的判定，不断地创造着比我的分值要低的能量获取分数。而同时下面这种情况也不少见，那就是当他看到一些似是而非的猜测（例如，对罗马帝国役畜的数量及因此而消耗的饲料量的人均数值，或者对人均消耗的木材量的猜测），而选择了较低的估计数字时，我们的差异还在进一步扩大。这些差异合起来，就会使我们每个人的估计数字提高的幅度越发不同。

如果争论纯粹是定义上的，那倒不是很重要，因为马拉尼马和我都竭尽全力地做到了清楚、直白，读者们可以根据自己想了解的问题，选择使用相关指数。然而，马拉尼马还提出，我所得出的罗马帝国的数字肯定是夸大了。他认为我的数字意味着罗马人获得了比19世纪的许多欧洲人还要多的能量，而且罗马帝国早期的能量强度（即消费的能量与GDP的比，或者基本上耗费1千卡所能赚取的美元）是1800年的西欧的2倍。

马拉尼马得出这样的结论，是将我对罗马帝国核心地区能量消费所做的每人每天31 000千卡的估计，与他本人的欧洲人在1800年只能获取大约每人每天15 000千卡的估计进行了比较。他的数字比我得出的1800年前后西欧核心地区能量消费为每人每天38 000千卡的数字低了很多。我的数字来自库克、斯米尔和麦迪逊的计算，而针对19世纪前的时期，马拉尼马定义的能量获取比库克的和我的都狭窄得多。结果，马拉尼马计算的1900年前的分数，始终只有我和库克计算的一半左右，[68] 所以，将我计算的公元100年的能量获取数字与他自己计算的1800年的数字进行比较，只能产生荒谬的结果。我们的设想当然是不同的——按照马拉尼马的计算，西方核心地区的普通人在1800年消费的能量要比公元100年时的多大约75%[69]；而依据我的计算，只多25%。但马拉尼马认为从我的分数可推论出罗马人的能量获取高于19世纪的欧洲人这一荒谬结论，纯粹是因为他坚持比较以不同方式定义的术语所导出的指数。

有两种方法可以解释我和马拉尼马的差异。首先，我们可以将定义上的分歧视为看待数据的两种不同方式,马拉尼马的定义将导致较低的结果,而我的定义则导致较高的结果。那么引人注目的是:总体结论何其相似。马拉尼马和我都认为,欧洲从中世纪到工业革命之间的这段时期,能量消费在稳步增长的这种旧看法是错误的。能量获取状况自罗马帝国之后曾一路下跌,最快也要到 1700 年时,欧洲人才刚刚赶上罗马人的水平。甚至到 20 世纪时,我们的估计仍大致是相似的。依照我的定义,在西方核心地区,能量消费从 1900 年的每人每天 92 000 千卡增至 2000 年的每人每天 230 000 千卡(增长系数为 2.5);而依照马拉尼马的定义,在西欧,能量消费从 1900 年的每人每天 41 500 千卡增至 2000 年的每人每大 100 000 千卡(增长系数约为 2.4)。

然而,这种将马拉尼马的计算和我的计算相对比的方法,会忽略两者之间的巨大反差。正如我在前文中指出的,当我们只观察过去 2 000 年时,这两种方法会产生大致相同的结论。但是,当我们观察自最后一个冰期以来的历史时,情况就大为不同了。马拉尼马的数字意味着从拉斯科时期到泰斯塔西奥山时期,人均获取能量一定大致翻了一番(从养活能生存的人口所需的最低水平,即每人每天 4 000 千卡增长至每人每天约 8 500 千卡),而我则认为应当增长了六七倍,增长至每人每天 31 000 千卡。

马拉尼马倒不像格雷戈里·克拉克那样离谱。正如我前面曾提到过的,克拉克曾说,"1800 年时世界上的人均富裕状况并不比公元前 100000 年时好。"然而,马拉尼马的数字意味着在公元前 14 个千年间,能量获取的年平均增长率只有 0.005%。而我的数字意味着年平均增长率为 0.02%,这个速度也不算快,但使前现代的经济发展展示出一副非常不同且更真实的面貌。

在本章较前面的部分我曾提到过,对罗马世界感兴趣的经济学家,通常都试图探究罗马的实际工资或人均 GDP,却很少有人关心考古记录杂乱的细节。其结果之一便是他们似乎往往对罗马世界与史前社会之间的鸿沟缺乏比较清晰的认识。马拉尼马对度量什么和如何度量所做的设想，没有抓住罗马帝国的生活与1万年前像杰里科那样的农业城镇的生活，以及10万年前像南非的平纳克尔角那样的定居点的生活之间的反差。观察非常长期的能量历史，需要更完备地研究考古记录，也需要采用像库克那样的先驱人物创新的方法。能量流动[①]之类的问题对研究史前社会和古代社会至关重要，而库克等人的方法比马拉尼马的方法要敏锐得多。

结论

贯穿公元前第一个千年，人均获取能量的数字都有所增长，在1世纪时达到最高点，约为每人每天30 000千卡。按照前现代的标准，这是一个极高的水平，接近于1700年前后西方核心地区的水平，不过按现代的标准仍算很低，也许连当代美国15%的水平都达不到。图3.6显示了我对古代时期（公元前500—公元200年）和现代时期（1700—2000年）的估计。

古代和现代之间（公元200—1700年）

下一个挑战是填补古代地中海地区和早期现代欧洲的数据之间的漫长鸿沟。我把这1 500年分成了三个阶段：公元200—700年、公元700—1300年、公元1300—1700年。

公元200—700年

图3.5显示了在这第一个阶段中，工业和商业活动出现了长达几个世纪的意味深长的衰退，说明能量获取的水平也在下降。

原则上讲，罗马帝国皇帝戴克里先于公元301年颁布的关于价格

---

① 指能量从较低营养级向较高营养级的传递。——编者注

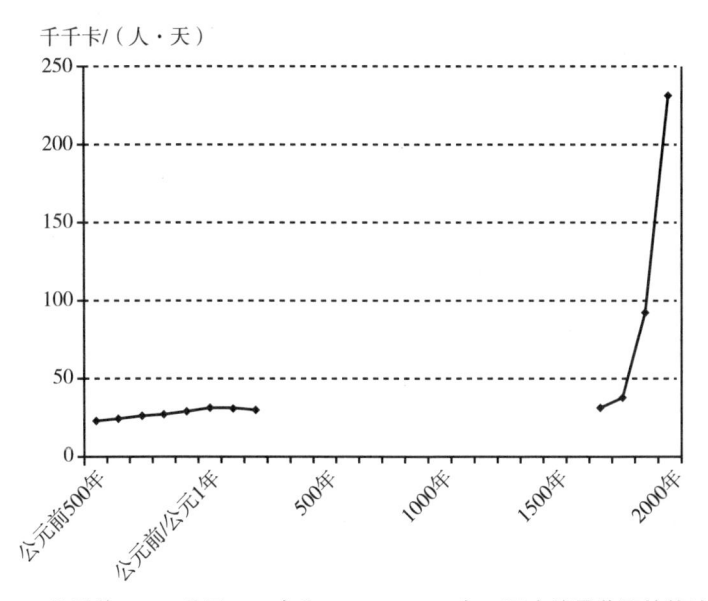

图 3.6 公元前 500—公元 200 年和 1700—2000 年，西方能量获取的估计

和工资的著名法令，应当能使我们了解 4 世纪初的实际工资情况，从而为我们提供起点，但实际上，问题远没有这样简单。根据沙伊德尔的计算，从该法令所推测的非熟练工人实际工资只相当于每人每天 9 376 千卡，低于 1—2 世纪时意大利的大约每人每天 25 000 千卡（不过存在很大的变量，约 12 000 千卡）。然而，罗伯特·C.艾伦的计算显示，实际工资只相当于每人每天 1 439 千卡，和 18 世纪欧洲最贫穷的地区一样低，即使把工资全部用于购买食物，也维持不了太久。无疑，这个法令似乎说明公元 150—301 年时实际工资下降了，但沙伊德尔和弗里森建议将其中的数字权当一厢情愿的想法，认为与真实世界中的价格相距甚远，他们可能说的没错。[70]

最近几项对考古证据的研究，进一步加深了人们对公元 200—700 年能量获取水平下降的印象，不过这些研究也表明，变化的详细情况和速度因地区而异。[71] 一些新的能量获取手段，例如铧式犁和水车的使用，在公元200年后变得越发普遍，尤其是在罗马核心地区中其他方面都相当落后的北部边缘地区，但是总体趋势是显著地在向另一个方向变化。

除非罗马晚期的考古专家能够更精确地对考古证据进行量化，否则很难做出准确的估计，但是公元200—700年的概貌是：由石头和砖头盖成的高大房屋被木头和泥土建成的矮小房屋取代了；铺砌的街道被泥土道路取代了；排水沟和高架渠被废弃了；人的寿命、身高和数量都下降了，存活下来的人们从城市流向了农村；远程贸易衰落了；简陋的手制陶器取代了精致的轮制陶器；对木制和骨制工具的使用增多，而金属工具则减少；工厂纷纷歇业，被乡村匠人或家庭手工业者取代。[72]

我在《西方将主宰多久》一书中曾提出，西方核心地区能量获取水平下降，是从2世纪60年代开始的。当时穿越欧亚草原的人口迁徙，使得欧亚大陆东西端原本迥然不同的细菌融合了起来。[73] 图3.5显示，这种被称为"安东尼瘟疫"的突发疾病，在公元200年前就已经开始拉低能量获取的水平了。[74] 随着气候开始恶化，到3世纪时，这种下降的趋势日渐明朗，特别是在罗马帝国的西部；[75] 但是从5世纪开始的第二轮暴跌产生了更为深远的影响。早在公元450年，远在西北方的英国便出现了物质财富的骤降。到公元500年时，高卢也出现了这种情况。公元600年时蔓延到意大利和西班牙。到公元700年时这一情况又覆盖了北非和爱琴海沿岸的拜占庭帝国的核心地区。

公元400—700年，崩溃的浪潮从西北席卷东南，通常呈现出各种纷繁复杂的模式，新近对6世纪安纳托利亚地区西部的萨迦拉索斯的一处公共厕所遗址进行的植物考古研究即可证明。研究显示在当地农业越来越精耕细作的同时，城市结构却在瓦解，呈现出明显矛盾的画面。[76] 然而，在长达三个世纪的过程中，整体效应却是明显无误的。西方的核心地区在地理上收缩了，缩小到今埃及、叙利亚和伊拉克一带。地域的缩小与人均能量获取水平的下降是相对应的。

这就是说，我们应当认为公元200—700年的西方核心地区能量获取水平的下跌并不是灾难性的。在埃及和伊拉克，灌溉系统、城市和基本的国家形态仍然是完整无缺的，阿拉伯人的征服也许反而刺激了农业生产的增长。[77] 在其他地方，即使在最黑暗的时代（如意大利地区的6世纪，或安纳托利亚地区的7世纪），人们仍然拾柴、做饭，做着与罗马帝国鼎盛时期大致相同的事情。然而，总体能量获取水平肯定是下降了。例如，最近对英国所做的稳定同位素分析表明，7世纪时，非常简单且千篇一律的谷物食物，代替了罗马时代更加丰富多彩的饮食。[78]

在当前的证据状态下，我们只能根据特定的考古发掘报告，进行大致的猜想。公元200—500年，能量获取水平可能下跌了10%（核心地区从大约每人每天31 000千卡降至大约28 000千卡）；然后在公元500—700年，又下跌了10%，降至大约每人每天25 000千卡。公元200—700年，埃及和伊拉克的人均能量水平即使真有下降，恐怕也降得很少，[79] 但是意大利、北非和高卢南部等地区的暴跌，导致西方最发达的核心地区的能量获取水平在公元700年时比公元200年时低了20%。

这个下降程度远没有图3.5所显示的那样剧烈（原因是图3.5也许主要反映的是变化最大的非食物能量和昂贵食物能量），但在一些罗马史专家看来，似乎仍然被夸大了。在整个19—20世纪的相当长的时间内，历史学家们都倾向于认为英国历史学家爱德华·吉本对晚期古代社会的总体观点是正确的，但到了20世纪60年代，有批评家提出了反对意见。按照最主要的修正主义者彼得·布朗的说法："撰写晚期古代世界（公元200—700年）的历史简直太容易了，好像那就是一个关于'衰落和瓦解'的悲伤故事。"布朗抛弃了吉本的黑暗画面，他主张："我们越来越多地了解到，这个时期是与令人震惊的新开端相连的……对于被一个敏感的欧洲人如此珍重地视为其自身文化中最'现代'和最有价值的……'当代'性，我们表现得极度敏感。"[80]

布朗意在提醒历史学家们，不应让衰亡叙事遮掩了晚期古代社会文化转变的复杂而迷人的事实，但经过30年的提醒后，许多历史学家如今已走向了另一个极端。意大利历史学家安德烈亚·贾尔迪纳曾评论说："现在有一种普遍的信念……认为诸如'衰落'或'颓废'之类的词意识形态色彩太过强烈，具有误导性。"[81] 布朗说得很对，我们应当将公元200—700年这个时期视为从古典文化进入早期中世纪文化的转型时期，但是太多历史学家任由这种新观念蒙住了自己的双眼，无视这也是政治和经济崩溃的时代这一事实。战略学家爱德华·勒特韦克曾说："近来盛行将晚期古代社会的转型几乎说成和平的迁徙与温和的渐进式转变，然而却与详细的考古证据相矛盾。考古证据中充满了暴力、破坏，以及上千年都无法恢复的物质享受和教育成就的灾难性的损失。"[82] 我发现几乎没有人否认这个结论。[83]

对于自20世纪60年代流行起来的渐进主义模式，最好的修正办法就是直接将对2世纪时罗马帝国任何部分的遗址考古报告和调查数据，与7世纪时同一地区的报告和数据进行对比。[84] 所有遗址（甚至包括比罗马帝国所有其他部分都更好地度过危机的埃及的遗址）都显示出物质生活水平和能量获取水平的下降。

公元700—1300年

毫无疑问，这600年间西方核心地区的能量获取水平总体上呈现缓慢上涨的趋势，但详细情况难以说清，很大程度上是因为研究中世纪伊斯兰世界的历史学家和考古学家，不像其研究古典时期的同行那么关注能量获取情况。[85]

在公元700年时，西方核心地区已收缩至埃及—叙利亚—伊拉克地区。有一些证据表明，在8世纪和9世纪的叙利亚、9世纪和10

世纪世纪的伊拉克[86]、11世纪塞尔柱人入侵时的整个西南亚地区，其能量获取水平都下降了，但是在公元700—1300年这段时期，似乎埃及始终保持着能量获取的高水平，西班牙地区有所上升。欧洲基督教地区在公元900年后显然出现了强劲的经济复苏，到1300年时，最富裕的地区意大利赶上了伊斯兰世界的核心地区埃及的水平。

拜占庭帝国在10世纪也显示出经济迅速复苏的迹象。经济学家布兰科·米拉诺维奇在其一篇极具价值的论文中，利用了相当丰富的资料，计算出在大约1000年时，拜占庭帝国核心地区非熟练工人的平均实际工资为大约每年680美元（以1990年美元购买力平价）。[87]像对罗马人均GDP的计算一样，这个数字对食物热量之外的考虑很少。米拉诺维奇特意小小地提高了非食物收入。[88]但他自己也发现，他得出的拜占庭帝国人均GDP数字比大多数人估计的罗马帝国早期人均GDP数字低大约20%，比扬·卢滕·范赞登计算的1086年英国人的收入和格雷戈里·克拉克计算的13世纪初英国建筑匠的收入高20%~25%。[89]这些人均GDP研究使用的都是同样的方法，说明即使绝对数字低估了能量获取水平，随时间推移的相对变化仍然可以准确地反映实际状况。

从这些对比推断，再为非食物能量做较大的提高，如果1世纪时罗马核心地区的能量获取水平大约为每人每天31 000千卡的话，那么公元1000年前后拜占庭帝国的能量获取水平则约为每人每天26 000千卡。而如果米拉诺维奇所采纳的中世纪欧洲经济史学家罗伯特·洛佩斯的论断，即公元1000年前后拜占庭帝国和阿拔斯王朝的能量获取水平大致相当是正确的，那么西方核心地区整体水平也应当达到每人每天26 000千卡。而公元第二个千年早期，英国遥远边缘地区的能量获取水平约为21 000千卡。[90]如果有什么要补充的话，那么通过罗马和拜占庭人均GDP和实际工资的对比，也许会稍稍低估了公元100—1000年能量获取水平总体的下降情况，因为这一下降也许对非食物能量的影响比对食物能量的影响要大得多，而戈德史密斯、麦迪逊、米拉诺维奇的估计，在很大程度上都忽略了这些非食物能量。

如果这一系列推断都是正确的，我们必然会得出结论：西方核心地区的能量获取水平在公元700—1000年只有极小提高，从每人每天25 000千卡增至26 000千卡。尽管这个数字无疑与对希腊的发现是相符的，但考古证据的匮乏使得这点很难得到验证。[91] 核心地区的能量获取在公元700—900年比较平稳地保持在大约每人每天25 000千卡，在10世纪时开始攀升，在1000年时增至每人每天26 000千卡，然后可能在1300年时达到了每人每天27 000千卡。欧洲的考古证据似乎与此相符，有家庭财产增多、坚固房屋增多、贸易加强，以及政府开支大大增多的显著迹象。[92] 甚至在遥远的波兰边缘地区，11—12世纪的饮食也比以前要丰盛得多，花样也繁复得多，[93] 但是欧洲最富裕的地区似乎仍然是意大利。

令人沮丧的是，我们不可能对13世纪的意大利和埃及进行直接的考古对比，但经济史学家谢夫凯特·帕慕克搜集的实际工资数据显示，1300年时意大利北部的工资水平（可以推测总体的能量获取水平）可能已经赶上了埃及，并领先于拜占庭帝国；而到1400年时，意大利连埃及也超过了（图3.7）。[94]

1300—1700年

如果对中世纪和近代的能量获取水平的这些估计大致是正确的，那么在1300—1700年这段时期，西方核心地区的能量获取水平一定增长了大约23%，从大约26 000千卡增至大约32 000千卡。这比同时长跨度的任何其他时期都要快，除了公元前400—前1年这段时间，当时增长了29%（从24 000千卡增至31 000千卡）。古代和近代早期增长率和总体分数的近似，说明历史学家们喜欢将这些时期做类比，并不是不合时宜的。

图 3.7　1300—1800 年，非熟练工人的实际工资

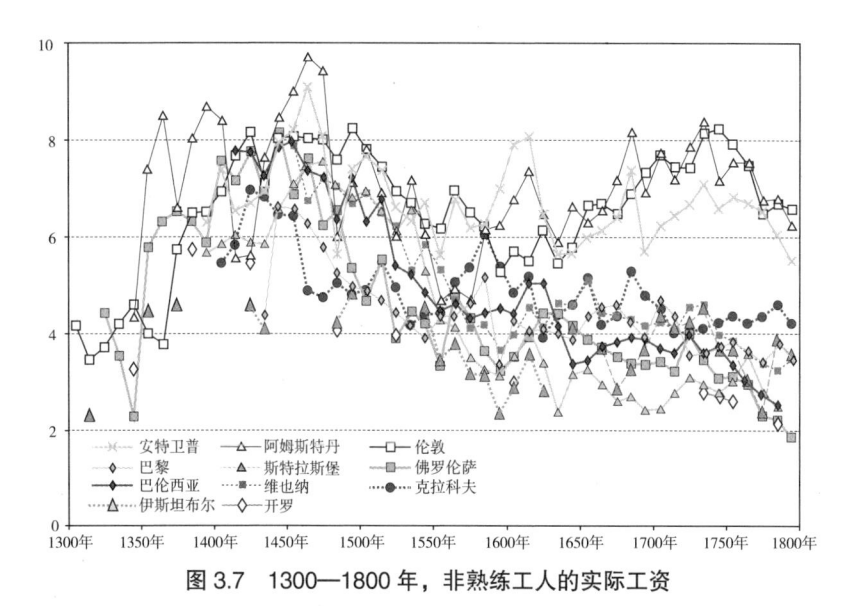

资料来源：Parmuk，"Black Death"，297，fig. 2

欧洲许多城市有其自中世纪晚期以来的极其详细的实际工资系列数据。[95]这些数据表明整个 13 世纪和 14 世纪早期非熟练工人的工资普遍下滑了。1350 年，在黑死病加大了土地与劳动力的比率后，工资得到了巨大回升。随着 15 世纪晚期和 16 世纪的人口增长，实际工资又逐渐下降了，但是到 1600 年时，西北欧和南欧、东欧的工资水平拉开了距离：西北欧的工资呈回潮之势，而南欧和东欧仍在继续下跌。1700 年时，阿姆斯特丹的非熟练工人的实际工资比在 1350 年时高出了 30%，而伦敦的非熟练工人高出了 80%，这两地的工资增长都高于前面提到的能量获取水平的提高。

安格斯·麦迪逊对 1500—1700 年人均 GDP 的估计有所不同。[96]按照麦迪逊的计算，除了意大利，整个 16 世纪西欧的生产率全面持续增长。在他看来，1700 年时荷兰和英国取得了领先地位，并非因为它们在 17 世纪复苏了而其他地区却倒退了，而是因为它们比欧洲的其他经

济体发展得更快。他确定在1500—1700年西欧生产率增长了29%。

像古代一样,实际工资和人均GDP情况之所以有所不同,很大程度上应解释为,度量的是非常不同的事物。[97]西欧的领主们在黑死病肆虐后无法再任性妄为,使得资源配置大大地向穷人转移,实际工资的增长比生产率的增长快得多;但随着16世纪人口回升,实力又转回贵族那一边,尽管人均GDP仍在增长,实际工资却下降了。[98]

1350年后长达一个世纪的实际工资飙升,也遮掩了14世纪的广泛大衰退的事实,[99]衰退在很多方面损害了贸易和工业。20世纪90年代的研究表明情况并不像以往的某些历史学家认为的那样严重,[100]但14世纪的灾难和不稳定性似乎仍然小幅拉低了能量获取水平。从1300年的每人每天27 000千卡降至1400年的26 000千卡,但由于缺乏关于定居点的可量化的考古证据,这只是猜测。

关于1300—1700年的能量获取水平呈上升趋势(图3.8)的考古证据非常清楚,似乎也符合前文提出的23%的涨幅,尽管考古证据还没有详细到能够验证我所提出的每人每天的能量获取水平在14世纪下降了1 000千卡的看法。西北欧农业产量增长的证据非常清楚,[101]文字资料和实物证据都表明,13—14世纪在城市人口增长的压力下,捕鱼量有显著增长,渔场也得到了扩张。[102]

食物能量的增加仍不足以明确影响成年人的身高,但在非食物能量中,变化要惊人得多,特别是在公元1500年后。[103]遗嘱和诉讼文书中显示的细节和发掘出的遗址,全都表明无论是在城市还是乡村,1700年时西欧城镇的房屋比1300年时的更大、更精致,物质产品也更丰富。[104]工业生产在增长,人们工作的时间更长,诸如泥煤和煤炭等化石燃料开始贡献巨大的能量。[105]虽然对比肯定仍然是猜测性的,不会很精确,但17世纪时西北欧的人均能量获取水平可能已经超过了罗马巅峰时期(约公元100年时)。

千千卡/(人·天)

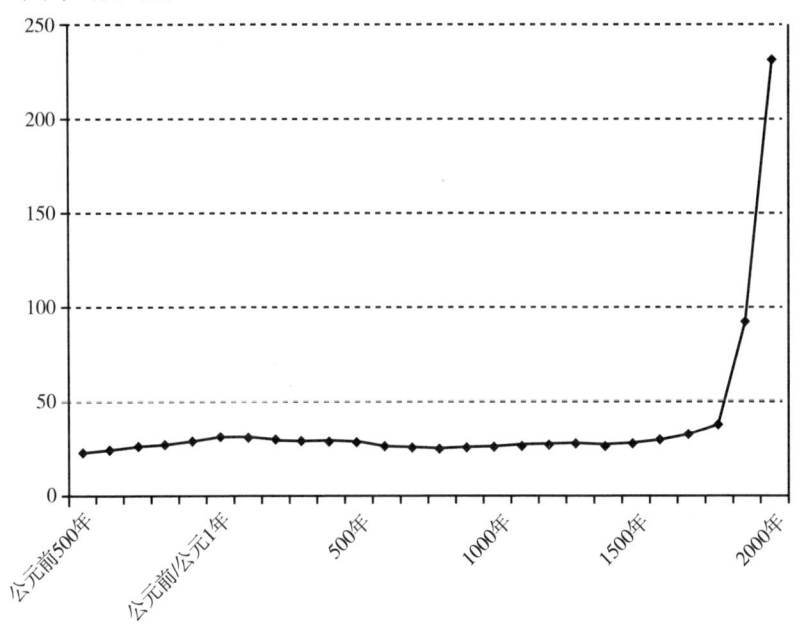

图 3.8 公元前 500—公元 2000 年，西方能量获取的情况

晚冰期的狩猎-采集社会（约公元前 14000 年）

尽管也许令人吃惊，但我们对冰期末期的能量获取水平的估计，比对 18 世纪前的任何时代都要可靠。尽管自农夫将最后的觅食者逐出最早的西方核心地区（侧翼丘陵区）已过去了数千年，该地区的气候和生态也都发生了很大变化，比较研究仍能相当准确地确定能量获取的可能参数。

成熟的生物能量学和灵长类动物生态学等领域的研究，[106] 为我们展现了我们最近的进化邻居类人猿的能量消费情况的生动画面，而经济人类学家也测出了从炎热的非洲到寒冷的西伯利亚，当代世界各地的觅食者的能量获取情况。[107]

已知最早的作为物种的人，于 250 万~180 万年前生活在东非地区。它们的能量需求近似于黑猩猩,但有相当确凿的证据表明,这种"能人"比黑猩猩更常吃肉,[108] 它们甚至可能已经成为活跃的猎手,而不是拾荒者。通常需要植物与太阳能的光合作用产生的大约10千卡的化学能量,才能使动物产生1千卡的动能,所以,能人已经在用昂贵能量取代廉价能量了。即便如此,能人由于身材矮小、脑容量较小、物质文化简单,可能通常也只需要大约每人每天1 500千卡能量。

随着180万年前东非的能人进化成直立人,能量获取水平可能得到了巨大飞跃。直立人的脑容量增长了大约40%(从610毫升增至870毫升),体重增长了75%(从35千克增至62千克),身高增长了近50%(从1.15米增至1.7米)。[109] 直立人可能已能随心所欲地生火,这极大地增强了它们对非食物能量的获取能力,并可从中吸收更多能量。[110] 由于大约5万年前的考古记录太少,证据是存在争议的,但是最近在以色列盖谢尔贝诺特雅各布遗址的考古发现强有力地证明了79万年前直立人已经懂得使用火了。[111] 假如从木头中释放能量烹饪食物已经成为尽人皆知的技术,那么直立人的总体能量获取水平可能已升至大约每人每天2 000千卡。

随着原始人类北迁越过北纬40°线,它们必须摄入更多能量以应对更为寒冷的气候。人们在英国山毛榉坑遗址和德国舍宁根都发现了40万年前的人类经常使用火的确凿证据。[112] 稳定同位素分析表明,尼安德特人摄入的食物能量中相当大一部分都是昂贵的肉类能量,[113] 特别是在较寒冷的地区和时期。[114] 生物能量学家估计他们通常每人每天要消费至少3 000千卡,可能接近5 500千卡。[115]

晚冰期的现代人需要用于食物的能量相对较少,因此用于燃料的能量也较少,[116] 但其他类非食物能量的获取极大地增长了。对虱子的基因分析表明,人类至少在5万年前,也可能在15万年前,就开始穿合身的衣服了。[117] 对脚骨化石所做的解剖研究也表明,至少在4万年前，人类也普遍穿鞋了。[118] 大约 5 万年前，智人也开始将少量的能量用于个人装饰，将相对较多的能量用于建设栖身所。考古学家们至今仍未发现关于原始人类盖房子的令人信服的证据，[119] 但至少自 5 万年前起，现代人便开始将能量投入建筑了。从最早的时候起，修建这些建筑物就需要数千千卡的非食物能量，但是人们在没有山洞可以使用时，只要有了遮风避雨之所，就可以借助火炉取暖，使这种努力得到回报。[120]

到冰期末期，大约公元前 14000 年时，在西南亚的西方核心地区，像奥哈罗这样的地区，人类总体的能量获取水平（食物＋非食物）一定是在每人每天 4 000 千卡左右。[121] 我做出这样的估计，是因为（1）食物能量不可能长期远少于每人每天 2 000 千卡；（2）假如非食物能量获取远低于此，纳吐夫人的物质文化就要比考古记录所显示的简陋许多；（3）假如非食物能量获取远高于此，考古记录也会比实际丰富许多。

从觅食者到帝国主义者（公元前 14000—前 500 年）

正如图 3.9 所示，关于晚冰期西方核心地区狩猎-采集社会能量获取水平合理、可靠的估计数字（公元前 14000 年，每人每天 4 000 千卡），与下一个合理、可靠的估计数字（公元前 500 年的地中海东岸城市居民，每人每天 23 000 千卡）之间，还有很大的空白需要填补。我们可以为这 13 500 年简单地假设一个平稳的增长率，或者是算术级的，或者是几何级的。但实际上，将实地考古资料与文献数据相结合，借助经济人类学方法，再对比公元前 500 年之后的分数，我们是可以得到更准确的估计数字的（图 3.10）。

我将这一时期划分为 6 个阶段，先简要地概括一下每个阶段的大致发展情况，再尝试对这些变化对于能量获取的意义进行定量分析。

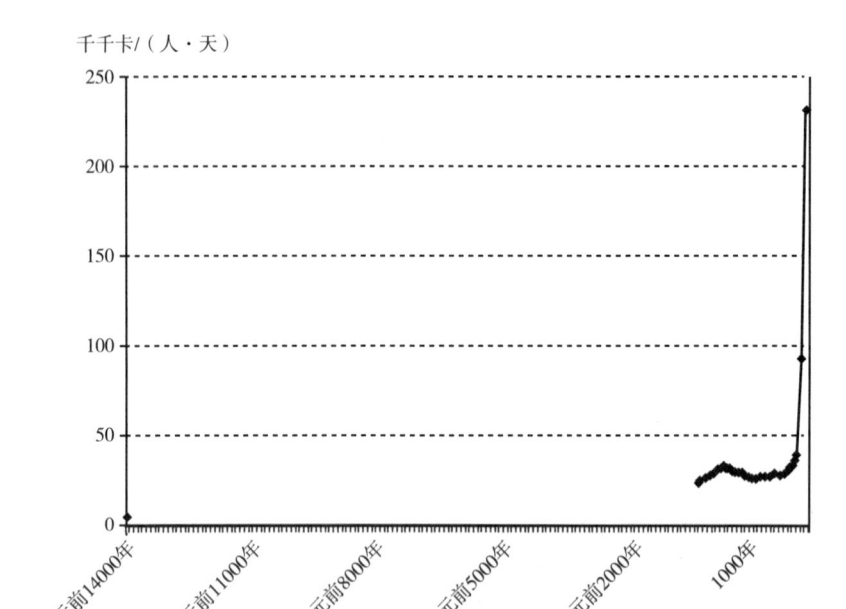

图 3.9 公元前 14000 年和公元前 500—公元 2000 年的西方能量获取情况

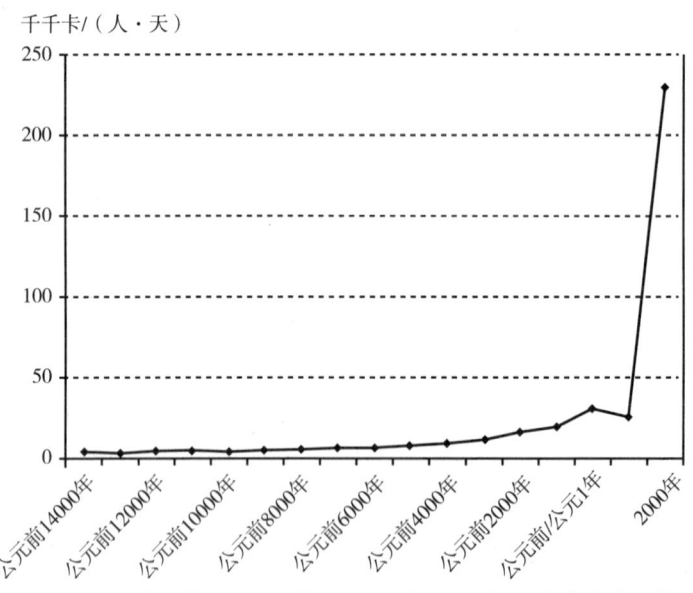

图 3.10 公元前 14000—公元 2000 年,每千年西方能量获取情况

富足的觅食社会（公元前 14000—前 10800 年）

考古证据似乎非常清楚，在西南亚，随着冰期末期天气更温暖和稳定，饮食更丰富，棚屋更大、更精致，物质文化也在发展。[122] 在叙利亚阿布胡赖拉的考古发现表明，在公元前 11000 年时，人们已经筛选出了种植用的更大的黑麦种子。[123] 西南亚仍以觅食者为主（不过越来越多的人定居下来），到公元前 11000 年时，他们的能量获取水平仍然更接近晚冰期时的每人每天 4 000 千卡，而不是库克所认为的早期农业社会应达到的每人每天 12 000 千卡，但是我们可以推测出，这 3 000 年至少就相对数量而言有了相当大的相对增长（即便没有按照后世的标准，认为在绝对数量上有较大增长的话）。

新仙女木事件（公元前 10800—前 9600 年）

被称为新仙女木事件的长达 1 200 年的小冰期对能量获取意味着什么，至今仍存在争议。[124] 一方面，公元前 10000 年时，很多永久性村落似乎被遗弃了，居民回到了更具流动性的生活，在建筑和物质文化方面投入的能量也减少了；另一方面，最早的重大公共建筑在柯尔梅斯·德雷、杰夫-阿玛和穆赖拜特这样的考古遗址中被发掘出来，[125] 意味着能量获取的增加。在我看来，最稳妥的办法是，至少在相关证据得到重大完善之前，先假设能量获取水平在公元前 10800—前 9600 年基本是持平的。这样与平稳的算术级增长模式和几何级增长模式都有了较大差异。这两种模式都得出了同一结论，即在公元前 10800—前 9600 年这段时间，能量获取水平增长了 17%（算术级模式认为从每人每天 9 000 千卡增至 10 500 千卡，几何级模式认为从每人每天 6 000 千卡增至 7 000 千卡）。

副产品革命（公元前 9600—前 3500 年）

公元前 9600 年后，随着天气变暖和人们定居生活的普遍化，我们看到了两个截然不同的发展趋势。第一个是耕种恢复得相当快。在公元前9000年时的约旦河河谷、幼发拉底河河谷和底格里斯河河谷的多个地点,都出现了非自然生长的小麦和大麦的大种子,到公元前8500年时就更普遍了,在很多考古遗址都能看到被完全驯化的最早的小麦和大麦(有坚硬的穗轴和不易破碎的外壳)。到公元前8000年时,沿着今伊朗、土耳其、叙利亚、黎巴嫩、以色列和约旦的边境地区延伸的侧翼丘陵区,将近半数的炭化的谷物种子都是由人类驯化的。公元前7500年,几乎全部的种子都被驯化了。[126]

驯化动植物的定居生活提高了平均每公顷(1万平方米)耕地的能量获取量,并且至少在短期内,提高了人均能量获取水平。然而,多余能量的主要用途之一是生养更多婴儿,这就引发了第二个趋势。村庄陷入了"马尔萨斯陷阱":几何级的人口增长超越了算术级的食物供给增长,使得人均食物供给跌回最低限度。这两个趋势共同造成了一种矛盾的结果,尽管公元前9600—前3500年非食物能量获取水平显著提高,但总体食物供应的最好情况也不过是没有下滑。谷物的廉价热量越来越多地替代了基于狩猎和采集野生食物的更丰富的饮食。人们的骨骼记录表明,总体而言,早期农业社会的人口健康程度不及此前狩猎-采集群体。[127]

过去30年的考古发掘情况也表明,自新仙女木事件后,能量获取的变化率比原先想象的要慢得多。[128] 我们不应认为发生了一场单一的"农业革命",也许应当认为从用全部时间觅食,到觅食与耕种相结合,再到用驯化的植物和动物生产出的食物逐渐替代野生食物,是一个漫长的转变过程。最新的研究也表明,在侧翼丘陵区,这一过程大致发生于公元前9600—前7500年,经历了大约2 000年。

而且,这还只是第一阶段,在驯化了植物和动物之后,紧跟着便是时间更为漫长的食物能量方面的"副产品革命"。[129] 在这场革命中,农夫们逐渐加强实践,发现了驯化的动植物的新用途。人们花费了很多世纪,才学会了轮作谷物和豆类以恢复地力;更有效地处理谷物,去除杂质;更有效地烘烤面包;束缚动物用于取奶和/或牵拉,而不是在它们尚幼小时就将其全部吃掉;制造更高效的犁和轮式推车;储藏设施也越来越完善,打井技术为溪水流不到的地方提供了水资源。[130]

完整的古代干谷农业在西南亚至少直到公元前4000年时才得以成熟。直到那时,除草、轮种和为庄稼施肥才全部成为常规做法,这极大地增加了每公顷的能量获取量,[131]即使大部分甚至全部的能量盈余都转换成了更多的人口,而不是更多的人均获取食物能量,也无法掩盖能量获取的显著提升。

非食物能量获取的增长依然缓慢,但已明显得多了。就像计算后罗马时期的能量获取量一样,最好的办法就是对比不同时期的定居点遗址。来自阿布胡赖拉的一张非常著名的照片(图3.11)很好地印证了这一点:顶部是一座小而结实的房子的一部分(图片右上角处),建于约公元前8000年;底部是一个脆弱得多的棚屋的残存,建于约公元前12000年。如果我们将时间继续向后推移,会发现在约公元前6500年时,房屋变得更加牢固,最广为人知的例证是恰塔霍裕克这座城市的建筑。到公元前4500年时,美索不达米亚平原欧贝德文化时期的房屋越发令人难忘。英国考古学家迈克尔·罗亚夫描绘过一个相当典型且保存得非常完好的例证:伊拉克的玛德胡遗址,占地面积约170平方米。这时期的房屋已经用泥砖建得很坚牢了,通常会围出一个阴凉的院子,有防水的屋顶,还有一口井,以及大型储藏设施。[132]

典型的家居用品同样在增长。陶器于公元前7000年前后开始使用,自那以后不久就有专业的生产者开始使用陶钧了。编织技术似乎也在稳步发展成熟,铜制饰品、工具和武器于公元前3500年前后开始使用。据我所知,至今还没有考古学家对西南亚不同历史时期的家居用品进行过系统的定量分析和比较,但阿布胡赖拉(约公元前

图3.11 叙利亚阿布胡赖拉的房屋遗迹。底部约为公元前12000年的棚屋的柱坑，顶部约为公元前8000年的泥砖房屋遗存

资料来源：*Village on the Euphrates: From Foraging to Farming at Abu Hureyra* by A.M.T. Moore, A. J. Legge, and G. C. Hillman (2000); figure 5.4, p. 107. By Permission of Oxford University Press, Inc. www.oup.com

12000—前8000年）和玛德胡遗址（约公元前4500年）的家居用品种类的反差，还是很引人注目的。

各种各样的重大公共建筑所消耗的能量也急剧增长。杰里科建有一些早至公元前9000年的作为防御工事的塔，但是与公元前3500年埃利都的精美神庙或者在苏萨堆积起来的巨大土台相比，就要逊色多了。图3.12是约公元前5000—前3500年埃利都神庙序列的复原图，能够像图3.11一样形象地说明非食物能量获取的增长情况。[133]

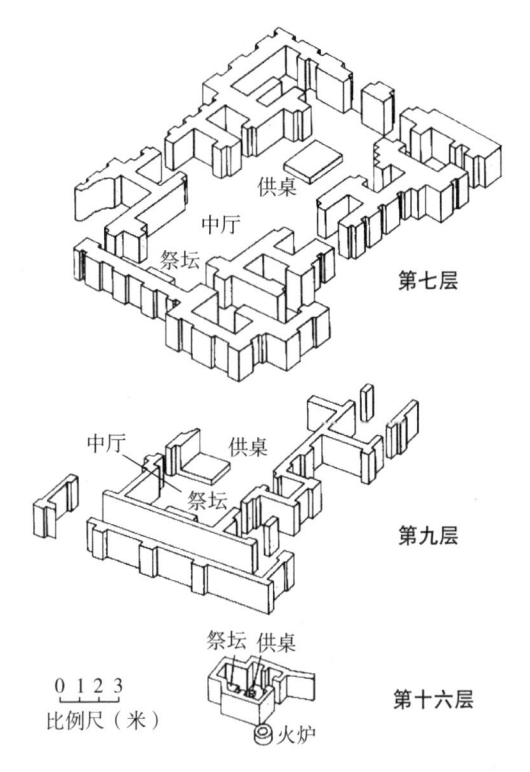

图 3.12 伊拉克埃利都神庙遗迹。最底部是建于约公元前 5000 年的神庙,最顶部是建于约公元前 3000 年的神庙

资料来源:*Cultural Atlas of Ancient Mesopotamia and the Near East* by Michael Roaf(1990);p.52. New York: Facts on File

用于运输的能量也在增加。将畜力与轮式车联系在一起的最早的确凿证据,是约公元前 4000 年苏美尔人对牛车的描述。而在建于约公元前 3000 年的坟墓中,一辆辆真实的车被发掘了出来。[134] 风力和水力也得到了利用。独木舟于公元前 5000 年被用于打鱼;在埃利都,人们在公元前 4000 年时就开始使用正经的船了。

公元前 9600—前 3500 年非食物能量获取水平的增长非常明显。[135] 不过,我们应当记住,像公元前 14000—前 11000 年富足的觅食社会一样,尽管公元前9600—前3500年能量获取水平在相对数量上变化很大,但在绝对数字上,按照现代的标准却并不大。甚至到了这段漫长的历史时期的末期,西方核心地区的人们仍然是村民,他们的能量获取水平大致处于图3.1中库克所谓的早期农业社会阶段。

古代国家(公元前3500—前1200年)

公元前3500年后,随着有中央政府的国家的创建和扩张,西方核心地区的能量获取加速增长。但由于没有对人体骨骼资料进行系统性搜集,仍然无法进一步讨论,就像对旧石器时代饮食的稳定同位素分析及其他人类学分析不足一样。零散资料给人们形成的总体印象是,食物热量摄入的总体变化相对不大。

对于西方核心地区不同地区的饮食和营养,[136] 我们可以勾勒出非常简略的画面,但细致研究后会发现,地区间的差异非常大。[137] 高产可能是长期趋势:公元前第三个千年和第二个千年之间的结实率上涨了(公元前2000年时美索不达米亚,在灌溉大麦种植方面,可能达到了30∶1)[138],但人口似乎增长得同样快,抵消了收益。

然而,像较早的时期一样,人均非食物热量的获取也有极大增长。最引人注目的是金属器具的普及。这决定了这个时代的标准名称:青铜时代。据皇家官方档案记载,宫廷里有很多青铜铸造坊;考古发掘者也发现了大量的私人铸造坊。[139] 自公元前1200年后,石制工具基本上在西方核心地区消失了。

著名的埃及金字塔、亚述和巴比伦金字形神塔,以及青铜时代的宫殿和神庙,无疑消耗了巨额的能量。[140] 约公元前2585年修建于埃及吉萨的胡夫金字塔,至今仍然是世界上最重的建筑物之一,重达684万吨。长距离贸易的规模也在迅猛扩大,尤其是在公元前1600年后,在土耳其海岸外发现的沉船残骸可以清楚地证明这一点。[141] 不过,最重要的还是公元前第三个千年和第二个千年大量新增人口所消耗能量的增长。公元前3500—前1200年,在西方核心地区的所有地区,房屋标准和家居用品的数量、工艺都有较大的改善。[142]

像其他时期一样,这段时期内也存在强烈的地区差异,以及突发的地方性崩溃事件。例如,爱琴海克里特文明的新王宫时期(约公元前1800—前1600年)是一个十分富足的时期,有很大的房子(中位数面积达到130平方米)[143]和丰富的物质文化。然而,公元前1600年后,克里特岛上的非食物财富似乎减少了,而同时期的希腊本土仍在持续增长。

这一时期最大的崩溃事件,似乎发生在公元前3100年后的美索不达米亚。乌鲁克被焚毁了,其庞大的物质文化区瓦解了;还有公元前2200—前2000年,发生在从美索不达米亚经叙利亚和黎凡特到埃及的整个地区(地中海沿岸很多地区也受到了冲击)。然而,尽管这两次崩溃都留下了清晰的考古痕迹,却没有明显证据表明能量获取受到了很大影响。

这似乎有好几个原因。其中一个很大的原因是两次崩溃实际上发生的地点都非常分散,一些居住区被毁灭并放弃了,而另一些却依然繁荣(例如在叙利亚,泰尔雷兰和斯维哈特城大约在公元前2200年被放弃了,而布拉克丘和莫赞却发展得更大了)。对于崩溃的根本原因,考古学家们意见不一,有些人甚至质疑使用"崩溃"这个词是否合适。[144]

另一个原因是公元前3100年时在埃及出现了新的核心地区。尼罗河河谷没有受到公元前3100年崩溃的影响,而公元前2200年后的灾难的确给埃及造成了重大冲击,但与美索不达米亚被影响的时间不同。公元前2100年,埃及的古王国和美索不达米亚的阿卡得王国都已经瓦解了,但强大的乌尔第三王朝重新统一了美索不达米亚大部分地区。到公元前2000年时,乌尔帝国也崩溃了,但中王国重新统一了埃及。尽管公元前2200—前2000年这一区域的能量获取水平明显下降,但西方核心地区的能量获取水平似乎始终在增长。当公元前

1800—前1550年又一轮动荡产生时，能量获取似乎仍在增长。

还有一个原因，我在界定能量获取时也许低估了危机对此的影响。在这段早期历史中，即公元前2500年前，我每500年计算一次分数；公元前2500—前1500年，我每250年计算一次分数。公元前3500年的分数度量的是乌鲁克崩溃之前的能量获取水平。虽然美索不达米亚的能量获取水平在公元前3000年时也许低于公元前3100年之前（证据并不清晰），但埃及的能量获取水平在公元前3000年时肯定比美索不达米亚在公元前3500年时高。同样，对公元前2250年的能量获取的计算，显示的是大崩溃开始前的水平，而且虽然美索不达米亚在公元前2000年时仍处于混乱中，但埃及的秩序已经恢复了。正如我在第二章中提到的，在两个分离甚远的时间点之间进行度量，不可避免的结果就是抹平现实的变化。

只要我们把城市化的门槛定得很低（大约有5 000居住人口），就可以说到公元前1250年时，西方核心地区的很多人都已经成为城市居民了，而欧亚大陆西部的大多数人已经生活在有运作良好的中央集权政府的古代国家中了。他们的能量获取水平已经远远超过了库克在图3.1中所示的早期农业阶段的水平，即每人每天12 000千卡。即使将最富裕的青铜时代晚期定居点，如乌加里特（毁灭于约公元前1200年），与一流的希腊定居点，如奥林图斯（毁灭于公元前348年）相比，青铜时代社会的能量获取水平仍无法与古希腊的每人每天大约25 000千卡相提并论。[145]

青铜时代末期（公元前1200—前1000年）

公元前1200—前1000年，席卷了整个西方核心地区的崩溃提供了能量获取水平下降的第一个无可争议的证据。[146] 在受危害最严重的地区（位于今希腊和土耳其），城市和精美的经典建筑一起灰飞烟灭，甚至在受危害最小的地区（埃及），社会上层的活动也锐减了。

至今尚无太多证据证明埃及普通百姓的生活有什么变化，但在叙利亚、以色列和爱琴海地区，住房的标准、物质产品的数量和质量，以及贸易网络的规模都急剧下降了。[147]缺乏人体骨骼的大规模系统性对比，又一次造成了问题，但至少在爱琴海地区，成年人的死亡年龄下降了；同时，发病率增长的一些证据也肯定了成人身高的下降趋势。[148]

铁器时代早期（公元前1000—前500年）

能量获取水平一定是急剧上升了，才能从约公元前1000年青铜时代后的低谷期蹿升至公元前500年（地中海古典时期开端）的约25 000千卡。

大多数可用的资料和早期阶段所用的同属一类。像通常一样，经典建筑是最明显的证据：公元前6世纪波斯波利斯的波斯王宫和巴比伦的神庙、宫殿，使此前几个世纪的所有建筑都黯然失色，就像以弗所的阿耳忒弥斯神庙和罗马卡比托利尼山的朱庇特神庙对扩张的核心地区边缘地区所起的作用一样。

在核心地区，房屋说明不了太多问题。好几个世纪以来，多房间、方方正正的房子一般面积都在50~100平方米。但在以色列，结实的两层楼柱屋在公元前1000—前500年变得更普遍、更大，也更豪华。在更西边的地中海地区，多房间的方正房子逐渐取代了面积较小、曲曲弯弯、只有一间屋子的房子。这一过程在希腊始于约公元前750年，到公元前500年时大致完成；在意大利南部和西西里，始于约公元前600年，到公元前400年时告一段落；在法国南部始于约公元前400年，到公元前200年时基本完成。[149]

在希腊，关于成人身高的证据多少有些模糊不清，但公元前1000—前500年，成年人的平均寿命明显延长了，发病率也可能下降了，说明作为其基础的能量获取水平也在增长。但关于饮食的直接证据仍不清楚，因为目前各地食物间的差异无法探求其现象变化。[150]

还有一个非常引人注目的变化是铁的普及极大地提高了肌肉力量的效用。在公元前第二个千年初期，人们就已经偶尔使用金属了，但公元前1100年后不久，塞浦路斯地区的铁匠们开始更加系统地打造铁器。这可能是因为公元前1200年贸易路线崩溃后，很难再获得制作青铜器所需要的锡，人们不得不采取对策。到公元前800年，贸易在很大程度上恢复了之后，铁的优势（尤其是其藏量丰富和成本低廉）已经尽人皆知了，于是铁被继续当作工具和武器的标准原料。[151]公元前1000年，希腊几乎所有的武器都是铁制的了；公元前700年，最早的铁制工具也在希腊出现了。当时铁制武器在意大利、法国南部和西班牙东部也广泛使用。[152]

公元前800—前500年，对地中海中部和西部地区的兼并，是西方核心地区最迅速的扩张。尽管西南亚的旧核心地区的经济活动无疑仍在增长，但希腊、意大利、西班牙、法国南部和今突尼斯所在的地区发展得更为迅猛。[153] 最容易量化的证据是沉船残骸和铅污染记录（图3.5）。

对希腊以外地区的人体骨骼、住房以及其他形式的证据缺乏系统性的搜集，又一次妨碍了估算，但总体面貌似乎是清晰的：公元前1000—前500年，西方核心地区的能量获取水平在上升——也许像以前一样快。在地中海盆地的中部和西部，上升得尤其快。

计算能量获取的大致变化

要填补公元前14000年（每人每天4 000千卡）到公元前500年（每人每天23 000千卡）之间13 500年的能量获取分数的鸿沟，办法之一是简单假设一个固定的增长率，无论是算术级的还是几何级的（图3.13）。然而，本节讨论的证据显示，那样做将遗漏大量重要信息。

考古证据显示得非常清楚，公元前最初几千年的能量获取水平，比晚冰期和后冰期增长得要快得多，这意味着算术级增长曲线肯定

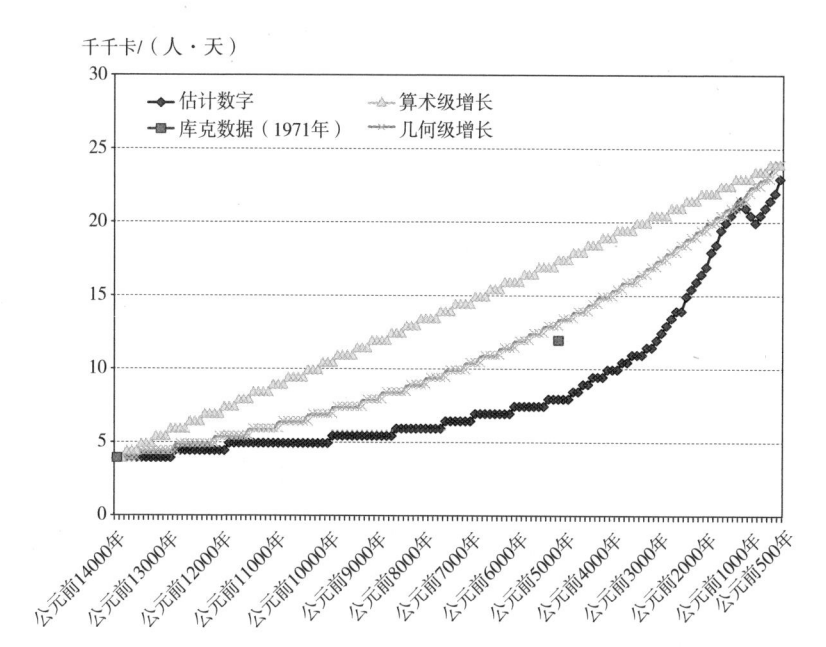

图 3.13　估计公元前 14000—前 500 年西方能量获取水平的情况

存在严重的误导。如果设定一个几何级的固定增长率（每年 0.013%），会更大致符合实际，但即便如此，也会遗漏一些重要的细节，如公元前 10800—前 9600 年新仙女木事件能量获取的中断、约公元前 3500 年后的显著加速，以及公元前 1200 年后的下跌。最好的估计曲线无疑是几何级曲线和算术级曲线下方的那条曲线。其增长率是指数的，但指数总体是随时间推移而增长的。

然而除了这些基本的看法，我们没有确凿的一个点，继续推进的唯一办法是估计，然后将估计结果与实际的考古证据、比较证据，以及我们为公元前 500—公元 2000 年所估计出的分数进行对比。

公元前 14000—前 10800 年，能量获取水平也增长了，但极其缓慢。像新仙女木事件前的阿布胡赖拉这样的定居点，与像奥哈罗这样的晚冰期的考古遗址相比，人们获取的能量似乎更多。我猜测增长大致在每人每天1 000千卡，从每人每天4 000千卡增至5 000千卡（即3 200年间增长了25%，平均每年增长0.007%）。我这样假设并没有确凿的根据。房屋面积和精致程度、食物准备的复杂程度和物质文化的扩展程度的增长，也许只代表每人每天500千卡的增长（即12.5%的增长率），也许能代表每人每天2 000千卡的增长（即50%的增长率）。虽然这两个数字都过于极端了，但即使两者中有一个比我估计的每人每天1 000千卡更接近于现实，公元前14000—前10800年的变化量仍然非常小，假设公元前10800年时的能量获取水平为每人每天4 500千卡，或者每人每天6 000千卡，而不是每人每天5 000千卡，对于随后的计算的影响都微乎其微。

正如前面的章节提到的，新仙女木事件（公元前10800—前9600年）的证据有相互矛盾的迹象，所以我决定将这1 200年的能量获取情况视为持平。当然，这也许又是错误的：能量获取水平也许下降了（不过不可能一直跌到公元前14000年的水平），也许在继续上升（不过不会像公元前14000—前10800年那样快）。不过，像较早的时期一样，所涉及的数量微乎其微，估计误差更可能相互抵消，而不大可能相互加重。

公元前9600—前3500年，能量获取水平的增长似乎远大于公元前14000—前10800年。库克估计能量获取水平在公元前5000年时已经升至每人每天12 000千卡了，略低于上面的几何曲线所指示的每人每天13 000千卡。但目前可用的考古证据表明，这似乎太高了。库克也许犯了20世纪中叶的考古学家们偶尔会犯的错误，以为农业革命只是一场单一的、极其迅速的转型。然而我们现在已经知道，耕种和驯化是一个长达大约4 000年的过程，而且这还只是在西南亚一直持续到约公元前4000年的不间断的"副产品革命"的第一阶段。[154]在公元前9600—前3500年，总体的能量获取水平大致翻了一番，从大约每人每天5 500千卡增长至每人每天11 000千卡（年增长率为

0.013%，几乎比公元前14000—前10800年翻了一番），而不是像库克认为的那样到公元前5000年时就翻了一番多。按照库克的估计，公元前10800—前5000年的年增长率为0.017%。如果以这样的年增长率，到了公元前3500年，分数将达到每人每天15 500千卡。按照我的设想，如果能量获取在公元前3500—前1200年几乎又翻了一番，那么青铜时代晚期的能量获取水平就将达到每人每天30 000千卡——几乎相当于1世纪罗马帝国全盛时期、12世纪中国宋朝，或者大约1600年时西欧和中国核心地区的水平了。

这恐怕根本不可能。假如库克估计的公元前5000年每人每天12 000千卡的数字是正确的，那么与后来的数字不矛盾的唯一办法，就是假设公元前5000年后能量获取的增长率急剧减缓。假如增长率降到只有每年0.015%（也就是说，低于库克估计的公元前9600—前5000年的0.017%的年增长率），那就将把公元前12000年的分数拉低至每人每天21 000千卡，像我估计的一样。然而，考古证据却与公元前5000年后增速减缓的说法难以吻合。库克对大约公元前5000年西方核心地区能量获取的估计（每人每天12 000千卡）一定是过高了。如果能量获取在公元前10800—前5000年大致增加了50%，也就是从每人每天5 500千卡增加到大约8 000千卡（而不是像库克认为的那样翻了一番多，从每人每天5 500千卡增至12 000千卡），然后在公元前5000—前3500年又增长了大约1/3（从每人每天8 000千卡增至11 000千卡），那么我们绘出的新石器时代的能量消费情况，及其与青铜时代的关系图，就合理多了。所以，公元前5000年时，能量获取水平增长至每人每天8 000千卡，然后到了公元前3500年，增长至每人每天11 000千卡。

公元前3500—前1300年（大致是从乌鲁克时代到拉美西斯大帝的时代），能量获取水平大约又翻了一番，从每人每天11 000千卡增长到21 500千卡（年增长率为0.029%，恰好是公元前9600—前3500

103

年增速的2倍，公元前14000—前10800年增速的4倍）。如果这个判断是正确的，我所估计的增长曲线就在公元前13世纪赶上了几何级曲线（图3.13）。公元前1300年的数字当然有可能高或低，但任何较大的改变（比如说低于每人每天18 000千卡，或高于每人每天25 000千卡）都将意味着在公元前第一个千年的早期，必须假设一个奇慢或奇快的变化率。

公元前1300—前1000年，能量获取水平的下降程度是比较难以估计的。我曾经提出，公元前13世纪的这个数字稍稍下降了一点，从每人每天21 500千卡降到21 000千卡，然后下降速度加快，在公元前1200—前1000年，从每人每天21 000千卡降到20 000千卡（公元前1200—前1000年的年下降率为0.025%）。波谷的底部也许还要更深一些，那样的话，公元前第一个千年早期的增长一定要稍微快一些，以便在公元前500年时达到每人每天23 000千卡；波谷的底部也可能稍微浅一些，那样的话，随后的增长一定会更慢一些。然而，20世纪90年代，一些考古学家声称公元前1200年后崩溃的规模实际上极小，甚至根本没有崩溃，是误入歧途了，好比提出后罗马时代也没有崩溃一样。[155]

如果这些数字大致是正确的，能量获取水平在公元前1000—前500年，一定是上升了大约15%，从每人每天将近20 000千卡增至23 000千卡（年增长率为0.029%，比公元前3500—前1200年的估计增速稍快一些）。据我的估计，能量获取水平在公元前500—前1年又上升了35%（从每人每天23 000千卡增至31 000千卡）。

在图3.5中，沉船残骸和铅污染水平分别代表远程贸易和金属制造业的发展情况。在公元前第一个千年中，15%的增长出现在公元前500年之前，另外85%的增长在公元前500年之后完成。这也许意味着我对公元前1000年（及至公元前1300年）的估计太低了；或者这也可能只是反映了一个事实，公元前第一个千年的地中海地区出现大规模的人口增长（沙伊德尔估计在公元前1200—公元150年，人口大致增长了3倍）[156]，其中大部分是在公元前500年以后增加的，意味着贸易和工业的总量增长似乎在公元前第一个千年晚期占比较大，但人均增长的占比却较小。

结论：西方能量获取状况

图3.2和图3.3显示了我计算的公元前14000—公元2000年西方能量获取的数量和变化趋势。这样的图表就其本质而言，大量数据都是近似值。很难想象每个数字都是正确的，这意味着（如第二章中所提到的）应当问的问题不是所有的数字是否都正确——我们可以肯定地说不是这样，而是这些数字是否错误到严重歪曲了西方能量获取的历史轮廓的地步。

对于这个问题，我想答案一定是"否"。我计算的分数无疑都是在正确范围内的，出于我在《西方将主宰多久》一书中讨论过的原因，[157]系统性误差的幅度恐怕不会超过上下20%。然而，最受关注的肯定是非系统性误差在多大程度上扭曲了图表的形状。

图3.14显示了能量曲线将会如何变化，例如，公元前第一个千年的能量获取的增长实际上只是我估计的一半（即在公元前1000—前1年，从每人每天20 000千卡增至25 500千卡，而不是31 000千卡），而公元700—1500年的增长，则是我估计的两倍（即从每人每天25 000千卡增至29 000千卡，而不是从每人每天25 000千卡增至27 000千卡）。这些重大的修正令我非常吃惊，因为难以得到现存的考古证据的确证，然而它们对图3.14的影响并不大。公元前1000—公元2000年的能量获取增长情况变得平稳多了（这从图3.15中更容易看出。该图既显示了实际估计，又显示了这些修正估计，而且只显示公元前1500—公元2000年这一时期），但基本情形大致相同。

我们可以拿任何假设的修正数字来做试验，但是这样的试验的

图 3.14 公元前 14000—公元 2000 年，西方能量获取的情况（假设罗马的增长率较低，而早期现代时期的增长率较高）

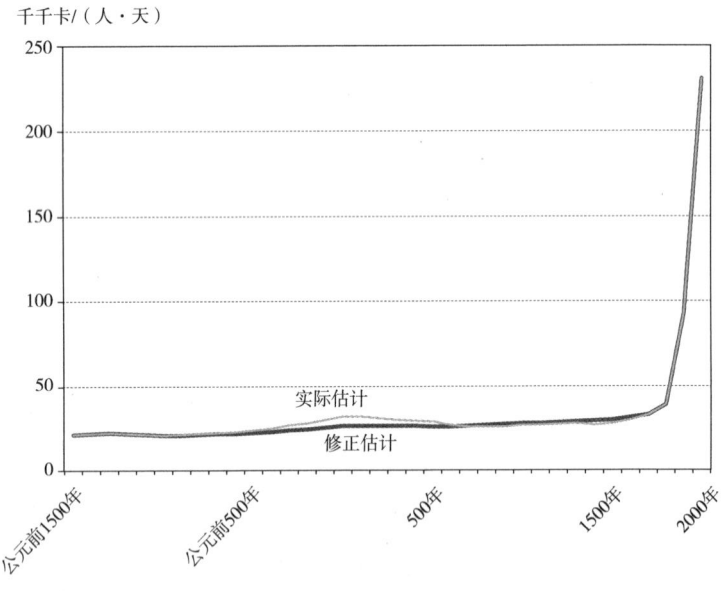

图 3.15 对公元前 1500—公元 2000 年西方能量获取情况的实际估计与修正估计（假设罗马时期的分数较低，而早期现代的分数较高）的对比

主要价值就是展现我们需要对分数进行多么彻底的改变，才能对西方能量获取历史的基本形态产生重大影响。基本的模式是非常清楚的——从冰期末期到国家开始出现（从约公元前14000—约前3000年），是一段极其漫长的发展极度缓慢的时期，虽在早期国家和帝国/帝制国家时代（约公元前3000—前1年）有所加速，但发展仍然非常缓慢，然后波动不断冲击着农业社会的上限，使之稍稍超过了每人每天30 000千卡（约为公元1—1600年），继而是短暂的农业社会的上限继续被推高的时期（1600—1800年），最后是（至今仍在持续的）爆炸式增长的短暂时期（1800年至今）。

经济学家们经常认为工业革命前没有发生任何重要变化。格雷戈里·克拉克曾说过（本章前面曾引用过）："1800年时世界上的人均富裕状况并不比公元前100000年时好。"他所绘制的图3.16将前现代时期的生活标准表现为在马尔萨斯论的上限周围随机漫步，其非同

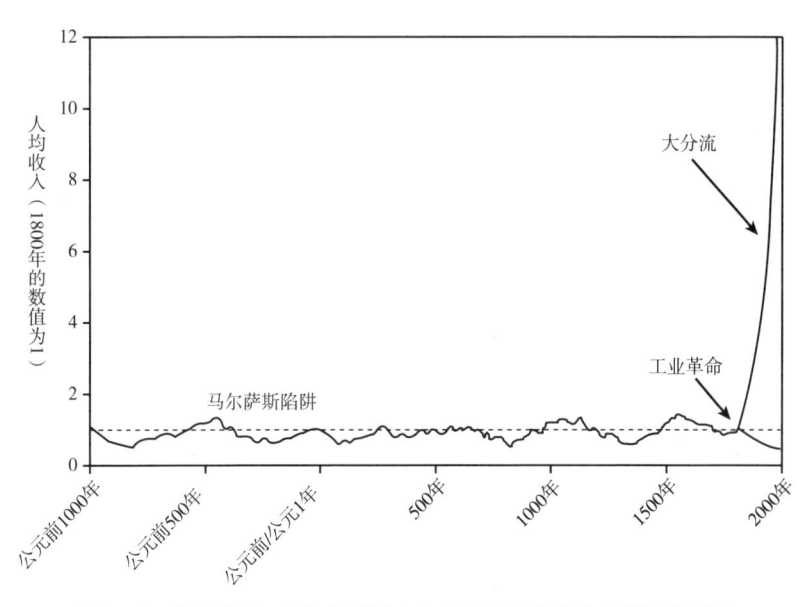

图3.16　格雷戈里·克拉克对过去3 000年来人均收入情况的再现

资料来源：Clark, *Farewell to Alms*, 2, fig. 1

凡响之处只在于其直观，但观点本身仍然是错误的。

从冰期末期到1800年，能量获取水平有巨大的增长。但正如马尔萨斯本人所认识到的（见第三章第一小节），能量必须区分为食物能量和非食物能量。当人们将能量的意外收获转换为生养更多孩子时，每单位土地上食物能量的增长很快就被消费掉了。但非食物能量的获取却不会被抵消，考古记录证明，过去16 000年的积累是惊人的。图3.2和图3.3中的上升趋势被各种各样的崩溃打断，其中最引人注目的是公元前1200年后、公元200年后和公元1300年后，但这样的中断每次都被证明是暂时性的，并且只能毁灭先前增长的部分成果。

对东方能量获取的估计

对东方能量获取情况的研究，比对西方的要少得多，定量估计尤其少。然而尽管还有许多工作需要做，东方能量获取情况的主体轮廓却相当清晰。在最后一个冰期末期，大约公元前14000年时，在东方那些最得天独厚的地区，人均能量获取水平与西方是不相上下的，都在每人每天4 000千卡左右。出于地理原因（就此而言，生态差异使欧亚大陆西部可驯化的潜在动植物物种比东部要多），东方的分数起初上涨得比西方慢，其耕种和驯养动植物最早的清晰迹象的出现，比西方核心地区晚了2 000年。东方的分数增速在公元前3000年时开始加快。像西方一样，其在公元前第一个千年的早期发生了一次严重崩溃，但能量获取水平迅速恢复了，到公元400年时又开始向上提升，但直到公元1000年后，才达到农业社会的上限，即大约每人每天30 000千卡。在公元1200—1400年又经历了一次严重崩溃之后，东方的分数于公元1600年又恢复到农业社会的上限，然后在18—20世纪迅速增长（相对于更早的时期）。表3.4、图3.17和图3.18显示了我对自公元前14000年起东方能量获取情况的估计。

表 3.4　公元前 14000—公元 2000 年，东方能量获取的情况

年代	每人每天能量（千卡）	分数（分）	年代	每人每天能量（千卡）	分数（分）
公元前 14000 年	4 000	4.36	公元前 500 年	21 000	22.88
公元前 13000 年	4 000	4.36	公元前 400 年	22 000	23.97
公元前 12000 年	4 000	4.36	公元前 300 年	22 500	24.52
公元前 11000 年	4 000	4.36	公元前 200 年	24 000	26.15
公元前 10000 年	4 000	4.36	公元前 100 年	25 500	27.79
公元前 9000 年	4 500	4.90	公元前 / 公元 1 年	27 000	29.42
公元前 8000 年	5 000	5.45	公元 100 年	27 000	29.42
公元前 7000 年	5 500	5.99	公元 200 年	26 000	28.33
公元前 6000 年	6 000	6.54	公元 300 年	26 000	28.33
公元前 5000 年	6 500	7.08	公元 400 年	26 000	28.33
公元前 4000 年	7 000	7.63	公元 500 年	26 000	28.33
公元前 3500 年	7 500	8.17	公元 600 年	27 000	29.42
公元前 3000 年	8 000	8.72	公元 700 年	27 000	29.42
公元前 2500 年	9 500	10.35	公元 800 年	28 000	30.51
公元前 2250 年	10 500	11.44	公元 900 年	29 000	31.06
公元前 2000 年	11 000	11.99	公元 1000 年	29 500	32.15
公元前 1750 年	13 000	14.17	公元 1100 年	30 000	32.69
公元前 1500 年	15 000	16.35	公元 1200 年	30 500	33.24
公元前 1400 年	15 500	16.89	公元 1300 年	30 000	32.69
公元前 1300 年	16 000	17.44	公元 1400 年	29 000	31.06
公元前 1200 年	16 000	17.44	公元 1500 年	30 000	32.69
公元前 1100 年	16 500	17.98	公元 1600 年	31 000	33.78
公元前 1000 年	17 000	18.52	公元 1700 年	33 000	35.96
公元前 900 年	17 500	19.07	公元 1800 年	36 000	39.23
公元前 800 年	18 000	19.61	公元 1900 年	49 000	53.40
公元前 700 年	18 500	20.16	公元 2000 年	104 000	113.33
公元前 600 年	20 000	21.79			

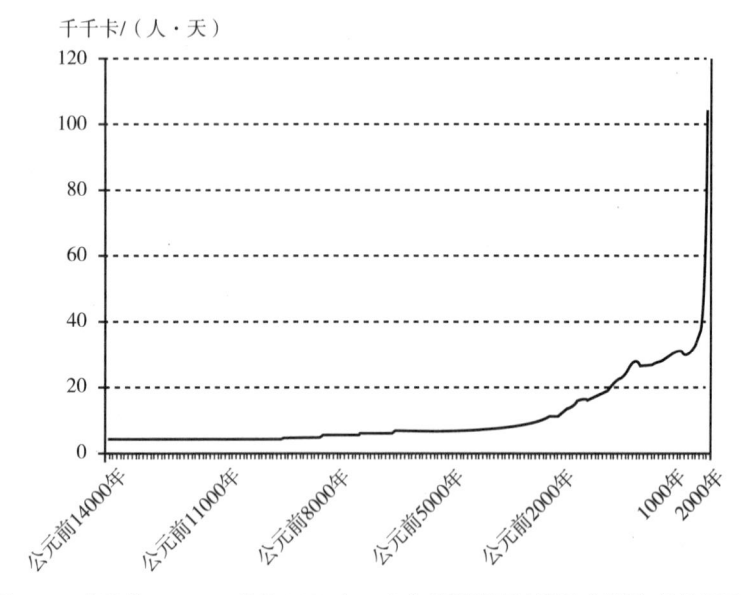

图 3.17 公元前 14000—公元 2000 年，东方能量获取的情况（线性-线性标尺）

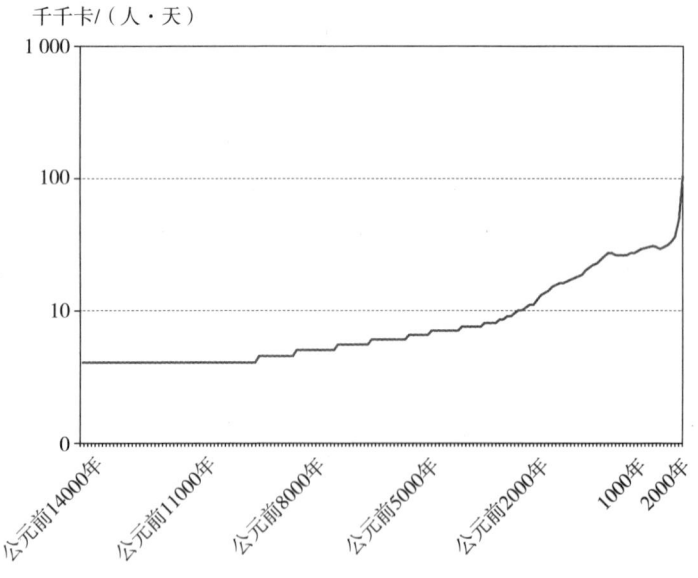

图 3.18 公元前 14000—公元 2000 年，东方能量获取的情况（对数-线性标尺）

相对而言，在史前社会和古代社会，以及19世纪和20世纪，东方核心地区的分数似乎比西方核心地区低，但在西方历史学家们称之为中世纪和早期现代的时代，也就是大致从公元第一个千年的中叶到第二个千年的中叶，东方核心地区的分数要高。不过，要想将这些比较再进行细化，要困难得多。

在本节中，我首先从最近的时期——1800年开始。接下去，像我在分析西方能量获取情况时一样，我先从广为人知的时代（先是公元960—1279年的宋朝，然后是公元前202—公元220年的汉朝）开始，然后再填补鸿沟，最后再转入史前时代的东方。

最近的过去（1800—2000年）

像西方核心地区一样，2000年时东方核心地区也有高质量的统计资料，可供计算能量获取情况时使用。此时东方核心地区（日本）的人均食物能量和非食物能量的总体能量获取水平为大约每人每天104 000千卡，[158]不到美国的消费量（每人每天230 000千卡）的一半，但比东方（或西方）历史上任何较早时期都要高得多。

在东方，可靠的官方统计数据的历史不长，而且（像西方一样）农民家庭用于燃料、房屋、衣服等的生物质缺乏量化的资料，使得问题更为复杂。[159]1900年，日本烧了300万吨煤（大致相当于每人每年消费500千克，或者略高于每人每天500千卡；而1903年英国的消费水平为1.81亿吨煤，大致相当于每人每天消费4.36吨，约等于每人每天40 000千卡），以及只能称之为微量的石油。[160]然而，随着18世纪和19世纪人口压力的增大，生物燃料的使用也越来越高效和密集，而资源基础在逐渐弱化，[161]也许堪与18世纪和19世纪西北欧先进的有机经济体相比。总之，各种不同的资料表明，1900年东方核心地区日本的能量获取水平低于每人每天50 000千卡。

对20世纪初期中国北方农民生活的记录保存得相对完整。[162]煤和豆渣肥料在19世纪时已经得到广泛应用。1900年时中国东方的生活水平普遍低于日本,一些地方实际上还在下降,但能量获取水平肯定高于每人每天40 000千卡。

19世纪东方(尤其是中国)的生活水平,自20世纪90年代以来一直存在激烈争议,以至成为西方统治的长时段注定论和短时段偶然论争执的主要战场。[163] 20世纪的大部分时间里,历史学家中主导的理论是,中国经济在1400—1900年停滞不前。例如,安格斯·麦迪逊估计,中国的人均GDP在1000—1500年,从450美元增长到了600美元(以1990年国际元购买力平价计算),然后在1500—1820年,一直停留在600美元没有变化。同样,美国经济学家德怀特·珀金斯认为,中国农业在中世纪经历了强劲的增长和变革后,于元朝(1271—1368年)达到了其极限,自那以后,最优的实践方法从中国南方农业核心地区传遍了全中国,但基本上没有再出现重要的新技术。英国历史学家伊懋可提出了一个更宽泛的观点,中国在宋朝接近于工业起飞后,就陷入了一个"高水平均衡陷阱",传统的依靠肌肉力量和水力的技术达到了其效率的极限,却没有足够的诱因实现向化石燃料的跃升。这类观点或含蓄或直白地表明,从1368年明朝建立到19世纪40年代欧洲人入侵,东方核心地区的人均能量获取水平基本上没有什么变化。[164]

这些理论在20世纪90年代遭到了猛烈攻击,部分是因为中国于20世纪80年代向学者们开放了大量明朝档案。[165] 历史学家从中发现了中国经济发展的丰富证据,特别是清朝(自1616年后金政权建立至1911年)的证据。彭慕兰尤其主张,18—19世纪中国经济最发达的地区(长江三角洲)的发展轨道,与西欧的发展轨道更多的是相似而不是差异。他认为,中国原始工业化形式与工业革命是类似的。彭慕兰还提出,清朝时期的中国即使人口迅速增长,生活水平还是在提高。按照他的计算,19世纪典型的中国成年男子每天消费

2 386~2 651 千卡的食物,与英国的水平是大致相当的。中国人消费的糖、烟草、蜡烛、家具和肉类的数量似乎也在上升,棉质衣服已普及寻常百姓。[166]

1400—1900 年东方农业退化的悲观的老观点,仍然有其捍卫者,但随着东方实际工资和农业产量的长期资料的完善,越来越多的学者认为,在两种理论中折中是最为合理的。[167]悲观主义者认为,1600—1800 年农业劳动者的人均产量的确是下降了(图 3.19),但仍然相当高,晚至 1700 年,长江三角洲的农业劳动者的生产效率可能仍然比欧洲任何地区的都要高。

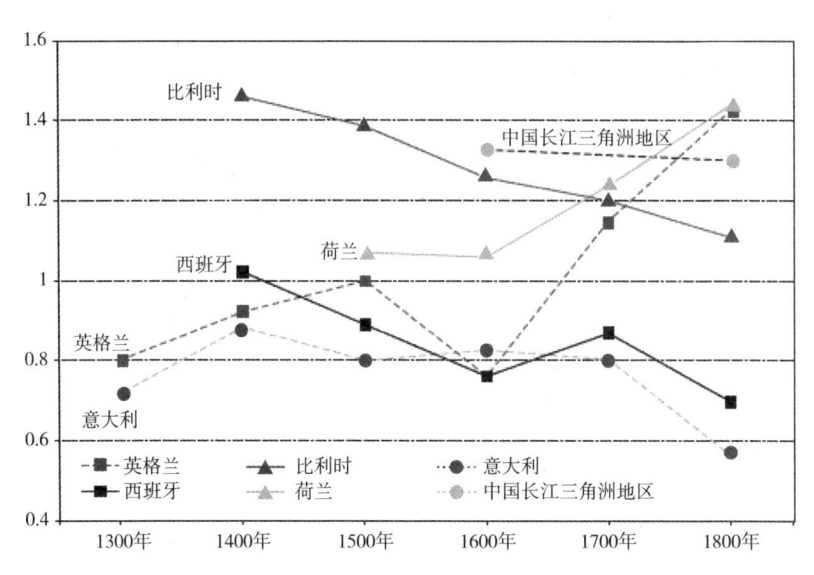

图 3.19 1300—1800 年,欧洲和中国的农业生产力情况

资料来源:Allen et al., *Agricultural Productivity and Rural Incomes*

相形之下,乐观主义者认为,1738—1900 年的北京实际工资的确是稍稍上涨了(图 3.20),但仍然非常低,与落后的南欧差不多,与兴旺发达的西北欧相差甚远。1738 年时,北京、上海、苏州和东京实际工资的购买力,还不及伦敦或阿姆斯特丹的一半,但大致与南

亚洲的福利比

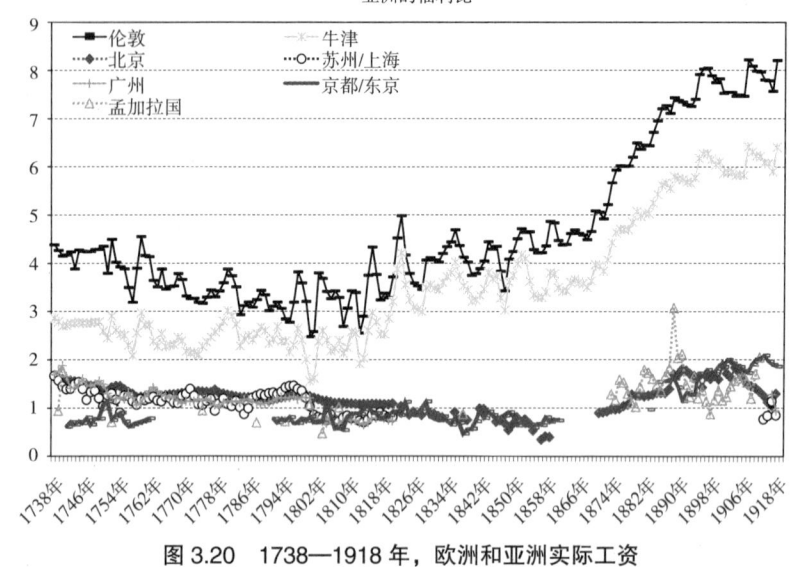

图 3.20 1738—1918 年，欧洲和亚洲实际工资

资料来源：Allen et al., "Wages, Prices, and Living Standards"

欧（如米兰）或中欧（如莱比锡）相当。东方的工资实际上在 1918 年时仍与南欧非常接近，但在 1820 年的时候，中欧的工资就已经与东方拉开了距离，而向英国靠近了。

我们可以得出结论，1800 年东方核心地区的能量获取水平低于西方核心地区，但低得并不多。按照我的计算，当时西方的能量获取水平是每人每天大约 38 000 千卡。在东方核心地区，农业产量很高，也有相当大量的煤用于取暖和做饭，但没有蒸汽动力，关于实际工资的资料也表明总体生活水平低于西北欧。所以，东方标准的能量获取水平在其核心地区（中国北方和沿海地区，再加上日本）大约为每人每天 36 000 千卡，在不超过西方能量获取水平的前提下，不会过于高于这个水平，也不会低至与罗马帝国为伍。

这些数字表明，东方核心地区的能量获取水平进入现代时期的时间（这么看来，大约是在1800年）仅比西方稍晚一点（图3.21）。与传统/悲观论点相左的是，东方在19世纪的能量获取水平的确上升了，但增幅比西方要小得多。西方在19世纪全球力量重新分配中抢占了先机，是其腾飞的结果，而不是东方的衰落导致的。同样，20世纪东方的全球地位提高，也不是因为西方的衰落，而是因为东方人学会了利用西方人率先利用的化石能量资源。

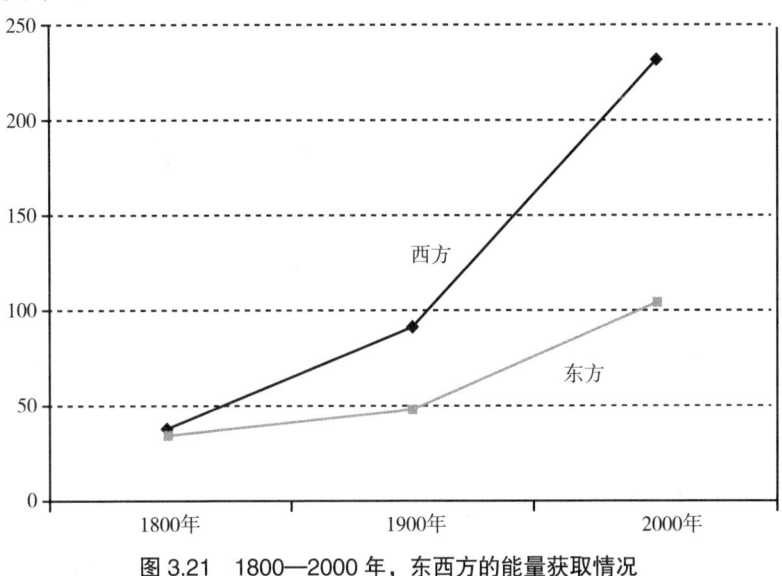

千千卡/（人·天）

图3.21　1800—2000年，东西方的能量获取情况

宋朝（960—1279年）

宋朝也许是中国前现代时期能量获取的巅峰时代。这一时期的人口增长非常迅猛，从10世纪早期的大约5 000万人增至1200年的1.2亿人，但所有的迹象都表明，其生活水平和能量获取水平上升得更快。

最清楚的文献证据来自需要大量燃料的冶金业。60多年前，经济史学家郝若贝重新分析了宋朝的税单，提出11世纪宋朝的铁产量比历史学家们先前认为的要高出20~40倍。据他计算，1078年时中国的总征税产量为75 000~150 000吨，比850年时增长了12倍。而且，郝若贝指出，1078年中国的铁产量比1640年的英格兰和威尔士高出约2.5倍，超出1700年整个欧洲产量的一半，大约与中国1930—1934年年产量持平。[168]

郝若贝对文献的分析不断受到挑战，历史学家葛平德在《中国科学技术史》他所负责的那卷中，提出郝若贝的铁产量数字存在整个数量级的偏差。[169]然而后来，唐纳德·瓦格纳在《中国科学技术史》他所撰写的那卷中得出结论，尽管郝若贝对不同文献的解读有缺陷，但他的数字肯定是大致正确的。[170]中国历史学家漆侠独立研究后得出的结论是，宋朝铁制工具在农业生产中的大规模应用，意味着11世纪时农民家庭对金属的需求一定达到了每年7万吨左右；[171]而国家对铁制钱币和武器的需求更大。铜的生产同样非同寻常，997—1070年的产量涨了4倍多，从2 420吨增长到12 982吨，比1800年时全世界的产量都要高。[172]11世纪和12世纪，中国金属制造业的副产品首次在格陵兰岛和南极洲的冰冠上留下了痕迹，就像1 000年前罗马的银器加工业一样。[173]

郝若贝不断地将宋朝冶金业的扩张与1540—1640年的英格兰相比较，认为像英国的例证一样，前者的结果之一是炼铁极大地加快了以化石燃料代替木炭的进程。假如中国的铁匠们完全以木炭为燃料，那么1080年时他们就需要烧掉22 000棵成材的大树，远超过开封一带所能够供给的数量。所以取而代之的是，他们学会了用焦炭来炼铁，并转而大规模地采煤。到1050年时，开采的煤产量之高，使家庭做饭和取暖烧的煤比木柴都要便宜30%~50%。到1075年时，开封已经有了只出售煤的专门市场，1096年的官方文件在讨论煤供应问题时，甚至根本没有提及木材作为热源的事。[174]对在蒙古境内曾是宋朝边境地区发现的铁制品和钢制品新近所做的分析，也证实了这一转变：在

10—12世纪，冶金业用煤炭取代了木炭。[175]

不幸的是，至今还没有关于沉船残骸、动物骨骼等的发掘统计资料，无法与公元前900—公元800年的西方核心地区相比（图3.5），但是来自文学、艺术及其他文物的定性证据证实了贸易、商业和制造业有巨大的扩张，纺纱机和水车得到了广泛应用。[176] 自20世纪80年代以来在广东沿海发掘出大量宋朝沉船残骸，这些船曾遭大肆洗劫，而遗骸显示了船体在变大，船上的货物越来越丰富。2007年得到完好打捞的"南海一号"沉船证实了这一点。[177]

那时的房屋也变得更结实了，在12世纪的杭州，两层小楼非常普遍，与古老的中国城市形成了鲜明的反差。然而，大多数人也许仍住在只有一两间屋子的小木房里。[178] 有一些证据表明出售陶器和其他家居用品的大众市场规模在扩大，但对家庭的整体情况似乎没有任何统计研究。

11—12世纪的能量获取水平（按照前现代时期的标准）无疑很高，但很难赋予其绝对值。铁制品的生产规模和中国的冰芯污染记录显示，其能量获取水平大概和1 000年前的罗马帝国的水平差不多（每人每天31 000千卡），或者达到了西欧大约1700年的水平（每人每天32 000千卡）。然而，中国没有发生任何我们可以称之为工业革命的事件，说明其能量获取不可能接近西欧1800年的水平（每人每天38 000千卡）。我姑且假定宋朝的能量获取水平仍稍稍低于罗马，在1100年时达到了每人每天30 000千卡，也许到1200年时稍稍超过了这个数字（图3.22）。一个稍稍高于罗马水平，或许甚至与欧洲1700年的水平（32 000千卡）相当的数字，似乎同样是说得通的，但更高或者更低的数字（比如说达到了每人每天35 000千卡，或者低至每人每天25 000千卡）似乎就不大可能了。

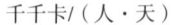

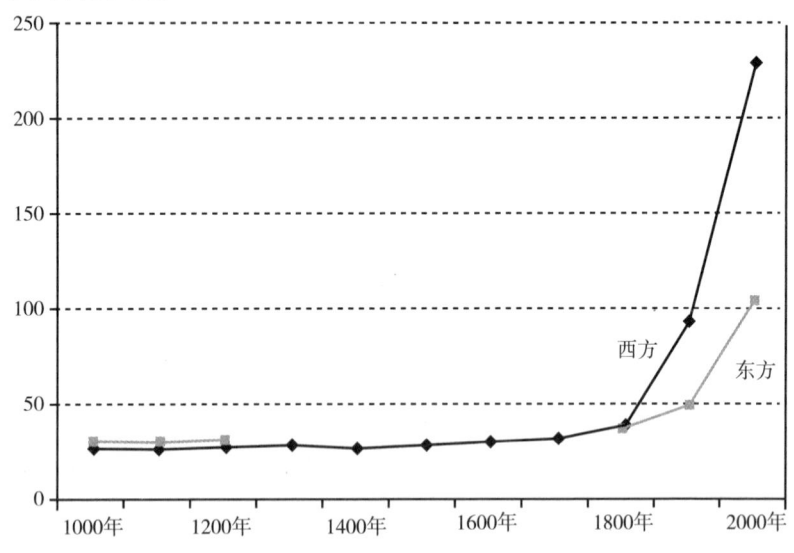

图 3.22　1000—1200 年和 1800—2000 年，东西方的能量获取情况

现代早期的中国（1300—1700 年）

20 世纪六七十年代，经济史学家普遍认为，中国在中世纪时期经历了生产力和生活水平的巨大飞跃后，在 1400—1800 年，农业和工业生产均陷入了停滞状态，然后在 19 世纪，由于内战、政府管理不善和西方帝国主义国家入侵的影响，实际上倒退了。

这种论点有好几个版本。德怀特·珀金斯在他对 1368—1968 年的农业产量的先驱性研究中，在农业经济学家卜凯对战争时期的研究的基础上提出，15—19 世纪，最先进的农业技术从长江流域推广到中国北方，又随清朝的移民推广到陕西，甚至西部更远的地方。[179] 据珀金斯的计算，长江三角洲的水稻产量到 1300 年时达到了极高的水平[180]：为每公顷 3.5 吨，是 1800 年英国地区产量（每公顷 1.7 吨）的 2 倍还要多，尽管按照劳动者的人均产量计算，只有 1800 年英国水平的 1/3（每公顷 0.3 吨比每公顷 0.92 吨）。中国的生产力与罗马帝国治下的埃及的灌溉小麦种植相比，成绩也极可观，埃及的产量可能大约为每公顷 1.67 吨和每人 0.6 吨。[181] 珀金斯认为，最先进的农业技术于公元 1400 年后在全中国普及，极大地提高了农业总产量，甚至人均产量也因为出现了较好的耕作方式而有所提高，但 19 世纪最优秀的农民仍不及 14 世纪最优秀的农民那么高产。

伊懋可提出了一个更宽泛的观点，中国的能量获取水平经过唐宋时期非同凡响的提升后，于 14 世纪陷入了一个"高水平均衡陷阱"（图 3.23），农业、工业、财政和交通运输业都达到了传统手段所能达到的最高水平。[182] 伊懋可说，唯一提高生产力的办法就是转向化石燃料经济，但由于传统技术已经达到了如此完美的巅峰，东方没有诱因让人们进行那种能引发西方工业革命的革新。简而言之，这样的革新

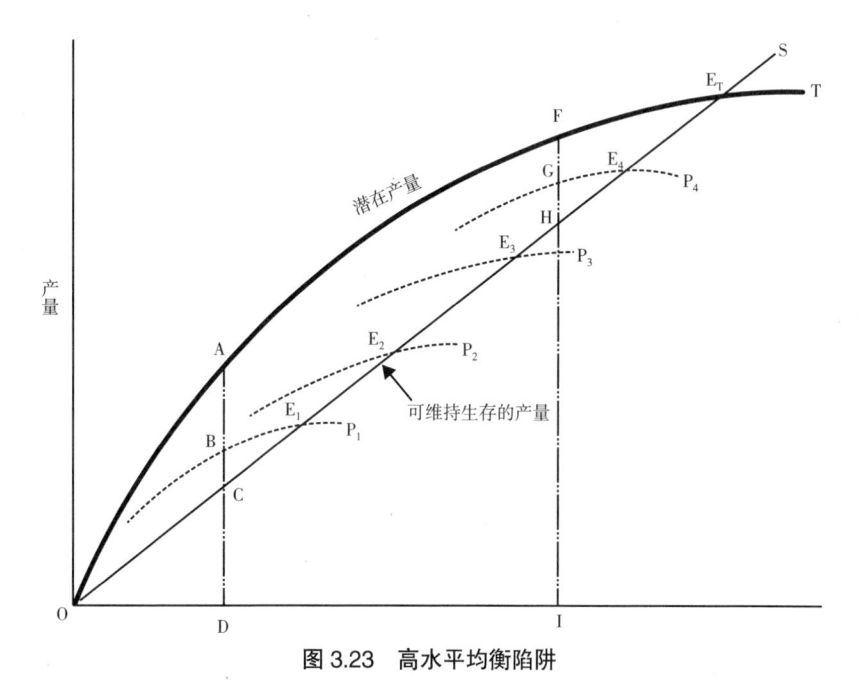

图 3.23　高水平均衡陷阱

资料来源：Elvin, *Pattern of the Chinese Past*

实际上会降低产量，反而受到人们排斥。

这两种论点都认为中国经济停滞了大约400年，这与20世纪中叶认为中国是永恒静态的传统西方理论是相符的。[183] 在同样的理念下，安格斯·麦迪逊提出，1500—1820年，中国的人均GDP稳定地保持在600美元，只有1700年英国水平的一半。正如上面提到的，罗伯特·C.艾伦认为1738—1900年中国城市非熟练工人的工资相对稳定无变化，而长江三角洲的农业产量在1600—1800年略微下降了。[184]

自20世纪90年代，来自彭慕兰等人的挑战重启了争论。我的计算结果是，1200年宋朝的能量获取水平与罗马帝国非常近似（刚刚超过每人每天30 000千卡），而在1800年，其能量获取水平只比当时的西方略低一点（每人每天36 000千卡）。这将意味着人均能量获取水平在1200—1700年增长了15%~20%。由于极少有历史学家对他们的早期现代时期生活水平提高的说法进行过量化分析，所以很难说我的数字是更接近于珀金斯/伊懋可/麦迪逊/艾伦的观点，还是彭慕兰/王国斌的观点。

然而，如果说1200—1700年的增长是一帆风顺的，似乎也不大可能。对长江三角洲一带新近的研究显示，有些地区这500年来的确很稳定，[185] 但总体而言，13世纪、14世纪和17世纪（也许稍好一点）都是饱受创伤的。尤其13世纪和14世纪出现了大规模的人口下降、城市毁灭和贸易崩溃。我不了解对经济具体领域的详细研究情况，但非常粗略地推测，能量获取水平在约1200年达到略高于每人每天30 000千卡的巅峰之后，可能下降了5%。譬如，1300年为每人每天30 000千卡，1400年为每人每天29 000千卡。这将导致1400—1800年是比传统模式更快的恢复时期。在4个世纪中，人均能量获取水平将提高20%。

未来的研究也许能够确定这些猜测的答案，但总体画面似乎是可信的：1200—1800年东方能量获取水平在稳定增长——实际上，按照前现代时期的标准，应当算是迅速增长，但西方能量获取水平的增长要快得多。如果这样的说法是正确的，那么诸如安德烈·冈德·弗兰克和罗兹·墨菲等历史学家的主张，即现代早期"东方的衰退"和现代早期"西方的崛起"对于促成19世纪西方的统治至少是同样重要的，必然是错误的，除非我们能有证据证明公元1400年前东方的能量获取水平已经上升到足以与19世纪的西方相匹敌，然后又下降了——实际上，这似乎正是墨菲的图（图3.24，y轴上没有数字）想展示的。[186]

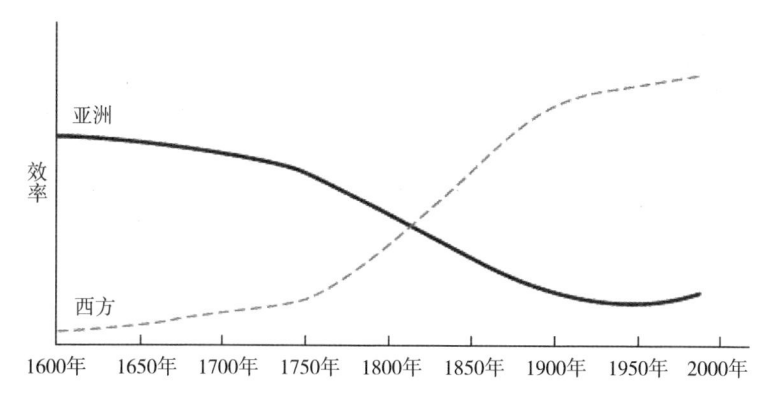

图3.24 罗兹·墨菲关于1600—2000年西方的崛起和东方的衰退

资料来源：Rhoads Murphey, *The Outsiders*

图3.25展示了我对公元第二个千年东方能量获取状况的估计。

古代中国（公元前200—公元200年）

古代中国在汉朝时期［公元前202—公元220年，通常被划分为西汉时期（公元前202—公元8年）、王莽改制时期（公元8—23年，也称为"新朝"）和东汉时期（公元25—220年）①］是个庞大而复杂

---

① 应还包括更始帝时期（公元23—25年）。——编者注

图 3.25 公元第二个千年的东方能量获取情况

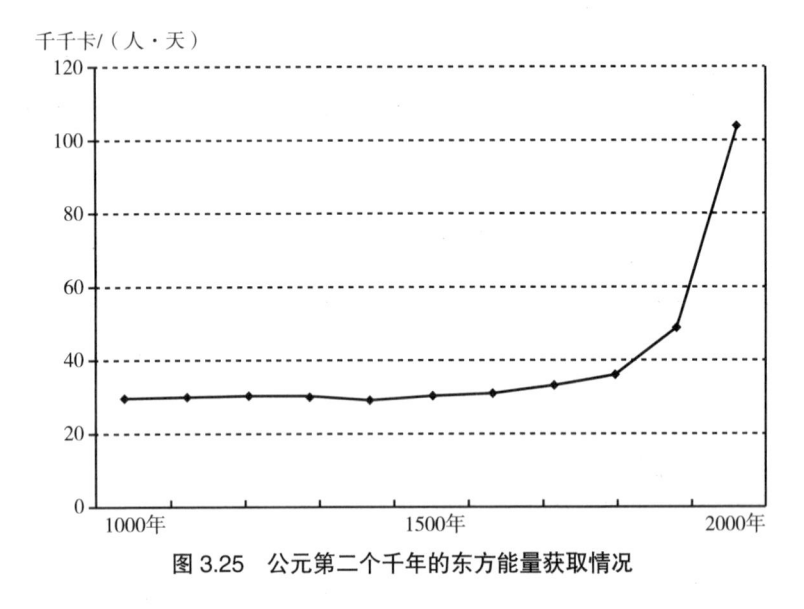

的农业帝制国家,在很多方面都堪与同时代的罗马帝国相媲美。[187] 然而直到最近才开始有人将罗马帝国与汉朝进行系统性的比较,[188] 而我们当前迫切需要考古证据的全面比较,如能以量化的形式则更好。除非有这样的比较结果可供利用,否则这部分的估计必然是非常粗略的。

最普通的对汉朝经济的研究结果,[189] 几乎没有提供什么统计数字,但文献资料和对汉朝考古证据的定性分析,的确使尝试性的计算变得可行。汉朝最发达的农业在中国北方,特别是中原,但似乎明显不及当时最高产的罗马帝国先进。文献资料和考古发现都显示,公元前1世纪时,尽管中国最成熟的铁器加工业都超越了罗马帝国,但在公元前第一个千年中,铁制农具在中国农业的应用并不广泛。[190] 公元前200年时,青铜工具、木制工具,甚至骨制工具和贝壳制工具,都比铁制农具要常见。关于犁的考古证据是有争议的,金属头的犁似乎到东汉时才得到普及。大规模使用犁牛和用砖井进行灌溉,似乎也是东汉而不是西汉的特色。[191] 文学作品也描述了一系列汉朝出现的耕作方式改进，[192] 起始于约公元前 100 年赵国的轮作法，但这些改进方法到底是在多大范围内实施的，就不得而知了。很多最高产的技术和机械也许只局限于东汉的贵族阶层。

给人形成的印象是汉朝的农业生产力不及罗马帝国，尤其不及尼罗河河谷的灌溉农业发达。这也许不仅是印象。汉朝的生产力在公元前 200—公元 100 年肯定有所提升。贾思勰写于 6 世纪 30 年代（北魏末年）的《齐民要术》一书，也表明农业技术（特别是水稻种植技术）即使在农业组织和基础设施遭到破坏的情况下也不断改善。[193] 许倬云搜集的文献资料表明，汉朝农业是高度成熟的，但仍不及贾思勰时代的中国农业发达，也许也不及罗马帝国的农业发达。[194] 对汉朝和罗马帝国成人身高的骨骼证据和营养的稳定同位素分析进行系统性的比较，将是极有助益的。

似乎没有任何全面的考古出土物目录，可供我们直接比较罗马帝国和汉朝定居点遗址的物质产品的丰富程度。对三杨庄（约公元 11 年因黄河泛滥被淹没的一个村庄）发掘记录的全面出版，尤其富有价值。该村被发现后，立刻被冠以"亚洲的庞贝"的称号。遗迹保存得非常完好，考古学家甚至发现了村民们在泥泞的田地中逃跑时留下的脚印。不大引人注目却更具价值的是，至今可查阅的简要报告中描述的有着黏土屋顶的砖砌房屋，简直就像是稍小版本的同时代的罗马房屋。村民们的农具配备得很好，很多都是铁制的。[195] 从留存下来的黏土模型和布局证据判断，汉朝城市里的房屋无疑是非常精美的，但总体的考古记录显示，中国的城市比罗马面积要小，结构也比较简陋。[196]

文学作品中有铁大规模生产的描述。在朝鲜的发掘也发现了建于 2 世纪的令人惊叹的炼铁设施。[197] 沙伊德尔提出，罗马的货币供应大致是汉朝的两倍，罗马的最大财富值也是汉朝最大财富值的两倍。[198]

这些统计数字也许与人均能量获取水平只有松散的关联，但验证了人们认为西方古代时期能量获取水平高于东方的印象。汉朝的能量获取水平似乎也低于宋朝。至少从已公开的汉朝考古证据来看，没有任何成就堪与宋朝的煤铁使用、道路建设、技术革新、金融工具或者远程贸易水平相比。但与草原游牧部落和东南亚间的贸易量在汉朝的确有迅猛增长，[199] 而且如我在《西方将主宰多久》一书中所提到的，到 2 世纪时，汉朝与罗马帝国之间可能存在直接的贸易往来。[200]

依照目前的证据状况，任何关于汉朝能量获取的实际数字，都必然是猜测性的。汉朝的数字一定低于西方的巅峰罗马时代（每人每天 31 000 千卡）和东方的巅峰宋朝（每人每天约 30 500 千卡）。考古证据和文献记录也显示，汉朝的能量获取水平比西方在罗马衰落后的低谷期（8 世纪时为每人每天 25 000 千卡）要高，且远高于青铜时代晚期的巅峰期（公元前 1300 年时为每人每天 21 500 千卡）。因此，汉朝的巅峰为 1 世纪，达到每人每天 27 000 千卡，到公元 200 年时由于组织和基础设施遭到破坏而稍有下跌（跌至每人每天 26 000 千卡）。西汉时期的增长似乎相当显著。这一时期的能量获取水平提高了 10%以上，从公元前 200 年的每人每天 24 000 千卡增长到公元前 100 年的 25 500 千卡；在公元前/公元 1 年和公元 100 年时，达到了巅峰水平，即每人每天 27 000 千卡。正如前文所提到的，这些数字仍然是猜测性的，当有更好的比较考古资料可利用时，应当予以校正。然而，汉朝的巅峰水平似乎不可能低于每人每天 25 000 千卡，或高于每人每天 29 000 千卡。

图 3.26 显示了对公元前 200—公元 200 年和 1000—2000 年东方能量获取水平的估计值，将其与过去 2 200 年西方分数的弧线对比，显示出西方核心地区在古代稍稍领先；在中古和现代早期，西方工业革命爆发之前，东方核心地区稍稍领先。

千千卡/(人·天)

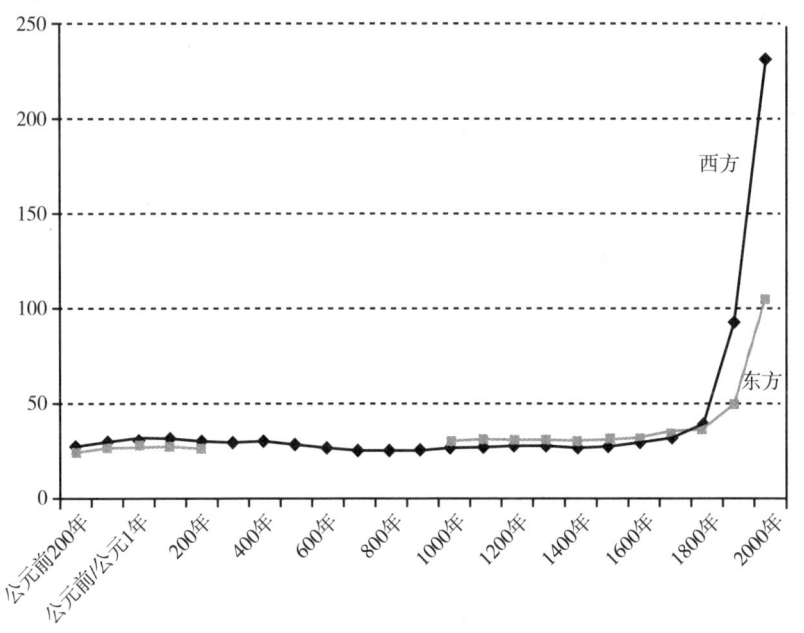

图3.26 公元前200—公元200年和1000—2000年,古代、中世纪和现代时期东西方能量获取状况

在古代和中世纪之间(公元200—1000年)

从东汉灭亡开始的魏晋南北朝时期(220—589年)的能量获取历史甚至比汉朝的还要模糊。中国古代史学家陆威仪发表了一份对这一时期的极富价值的研究成果,美国汉学家丁爱博也搜集了大量考古资料,并做了同样有益的概括,但量化的研究仍极其稀少。[201]

像西方一样,中国经济的主要基础结构在公元200年后也瓦解了,尽管农业技术也许还有所改善。[202] 贾思勰的《齐民要术》展示了比任何汉朝文献都要详细的旱作农业知识,也披露了对中国南方水稻种植的深刻认识。看来自3世纪起,最好的水稻种植方法在长江以南得到稳步推广,到公元第一个千年末期时,水稻产量有大幅提高。[203]

经济的基础结构也在改善。5世纪轮船出现在长江上,原本只在佛寺使用的水车走进了许多家庭,地方特产如茶叶等得到广泛交易。国家强力干预土地所有权,最著名的事例是均田制,但在动荡的4—6世纪,这一举措似乎有助于农民保住土地。[204] 在589年中国重新统一以及7世纪开凿大运河之前,汉朝以后的经济恢复很大程度上只局限于南方新种植水稻的地区,[205] 北方的商业衰落到连铸币都难以维系的地步;但是到650年时,整个国家范围内的经济已经在复兴中了。水力灌溉得到了更广泛的应用;据记载,长安和其他一些大城市都出现了规模巨大的公共市场。[206] 755年安史之乱爆发后,国家政权的崩溃使唐朝对经济的控制变弱,但商人在摆脱官僚干预后所获取的商业利益似乎超过了所有的损失(尤其是在南方地区)。[207]

大多数历史学家似乎都同意,中国在公元600—1000年经历了经济的快速增长(依照前现代社会的标准),那段时期在经济上比西方先进。[208] 唐朝上层社会的房屋至少像汉朝一样显赫,佛教和宫廷艺术也很兴盛。[209] 然而,中国中古时期的考古学家们的注意力大都集中在艺术史和建筑上了,我们缺乏证据来定量分析这些变化对个人层面上的能量获取意味着什么。如果我估计的能量获取数字(公元200年时为每人每天26 000千卡,1000年时为每人每天将近30 000千卡)大致是准确的,那么中间8个世纪的增长率就大约为15%。上面所引用的资料给人的印象是,这些增长主要来自公元700—900年。我因此估计,在公元200—500年,能量获取水平大致保持在每人每天26 000千卡,然后在公元600年时升至每人每天27 000千卡,到公元800年时又升至每人每天28 000千卡,公元900年时升至每人每天29 000千卡。图3.27显示了这些估计的数字,以及假如能量获取水平在公元200—1000年时平稳增长的情况下的数字(无论是算术级增长还是几何级增长),差别极微小。

千千卡/(人·天)

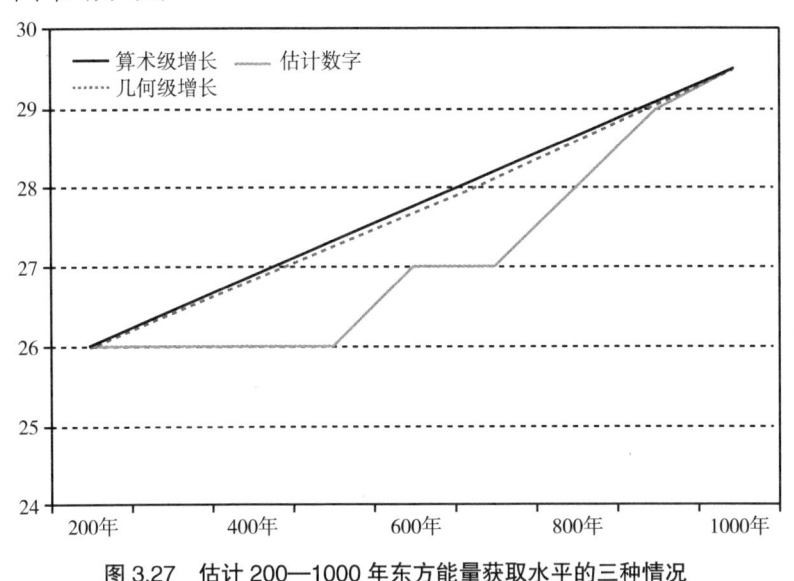

图 3.27 估计 200—1000 年东方能量获取水平的三种情况

图 3.28 展示了我对自公元前 200 年以来整个时期东方和西方的估数。按照这些数值，东方的能量获取水平在 563 年，有史以来第一次超越了西方，否则公元 1800 年之前的 2 000 年的能量获取的历史就太平淡了。无论在欧亚大陆的东端还是西端，庞大的帝国/帝制国家都在冲击着有机经济可能达到的上限，[210] 但都无法突破。这是支持近些年关于欧亚文明的一个普遍看法，即"历史是循环的"的事实基础。在某种程度上，认为根本没有发生过什么重大变化的欧亚精英是正确的。

晚冰期和后冰期时代的狩猎-采集社会（约公元前 14000—前 9500 年）

我对晚冰期和后冰期时代东方的能量获取水平的估计，很大程度上依赖于估算西方时所依赖的同样的灵长类动物能量学和人类进化研

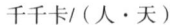

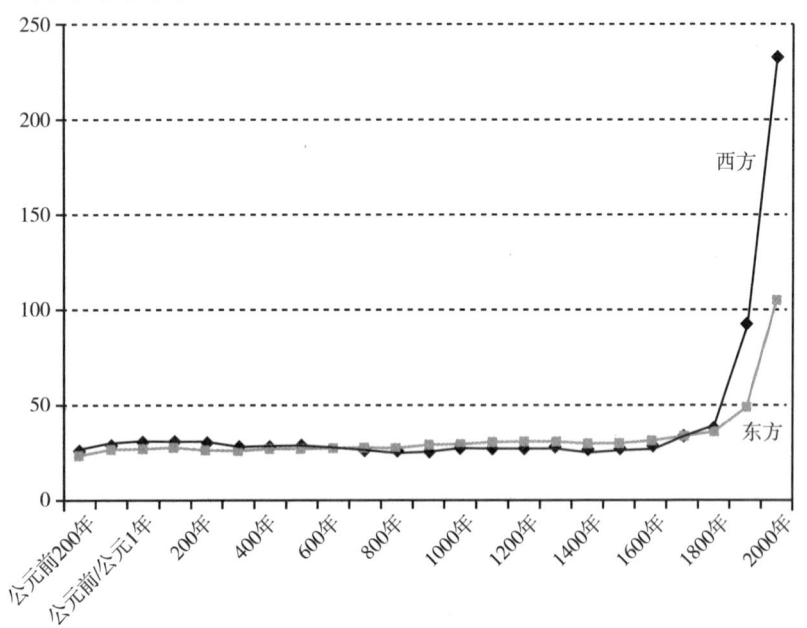

图3.28 公元前200—公元2000年，东西方的能量获取情况

究成果。公元前14000年前后，东亚的智人每天一定已经能够获取大约4 000千卡的能量，否则他们就会灭绝；而假如他们获取的能量比这多得多，甚至能达到5 000千卡，那么我们就能从考古记录上看出这一点，比如会有更精致的建筑、物质文化，或者"昂贵"的食物能量。然而事实上，我们看到在将近5 000年的时间里，考古记录基本上没有什么变化。

在西方核心地区，能量获取水平在冰期结束之前就已经在增长了；但在东方，公元前9000年之前的考古遗址，完全没有任何建筑结构遗存。[211] 有一些证据表明，大约2.5万年前人类对动物尸骸的利用增多了。在中国南方的玉蟾岩遗址，考古学者们也发现了通过手工制作的、烧制温度很低的粗糙陶器——这是世界上最早的陶器，年代可回溯至大约公元前16000年。[212] 到公元前14000年时，中国北方和今俄罗斯远东地区的人类也在制作陶器了。[213] 陶器的发明也许意味着人们开始食用需要煮沸的新型食物了，很可能是野生稻（在南方）和野生粟（在北方）。

然而，东方核心地区的情况与西方核心地区不同。在西方核心地区，到公元前11000年时，阿布胡赖拉的黑麦种子已经变得比较饱满了。而在东方核心地区，却几乎没有公元前14000—前9500年人均获得的食物热量有所增长的较明确的证据。[214] 在吊桶环遗址的考古证据表明，公元前12000年时，野生稻谷被采集并带回了山洞，正好是在公元前10800—前9600年的新仙女木事件之前，但野生稻谷在这个迷你冰期期间似乎又消失了，直到公元前9600年后才又重新出现。至今考古学家们还没有发现在新仙女木事件前有种植稻谷或其他植物的证据。这几千年当然会有其他变化，但似乎都是循环性的，而且规模极小无法度量。因此我估计公元前14000—前9500年的整个时期，能量获取水平都在每人每天4 000千卡左右。

从觅食者开始扩张（公元前9500—前200年）

正如图3.29清楚显示的，在公元前14000—前9500年后冰期狩猎-采集社会能量获取水平合理有把握的估计数字（每人每天4 000千卡），与下一个估计数字（公元前200年西汉时期的每人每天24 000千卡）之间，还有很大的空白需要填补。我们可以为这9 300年简单地假设一个平稳的增长率，算术级的或者是几何级的，但实际上，将实地考古资料与文献数据相结合，借助经济人类学方法，再对比公元前200年之后的分数，我们是可以得到更准确的估计数字的（图3.30）。

我将这一时期划分为三个阶段，先简要概括每个阶段的大致发展情况，再努力就这些变化对能量获取的意义进行定量分析。

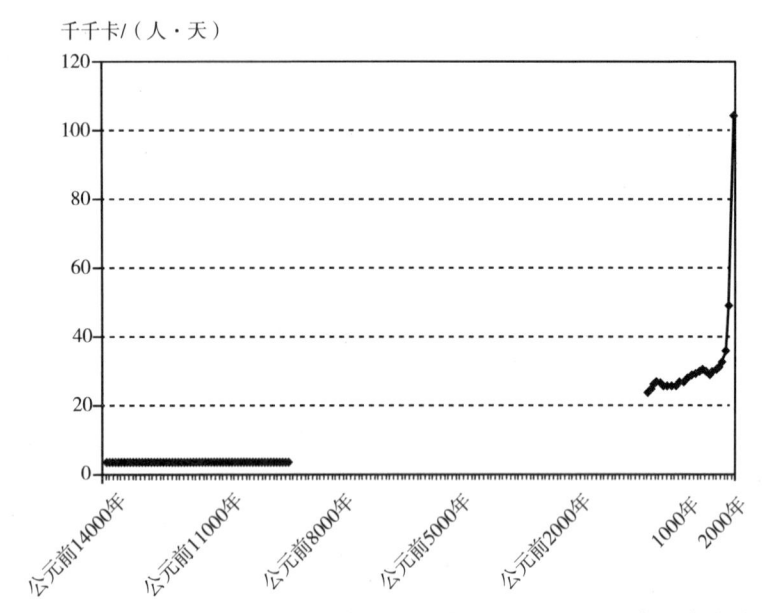

图 3.29　公元前 14000—前 9500 年和公元前 200—公元 2000 年，东方能量获取的情况

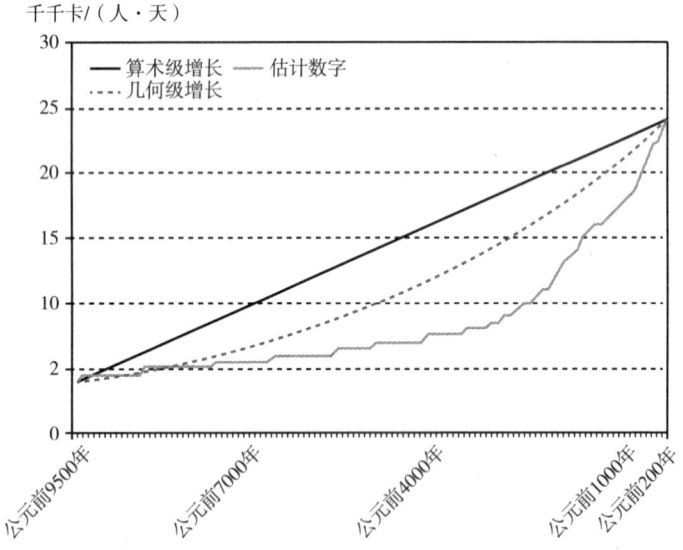

图 3.30　估计公元前 9500—前 200 年东方能量获取水平的三种情况

觅食者和农民（公元前9500—前2500年）

在东亚工作的考古学家们经常热衷于将农业起源的时间尽可能地向前推。在中国北方的一些考古遗址，如早至公元前9000年或前8500年的河北南庄头遗址和虎头梁遗址发现的石磨和石辊，有时被视为种植小米的证据。张家富等人撰文提出，在黄河河谷的龙王辿遗址出土的25 000年前的磨制石器，将中国农业的起源极大地前推至冰期。[215] 然而，对欧洲冰期磨制石器上的淀粉残渣的分析，证明其时间可回溯至公元前23000年，说明这些工具被用于将野生植物碾磨成糊状，制作前农业时代的粥或面包，[216] 中国的情况可能也是如此。在东胡林遗址出土的公元前9000年的石磨上残存的淀粉，说明这些工具也是用于碾磨野生植物的，特别是橡子。[217] 迟至在中国东北的白音长汗遗址出土的公元前6000年的石磨器上的淀粉中，橡子依然是主要成分。在渭河河谷地区，自驯化植物开始很久之后的时间内，野生食物也仍然是重要的食物。[218]

东亚驯化植物的直接物证已成为激烈争论的话题。[219] 在大约公元前7000年的长江流域的彭头山遗址，考古学家自制陶的胎泥中发现了稻壳灰屑，中国考古学界自20世纪80年代以来普遍认为，这肯定说明稻谷已经得到了驯化种植。考古学者蒋乐平和刘莉之后提出，在长江三角洲的上山遗址和淮河流域的贾湖遗址发现的稻壳印痕和植物化石，证实了水稻被驯化种植是在公元前7000年前后。[220]

然而，将中国的考古证据和论点与关于西南亚农业开端的争论相比较后，考古学家傅稻镰等人提出，水稻一定是经历了很长时期的栽培，才形成了完全驯化的品种。[221] 他们认为蒋乐平和刘莉被不成熟的小穗所误导了，这些小穗在采集的野生稻中极其常见，上山遗址和贾湖遗址出土的都是野生稻。傅稻镰等人的结论是，正经种植稻子是直到约公元前5000年才开始的，也许是因为橡树覆盖面积减小，此前作为重要食物的橡子出现短缺。他们提出，完全被驯化的稻子是直到大约公元前 4000 年才进化而成的。他们还认为，中国北方驯化粟谷实际上先于南方驯化稻子，有证据表明早在公元前 5500 年时人们就开始栽种粟谷，直到公元前 4500 年才出现驯化稻子。

随后是激烈的交锋。[222] 情况经常是这样，似乎争论双方都有充分的根据：如果种植和驯化稻子像傅稻镰坚称的那样晚，那么其在中国传播的一些特点就难以解释了；然而如果种植和驯化开始得像刘莉主张的那样早，此后一直缺乏较大的、明确无误的样本，也同样难以解释。进一步的工作无疑会解决这些问题。我认为傅稻镰提出的长期而持久的种植模式会得到证实，而传统观点可能也会被证明无误，即在水涝地上的公元前 5000 年前的河姆渡遗址发现的很多稻子都是被驯化的，而在公元前 7000 年时，贾湖、吊桶环、彭头山等地已经出现了种植的稻子。

我们对东方核心地区中国的农业革命的想象，与西方核心地区西南亚的现象越来越像了，只是大约晚开始了 2 000 年。正如在西方一样，似乎决定性的步骤并非发生在大河的河谷，而是在环绕着河谷的侧翼丘陵区。农业革命的传播推广花费了数千年的时间，并且与模仿和移民相结合，还伴随着时间同样漫长的副产品革命。[223]

这种趋势在中国可以通过农具的演变很好地看出来。例如，在 6 000 年前的半坡，收割用的刀具占全部农具的不到 1/3；而到了 5 000 年前，在庙底沟，收割用刀具的占比就上升到 1/2 以上。在半坡，锋利度不够的陶刀数量比石刀多，比率在 2∶1 以上；而在庙底沟，石刀数量超过了陶刀。在半坡，（刀耕火种时代伐倒树木所必需的）斧子的数量比（在已经开垦的土地上翻土所必需的）铲子要多，比率在 5∶1 以上；而在庙底沟，锹的数量超过了斧子，比率在 4∶1 以上。庙底沟的锹的刃，也普遍比半坡的长 50%（30 厘米比 20 厘米），说明 5 000 年前的农民比 6 000 年前的农民翻土翻得更深，以改善土壤的通风条件。[224]

也有其他证据支持副产品革命为时很漫长的设想,如对中国北方新的稳定同位素分析显示,粟成为主要食物来源是直到公元前5000年以后的事情,长江流域也有证据表明驯化动物的过程也非常缓慢。[225]

然而,东方和西方的巨大差异,是西方核心地区的耕种和驯化似乎开始得比东方核心地区早大约2 000年。即使我们忽略大约公元前11000—前10500年(显然早于新仙女木事件)阿布胡赖拉种植的黑麦种子,到公元前9500年,就在新仙女木事件刚刚结束时,种植的大麦和小麦的确在西方核心地区出现了。按照目前的证据,很难看到大约公元前7500年(甚至比这还晚,假设傅稻镰是正确的)之前东方有种植稻子或粟的情况。完全驯化的小麦和大麦已经被确凿地认定于公元前7500年前后出现在西方的侧翼丘陵区;驯化的粟直到公元前5500年前在东方都并不常见,稻子要到公元前4500年(或者按照傅稻镰的说法,在公元前4000年)才被完全驯化。副产品革命在西方到公元前4000年时已基本完成,在东方到公元前3000年时仍在进行。例如,直到公元前2500年,我们才发现了真正令人信服的证据,可以说明东方典型的农业性别结构:男性从事户外活动,女性则从事室内活动。[226]

像西方一样,东方食物能量总获取量的增长,是伴随着巨大的人口增长和缓慢而又惊人的人均非食物能量的增长的。已知最早的房屋,其建成时间可追溯至大约公元前8000年,在长江三角洲的上山遗址;在更早的遗址中,人们只发现了灶台。房屋的面积在稳步增长,从公元前7000年的贾湖遗址平均4~6平方米的圆形的半地穴棚屋,到公元前4000年大河村遗址中30~40平方米的正方形的地上建筑。公元前7000年的贾湖遗址最大的房屋面积为10平方米,而公元前4000年的大地湾遗址却有150平方米和290平方米的"宫殿",这还只计算了房顶下面积的数据。房屋的体积在公元前第三个千年以前增长也很缓慢,但在那之后,就突飞猛进了。[227]

古代国家（约公元前2500—前800年）

公元前2500年以后，特别是公元前2000年后，随着更复杂的社会形态的出现，能量获取的增长率大大加速了。像在西方一样，由于没有对人体骨骼数据的大规模的系统性搜集和比较，学者们未能直接记录下古代国家的出现对人类体格的影响，但存在其他变化的迹象。

其一是稻子种植在中国北方的推广，特别是在约公元前2300年之后；[228] 其二是动物骨骼在公元前第三个千年晚期和第二个千年的定居点中的大量增加。到公元前2000年时，驯化的猪一般在家养的畜类中占到2/3以上。[229] 文献记录也提到了公元前第一个千年农业组织方面的各种各样的改革，也许反映了真正的变化。

在《孟子·滕文公上》中有对井田制的相关描述。据说这是公元前第一个千年早期西周设立的制度，尽管孟子所言一定是对当时混乱的现实的理想化描述。[230] 历史学家们经常把这种土地占有制度称为分封制，尽管这似乎不完全适当。[231]

总的来说，东方农业生产力（无论是劳动力人均还是每单位土地）似乎一直比当时的西方要低得多。在公元前第三个千年的考古遗址中出土了不少铜器（大多是装饰品），但在公元前800年之前的遗址中，极少见到金属农具的实例。在公元前800年前，木头、石头、骨头和贝壳始终是占绝对优势的最重要的农具材料。除非有更好的证据出现，否则我们不得不得出这样的结论：东方古代国家农业产量的增长，慢于美索不达米亚和埃及的西方古代国家的灌溉农业体系所带来的增长。

然而，在公元前2500—前800年，非食物能量获取水平看来的确有强劲的增长。由于考古学家们对后新石器时代的中国定居点缺乏兴趣（不是因为缺乏实际的遗迹，而是因为考古学家们只关注权贵坟墓和纪念碑式建筑），我们的想象受到了限制。为数不多的出土文物的确显示，到公元前800年时，房屋的面积和质量都有所改善。坑屋依然在建造，但更多人住到了地面上，有人住在结实的矩形房屋中，有人建了防护壕的地基、夯土或泥砖的墙、灰泥抹的地面，以及围墙。一些房屋中有绘画装饰，也有一些房屋是围绕着一个宽敞的院子建造的。墓穴中发现的浸满水的木器，说明细木工技术得到了较大改善。这些事物发展的年代顺序尚不清楚，但宽泛地说，我们可以相信房屋建造水平在公元前第三个千年的晚期到第一个千年的早期，有了长足进步。[232]

家居用品的数量和质量也有提高。公元前第二个千年时，陶器已经普遍使用快轮制作了，丝绸、漆器和玉器也更加常见了。最早的铜器出现在大约公元前3000年，几乎可以肯定是受到了越过欧亚草原传来的西方冶金技术的推动。[233] 金属似乎非常罕见，直到公元前第二个千年早期，在二里头、郑州和安阳才出现了巨大的铸造作坊，打造武器和一些手工工具，最重要的是铸造祭祀器皿。铜陵保存完好的矿井遗址显示了早至公元前1600年的中国冶金的规模。[234]

由于像样的家庭考古资料很少，我们对金属的日常使用情况知之甚少，不过随葬品似乎意味着，到公元前800年时，青铜器皿已在某种程度上照社会等级自上而下流传了。在上层社会，金属的使用量是极大的，约公元前12世纪的后母戊鼎（出于于安阳武官村），使用了将近一吨的青铜。[235] 自公元前1046年商周更迭后，有铭刻的青铜器皿的数量呈爆炸式增长，也许证实了一个非常富有的权贵阶层的出现。[236] 考古学家们也已经确定了上层社会中发生了"祭祀革命"，自公元前9世纪起权贵们开始用青铜器随葬，这似乎与青铜工艺的巨大进步，包括失蜡法和范铸法的应用，是相匹配的。[237]

纪念碑式建筑在公元前2500年以后也有重大发展。公元前第三个千年晚期最大的一些遗址（有时会占地2~3平方千米）开始出土通常会高达2米的土台。其中最宏伟的陶寺遗址早至公元前2600年就有一个占地0.05平方千米的宫廷院落；到公元前2300年时，这里又筑起了厚达9米的防护墙，并建有巨大的圆形碑和带有壁画的宫殿。[238]

大约从公元前1900年开始，人们在可能是夏朝和商朝都城的二里头和亳都，建起了规模大得多的宫殿。而从公元前13—前11世纪，尽管曾遭受洗劫，安阳的殷墟王陵无论依什么标准来看，都会给人留下深刻印象。[239] 至今发掘出的西周宫殿都不及其前朝商朝的宏伟，不过其都城丰镐遗存的房屋仍然极大而坚牢。[240] 公元前1046年后，富裕的墓葬骤然激增。[241] 权贵炫富的程度和能量获取水平在公元前1000—前800年也许是持平的，但比公元前2500年时要高得多。

像西方一样，人们在古代国家时期确定无疑地发现了最早的地区性崩溃的证据，最明显的是约公元前2300年陶寺的衰落和山东复杂社会的瓦解。不过，像公元前2200年和公元前1750年西方的崩溃一样，陶寺／山东的衰落对地区的能量获取水平并没有产生明显的影响，至少对如此粗略的度量工作来说是如此。

春秋／战国时期（公元前800—前200年）

东方没有经历像公元前1200年西方的崩溃那样的灾难。西方的崩溃使其核心地区的能量获取水平一连下降了好几个世纪。东方的能量获取水平则相反，上升得越来越快。像古代国家时期一样，缺乏对人体骨骼资料的系统性搜集和家庭考古的不足限制了我们的研究，但相同的是，仍有充分的证据使我们可以勾勒出整体画面。

文献资料证实，土地占有制发生了进一步的变化，特别是出现了向私人土地所有制的转变。土地掌握在法律上自由的农民手中，国家课税取代了有人身依附关系的农民在土地上为他们的主人劳作的制度。这方面最早的清楚记载是公元前594年鲁国推行"初税亩"。到公元前3世纪时，这种向自由持有土地的制度的转变可能已经完成。[242] 这种土地所有权的改变可能鼓励了农民自发地加大投入，如此一来，产量很可能有所提高。土地所有制的改革还推动了农业理论和方法的成熟且蓬勃发展，以公元前422年魏国的李悝变法为开端。[243]

多茬复种的文献证据似乎也是与这种新的土地所有制相伴的。到公元前200年时,两种作物轮作(中国北方是小麦和粟,南方是粟和水稻)已显然成为常态,偶尔也会种些豆类,可能两年轮作三种作物。还有一些历史学家提出,"牛"字的流传说明公元前第一个千年中叶时,役畜也变得重要起来(至少是在上层社会)。[244] 然而,在更确定的文献证据的基础上,我们认为国家大规模地涉入水利工程始于公元前4世纪30年代战国时期魏国的地方官西门豹。战国时期所有国家都大力投资开凿运河,以提高农业产量,其最高峰为公元前256—前251年秦国的李冰在四川一带兴建的都江堰。[245]

金属工具最早开始大规模使用大概是在公元前800年以后。历史学者李学勤和唐纳德·瓦格纳都认为,公元前800—前500年,在长江下游地区,青铜工具变得越来越重要,但一些考古学家仍对此持怀疑态度。[246] 然而,到公元前500年时,中国也开始使用铁器(可能像青铜技术一样,制铁工艺最初也是由西方人跨越欧亚草原传来的)。中国的铁匠进步非常迅速,在公元前6世纪时就炼出了真正的钢,公元前5世纪时铸出了生铁(而欧洲的铁匠是直到14世纪才掌握了这项技术)。到公元前200年时,铁制武器开始取代青铜武器,铁制工具显然也越来越普遍。不过,青铜业依然繁荣。建于公元前6世纪的铜绿山古铜矿显示了异常成熟的建筑水平,有木支护结构的竖井。坐落于山西侯马的铸造作坊也同样能给人留下深刻印象。[247]

这段时期的商业也迅猛发展。公元前625年从鲁国的臧文仲开始,各国大臣们在自己所属地内巡视以废除税商关卡。诸侯国都必须向商人们保证不干涉贸易,水运也变得越来越便利。中国商人在没有受到西方发展影响的情况下,于公元前5世纪开始独立铸造和使用青铜钱币。到公元前200年时,已有数以百万计的青铜钱币在流通。[248] 中国考古学家还没有像西方考古学家那样对沉船残骸、动物骨骼、碑铭和铅污染水平进行量化,但在公元前800—前200年,贸易明显有了巨大增长。

如何估计东方能量获取水平

图 3.30 显示了可填补公元前 9500—前 200 年能量获取数量估计的鸿沟的三种不同的办法，或者索性假设能量获取以算术级或几何级的规模稳步增长，或者依据实际证据进行估计。算术级增长似乎不大可能，因为图 3.30 中最上面那条线意味着，自大约公元前 7000 年贾湖文化建立到大约公元前 5000 年河姆渡文化建立，其间能量获取水平的增长与自大约公元前 2300 年陶寺文化毁灭到大约公元前 256 年秦国在四川兴修都江堰期间能量获取增长的速度一样快。这不可能是正确的。我们或许应当假设能量获取水平的增长是几何级的，指数随时间而增长。

我们在将西方的考古数据转化为消费水平时所遇到的所有挑战，在对东方的数据进行转换时也都会遇到，但比较东西方的考古发现可以了解到，东方实际上是沿着一条与西方非常相似的轨道前进的。主要的不同在于，东方走上耕种和驯化的道路比西方晚了大约 2 000 年，其能量获取水平也相应落后于西方。在从觅食向农业过渡的时代，双方最初的差距似乎也保持在大约 2 000 年。从公元前 9500—前 6000 年，东方的能量获取水平增长了大约 50%，从每人每天 4 000 千卡增至 6 000 千卡；到公元前 2500 年时，随着副产品革命的完成，东方的能量获取水平又增长了 50%，达到每人每天 9 000 千卡。在这个时候，也就是埃及人建造大金字塔的时代，东方的能量获取水平似乎还停留在约公元前 4500 年时西方核心地区的水平，这一时期正是西方最早的大城市，如布拉克丘和苏萨出现的时候（图 3.31）。

不过，公元前 2500 年后，东方能量获取水平的增长要快得多。由于东方的数据实在太少，我们只能就总体印象而言。在我看来，到公元前 2000 年二里头腾飞前夕时，东方的能量获取水平一定大致达到了大约公元前 3500 年西方核心地区的水平，即苏萨时代和乌鲁克扩张前夕的水平（每人每天 11 000 千卡）。公元前 1500 年，在商朝

千千卡/(人·天)

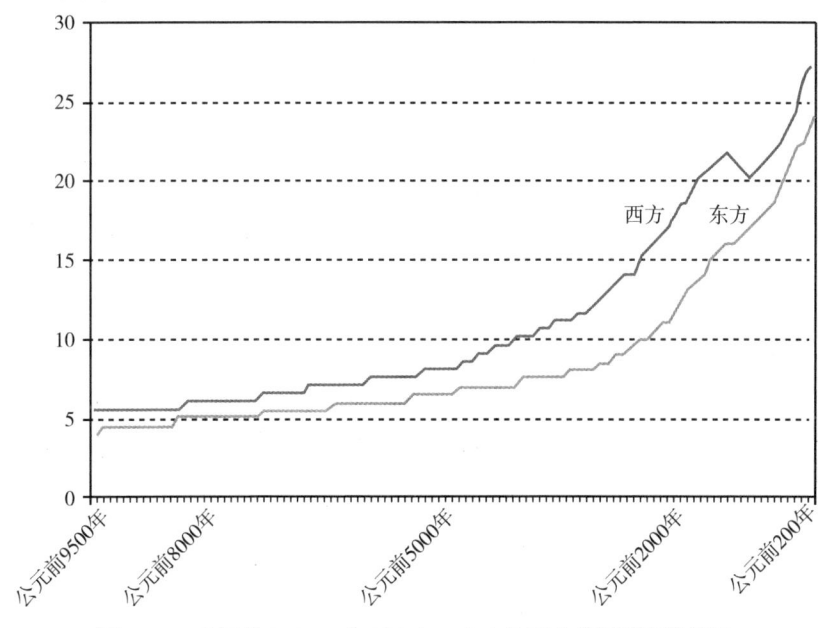

图3.31 公元前9500—前200年，东方和西方能量获取的情况

早期时，东方的能量获取水平与公元前2400年西方的水平大致相当了，即乌尔王陵和埃及大金字塔兴建时期的水平（每人每天14 000千卡）。令我惊讶的是，到公元前1046年，当周朝取代了商朝时，东方能量获取水平已经与1000年前的西方核心地区不相上下了。当时西方正处于危机后的恢复时期，埃及的中王国取代了古王国，美索不达米亚的乌尔第三王朝取代了阿卡得王国的城邦（此时西方的能量获取水平约为每人每天17 000千卡）。不过，到公元前500年时，因为西方在约公元前1200年时崩溃，并且恢复缓慢，东西方的差距进一步缩小了。到公元前500年时，东方的能量获取水平已经和大约公元前800年的西方差不多了。当时亚述帝国正面临巨大危机，不得不进行高端统治改革，其能量获取水平约为每人每天21 000千卡，这也是西方于大约公元前1400年时达到的水平，即古埃及法老埃赫那顿及王后奈费尔提蒂开始奇特的宗教和政治实验之前半个世纪。

这些估计当然还需要更好的证据支持（无论是西方还是东方），目前都还只是推测而已。但如果这些推测大致在正确的范围内，那就意味着东方的能量获取水平在大约公元前9500—前3500年这6 000年的时间里大致翻了一番后，在公元前3300—前1300年这2 000年的时间里又翻了一番，然后在公元前1300—前200年这1 100年间又增长了50%。

西方于公元前1200年前后的崩溃是到公元前200年时东西方差距缩小到只有300年的主要原因，但差距缩小的趋势早在此之前就开始了。在公元前2200—前1200年的1 000年间，实际上西方的能量获取水平只增长了31%，而东方增长了52%。发生这种情况的原因还不十分清楚，尽管目前看来，东方的青铜技术很可能是向西方学习来的，并且驯化的小麦也同样是通过跨越欧亚草原的商人获得的。[249] 这是不是东方迎头赶上的唯一原因，塔里木盆地里那些保存完好的干尸是不是把很多技术从西方传到东方的中亚商人，[250] 是不是还有至今未知的其他原因促使东方社会在古代国家时期比西方发展得快，都还有待研究。

16 000年能量获取状况

图2.5显示了过去16 000年间的能量获取状况，也展示了《西方将主宰多久》一书中的主要论点。社会发展指数的其他维度，即社会组织能力（通过城市规模来度量）、战争能力和信息技术，终究不过是使用能量的方式。尽管单纯度量能量获取无法涵盖社会发展的完整内涵，[251] 但能量必然是所有指数的中心支柱。因此，我讨论能量获取的证据时比讨论另外三个维度更为详细。

显然，还有许多工作需要做。尽管能量获取是历史的支柱，我们关于能量获取的证据却是零散和不尽准确的。总体而言，西方历史比东方历史有更多的资料可供研究,西方历史的确有可供量化的证据存在。像在很多史前考古的工作中一样,致力于西方考古的学者们对于发掘结果,通常会比东方的同行们做出更多的综合整理。特别是西方学者们做了更多的家庭考古工作,并对实际工资进行了更多的研究。

随着证据基础的改善,新发现会解决这里遗留的一些问题。例如,也许有一天我们能够更有信心地断言,西方的能量获取水平在罗马时代的巅峰期究竟是公元前1世纪还是公元1或2世纪,其水平是否当真比东方的巅峰期宋朝还要高(以及东方的巅峰期是否真的是12世纪)。我们应当也能够证明,在公元第一个千年的早期到中期,东方和西方的能量获取水平是否真的都下降了;公元前1200年前后,西方的危机是否真的拉低了能量获取水平(我认为是的);约公元前2200年西方的危机和约公元前2300年东方的危机,是否也拉低了其各自的能量获取水平(我认为没有)。更好的证据将不可避免地加强我得出的一些结论,而削弱我的另一些结论。

不过,即使所有的具体数据都还存在争论的空间,总体情况显然是有充分坚实的基础。最后一个冰期末期的能量获取水平非常低,不会过高于每人每天4 000千卡,增长得也极其缓慢。食物能量有所增长,但正如马尔萨斯在两个世纪前所认识到的,这些增长通常都被转化为更多的人口,增加的人口消费了增长的能量,使得大多数人的能量消费水平仍低于每人每天2 000千卡。但是,也如马尔萨斯所看到的,非食物能量也有大量增长,而且随时间积累。因此,总体(食物+非食物)能量获取水平呈几何级增长而非算术级增长,且指数会随时间的推移而增长。

无论在东方还是在西方,我们都能比较清楚地看到耕作开始的大致时间(西方为约公元前9500年,东方为约公元前7500年)、驯化动植物开始的大致时间(西方为约公元前7500年,东方为约公元前5500年)、古代国家兴起的时间(西方为约公元前3500年,东方为约公元前2000年）、帝国/帝制国家建立的时间（西方为约公元前750年，东方为约公元前300年），以及最重要的化石燃料工业兴起的时间（西方为约1800年，东方约为1900年）。从古代帝国/帝制国家的巅峰时期到工业革命兴起，大约2 000年的时间里，能量获取水平一直被控制在一个我称之为"硬天花板"的上限之下，略高于每人每天30 000千卡。这标志着农业社会所可能达到的极限就是如此。这也在很大程度上解释了为什么从古代和中古时期流传下来的精英作品中，普遍存在人类已达到其顶峰、历史是循环性的、最好的时代在过去等感觉——正如自1700年以来西方能量获取水平爆炸式的增长，在很大程度上解释了18—19世纪众多欧洲思想家，以及20—21世纪美国人所抱持的乐观主义。

第四章
社会组织能力：上限未定

方法、假设和数据来源

社会科学中一个长期的研究传统，特别是在考古学、人类学、经济学和城市研究领域，已经表明一个社会中最大定居点的规模与其社会组织的复杂程度有着极其密切的关系。[1]这种关联性远非完美，但对于探索跨度为 16 000 年的社会发展指数这种粗线条的研究，已经足够了。

原则上讲，探究城市规模还有一大好处，就是概念上比较简单。我们所需做的只是：（1）确定东方和西方在历史上每个需要计算指数值的时间点上，最大定居点的规模；（2）确定 2000 年时世界上最大城市的规模；（3）将 2000 年时最大城市的人口数除以 250（社会发展指数所能赋予"社会组织能力"这个参数的满分）；（4）再将过去城市的人口数除以那个数字。

由于对城市边界的定义和统计数据可靠性的看法不同，人口学家们对 2000 年世界最大城市的规模，意见很不一致。为了设立一个相对无争议的基线，我索性采用英国《经济学人》出品的《世界数据口袋本》中的估计：东京高居榜首，其人口约为 2 670 万；纽约则是西方核心地区的最大城市，人口约为1 670万。[2]当然，还有大量其他估计数据可供我使用，但所有可靠的数据似乎都与上述数据相差不大。

这个起点意味着东方在2000年的社会组织能力方面得到满分250分，每106 800人得1分。纽约有1 670万居民，因而为2000年的西方挣得156.37分。值得记录的最小分值为0.01分，只需约1 000人即可获得。这意味着，与能量获取得分不同的是，社会组织能力的分数的确可能降至0分，公元前4000年之前的东方和公元前7500年之前的西方，人口都因太少而无法度量。

以这种方法度量社会组织能力，主要的障碍是经验主义。对于早期定居点，我们必须借鉴考古学和人类学／历史的类比。估算极其依赖于对定居点面积的度量和根据有记录的人口密度的外推。人类学家罗兰·弗莱彻曾向我们展示了人口密度统计的差异有多大，[3]尽管这些数字似乎都遵循了一般原则。在某些情况下，例如古希腊，估计数字可能非常可靠，误差幅度极小；而在另一些情况下，比如公元前第三个和第二个千年的美索不达米亚，估计数字就不那么可靠了。[4]总体而言，大多数记录良好的前现代城市，很少有人口密度超过每公顷200人的，每公顷将近100人的城市更为常见。偶尔也可能有前现代城市的人口密度高达每公顷500人，但属于极其异常的情况，需要有非常清楚的证据。然而，在20世纪和21世纪的超大城市中，极小的村庄和特定地区的人口密度有时却可能远远超过每公顷500人。

从古代起，就有一些文学作品提到城市规模，但这些资料往往不可靠，因为古代城市的居民通常并不知道自己周围住了多少人。这意味着在现代之前，考古和类比仍然非常重要——尽管由于同时代没有像前现代时期的"城市巨人"罗马和长安那样的城市，使得相较于史前时期，对过去3 000年大部分时间的类比更成问题。在时间更近的时期，食物进口的资料有时会留存下来，这给了我们又一个核实人口规模的办法。而在现代，我们可以利用相当准确的官方统计资料。

一些作家提供了有精确数字的关于城市历史的概述。历史学家特蒂斯·钱德勒所著《4 000年城市发展史》是一部价值无量的参考书，可能也是被引用最多的著作，尽管书中提供的资料来源太少（其较早的版本，《3 000年城市发展史》对资料来源注明得较好）。[5] 对前现代城市规模的所有估计数字都存在争论的空间。钱德勒和学者杰拉尔德·福克斯的一些估计数字从资料上看是站不住脚的。他们估计的中世纪伊斯兰城市的数据尤其过高，而且像许多历史学家一样，他们过分夸大了古希腊城市的规模。例如，他们认为公元前430年时雅典居民有15.5万人，而不是3万~4万这个更有可能的数字。[6] 然而，他们对中古和现代早期中国的估计数字，避免了历史学家时常出现的浮夸。

虽然始终只采用单一的资料来源，例如钱德勒和福克斯的《3 000年城市发展史》，会有一些好处，但弊端似乎更大。依赖单一资料来源的最大好处是，犯的错误会比较一致，因此容易弥补。然而，对于我们现在讨论的问题，错误似乎会无序散布。所以，我决定不这样做，而是打算借助对每个时间和地点研究最好的专家，并交叉检验他们的分数，以减少主观臆断。我总结了东西方城市的结果，对于每个城市都列出我的资料来源，以及估计中涉及的任何特殊问题。如果某个估计数字是我自己推测的，我还将提供选择这个数字的理由。我将我对西方的估计数据收集在表4.1中，对东方的估计数据收集在表4.2中。研究公元前3000年之前时期的西方考古学家，和研究公元前2000年之前时期的考古学家，以及研究公元第二个千年的历史学家，通常都会对城市规模进行估算，即使他们的数字差异极大。但不幸的是，研究从公元前3000/2000—公元1000年的历史学家和考古学家大多不肯冒险给出具体的估计数字。

145

对西方城市规模的估算

对于每段时间（公元前1400年之前，每100年；公元前1500—前2500年，每250年；公元前2500—前4000年，每500年；公元前5000年之前，每1000年），[7]我首先提出我确定的最大城市及对其人口的估计，然后提供我的主要资料来源和该城市在社会发展指数中所得的分数，最后简要地评述互相冲突的估计数字和证据的本质。

表 4.1 公元前8000—公元2000年，西方最大定居点的规模

年代	定居点	规模（人）	分数（分）
公元前8000年	穆赖拜特	大概500	—
公元前7000年	贝达、巴斯塔、恰塔霍裕克	1 000	0.01
公元前6000年	恰塔霍裕克	3 000	0.03
公元前5000年	布拉克丘	4 000	0.04
公元前4000年	乌鲁克、布拉克丘	5 000	0.05
公元前3500年	乌鲁克、苏萨、布拉克丘	8 000	0.09
公元前3000年	乌鲁克	45 000	0.42
公元前2500年	乌鲁克	50 000	0.47
公元前2250年	阿卡得、孟菲斯	35 000	0.33
公元前2000年	孟菲斯、乌尔	60 000	0.56
公元前1750年	巴比伦	65 000	0.61
公元前1500年	乌鲁克、底比斯	75 000	0.70
公元前1400年	底比斯	80 000	0.75
公元前1300年	底比斯	80 000	0.75
公元前1200年	巴比伦、底比斯	80 000	0.75
公元前1100年	孟菲斯、底比斯、塔尼斯	50 000	0.47
公元前1000年	底比斯	50 000	0.47
公元前900年	底比斯	50 000	0.47
公元前800年	尼姆鲁德/卡尔忽	75 000	0.70
公元前700年	尼尼微	100 000	0.94
公元前600年	巴比伦	125 000	1.17
公元前500年	巴比伦	150 000	1.40

(续表)

年代	定居点	规模（人）	分数（分）
公元前400年	巴比伦	150 000	1.40
公元前300年	巴比伦、亚历山大	150 000	1.40
公元前200年	亚历山大	300 000	2.81
公元前100年	亚历山大，可能还有罗马	400 000	3.75
公元前/公元1年	罗马	1 000 000	9.36
100年	罗马	1 000 000	9.36
200年	罗马	1 000 000	9.36
300年	罗马	800 000	7.49
400年	罗马	800 000	7.49
500年	君士坦丁堡	450 000	4.23
600年	君士坦丁堡	150 000	1.41
700年	君士坦丁堡	125 000	1.17
800年	巴格达	175 000	1.64
900年	科尔多瓦	175 000	1.64
1000年	科尔多瓦	200 000	1.87
1100年	君士坦丁堡	250 000	2.34
1200年	巴格达、开罗、君士坦丁堡	250 000	2.34
1300年	开罗	400 000	3.75
1400年	开罗	125 000	1.17
1500年	开罗	400 000	3.75
1600年	伊斯坦布尔	400 000	3.75
1700年	伦敦、伊斯坦布尔	600 000	5.62
1800年	伦敦	900 000	8.43
1900年	伦敦	6 600 000	61.80
2000年	纽约	16 700 000	156.37

2000年：纽约，人口约为1 670万，[8] 156.37分。据《经济学人》的《世界数据口袋本》估计，2000年墨西哥城的人口约为1 810万，圣保罗人口约为1 800万，但纽约仍然是西方核心地区（即美国、加拿大边境地区，以及西北欧和中欧）最大的城市。

1900年：伦敦，人口约为660万，[9] 61.80分。钱德勒估计伦敦的人口为648万人，[10] 根据多种官方统计资料，似乎城市历史学家们普遍认同的数字为大约650万人。

1800年：伦敦，人口约为90万，[11] 8.43分。1800年的人口数据要比1900年的争议多一些。一些资料来源认为伦敦的人口数要小一些，[12] 证据是将官方统计数字与见证人的评述结合在了一起。当时西方第二大城市可能是伊斯坦布尔，钱德勒认为其人口约为57万人。

1700年：伦敦、伊斯坦布尔，人口约为60万，[13] 5.62分。钱德勒估计伊斯坦布尔的人口为70万，而伦敦为55万；经济史学家保罗·贝洛赫认为伊斯坦布尔是当时世界上最大的城市，有65万~100万人。国际中世纪后勤学项目联合主任之一约翰·霍尔顿认为，伊斯坦布尔的人口可能将近70万人。我的论点是在综合了税收记录、食品进口记录、出生和死亡记录，以及城市覆盖的面积后得出的。[14]

1600年：伊斯坦布尔，人口约为40万，[15] 3.75分。经济和历史学家埃里克·琼斯认为伊斯坦布尔的人口约为60万，钱德勒认为约70万，贝洛赫则说是65万~100万。[16] 证据仍然主要是税收记录、食品进口记录、出生和死亡记录，以及城市覆盖面积，但1600年时证据质量骤然下降。

1500年：开罗，人口约为40万，[17] 3.75分。据弗兰克说，贝洛赫估计开罗人口为45万，贝洛赫还估计伊斯坦布尔人口为30万~50万，但霍尔顿认为在1453年君士坦丁堡陷落遭洗劫（此后更名"伊斯坦布尔"）后不久，人口估计只剩下10万左右。证据与1600年和1700年的仍是一类，但对于公元500—1500年，就如何解释这些证据，争议要大得多。欧洲的历史学家和中东的历史学家有时也采用非常不同的方法，这往往导致对伊斯兰城市有不切实际的高估，他们认为人口密度会达到每公顷500~1 000人。研究伊斯兰城市的历史学家对于把握不大的估计往往比欧洲的历史学家谨慎。对开罗的估计似乎尤其成问题。证据主要来自军人登记册、当时人们的印象，以及城市覆盖面积,但在对证据所做的解释中存在很多疑问。[18]

1400年:开罗,人口约为12.5万,1.17分。这是我的估计,是在比较了欧洲各城市在黑死病期间极高死亡率的基础上做出的。钱德勒认为开罗在1400年仍然有36万居民,但那将意味着人口只比瘟疫前的峰值45万人下降了20%。这似乎与人类学家阿布·卢格霍德和迈克尔·多尔斯所述不符。关于证据的本质,见"1500年"一段。[19]

1300年:开罗,人口约为40万,[20] 3.75分。关于资料的来源和问题,见"1500年"一段。

1200年:巴格达、开罗、君士坦丁堡,人口约为25万,[21] 2.34分。关于这些城市的人口,学者们有不同意见,但一般都认为人口全都在20万~30万。然而,也有一些估计(尤其是对巴格达)还要高很多(见"1000年"一段)。

1100年:君士坦丁堡,人口约为25万,[22] 2.34分。历史学家克里斯·威克姆认为开罗在11世纪时,人口也达到了25万。[23]

1000年:科尔多瓦,人口约为20万,1.87分。这是我的估计。也有几个学者认为科尔多瓦的人口达到了40万~50万。钱德勒也认为君士坦丁堡的人口达到了30万,巴格达人口约为12.5万。然而,这些估计似乎都太高了。霍尔顿认为君士坦丁堡的人口约为15万,而巴格达居住区的面积(5.5~8.6平方千米)似乎太小了,不足以容纳10万人以上。科尔多瓦的面积大致是巴格达的两倍,因此,我认为其人口在11世纪达到巅峰,约为20万。[24]

900年:科尔多瓦,人口约为17.5万,1.64分。这是我的估计。钱德勒估计巴格达的人口约为90万,君士坦丁堡人口约为30万,而科尔多瓦的约为20万。还有几位学者把巴格达的人口估得很高,不过远不如钱德勒。例如历史学家艾拉·杜皮德斯认为是30万~50万,那样的话,人口密度就是每公顷350~900人。按照钱德勒的估计,人口密度则为每公顷1 050~1 600人。这两个数字似乎都高得出奇了。

其他工业革命前的大城市甚至很少有达到每公顷200人的。[25]

800年：巴格达，人口约为17.5万人，1.64分。这是我的估计。巴格达自762年建城后，显然发展得非常迅速，在812—813年的巴格达之围和865年阿拔斯王朝内战之前，人口可能达到了巅峰。钱德勒估计的巴格达人口为70万，君士坦丁堡约为25万，科尔多瓦约为16万。考虑到这些城市的实际面积，以及黑死病肆虐了好几个世纪后西方核心地区普遍人丁不旺的情况，这些数字似乎又都过高了。霍尔顿估计在750年时，君士坦丁堡的人口仅仅为4万~5万。[26]

700年：君士坦丁堡，人口约为12.5万，1.17分。这是我的估计，是根据霍尔顿关于500年和750年的数字推测来的。君士坦丁堡的人口在550—750年肯定是陡然下降了。下降自541—542年的查士丁尼大瘟疫开始，在7世纪第二个十年拜占庭帝国与波斯萨珊王朝的战争和40年代与埃及的谷物贸易瓦解后又加速了。霍尔顿估计在750年时，君士坦丁堡的人口为4万~5万，但是证据不足以使我们确定公元700年前后各下降了多少。下降最严重的时期是在公元700年之后。人口在7世纪仅下降了15%~20%，在8世纪又下降了65%。[27]

600年：君士坦丁堡，人口约为15万，1.41分。参见"700年"一段的讨论。

500年：君士坦丁堡，人口约为45万，[28] 4.23分。历史学家埃夫丽尔·卡梅伦和威克姆认为人口应为约50万，钱德勒认为是40万。数据非常倚重于谷物贸易记录。在439年丧失了北非之后，罗马人口迅速下降，到约600年时，可能减少到只有2万~4万人。威克姆称7世纪的罗马为"都市村庄"[29]。

400年：罗马，人口约为80万，[30] 7.49分。罗马人口在3世纪时可能有所下降，但很难说下降了多少。不过，很显然在4世纪时，它仍然是地中海地区遥遥领先的最大城市。到439年，汪达尔人征服北非时，该城也许仍有75万居民。自那以后，人口骤降。威克姆就此提出了一个较低的数字：在5世纪早期时，该城人口约为50万。[31]

300年：罗马，人口约为80万，7.49分。参见"400年"一段。300年时，城区人口比400年时的要少，这也许意味着3世纪时人口数量的下降程度超出了我的预料，4世纪时人口数量又上升了，但这些都无法确定。

200年，罗马，人口约为100万，9.36分。大多数学者认为罗马在公元前1世纪晚期时就有100万居民，而且至少在公元200年之前，人口一直保持在这个水平，然后在3世纪时有明显下降，在5世纪时急剧下降。[32]不过，我们恐怕已经无法有更确切的了解了。一些学者认为罗马要小得多，人口也许从来没有超过50万。[33]然而这只是少数人的观点，50万恐怕是最低的可能数字了。[34]这个论点部分依赖于另一个争论激烈的问题——整个意大利的人口（究竟是四五百万，还是1 200万以上），[35]部分取决于城市本身的人口密度。

100年：罗马，人口约为100万，9.36分。这是被普遍接受的关于罗马在公元头两个世纪的人口数字（参见"200年"一段）。直到大约公元200年之前，人口完全有可能在持续增长，但不大可能超过100万人。[36]

公元前/公元1年：罗马，人口约为100万，9.36分。参见"200年"一段。

公元前100年：亚历山大，也可能是罗马，人口约为40万，[37] 3.75分。谷物贸易记录又一次起到了重要作用。[38]

公元前200年：亚历山大，人口约为30万，[39] 2.81分。

公元前300年：巴比伦、亚历山大，人口约为15万，[40] 1.40分。沙伊德尔认为亚历山大在公元前331年建城后发展非常迅速，但在公元前3—前2世纪速度减缓。

公元前400年：巴比伦，人口约为15万，[41] 1.40分。估计数字是根据城市规模、人口密度，以及希罗多德和亚里士多德等当时的人所做的评述得出的。一些人对巴比伦人口的估计数字要低一些。考古学者查尔斯·盖茨认为约8万人,这对于公元前第二个千年的巴比伦是合理的,但对于公元前第一个千年中期的巴比伦来说,恐怕太低了。[42]

公元前500年:巴比伦,人口约为15万,1.40分。参见"公元前400年"一段。

公元前600年:巴比伦,人口约为12.5万,1.17分。这是我根据公元前400年和公元前500年的估计数字推测的。

公元前700年:尼尼微,人口约为10万,[43] 0.94分。估计数字又一次在很大程度上是根据对人口密度的猜测和对诸如《圣经旧约·约拿书》(3:3,4:11)等当时文献的解读得出的。因此,各种估计数字大相径庭。例如,学者K.阿凯尔曼认为尼尼微的人口约为30万,意味着人口密度为每公顷630人。[44]

公元前800年:尼姆鲁德(也被称为"卡尔忽"),人口约为7.5万,0.70分。参见"公元前700年"一段。

公元前900年:底比斯,人口约为5万,[45] 0.47分。第三中间期(约公元前1100—前650年)的埃及的文字资料特别匮乏,[46] 而考古学家也基本上未对这个时期的遗址发掘予以重视,所以我们对这个时期的估计主要是靠推测。

公元前1000年:底比斯,人口约为5万,[47] 0.47分。

公元前1100年:孟菲斯、底比斯、塔尼斯,人口约为5万,[48] 0.47分。

公元前1200年:巴比伦、底比斯,人口约为8万,[49] 0.75分。新王国时期的底比斯和青铜时代的巴比伦的居住区如今已大都沉于地下水位,使得很难对其进行认真研究。然而,新王国时期的底比斯显然比中王国时期的城市大得多。中王国的城市占地面积一般只有0.5平方千米左右,而底比斯也许是公元前1500—前1200年世界上最大的城市了。我们关于巴比伦的信息非常少,其中大部分来自德国人早期对麦克斯地区的发掘。[50]

公元前 1300 年：底比斯，人口约为 8 万，[51] 0.75 分。

公元前 1400 年：底比斯，人口约为 8 万，[52] 0.75 分。

公元前 1500 年：乌鲁克、底比斯，人口约为 7.5 万，[53] 0.70 分。还有一些估计要高得多。例如，历史学家戴维·克里斯蒂安认为巴比伦的人口达到了 20 万。[54]

公元前 1750 年：巴比伦，人口约为 6.5 万，0.61 分。这是我的估计。我们仍然不知道汉谟拉比（公元前 1792—前 1750 年在位）时期巴比伦的面积和人口密度。那时候的巴比伦，如今不仅在地下水位之下，而且深埋在公元前第一个千年的巴比伦之下。它也许是当时世界上最大的城市，统治着一个庞大的帝国。[55] 公元前 18 世纪巴比伦国其他城市的遗迹显示出了相当高的人口密度，因此虽然我们缺少能进行严格估计的信息，但推测其都城人口为 6.5 万左右，这一数字应当在正确的范围内。[56]

公元前 2000 年：孟菲斯、乌尔，人口约为 6 万，[57] 0.56 分。关于公元前第三个千年的城市（尤其是位于美索不达米亚的城市）[58] 的人口密度，学者们的分歧实在太多了，以至大多数考古学家都不肯给出具体数字。钱德勒估计的数字相对争议较少。也就是说，我们可以相当有把握地说，在公元前第三个千年，甚至第二个千年，任何城市的人口都不可能达到 10 万，当时最大的一些城市的人口都约为 3.5 万~6.5 万（可得 0.33~0.61 分）。基于人类学家 R.M. 亚当斯的调查所估算的，[59] 乌鲁克的人口数字可能比孟菲斯和乌尔的还要可靠，尤其比对阿卡得的猜测可靠。目前连阿卡得的位置都还没有确定。

公元前 2250 年：阿卡得、孟菲斯，人口约为 3.5 万，[60] 0.33 分。参见"公元前 2000 年"一段。

公元前 2500 年：乌鲁克，人口约为 5 万，[61] 0.47 分。参见"公元前 2000 年"一段。

公元前 3000 年：乌鲁克，人口约为 4.5 万，[62] 0.42 分。参见"公

153

元前2000年"一段。

公元前3500年：乌鲁克、苏萨、布拉克丘，人口约为8 000，0.09分。乌鲁克和苏萨的人口数字纯属猜测，而非严格的估计。乌鲁克在公元前3500—前3000年发展得很快。公元前3500年时，该城很显然是最大的苏美尔人定居点，[63]但依照目前已有的证据，我们无法非常准确地推算出其人口。苏萨的遗迹表明该城也是一座大城镇，但由于19世纪的考古发掘质量太差，我们也无法说出该城人口的准确数字。新近在布拉克丘进行的发掘表明，该城的人口在公元前3000年时达到了1万，就此前2 000年的水平来说，这一规模已算非常大了，甚至可能是当时世界上最大的人口规模。然而，至今没有更准确的估计数字。[64]

公元前4000年：乌鲁克、布拉克丘，人口约为5 000，0.05分。参见"公元前3500年"一段。

公元前5000年：布拉克丘，人口约为4 000，0.04分。参见"公元前3500年"一段。

公元前6000年：恰塔霍裕克，人口约为3 000人，[65]0.03分。

公元前7000年：贝达、巴斯塔、恰塔霍裕克，人口约为1 000，[66]0.01分。杰里科的规模也许差不多，可能还有一些大致同样规模的更早的定居点；历史学者查尔斯·梅塞尔斯认为在约公元前8000年时，穆赖拜特有500—1 000名居民。[67]

公元前8000年：最早到公元前7500年前，西方核心地区恐怕没有任何定居点的人数能达到500人，这意味着没有任何城市能达到我所确定的指数的最低分0.01分。

对东方城市人口的估算

2000年：东京，人口约为2 670万，[68]250分。此时中国最大的城市为上海，人口约为1 290万，120.79分。

表4.2 公元前4000—公元2000年，东方最大定居点的规模

年代	定居点	规模（人）	分数（分）
公元前4000年	姜寨、贾湖	300	0.00
公元前3500年	西坡	2 000	0.02
公元前3000年	大地湾	5 000	0.05
公元前2500年	陶寺、两城镇、尧王城	10 000	0.09
公元前2250年	陶寺、两城镇、尧王城	14 000	0.13
公元前2000年	丰城-南水	11 000	0.10
公元前1750年	二里头	24 000	0.22
公元前1500年	二里冈	35 000	0.33
公元前1400年	二里冈	35 000	0.33
公元前1300年	二里冈	35 000	0.33
公元前1200年	殷	50 000	0.47
公元前1100年	殷	50 000	0.47
公元前1000年	洛邑、丰京	35 000	0.33
公元前900年	洛邑、丰京	40 000	0.37
公元前800年	洛邑、丰京	45 000	0.42
公元前700年	临淄、洛邑	55 000	0.51
公元前600年	临淄、洛邑	65 000	0.61
公元前500年	临淄	80 000	0.75
公元前400年	临淄、曲阜、洛邑、新郑、武阳	100 000	0.94
公元前300年	临淄、曲阜、洛邑、新郑、武阳	125 000	1.17
公元前200年	长安	250 000	2.81
公元前100年	长安	375 000	3.75
公元前/公元1年	长安	500 000	4.68
100年	洛阳	420 000	3.93
200年	长安	120 000	1.12
300年	平阳、长安、洛阳、许昌、邺城	140 000	1.31
400年	平城	200 000	1.87
500年	洛阳	200 000	1.87

（续表）

年代	定居点	规模（人）	分数（分）
600 年	大兴城/长安	600 000	5.63
700 年	长安	1 000 000	9.36
800 年	长安	1 000 000	9.36
900 年	长安	750 000	7.00
1000 年	开封	1 000 000	9.36
1100 年	开封	1 000 000	9.36
1200 年	临安	1 000 000	9.36
1300 年	临安	800 000	7.50
1400 年	应天府	500 000	4.68
1500 年	北京	678 000	6.35
1600 年	北京	700 000	6.55
1700 年	北京	650 000	6.09
1800 年	北京	1 100 000	10.30
1900 年	东京	1 750 000	16.39
2000 年	东京	26 700 000	250.00

1900 年：东京，人口约为 175 万，[69] 16.39 分。历史学家对部分城市的人口做出了稍低的估计，[70] 但是对这一地区的估计数字，意见总体似乎是一致的。估计数字是根据人口普查、纳税申报、食品供应和军事人员等多种官方统计资料做出的。当时中国最大的城市是北京，大约有 110 万居民（10.30 分）。

1800 年：北京，人口约为 110 万，[71] 10.30 分。对清朝时期北京人口规模的估计，很大程度上依据调运粮食的统计资料，估计结果大相径庭。在不同的时间点上，历史学家费尔南·布罗代尔提出北京的人口约为 300 万或 200 万~300 万。钱德勒所估计的数字似乎与社会历史学家们对清朝时期北京的描述更为相符。[72]

1700 年：北京，人口约为 65 万，[73] 6.09 分。在历经 1644 年明清王朝交替之后，北京人口急剧下降，到 1700 年时可能仍未恢复到

1600年的水平。但也有一些历史学家给出了较高的人口数字。[74]

1600年：北京，人口约为70万，[75] 6.55分。一些历史学家给出了更高的数字，[76] 但没有提供支持这些数字的证据。

1500年：北京，人口约为67.8万，[77] 6.35分。美国汉学家牟复礼估计16—17世纪南京和北京的人口都在100万左右，但这似乎不大可能，既因为这个数字太高了（北京可能直到18世纪晚期，人口才达到100万），又因为学者们普遍认为自1421年北京取代南京成为国都以来，南京人口下降了大约50%，这是牟复礼在别处也承认了的。贝洛赫也同意较低的估计数字，他认为1600年时北京至少有60万人。[78]

1400年：南京，人口约为50万，[79] 4.68分。牟复礼认为南京的人口大约有100万，但他本人粗略计算产生的结果实际上是40万~50万。[80]

1300年：杭州，人口约为80万，[81] 7.50分。贝洛赫认为在1300年前后另有四个中国城市人口在20万~50万人，而杭州"可能要多得多"。然而，他根据稻米的消费量计算而来的数字更准确地指向了80万，同时，伊懋可通过稻米消费量计算出的数字为60万~70万。美国社会学家饶济凡也认为12—13世纪杭州的人口在50万以上，甚至可能高达100万。德国汉学家迪特·库恩和克里斯蒂安也倾向于100万，美国汉学家施坚雅认为是120万。[82] 我为1200年选择较高的数字，大约100万；为1300年选择较低的数字，大约80万。到1300年时，中国各地的人口都减少了。当马可·波罗于13世纪晚期访问杭州时，该城无疑是当时世界上最大的城市，[83] 但是马可·波罗言语间所暗示的数字（500万~700万）肯定是高得离谱了。马可·波罗恐怕根本不可能知道杭州的人口数，只知道该城比他那个时代欧洲和伊斯兰世界的城市都大得多。

1200年：杭州，人口约为100万，9.36分。参见"1300年"一段。

1100年：开封，人口约为100万，[84] 9.36分。钱德勒和贝洛赫都认为开封的人口规模较小（他俩分别认为开封的人口为40万和

40万~45万），但这似乎与当时文献对该城市的描述不符。[85] 不确定因素似乎很大程度上来自"哪些区域应算作'城市'"这个问题。新城建于955年，有27千米长的城墙（在962年又延长了3.3千米），在旧城46个行政区的基础上又增加了75个，但早在公元1000年之前，该城人口就已经在向城墙之外发展了。到1021年时，14个新的外城大行政区得到了承认。官方统计资料称，公元980年前后开封辖区共有89万人定居，1103年时增加到130万人，城市某些区域的人口密度达到了每公顷500人。[86] 如果我们只计算城墙内的人口，那么钱德勒和贝洛赫的估计可能是合理的；如果我们计算全部人口，那么牟复礼、施坚雅和库恩选择的官方数字，看来就是合理的了。我倾向于后者，但考虑到资料的模糊性，我索性做一个粗略的估计，即100万人。按照官方数字，1100年时的杭州可能有80万~100万。[87]

1000年：开封，人口约为100万，9.36分。参见"1100年"一段。

900年：长安，人口约为75万（我的估计），7.00分。中国的历史学家很少对900年前后的长安人口发表意见。9世纪70年代末，黄巢所率军队曾多次洗劫这座城市，并于880年和883年将其彻底焚毁，其人口锐减也就毫不奇怪了。在9世纪70年代末之前，长安无疑是世界上最大的城市。查尔斯·贝恩认为其人口达到了200万，库恩认为"在100万以上"，但即使已经开凿了大运河，也很难看出怎么可能运输那么多谷物到长安，来供养贝恩提出的那么多人口。[88] 施坚雅认为中唐时期长安可能有大约100万人，这似乎更为可信，我认为这个数字适用于公元800年和700年。[89] 包围了近80平方千米的城墙内无疑能容下100万人，但200万人恐怕不大可能，人口密度实在太大了。不过，自9世纪70年代以来，人口是怎样骤降的，也不大清楚。原始资料称当皇帝唐僖宗于885年回到长安时，该城已被彻底毁灭，[90] 但这显然是夸大之词，因为该王朝又在那里维系了20年，直到904年军阀朱温下令将所有仍存在的建筑摧毁。直到那一年之前，长安仍是主要的人口中心。不过，即使这个猜想是错误的，900年时东方的社会组织/城市规模的分数仍然很高，因为洛阳那时可能也有50万~75万人。武则天于7世纪晚期移居洛阳时，可能有10万多户家庭随之迁移。贝恩认为洛阳的人口高达100万。不过，饶济凡提出的数字是50万。[91]

800年：长安，人口约为100万，[92] 9.36分。参见"900年"一段。

700年：长安，人口约为100万，[93] 9.36分。参见"900年"一段。

600年：大兴城（7世纪时被唐朝重新命名为"长安"），人口约为60万，5.63分。这是我的估计。隋朝兴建了大兴城，作为其新都，城墙包围的面积有近80平方千米，在7世纪时可容纳约100万人。不过，皇帝于583年定都于此时，该城仍在建设中，很多行政区尚无人居住。600年时，该城人口可能已经很多了，因为建筑工程需要数以万计的劳工，加上他们的家眷，更不用说大量官员和工匠（及其家眷），还有上百座寺庙里数以千计的僧尼了。而且，在隋朝于589年攻破南朝后，又有大量人口从南方迁到了大兴城。[94]

500年：洛阳，人口约为20万，[95] 1.87分。北魏孝文帝于494年将都城从平城迁到了洛阳。据史书记载，他还于495年调集了15万名士兵到洛阳，并将部分洛阳周边土地赐予他们。该城人口于6世纪增长了许多，人口很可能像600年的隋朝国都大兴城一样，达到了60万。[96]

400年：平城，人口约为20万（我的估计），1.87分。约400年时，中国北方有好几座大城市，但平城（1048年更名为"大同"）可能是其中最大的。史书记载，398年，有十万户鲜卑人被强制迁往平城；399年时，又有10万名河南农民和2 000户富裕的少数民族家庭被迁往那里。除了邺城等极少数例外，公元200—400年这段时期城市的考古证据极其匮乏。[97]

300年：平阳、长安、洛阳、许昌、邺城，人口约为14万（我的估计），1.31分。4—5世纪时，很难定义究竟什么样的地方才能算城市，因为那个时期的主要战争基本上都是为俘虏人力，所以中国北方城市就像是巨大的军营。士族们将成千上万户家庭约束在自己领地里劳作。[98]平阳、长安、洛阳、许昌和邺城在公元300年前后都成了大城市，可能比公元200年前后最大的城市还要大，而比公元400年前后最大的城市稍小一些。

200年：长安，人口约为12万（我的估计），1.12分。190年时，豪强董卓劫掠并摧毁了东汉的都城洛阳，将其居民迁移到长安，并挟持了汉献帝刘协；196年，曹操迎汉献帝，迁都许县（今许昌东）（直到220年曹操去世，其子曹丕称帝，定都洛阳）。这些城市显然比公元100年的洛阳要小得多，更不用说公元1年的长安了。

100年：洛阳，人口约为42万，[99] 3.93分。考古学家和历史学家非常详细地描绘了汉朝一些主要城市的布局，[100]却很少提供对人口的估计。从考古发掘报告和留存下来的城市平面图来看，似乎长安和洛阳（两座城市都分别于公元前206—公元32年和公元32—220年两段时期的大部分时间内，作为都城存在）的人口都有数十万。据史书记载，秦始皇曾于公元前3世纪20年代强行迁移了12万户家庭到其都城咸阳，在公元前3世纪第二个十年又迁移了更多家庭去看顾他的陵墓。[101]这些数字很可能被夸大了，但在公元前210年秦始皇驾崩时，咸阳可能的确有20万以上的居民。汉朝在长安的新都城至少也一样大。到公元前1世纪时，长安的两个主要市场的面积分别达到了0.5平方千米和0.25平方千米，这也说明了长安人口之庞大。该城面积广大，达到了44.5平方千米，但从发掘区域的人口密度，以及一向不够完备的长安粮食供应记录来看，其人口数量不及当时的罗马。我估计到西汉末年时（即约公元前/公元1年），该城的人口可能达到了巅峰，为大约50万人，不过这种猜测的误差很可能在20%左右。

长安周围还有一些卫星城，尤其是围绕着皇陵发展起来的卫星城，分别散布在郑国渠两岸 30 千米和灞河、浐河两岸 20 千米的区域内，这使得估算人口的工作十分复杂。如果我们把长安及其卫星城合并计算，其总人口可能会超过罗马，但由于这些卫星城从各方面来看都像是独立的城市，所以我没有这样做。也有一些证据表明长安在公元前 100 年后发展放缓，自汉武帝于公元前 87 年驾崩后，此处也没有再建立新的卫星城。

洛阳的面积比长安小一些，但人口显然比长安稠密。我因此对洛阳做稍低的估计，认为其人口在公元 100 年巅峰时为 42 万。当然，若有上下 20% 的误差也是合理的。

公元前/公元 1 年：长安，人口约为 50 万（我的估计），4.68 分。参见"100 年"一段。

公元前 100 年：长安，人口约为 37.5 万（我的估计），3.75 分。参见"100 年"一段。

公元前 200 年：长安，人口约为 25 万（我的估计），2.81 分。参见"100 年"一段。

公元前 300 年：临淄、曲阜、洛邑、新郑、武阳，人口约为 12.5 万（我的估计），1.17 分。关于春秋战国时期城市的考古资料依然很少，但这些城市的规模在公元前第一个千年的下半叶似乎明显在稳步扩大。[102] 最大的城市的城墙［武阳（燕国），长达 27 千米；新郑（郑国/韩国），16 千米；临淄（齐国），15 千米；曲阜（鲁国），14 千米；洛邑，后更名为洛阳（东周都城），12 千米］一般都围拢了 9~15 平方千米的面积，说明人口应为 10 万~20 万。然而，一些城市显然有较大的典礼和手工业用地，而且（至少在起初）可能有大片的土地被并入城墙内，只是为未来的发展预留空间。下面的估计是我自己做出的，误差可能会比汉朝的城市大，甚至可能高达上下 50%。

古代的文献资料并无多大帮助。《史记》中记载齐国的临淄有 7 万户人家，号称有 21 万名成年男子。[103] 司马迁评论说："临菑之

161

涂，车毂击，人肩摩，连衽成帷，举袂成幕，挥汗如雨……"他的数字暗示总人口可能达到 35 万~75 万，这意味着临淄的人口比同时代的巴比伦要多得多。不过，考虑到该城的实际面积，似乎是不大可能的；而且这还意味着中国人口最多的一些城市在公元前 500—前 1 年实际上没有增长，即使证据毫不含糊地表明它们的面积在这段时期至少增加了一倍，甚至可能是原来的 4 倍。

贝洛赫认为战国时期（公元前 475—221 年）有 4~6 座城市的人口在 10 万以上，这与我此处所做的估计非常一致。[104]

公元前 400 年：临淄、曲阜、洛邑、新郑、武阳，人口约为 10 万（我的估计），0.94 分。参见"公元前 300 年"一段。

公元前 500 年：临淄，人口约为 8 万（我的估计），0.75 分。参见"公元前 300 年"一段。

公元前 600 年：临淄、洛邑，人口约为 6.5 万人（我的估计），0.61 分。公元前第一个千年上半叶的考古证据，甚至比下半叶的还要缺乏（其实比公元前第二个千年晚期的都要少）。我们可以肯定公元前 1000 年前后最大的城市，比公元前 500 年前后的要小，但我们不能确定小了多少。我猜测前者的人口大约是后者的一半，但是这全都依赖于对定居点面积和人口密度的估计。

关于最大城市（此前西周的都城——渭河流域的丰京和镐京，东周的都城洛邑）的资料非常少，而且大多局限于权贵陵墓和青铜器皿。[105] 丰京的出土物散布在大约 12.5 平方千米的区域内，而镐京的出土物散布在大约 6 平方千米的区域内，但当年这些区域只有小部分是盖有建筑物的。对于洛邑，我们甚至不知道那些偶然发现的出土物就是来自洛邑本身，还是也有可能来自郑州。

考古学家洛塔尔·冯·法尔肯豪森认为"周原（即丰京和镐京地区）上的西周都城，是由一些具有宗教兼居住功能的大院落非常随意地聚合而成的。这些院落散布在可能广阔得达 200 平方千米的区域内。

院落之间有大片的农田相隔"[106]。如果他的说法是正确的,那就不仅意味着西周都城人口非常之少,而且意味着由于居住模式过于分散,以至公元前第一个千年早期的中国根本谈不上有"城市"。这种情况也适用于公元前第二个千年晚期的"城市"。

即便如此,这200平方千米内的出土物显然密度不同,(像公元前第一个千年的中国作家们那样)认为丰京、镐京和洛邑是明显的核心地区,似乎是合理的,即使从"有密集、连续的房屋建筑区域"这一点上判断,它们不是严格的"城市"。[107]我猜测公元前1000年前后的洛邑和丰京有3.5万人,镐京可能有这一数字的一半。我想公元前1000年时洛邑和丰京还不大可能有5万人,[108]因为公元前第一个千年上半叶的增长量不可能超过2万人。因此,东方最大的城市是以相当平稳的增长率发展的,在公元前1000—公元500年,人口增长了一倍稍多,从3.5万增长至约8万。

公元前700年:临淄、洛邑,人口约为5.5万(我的估计),0.51分。参见"公元前600年"一段。

公元前800年:洛邑、丰京,人口约为4.5万(我的估计),0.42分。参见"公元前600年"一段。

公元前900年:洛邑、丰京,人口约为4万(我的估计),0.37分。参见"公元前600年"一段。

公元前1000年:洛邑、丰京,人口约为3.5万(我的估计),0.33分。参见"公元前600年"一段。钱德勒认为洛邑的人口有5万。[109]

公元前1100年:殷(今安阳),人口约为5万(我的估计),0.47分。作为商朝最后的都城,殷自1928年以来被大规模发掘,尽管有城墙的城市洹北直到1997年才被定位。洹北城墙包围的面积有4.7平方千米,判断其中住着2万~2.5万人似乎是合理的,但殷的其他遗迹蔓延了大约30平方千米。[110]像公元前第一个千年早期一样(参见"公元前600年"一段),在这样一个分散的定居系统中,很难确定一个"城市"的边界在哪里。因此我提出的5万人就多少有些武断了。如果非常狭义地将这个城市只定义为由城墙包围的区域，那么这个估计数字可以砍去50%；而如果非常广义地将郊区包括在内，则又可能将总人口提高到10万人，甚至更多。如果殷的人口有5万，其规模就与公元前1100年的孟菲斯一样大了；如果有10万人，那它就是公元前13—前11世纪世界上最大的城市了。我提出5万这个数字，是介于对这座城市非常狭义的定义和非常广义的定义之间的中间值。

殷建于约公元前1300年，到公元前1200年时已显然成为一个主要的定居点（无论怎样定义）。考虑到对公元前1100年所做的估计具有不确定性，为公元前1200年提出一个不同的估计数字，将更麻烦，也没有什么意义，所以我索性将这两个年代的人口数字都以"5万"处理。

公元前1200年：殷，人口约为5万（我的估计），0.47分。参见"公元前1100年"一段。三星堆有围墙的定居区面积也许能达到3.5平方千米，[111]人口也许能与殷匹敌，但我们对三星堆仍然知之甚少。

公元前1300年：二里冈，人口约为3.5万人（我的估计），0.33分。郑州的二里冈遗址大约兴建于公元前1600年，通常被认为是商朝早期的一个都城。[112]其有围墙的定居区面积有3平方千米，但还有一堵更大的外围墙包围了总计达13平方千米的区域。像殷（参见"公元前1100年"一段）一样，想准确估计其人口有两大难点：第一，在这样一种情况下如何定义"城市"；第二，如何计算城市内的人口密度。我只好又一次在最狭义的定义（城墙之内的核心区域人口不到1.5万人）和极广义的定义（多达5万人）之间取中了。二里冈似乎比公元前13—前11世纪的殷要小得多；我估计的数字为3.5万，将使其规模相当于同时代的巴比伦和底比斯的一半。

公元前1400年：二里冈，人口约为3.5万（我的估计），0.33分。参见"公元前1300年"一段。在缺乏详细的考古证据的情况下，我认为二里冈在公元前16—前14世纪和公元前1300年人口规模相同。

公元前1500年：二里冈，人口约为3.5万（我的估计），0.33分。参见"公元前1400年"和"公元前1300年"两段。

公元前1750年：二里头，人口约为2.4万，[113] 0.22分。与公元前1500—前500年的遗址相比，二里头勘探效果要好得多。二里头三期的面积大致达到了3平方千米。2.4万人的估计数字（即使刘莉认为这只是从1.8万~3万人的一系列估计数字中取中所得出的）可能仍然是东方最可靠的史前人口统计学数据了。2.4万人这个数据意味着大约每平方千米0.8万人，按照巴比伦等同时代的西方城市的标准来看，人口密度算是低的，但与中国其他史前定居点相比，仍相对较高。

公元前2000年：丰城-南水，人口约为1.1万（我的估计），0.10分。这个定居点面积似乎达到了2.3平方千米，[114] 但发掘程度仍然很差。我猜测其人口密度较低，大约每平方千米0.48万人。

公元前2250年：陶寺、两城镇、尧王城，人口约为1.4万（我的估计），0.13分。陶寺全盛时期的面积达到2.8平方千米，[115] 我猜测人口密度为每平方千米0.5万人。刘莉表示，龙山文化时期最大的酋邦可能有1万多名成员，这也许意味着对陶寺的人口密度，我们应当采用较低的数字（甚至即使以史前中国定居点的标准来看，陶寺的出土物实际上也极其分散）。[116] 新近的研究表明，两城镇和尧王城在公元前第三个千年的后半期，面积甚至比陶寺还要大，分别达到了2.725平方千米和3.675平方千米。[117]

公元前2500年：陶寺、两城镇、尧王城，人口约为1万，[118] 0.09分。公元前2500年陶寺的人口密度显然比其后来的巅峰时期要小，但我不知道有什么更好的估计数字。参见"公元前2250年"一段。

公元前3000年：大地湾，人口约为5 000（我的估计），0.05分。该定居点的面积大约为一平方千米，我猜测人口密度在每平方千米0.5万人左右。[119]

公元前 3500 年：西坡，人口约为 2 000（我的估计），0.02 分。该定居点的面积大约为 0.4 平方千米，[120] 我猜测人口密度在每平方千米 0.5 万人左右。

公元前 4000 年：没有任何定居点面积大到能供养 1 000 人，故而得分为 0 分。公元前 4000 年时，姜寨的面积为 0.05 平方千米，刘莉计算的人口密度为每平方千米 0.44 万~0.63 万人，意味着该定居点只有 220~315 人。考古学者克里斯蒂安·彼得森和吉迪恩·谢拉赫为该遗址的人口设计了一个有趣的动态模型，所产生的数字要稍高一些，但也仅仅是 400 人左右。[121] 公元前 6000 年时，贾湖的面积也大约是 0.05 平方千米，人口密度也非常低。在公元前第七个千年至前第五个千年这段时间，似乎再没有面积能超过 0.02 平方千米的考古遗址了。

城市的规模

社会组织能力的尺度

自我们有文献资料起（西方始于公元前第三个千年，东方始于公元前第二个千年晚期），直到 20 世纪，在所有时间点上，世界上最大的城市都是行政中心。从有文字记载的历史开端起，孟菲斯是埃及的都城，而殷是商朝的都城；到了 19 世纪，伦敦是大英帝国的首都，而北京是清朝的首都。如果我们将时间回溯到孟菲斯和殷之前，有一定数量的证据表明，西方的乌鲁克和东方的二里冈（也可能是二里头），也是更早期国家的都城。[122]

这个现象似乎证明了选择城市规模作为对社会组织能力的度量手段的正确性。在大部分时间里，一个地区最大城市的规模就是衡量其政治组织职能的尺度之一。在此前发表的一篇论文中，我曾经提出公元前第一个千年的希腊世界就是这种情况，[123] 现在我要将这一论点扩展到整个前现代历史。只有到了 20 世纪，经济权力来源才压倒了政治权力来源,[124]以致世界上最强大的国家的首都华盛顿特区在2000年未能跻身世界最大城市的前30名;而东方最强大国家的首都北京,只排在第24位。[125]在此前的全部历史中,城市规模都是社会组织能力的非常直接的反映。

城市规模/组织能力是能量获取的功能

总体而言,能量获取历史的图形(图2.5)与城市规模/社会组织能力的图形(图4.1),在一定程度上是相同的。两者在冰期结束后的增长都非常缓慢,在公元前最初几个千年开始加速,然后在19世纪和20世纪呈爆炸式增长。从这两幅图可以看出,在过去一万年间,西方的分数在大部分时间都高于东方。然而,两幅图中的差异也如相似之处一样引人注目。

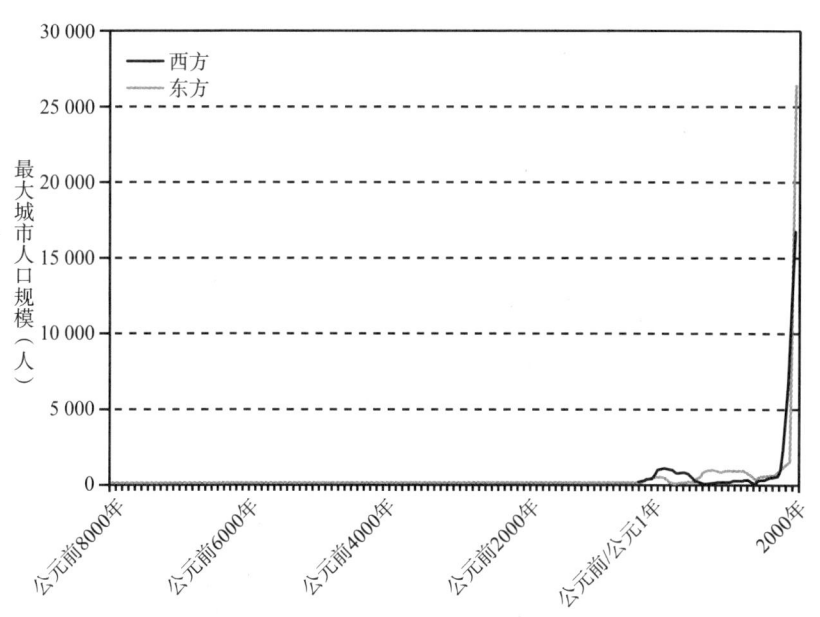

图4.1 公元前8000—公元2000年,东西方最大城市的规模

图 4.2 和图 4.3 分别标绘了西方和东方的能量获取情况和城市规模（以社会发展指数的得分作为纵坐标），并显示出两者在对数-线性标尺上的对比情况（图 4.4 和图 4.5 则在线性-线性标尺上展示了同样的数据；可以看出同样的模式，不过差异不像对数-线性标尺上那样鲜明）。能量获取曲线与城市规模曲线最引人注目的区别，似乎是：（1）城市规模曲线开始上升的时间比能量获取曲线要晚得多，（2）城市规模曲线比能量获取曲线不稳定得多。这两个区别很容易解释：城市规模是能量获取的功能之一。只有当能量获取水平达到一定程度（每人每天 7 000~8 000 千卡）时，最大定居点的规模才会开始显著增长；然而一旦某个社会跨过了这个门槛，能量获取相对较小的变化，就能对可用于组织较大社会的能量数量产生巨大影响。

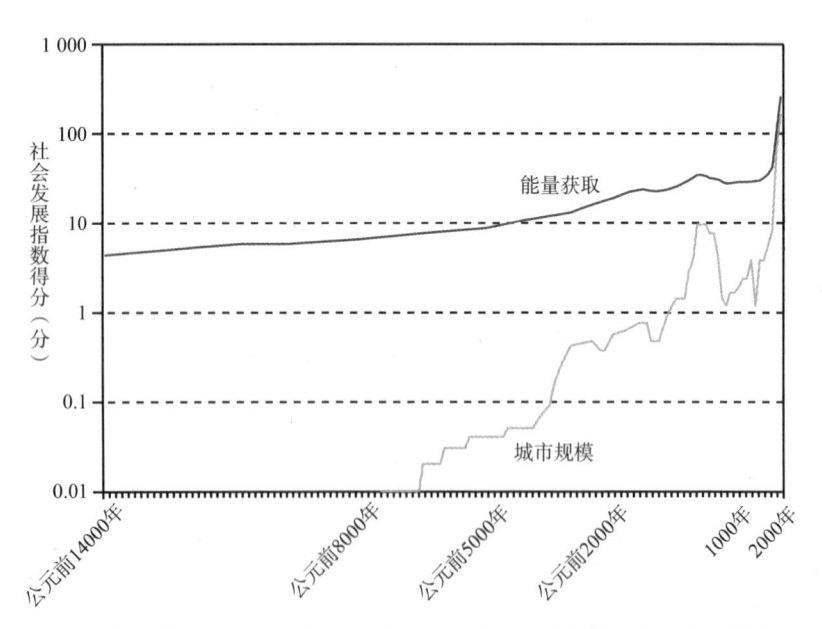

图 4.2　公元前 14000—公元 2000 年，西方的能量获取情况与城市规模在对数-线性标尺上的对比（以社会发展指数得分衡量）

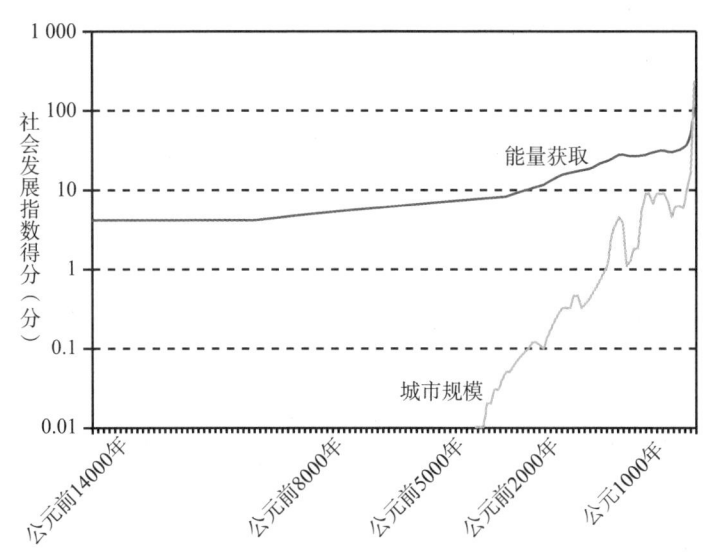

图 4.3 公元前 14000—公元 2000 年，东方的能量获取情况与城市规模在对数-线性标尺上的对比（以社会发展指数得分衡量）

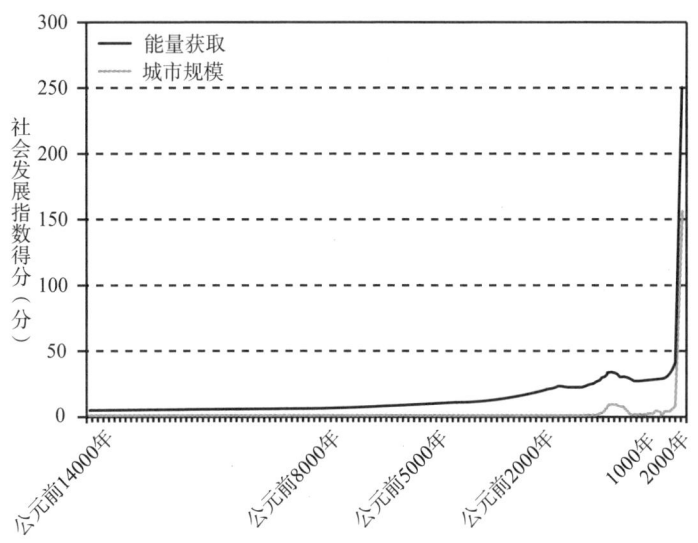

图 4.4 公元前 14000—公元 2000 年，西方的能量获取情况与城市规模在线性-线性标尺上的对比（以社会发展指数得分衡量）

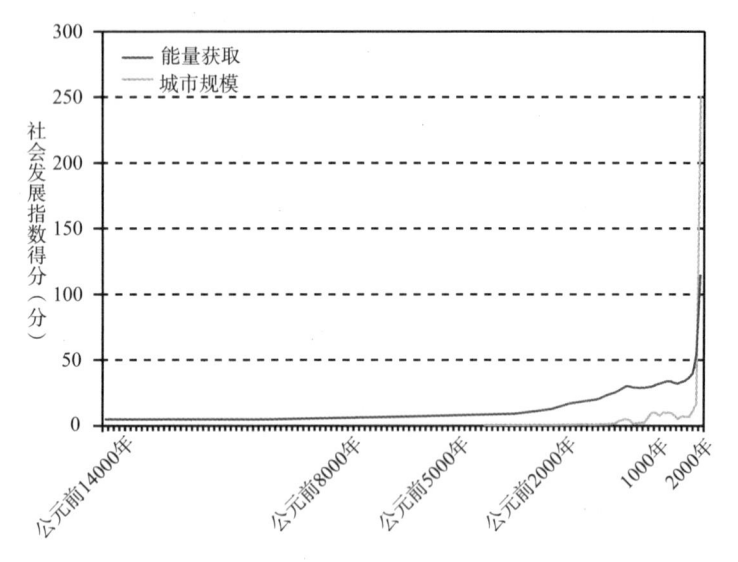

图 4.5 公元前 14000—公元 2000 年，东方的能量获取情况与城市规模在线性-线性标尺上的对比（以社会发展指数得分衡量）

因此，无论在东方还是在西方，当能量获取水平达到每人每天大约 11 000~12 000 千卡时（图 4.6；西方于大约公元前 3500—前 3000 年，东方于公元前 2000—前 1500 年达到此水平），城市化的起步阶段历程很相似。在公元前第三个千年末期时，两者的定居点规模都出现了暴跌。此时西方发生了阿卡得王国灭亡、乌尔陷落和埃及古王国衰败等危机，东方则出现了陶寺和山东早期城市的败落，[126] 尽管这些危机对东西方的能量获取状况都只产生了极微小的影响。

最近 3 000 年的变化甚至更为惊人（图 4.7）。无论在东方还是在西方，能量获取的增长率在公元前第一个千年都加速提高了，但城市规模的增长更快。能量获取似乎又出现了一个门槛，这回是略高于每人每天 20 000 千卡。跨过了这道门槛的社会，就能创造出拥有 10 万人以上的城市。还有一道门槛是大约每人每天 27 000 千卡，如果跨过这道门槛，便可能创造出拥有 50 万~100 万人口的超级城市。公元

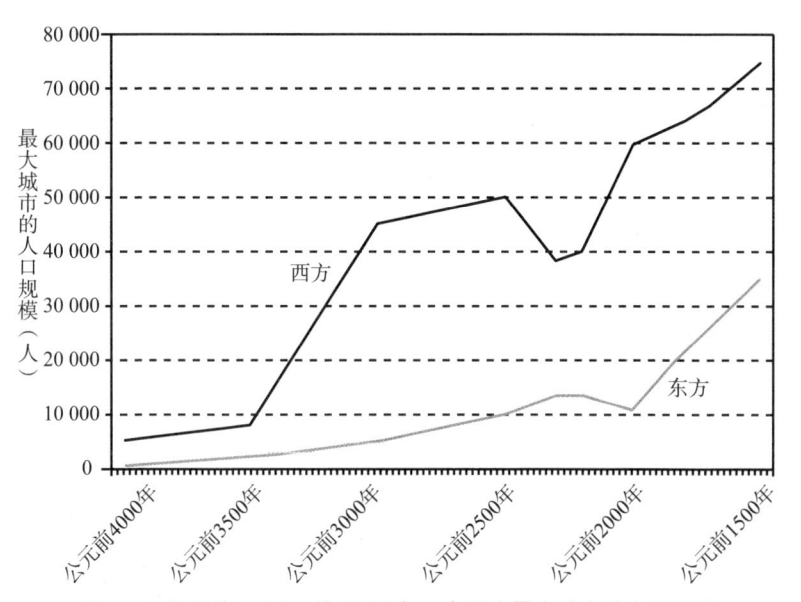

图 4.6 公元前 4000—前 1500 年，东西方最大城市的人口规模

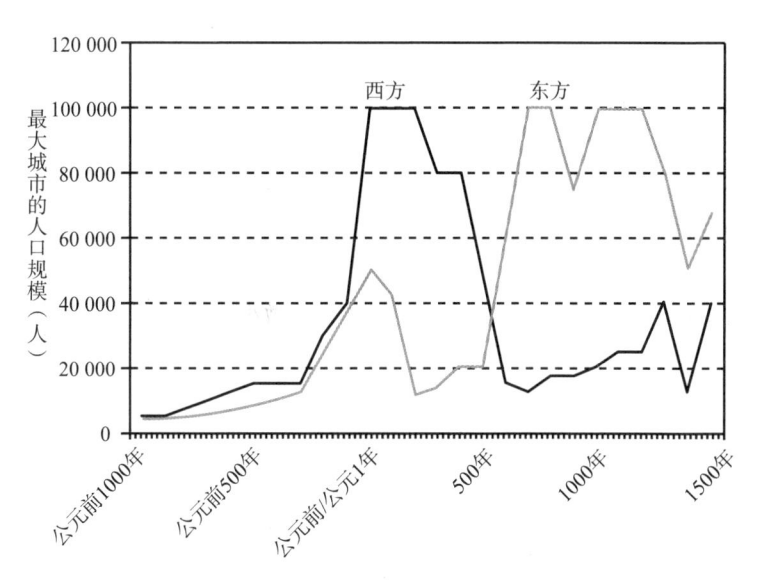

图 4.7 公元前 1000—公元 1500 年，东西方最大城市的人口规模

第一个千年早期的大危机使东西方能量获取水平前所未有地锐减（西方在公元100—700年降低了将近20%，东方在公元100—300年降低了将近4%），但危机对城市规模的影响还要大得多：公元200—700年，西方的城市萎缩了85%以上；公元1—200年，东方的城市萎缩了75%以上。

公元第一个千年的中晚期，东方的城市规模急剧扩大。东方在跨过了每人每天27 000千卡的能量获取门槛后，出现了堪与公元前第一个千年晚期的罗马相匹敌的城市。东方的能量获取水平在公元500—1000年增长了约13%（从每人每天26 000千卡增至29 500千卡），但是东方最大的城市规模在同样500年间增长了400%（从20万人增长至100万人）。在公元第一个千年晚期，使唐朝覆灭的战争几乎没有对东方的能量获取水平产生什么影响，但的确导致城市规模在短期内缩小25%。

能量获取与城市规模的关系一直保持到公元第二个千年。1200—1400年旧世界的第二次大变迁导致东方的能量获取水平下降了5%，最大城市的人口下降了一半；[127]在西方，能量获取水平未受影响，但城市规模萎缩了几乎2/3。

能量获取水平自公元1500年（特别是公元1800年后）的提升，对城市规模产生了可想而知的巨大影响。每人每天45 000千卡似乎是能量获取的又一道门槛，使得出现拥有百万居民的城市成为可能。20世纪的世界大战使得东方最大的一些城市受到严重破坏，但城市规模的波动性极强，东京和北京在20世纪60年代以后都发展得比以往更大，而西方最大的一些城市（在美国）在两次大战中均毫发无损。

城市规模的量级

城市规模数据也表明，不同的社会发展水平决定着定居点规模的量级。在国家形成以前的古代农业社会（如在公元前3500年之前的西方核心地区和公元前2000年之前的东方核心地区出现的社会）似乎无法供养拥有大约1万人以上的定居点；农业国家（于公元前第四个千年至前第一个千年早期主宰着西方核心地区，于公元前第二个千年早期至前第一个千年中期主宰着东方核心地区）似乎供养不起拥有大约10万人以上的定居点；农业帝国/帝制国家（于公元前第一个千年中期至元第二个千年晚期主宰着西方核心地区，于公元前第一个千年晚期至公元第二个千年晚期主宰着东方核心地区）似乎供养不起拥有大约100万以上人口的定居点。然而，工业社会却能够维系拥有2 500万以上人口的城市（图4.8）。

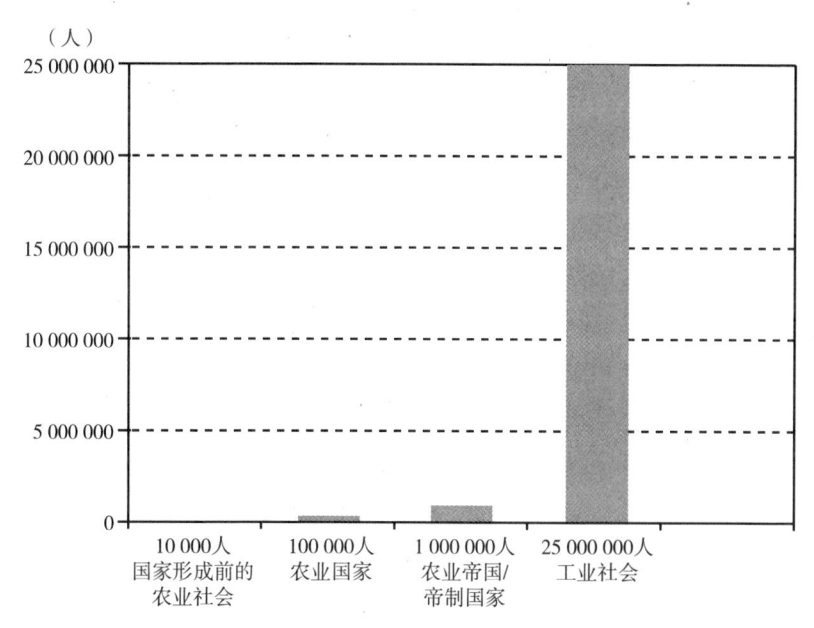

图4.8 自冰期以来已知的最大定居点及群落组织水平

前现代时期有序的层层递进，当然部分是因为定量估计的粗糙性（图4.7出现平顶纯粹是因为我们缺乏资料；罗马、长安、开封和杭州可能拥有80万或120万人口，也可能是图中的100万）。然而，结果的一致性的确表明了一个值得用世界上其他地方的数据进行检验的假设——如果没有化石燃料带来的能量激增,以及与之相关的组织和技术方面的收益,则不会出现人口超过 100 万的城市。还需要观察的是,我们目前的发展水平会给城市规模设置怎样的上限,以及我们能否突破这个上限。[128]

第五章
战争能力：工业变革带来的巨大差距

量化战争能力

再没有什么事情像1840—1842年的第一次鸦片战争那样，使得西方主宰世界的局面变得如此清楚。一支小小的英国舰队在中国长驱直入，威胁要切断为北京运送粮食的大运河，并迫使清政府做出了丧权辱国的让步。根据随军的罗伯特·乔斯林勋爵的记录："军舰向定海小城舷炮齐发，房倒屋塌、木头相撞、人们呻吟哀号的声音在岸上回荡。我方的炮击持续了9分钟……我们从一处废弃的河滩上了岸，除了几具尸体、一些弓和箭、损坏的矛和枪，这片地区什么都没有了。"[1]

中国人很好地吸取了这一教训。毛泽东在1927年的八七会议中指出："须知政权是由枪杆子中取得的。"[2]事实一向如此，战争能力始终是社会发展的关键因素。[3]

对社会发展指数来说，幸运的是，许多因素，如历史学家对记述战争的痴迷、强制性军事档案的保存、艺术赞助人喜好被描绘成武士、普遍存在的将武器和盔甲作为陪葬品的风俗、防御工事的考古清晰度等，将其结合在一起，意味着我们能够相对较好地了解很多历史背景下的战争的不同侧面。我们在对战争能力进行量化分析时面临的问题，更多的是来自概念方面的挑战，而不是资料缺乏。

人们对度量战争能力的尝试，就像战争本身一样古老。几乎所有开战的决策都包含某种对社会之间相对军事实力的评估（即使侵略者经常高估自己的力量，而防御者经常低估本方的实力）。20世纪时，一群军事方面的行家里手和门外汉都曾试图设计出一些演算方法，供将帅们预测战争结果。

这些量化者中的第一位，在某种程度上也是最具影响力的一位，是博学多才的弗雷德里克·威廉·兰彻斯特。他不仅是英国最重要的汽车工程师之一，还写过一本关于空战的先驱性的书，[4] 提出了一系列微分方程来预测空战的结果。自那以后，兰彻斯特的方程被发展成为量化战争消耗的通用法则。[5]

兰彻斯特方程曾因一些不切实际的假设而屡遭批评。20世纪七八十年代时，美国陆军退役上校特雷弗·内维特·杜普伊研究出了一套更为复杂的"定量判断模型"，采用了不少于73种变量。但最近20年中，已经有一种更简单且更有说服力的替代方法被设计出来了。[6]

所有这些方法都是为了对潜在的未来战争进行量化，并且都经受了历史上实际战争的数据检验。[7] 比较处于不同历史时期，或因在地理上相距甚远而从未交战的社会之间的战争能力，极其困难，但这是社会发展指数所必需的。专业军事人员经常用"石头、剪刀、布"来描述作战系统是怎样运行的：A系统（比如说使用步枪的步兵）会强于B系统（比如说使用军刀的骑兵），而B系统强于C系统（只有大炮的炮兵），但是与此同时，C系统又强于A系统。因为军事能力总是依赖于具体情况（也就是说，建立武装部队是为了在特定的地理和政治条件下，与某种具体类型的敌人作战。善于对付某种类型敌人的部队，也许不善于对付其他类型的敌人）。这种因时间和空间不同而结果变化极大的比较，必然比能量获取或社会组织能力那种广泛的比较要抽象得多。

战争能力的比较，归根结底一定是对社会可调动的破坏力的衡量。破坏力是指社会可投入战场的兵员数量。这种力量又会因武器的射程和火力、可调动兵力的数量和速度，以及防御能力和后勤保障能力而发生改变。而且，这些基本的要素（都理所当然地在许多时候和地点得到了很好的记录）一定要与一些没有得到很好记录，但同样重要的因素结合起来。这些因素包括士气，领导能力，指挥和控制能力，对战略、行动力和战术原则的明确理解，组织学习能力，以及经济，后勤，思想和政治等方面更广泛的特征。

技术问题令人望而生畏，但自19世纪末期以来，战争题材游戏的玩家们（既有专业军事人员，也有业余爱好者）就一直致力于将扑朔迷离的复杂现实简化为可供比较的数值。[8]总的来说，军事史学家菲利普·萨宾的说法可能是正确的，即商业化的战争游戏通常试图复制过多细节，但与社会发展指数非常相似的是，这些游戏的重大贡献是使得假设变得清楚明确了。

一些游戏发行多个版本，模仿不同时间和地点的战争，为跨越时间和地点思考战争能力提供了良好的起点。例如，电子游戏公司GMT Games的系列游戏《历史上的伟大战役》，包括公元前第二个千年西南亚的战车大战、公元前3世纪和公元前2世纪罗马的战争、同时期印度的战争和13世纪蒙古人的战争等各种战役变体。[9]至少在战术层面上，游戏允许启人深思的比较，不过，像所有这样的规则系统一样，这个游戏最大的价值也许仍是系统在似乎运转不灵时提出的问题。

原则上讲，社会发展指数所需要的跨历史比较应当与实际历史背景下的比较没有差异，但实际上，随时间推移而发生的巨大变化会使情况变得极为复杂。譬如所谓的军事革命，就经常是设计出新的作战系统，使旧系统根本无法与之匹敌。这方面最著名的事例就是英国皇家海军的"无畏"号战列舰。这艘装备了大量武器和更厚钢板的战舰，是英国于1906年投入使用的，目的是将以前所有军舰都淘汰——只是因为海军战术的变化，才使得这种新式武器融入了旧式战舰仍然重要的系统里。[10]

即使是现代最致命的武器——核武器，也是如此。核武器的破坏力远比非核武器大得多，但它们并非无可匹敌。核武器的威力是以千吨或百万吨TNT（三硝基甲苯）当量来衡量的，这一事实便充分说明了这个道理。

有核国家的破坏力使之前一切都相形见绌。在1942—1945年三年的轰炸中，美国空军第八航空队总共才向德国扔下了70万吨TNT炸药；而在1961年万圣节那天，苏联所试验的一颗炸弹（即所谓的"沙皇炸弹"），威力相当于5 000万~5 700万吨TNT炸药。1966年，单独一颗苏联SS-92导弹就可以携带相当于2 500万吨TNT炸药的弹头，其破坏力是美国在二战期间轰炸德国的全部炸弹的30多倍；20世纪70年代，苏联总共部署了255枚这样的洲际弹道导弹。[11]

尽管如此，核武器的破坏力仍然可以和常规武器在同一个天平上进行衡量，正如放射性尘降物对生物组织的伤害程度能以拉德为单位来衡量，并与伤害程度较小的化学武器和生物武器对比一样。[12] 而且，像1906年后建造的"无畏"号战列舰一样，核武器也被融入更广泛的作战系统中，而这些作战系统依然依赖于1945年之前就在使用的武器类型（尽管以高得多的效率形式）。核战争是不可想象的，但并非不可度量。[13]

社会发展指数在度量战争能力方面最大的困难，是如何将2000年的武装力量与之前阶段的武装力量的关系予以量化。1900—2000年战争能力的飞跃实在太巨大，难以度量；而类似的困难也存在于1800—1900年的情况中，尽管幅度没有那么巨大。

一方面，这意味着如果我们在计分系统内将最高分250分打给2000年的西方，那么在估计1900年的战争能力时，在百分比上就会有相当大的误差幅度，更不用说1800年或任何更早的时期了。另一方面，由于现代战争的破坏力与以往相比实在太过巨大，会导致1800年前的分数极低，也就意味着就社会发展指数的实际分数而言，误差也会极小。如我们将看到的，我为这些问题提供的答案，意味着1600年之前的作战系统甚至没有能得到0.20分的（也就是说，不及当代分数的1‰）；而在1500年之前，甚至很少有作战系统能得到0.10分。战争能力像城市规模/社会组织能力一样，是能量获取的功能之一，一旦能量获取水平达到了每人每天100 000千卡，只需在边缘处有一些小小的变化，就会刺激战争能力迅速变强。衡量战争能力对社会发展指数的主要贡献，是强调了工业化的20世纪和21世纪与所有先前社会之间的巨大鸿沟。

西方的战争能力

20世纪的变革

对现代西方军事实力的评估有很多，我主要依赖的是英国国际战略研究所每年出版的《军事平衡》，该报告提供了国家投入、军力、素质和后勤等方面的数据。[14]

美国自"9·11"事件后又加大了军备投入，但即使在此之前，美国的军力就已经傲视所有对手了。在2000年，美国可以代表西方在战争能力上获得满分250分。有很多国家在武装部队的服役军人人数上超过美国，俄罗斯的核武库也比美国大了几乎一倍，[15]但美国在战争的所有其他维度上都占有巨大优势，使得这些劣势变得不值一提。美国军队的装备和供给远远优于其他国家，训练和领导力也强于大多数国家。美国军队的机动性也极强，其麾下的11个航空母舰战斗群，完全主宰着全球海洋；美国空军在天上也发挥着同样作用。美国的核弹头及其运载工具也更加可靠，一般比其对手俄罗斯的威力更大。

一旦我们从2000年回溯到1900年，量化战争能力的最大困难就出现了。1900年西欧武装力量的数据记录得很好，也很容易获得，但为1900年的西方计算一个相对于2000年的西方的分数，就非常困难了，因为军事系统之间的差距实在太大了。[16]

2000年的军队规模比1900年的要大，尽管并没有大许多。在某些方面，基本武器是相似的：1895年投入使用的英国的李-恩菲尔德步枪，准确射程为大约500米，枪口初速为每秒733米，而M16步枪（美国陆军于1963年引入，但其改进版在2000年仍是常规武器）的准确射程为550~800米，枪口初速为每秒948米。然而，两者的差异超过相似性：M16步枪每分钟能发射700~950发子弹，而李-恩菲尔德步枪通常每分钟只能发射二三十发子弹（在测试条件下，其发射纪录为每分钟38发）。一把普通的M16步枪或者AK-47自动步枪，比1900年最好的重机枪的射速还要快（马克沁重机枪每分钟只能发射450~600发子弹）。[17]而最早的大致相当于M16步枪或AK-47自动步枪的德国MP18冲锋枪，直到1918年才投入使用。

军事史学家通常将1897年投入使用的"法兰西75"认定为现代最早的火炮。那是一种75毫米口径的膛线加农炮，配有长驻退机，这意味着炮手们不需要在每次发射后都添加炮弹。这种火炮的射速惊人，每分钟可发射15枚炮弹，射程达7.5千米。更复杂的现代大炮射速要慢得多。美国陆军于2005年投入使用的155毫米口径的M777榴弹炮，每分钟只能发射2~5发炮弹；然而，这种钛合金火炮非常轻，可以装载在飞机上，射程达到24~30千米，而且当使用"神剑"GPS（全球定位系统）制导火炮弹药时，其圆径概率误差可达到24千米内只有5米（也就是说，50%的炮弹将落在距目标只有5米的范围内）。自20世纪80年代以来，制导武器的革命已经使每一门现代大炮的价值都超过了1900年时的数十门大炮，而运输机械化、通信手段和电子战方面的进步同样令人惊叹。[18]

在海上，1900年最强大的武器是新式钢铁装甲蒸汽动力战列舰（"战列舰"一词是于1892年最早开始使用的），通常排水量达到1.5万~1.7万吨，航速达每小时30千米，可装载4门12英寸（305毫米）口径的大炮，能发射400千克重的炮弹，其射程将近23千米。1906年后，"无畏"号不仅配备了更重的装甲，还增加了6门12英寸口径的大炮，并将航速提高到时速近39千米。1911年后，各国海军又纷纷用石油代替了煤作为燃料。所有这些改变都具有革命性结果，然而即便如此，所有这些军舰与当代美国"尼米兹"号核动力航空母舰（排水量10万吨，航速为每小时56千米，可无须添加燃料航行20年，可载90架飞机，打击范围在700千米以上）之间的差距，比20世纪早期所有相继出现的军舰之间的差异都要大得多。

20世纪战争革命中最惊人的部分无疑发生在空中。飞机最早用于军事是在1911年，当时意大利在与土耳其交战时使用了轰炸机和侦察飞行手段。这些早期的努力与2000年最精密的军用飞机（即1989年投入使用的B-2隐形轰炸机）之间的差距，足以令人窒息。B-2隐形轰炸机的航程达到1.1万千米，巡航速度为大约每小时900千米，且它实际上是无法被探测到的，能够穿透几乎所有防空系统，发射GPS制导的炸弹或者10兆吨以上TNT当量的核武器。

我们可以很容易地比较各个时期的武器火力、军队机动的速度和范围，以及武装力量的无数其他维度。例如，人们普遍认为在1900—2000年，大炮的威力提高了20倍；在1918—2000年，反坦克火力提高了60倍。但要为20世纪的全部变化打一个具体的分数，则要难得多。

我选择将公元2000年与1900年的西方战争能力的比设定为50∶1，这样推算出1900年西方战争能力的分数就只有5分（与2000年的250分相比）。很显然，这个分数只是一个估算。如果选择100∶1，则1900年的得分为2.50分，这可能也是个说得过去的猜测。不过假如比是25∶1，1900年的得分就会是10分，就不大可能了。

这一误差幅度比整体社会发展指数的误差（见第七章）要大得多，但2000年西方战争能力的分数与所有较早阶段的分数之间的巨大差距，意味着我们可以很容易地将2000年之前的所有分数减半或翻倍，也不会使指数出现任何明显的异常。表5.1、图5.1和图5.2运用我所估计的数字，展现了自公元前4000年以来东西方战争能力的分数。图5.3和图5.4则展现了将公元2000年之前的所有估计减半之后得到的分数。

表5.1 自公元前4000年以来的战争能力（以社会发展指数得分衡量）

年代	西方（分）	东方（分）	年代	西方（分）	东方（分）
公元前4000年	0	0	公元前/公元1年	0.12	0.08
公元前3000年	0.01	0	公元100年	0.12	0.08
公元前2500年	0.01	0	公元200年	0.11	0.07
公元前2250年	0.01	0	公元300年	0.10	0.07
公元前2000年	0.01	0	公元400年	0.09	0.07
公元前1750年	0.02	0	公元500年	0.07	0.08
公元前1500年	0.02	0.01	公元600年	0.04	0.09
公元前1400年	0.03	0.01	公元700年	0.04	0.11
公元前1300年	0.03	0.01	公元800年	0.04	0.07
公元前1200年	0.04	0.02	公元900年	0.05	0.07
公元前1100年	0.03	0.02	公元1000年	0.06	0.08
公元前1000年	0.03	0.03	公元1100年	0.07	0.09
公元前900年	0.04	0.03	公元1200年	0.08	0.09
公元前800年	0.05	0.02	公元1300年	0.09	0.11
公元前700年	0.07	0.02	公元1400年	0.11	0.12
公元前600年	0.07	0.03	公元1500年	0.11	0.10
公元前500年	0.08	0.04	公元1600年	0.17	0.12
公元前400年	0.09	0.05	公元1700年	0.33	0.15
公元前300年	0.09	0.06	公元1800年	0.50	0.12
公元前200年	0.10	0.07	公元1900年	5.00	1.00
公元前100年	0.11	0.08	公元2000年	250.00	12.50

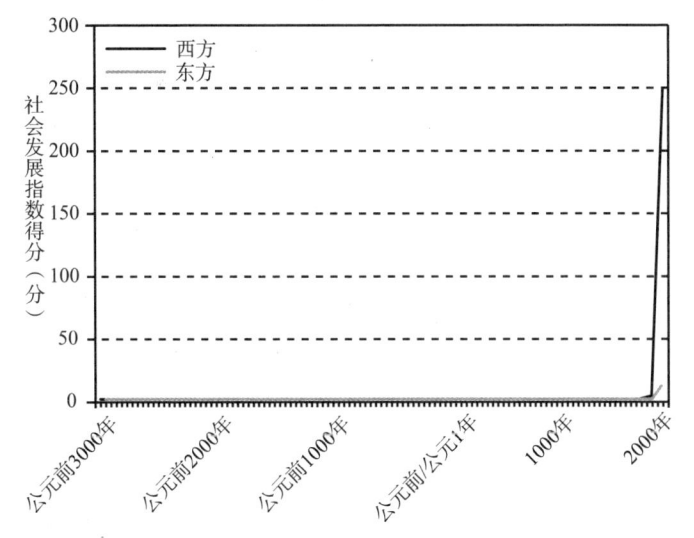

图 5.1　公元前 3000—公元 2000 年，东西方的战争能力（线性-线性标尺）

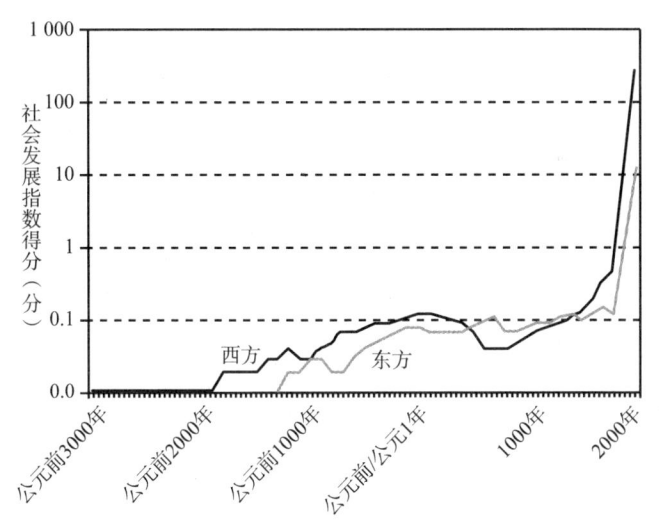

图 5.2　公元前 3000—公元 2000 年，东西方的战争能力（对数-线性标尺）

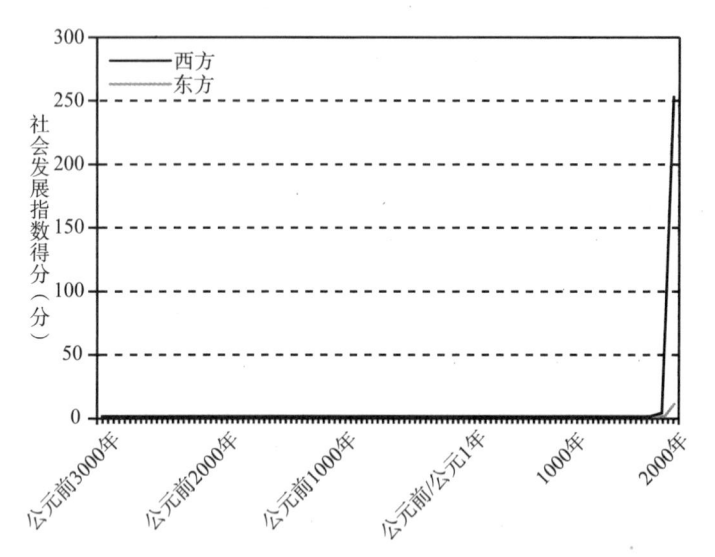

图 5.3 公元前 3000—公元 2000 年，东西方的战争能力（线性-线性标尺，将公元 2000 年前的所有分数减半）

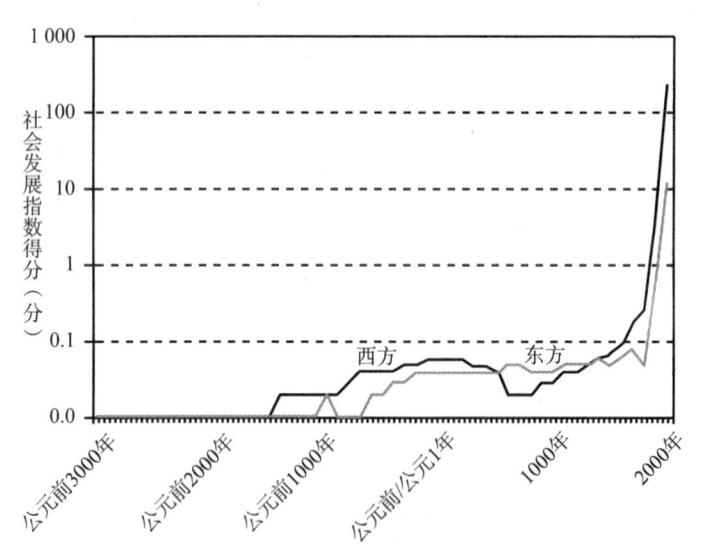

图 5.4 公元前 3000—公元 2000 年，东西方的战争能力（对数-线性标尺，并将公元 2000 年前的所有分数减半）

在纵轴上使用对数标尺更能看出差异,所以图5.2在对数-线性轴上显示了我计算的分数,图5.4以同样方式显示了修订后的数字(即公元2000年前所有时期的分数都是减半的)。修订后的数字使20世纪的破坏力比我的估计大了一倍,但是将公元2000年以前的分数减半的主要结果,并不是增强了现代/前现代的反差,而是使得公元前100—公元200年东西方之间的差异变得极小,以至无法衡量(而我的估计则相反,显示出罗马帝国的战争能力稍强于汉朝)。结论必然是,对公元2000年与1900年之间战争能力的比的任何合理的估计,无论是50∶1、100∶1,还是只有25∶1,对于更大的社会发展指数来说都没有什么差别。

1500—1800年欧洲的军事革命

1800—1900年西方战争能力的飞跃远不及1900—2000年的飞跃,但也是巨大的。武器的射程、精度、射速,抛射的力度(因炸弹的发明而威力更大),军队的规模,运输的速度,以及后勤保障规模,在整个19世纪都普遍提高了一个数量级。[19] 然而,我们对纯技术力量的衡量必须始终考虑到人们对其的反应方式。据军事分析家斯蒂芬·比德尔计算,约1800年时,如果一个拿破仑式千人步兵团向另一个步兵团发起冲锋,守方大概能向每个攻方士兵打两发子弹;如果一个世纪后重复同样的步兵团攻防,那么就将有200多发子弹射向每一个攻方士兵。不过,令人惊奇的是,在1815—1918年,军队在战斗中的伤亡比例实际上呈下降趋势,因为战术家采用了新的作战方式,最大程度降低部队暴露在敌人直接火力下的可能。[20]

法国人于18世纪90年代进行了"全民动员",使得军队规模扩大到50万人,这约为1900年世界最大军队的一半,但是其主要武器滑膛步枪远不如1900年的步枪。即使是训练有素的拿破仑步兵,每分钟也只能打大约4发子弹。滑膛枪的子弹可以射到400米开外,但射程一超过50米（最多75米），精度就很差了，只打一个单发实际上没有任何用处；即使在距离小于75米的情况下，也只有多人齐射才有命中把握。在18世纪的一次演习中，步枪手们射击60米外一个宽达30米的目标，只有不到一半人命中。[21]

滑膛大炮，尤其是能发射约5.4千克重的炮弹的，每分钟能发射4~6发炮弹。有效射程达到500米的大炮，于1800年开始主宰战场，[22] 但其效果仍然远不及1900年的膛线炮。而平射弹道的炮弹是直到19世纪50年代才普遍使用的。

1800年最好的军舰，如英国皇家海军的"胜利"号（于1765年首次下水），在顺风的情况下航速可以达到每小时15~17千米，但在恶劣天气下就要慢得多。"胜利"号载有104门大炮，总共能发射大约1吨实心弹丸，射程大约为2千米。[23] 该舰与"无畏"号出现前其他拥有钢铁装甲、蒸汽动力、炮弹和鱼雷的军舰之间的差异，也是非常显著的。

再次强调，将军事系统的复杂性概括为一个单一分数，是件非常主观的事情，但我认为1900年和1800年西方战争能力的比大约为10∶1，1800年的得分为0.50分。这个猜测的误差可能像我对1900年的猜测一样大（或者说与拿破仑时代的步枪单发的准度差不多），真实比也很可能是20∶1。如果我高估了1800年和1900年相对于2000年的战争能力，那么2000年的得分就不是250分，1900年的得分就不是5分，1800年的得分就不是0.50分。我们完全可以在给2000年打250分的情况下，给1900年打2.50分，给1800年打0.13分，就像图5.5（线性-线性图）和图5.6（对数-线性图）所显示的那样。但是即使像现在这样把1900年前的分数大大减少，对社会发展指数的整体影响也仍然是微不足道的，因为所涉及的绝对数值实在太小了。

因经济学家迈克尔·罗伯茨以及更重要的欧洲史教授杰弗里·帕克的先锋性工作，1500—1800年这段时期已被广泛称为"欧洲军事革命时期"，其特点是陆海军的规模、效率、火力和可及范围的巨大

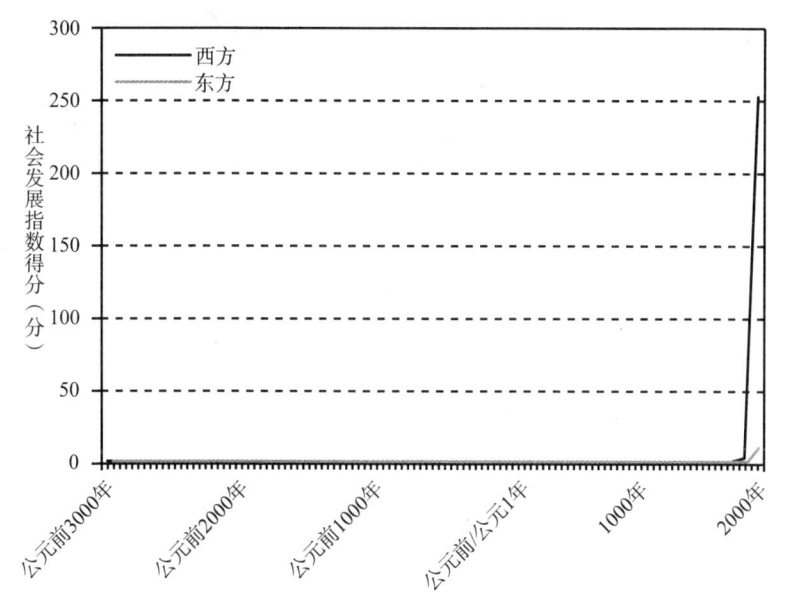

图 5.5 公元前 3000—公元 2000 年，东西方的战争能力（线性-线性标尺，并将公元 1900 年之前的分数调低）

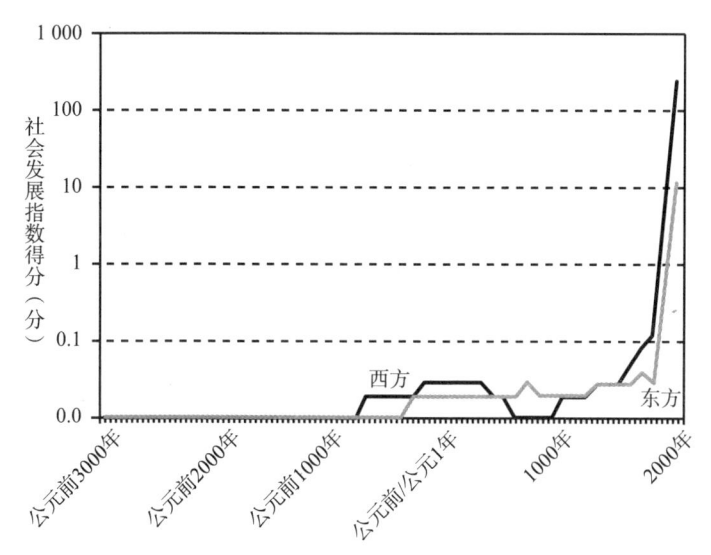

图 5.6 公元前 3000—公元 2000 年，东西方的战争能力（对数-线性标尺，并将公元 1900 年之前的分数调低）

增长。[24]然而与1800—1900年的变化相比,这些军事革命所带来的改变非常小,不过尽管如此,它们仍然将中世纪欧洲社会的军事能力远远地甩在后面。

火器的改进和社会内部为利用这些改进所进行的组织变革,是促使军事革命发生的重要原因。使用火药的武器在14世纪20年代就传到了欧洲,但100年之后,它们才开始在海陆战场上发挥重要作用。[25]甚至在1500年,火枪手们的发射率还在以几分钟打一发子弹,而不是一分钟打几发子弹来计算,而他们的枪只能在很短的距离进行有效射击。特别是在英国,长弓在训练有素的弓箭手手里,每分钟能发10箭,精度可达200米,这令不少士兵都无法相信,弓已不再是最优越的武器。而在骑兵最为重要的大草原上,直到17世纪,弓仍然在战场上发挥着主导作用。

甚至早期的火绳枪也能发射出比箭重的弹丸(滑膛铅丸),因此有更强的穿透力,但火绳枪的主要优势是对枪手的技能要求较低,不像弓箭手那样要学很多技巧。正如意大利的拉文纳战役(1512年)、马里尼亚诺战役(1515年)和比科卡战役(1522年)所证明的,在适宜的情况下,众多的火枪是可以战胜弓箭和长矛的。早在1490年,威尼斯就决定用枪来取代十字弓,到了16世纪60年代时,英国人对长弓的喜爱已经显得不合时宜了。1594年,荷兰陆军发明了队列战术和火枪齐射战术,极大地提高了效率(尽管代价是需要更多训练和管理)。17世纪30年代,瑞典国王古斯塔夫·阿道夫向世人展示了这种新方法的威力有多大。

17世纪,燧石发火装置极大地提高了火枪的发射率。18世纪插座式刺刀的出现又使火枪手可以同时使用长矛。大炮的进步更是迅速。到1494年法国国王查理八世入侵意大利时,火炮已经使中世纪的石制堡垒失去了作用,但到17世纪中叶时,更复杂的土木工事又重塑了防守方的优势。

18世纪晚期组织方面的进步（尤其是法国发明了纵队进攻和陆军的部门结构，英国在海上进行了战术革新）进一步提升了军队的绩效，但是最大的变革还是在组织方面。当时最强大的西欧国家法国，1500年时能够集结四五万人的军队，1600年时能集结8万人，1700年时为40万人，1812年拿破仑入侵俄国时麾下有60万人之多。海军的增长要缓慢一些，1700—1800年，英国（拥有当时最强的海军）、西班牙和俄国的现役军舰数都大致涨了一倍，而法国的舰队在1689年路易十四入侵英国的计划失败后，实际上萎缩了。在这段时期的初期，奥斯曼帝国的陆军和海军实力都还是西方最强的，但到该时期末期时，军事力量的天平已经决定性地倾向了西欧方面。

　　将如此众多而复杂的信息转化为西方战争能力的单一分数，又一次需要动用非常主观的猜测，但是1500—1800年的变化，尽管具有革命性，却明显比1800—1900年的变革要小得多（更不用说与1900—2000年相比了）。西方战争能力在16世纪大致增长了50%，在17世纪增长了100%，在18世纪又增长了50%，在整个军事革命时期实力涨了3.5倍（与之对比的是，我估计其在19世纪涨了10倍，在20世纪涨了20倍）。从1800年的分数0.50分倒推，1700年的分数大致为0.33分，1600年为0.17分，1500年为0.11分（图5.7）。

从恺撒到苏莱曼一世（公元1—1500年）

　　大多数军事通史学家认为，在这段漫长的历史时期的前半期，西方的战争能力总体下降了，而在后半期有所恢复。[26]但他们看法并不完全一致，历史学家伯纳德·巴克拉克在其一系列研究中，提出后罗马时代的西欧军队比其他历史学家设想的规模更大，更多地由步兵主导，更善于远程作战，更多地采用围困战术而不是短兵相接。[27]但这只是极少数人的观点，我还是追随主流意见，即西欧的军事力量自公元200年后开始下降，自公元400年后下降得更快，在公元

图 5.7 1300—1900 年，东西方的战争能力

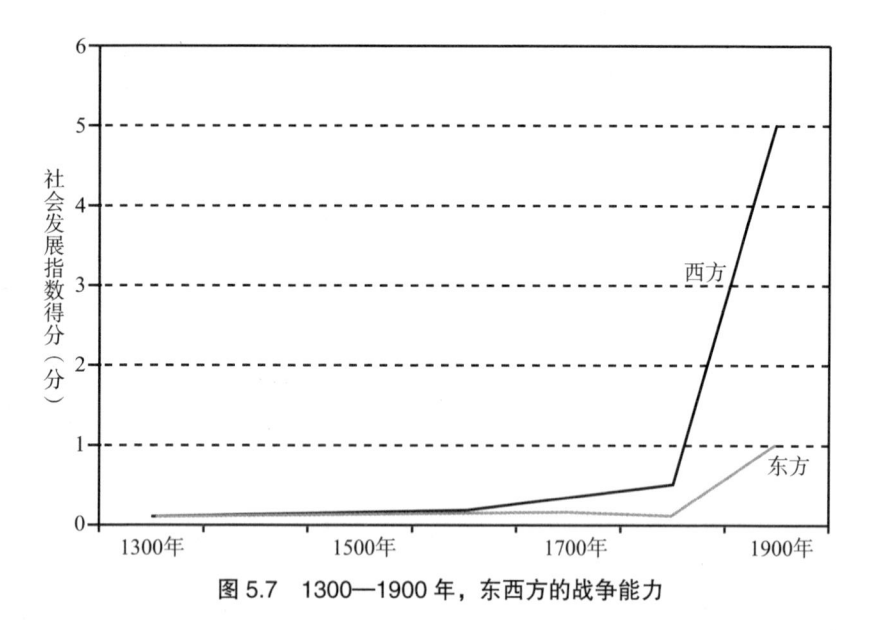

600—800 年徘徊不前，然后缓慢恢复，于公元 1300 年后开始加速复兴。[28] 倒是没有什么迹象表明 14 世纪黑死病肆虐后，在军事方面出现了如能量获取和社会组织能力那么显著的衰退。

然而，尽管战场上有重要变化，比如由于能够得到更大的马匹和马镫，重型骑兵兴起，伊斯兰军队马上弓箭手的效率也在提高，但公元 500—1300 年战术的持续性更引人注目（实际上自公元前 700 年后的整个 2 000 年间，战术都没有什么大变化，因为普遍都在使用铁兵器和骑兵）。[29] 基本的军事要素，如铁兵器、金属盔甲、步兵和骑兵结合的战术、箭术、围城机械、划桨结合风能的战船，在这段漫长的时期内几乎没有变化，真正的变化是在后勤和组织方面。

公元前 1 世纪 30 年代，罗马大约有 25 万名士兵。他们被编入极具破坏力的军团内，得到前现代世界最出色的后勤系统的支持。他们（大部分时间）由优秀的职业尉官和士官领导，即使他们的高级军官（特别是在共和国时期）有时不尽如人意。[30]

3世纪的危机后，军队规模扩大了，在4世纪中叶时可能达到了大约50万人。[31] 关于晚期罗马军队的素质，存在很多争议，一些历史学家认为其真正的问题在于任务的性质变了，从边境防御转向了纵深防御，随之引起了组织上的变化，卫戍部队和野战军的差别越来越大，后者采用了比早期帝国军队更小的单位和更多的骑兵，所有部队也都更加依赖雇佣兵。[32]

有些旧说法称卫戍部队效率低下，这可能言过其实了，[33] 但从2世纪60年代的安东尼瘟疫到378年的哈德良堡战役，罗马的军事力量恐怕的确严重衰退了（尽管还不是灾难性的）。

从哈德良堡战役到606年波斯萨珊王朝入侵拜占庭帝国，由于人口下降加上行政结构破碎，西方军队的规模和战斗力进一步下滑。到7世纪时，军队萎缩到只剩下几万人。阿拉伯人之所以得以在后来迅速征服波斯帝国和拜占庭帝国的大部分地区，更多地要归因于帝国结构的瓦解，而不是哈里发的军事力量有多么强大。[34]

整个西方的中世纪，军队始终规模很小、组织涣散、供给不力，[35] 人数基本不到罗马帝国军队的1/10，效率更不值一提。人们对中世纪的欧洲军队进行了深入研究，[36] 但没有得到那么透彻研究的拜占庭军队，并且特别是穆斯林军队，在大约公元630—1500年也许仍很强大，尤其是在奥斯曼土耳其军队配备了成千上万名强悍的马上弓箭手后。[37]

西欧的十字军于1099年攻占了耶路撒冷，拜占庭军队也收复了一些失地，但总体而言，10—15世纪，优势在奥斯曼土耳其人一边。1527年，奥斯曼帝国苏丹苏莱曼一世声称能召集7.5万名骑兵（大多数是弓箭手）和2.8万持枪步兵，另外还有野战炮兵。尽管他在1529年未能攻克维也纳，土耳其军队仍然是16世纪西方最强大的军队，很可能在17世纪继续领先。同样，尽管土耳其海军在1571年著名的勒班陀之战中吃了败仗，但直到公元1600年后的很长一段时间里，它始终是基督教势力在地中海上的一个强劲对手。[38]

191

要想把所有这些历史简化为战争能力的分数，再次需要将每支军队所面临的具体任务抽象化，但一些基本结论应是合情合理的。1500年西方最大军队的规模仍然比罗马共和国晚期或罗马帝国早期的军队要小得多，并且军人远不及罗马人技艺娴熟；但火器威力的增长（尤其在攻打堡垒时，庞大的野战军与轻骑兵相结合，一如奥斯曼帝国军队），使我怀疑苏莱曼一世的军事实力恐怕最终赶上了恺撒。

如果给1500年西方的战争能力打0.17分，那么给公元1年打0.12分，是合情合理的。如果认为罗马的军事力量直到4世纪时仍然很强，随后骤降的普遍看法是正确的，我们也许可以认为300年时的得分是0.10分，到600年阿拉伯人征服前夕时暴跌至只有0.04分，到1200年时又反弹至0.08分，然后于1500年更快地攀升至0.11分（图5.8）。[认为罗马的分数应该稍高一些（比如说0.13或0.14分）或稍低一些（比如0.10~0.14分似乎更为合理）的历史学家，也可相应地调整300—1200年的分数。]

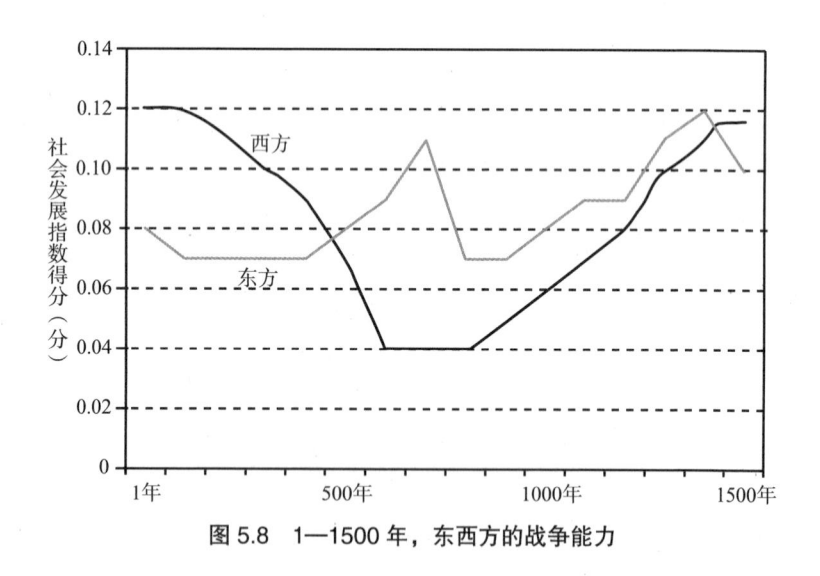

图5.8 1—1500年，东西方的战争能力

这些数字与历史文学中的定性估计是相一致的。然而，其中也包含了各种各样的抽象性和主观判断，反对者也许不会接受。尽管如此，图5.9展现了也许是最重要的一点：所有前现代时期战争能力的分数，包括恺撒时代和苏莱曼一世时代的分数，以2000年的视角看时都太小了，对它们进行任何调整，都不会对社会发展指数造成多少影响。而且这还不是由于我们自己这个时代的军事力量超乎寻常而造成的。图5.10显示，即使从1900年的视点来观察，1—8世纪西方军事实力的变化都仍然小到可以忽略不计。只有当我们从1800年的视角（图5.11）回望时，才能看出早期分数间明显的高下。即使我们将公元600—800年的分数翻倍，或者断定罗马的战争能力直到1600年而不是1500年才被超越，也不会有什么区别。

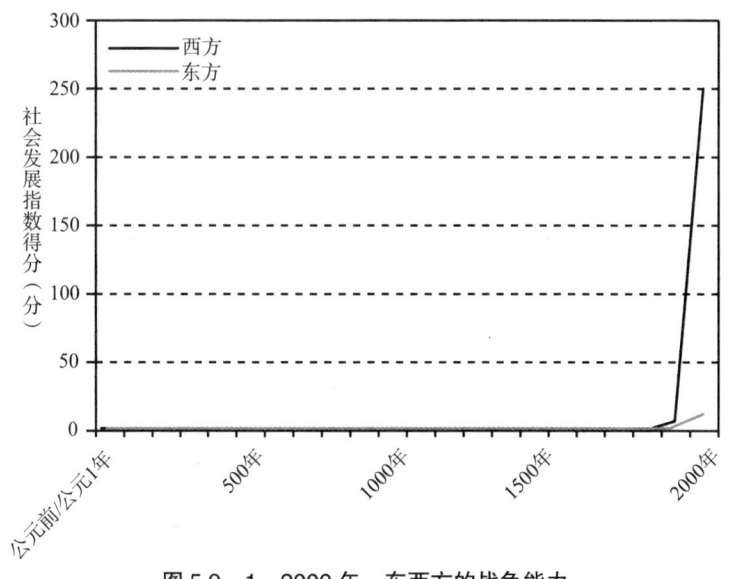

图5.9 1—2000年，东西方的战争能力

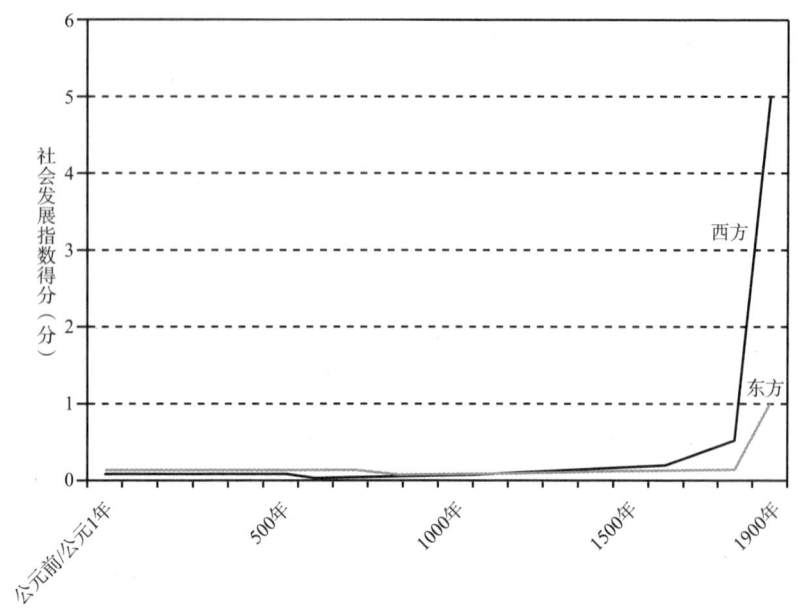

图 5.10　1—1900 年，东西方的战争能力

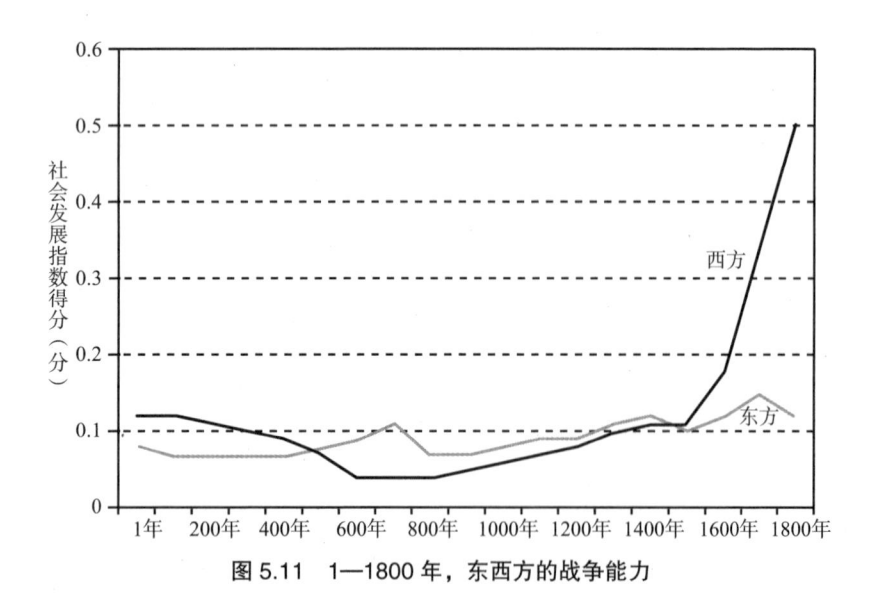

图 5.11　1—1800 年，东西方的战争能力

早年的战争（公元前 3000—前 1 年）

公元前最初三个千年，从埃及第一位法老美尼斯的时代，到罗马第一位皇帝奥古斯都的时代，人类的战争能力有了相当显著的增强。[39] 在这段漫长的时期内，战场上的主要进步也许要列上以下几点：公元前第三个千年时，青铜武器取代了石制武器；公元前 2500 年，重型步兵兴起；公元前 1600 年前后，马拉战车普及；大约在同一时代，复合弓（反曲弓）取代了单弓（单体弓）；公元前 1100 年后，铁制武器取代了青铜武器；公元前 900 年前后，骑兵出现；公元前 700 年后，三桨座战船普及；公元前 600 年，方阵战术兴起，并不断得到改善；公元前 400 年后，扭力弹弩和更大的战船（四桨座和五桨座的大帆船）出现；公元前 300 年前后，堡垒得到改进；公元前 200 年前后，更灵活的步兵战术得到发展。

对于军队组织方面的进步，我们也可以列出同样的单子：专门的战场阵形被发明出来的最早证据出现在大约公元前 2500 年，至今所知最早的常备军出现在大约公元前 2350 年，职业战车手出现在大约公元前 1500 年，由税收支持的常备军出现在公元前 750 年之后，专职水军出现在公元前 500 年之后，罗马人对征兵制的改革发生在公元前 400 年之后。军队规模也显示出同样的上升路径：大约公元前 2350 年时，阿卡得国王萨尔贡号称麾下有 5 400 名士兵；在公元前 1274 年卡迭石之战时，交战双方分别投入了大约 3 万名步兵、5 000 辆战车；公元前 845 年，跟随亚述国王萨尔玛那萨尔三世出征的有 10 万人；公元前 480 年，波斯入侵希腊时出动了数十万大军（确切人数尚有争议）；公元前 3 世纪 60—40 年代罗马和迦太基大战时，动用的水军兵力也以十万计。

图 5.12 展示了三种用数字表示公元前 3000—前 1 年战争能力的结果。我给公元前 3000 年之前的战争能力打了 0 分，并不表示我支持一度流行的一种观点：国家出现之前的社会都是和平之地。

这种理论早已被彻底否定了。[40] 0分纯粹是技术上的问题，反映的是当时社会可使用的破坏力太小，发动不了足以记录在社会发展指数上的战争。

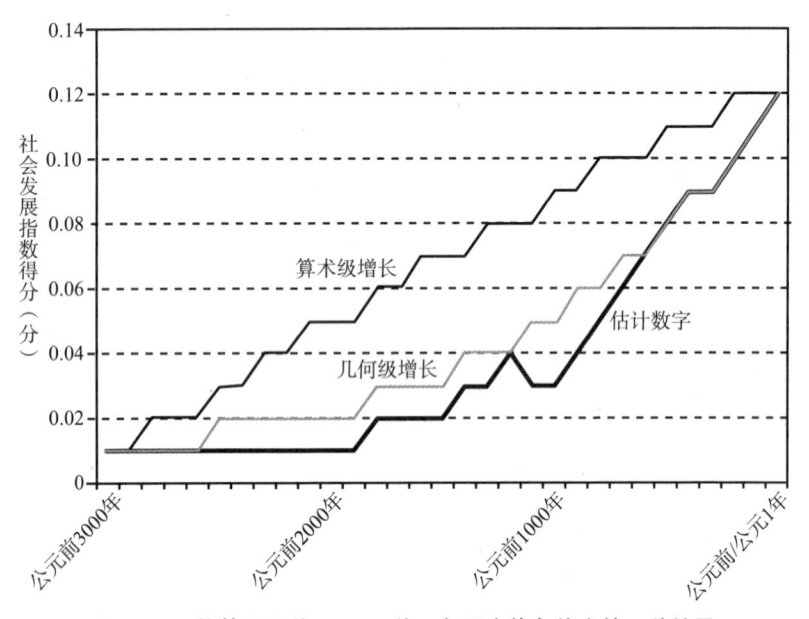

图5.12 估算公元前3000—前1年西方战争能力的三种结果

我们当然可以从其他假设起步，比如说，从我们至今听说的第一支常备军出现的时间，即公元前24世纪（于美索不达米亚）开始计0分，但没有明显理由可以重视这些假设中的某一个而忽视其他。我从公元前3000年开始计0.01分，纯粹是因为这是一个便利的数，但是也没有其他看似合理的假设能使社会发展指数显示出比较明显的差异来。

图5.12中最上方的线，显示了公元前3000—前1年按简单的算术量级增长的战争能力的情况，中间的线显示了按几何量级增长的战争能力（即以每世纪8.65%的稳定增长率增长）的情况，最下方的线显示的是我对变化率的估计。（从公元前3000年的0.01分到

公元前1年的0.12分，算术级曲线和几何级曲线都不是平稳上升的，因为涉及的数字实在太小，而最低分数是0.01分，上升线都不可避免地是弯曲的。）

算术级增长显然不符合实际。这意味着到公元前2200年时，阿卡得国王沙尔卡利沙瑞和埃及法老佩皮二世的军队（大部分人使用青铜武器，但也有一些士兵只有石制武器，几乎没有装甲步兵，军中没有战车或骑兵，只会构筑非常初级的防御工事）[41]可以得0.04分，几乎与倭马亚王朝和阿拔斯王朝哈里发的军队（有铁制兵器、反曲弓、骑兵和骆驼部队，会构筑坚固的工事）一样强大了。[42]这也意味着到公元前1300年时埃及法老拉美西斯二世的军队（可得0.08分），像公元6世纪时东罗马帝国皇帝查士丁尼的军队一样强大了。但这两种结论都是绝对不可能的。

几何级曲线似乎要可信得多，尽管该曲线掩盖了公元前1200—前1000年的崩溃，从而过于简化事实。公元前2200—前2000年的崩溃也对战争能力有巨大影响，但也因为那个时期的分值太低（只有0.01分），在图中无法将衰退显示出来，除非我们假设公元前2100年美索不达米亚和埃及的战争能力跌回到国家产生之前、青铜利用之前的水平，这似乎也是不可能的。

我估计的增长率走向与简单化的几何级曲线相差甚远。我的曲线在公元前3000年后缓慢起步，在公元前1200—前1000年的"黑暗时代"有所下降（从0.04分降至0.03分），随后在公元前第一个千年早期有一次快速增长。（无论在几何级曲线上还是估计曲线上，公元前400—前300年的分数都是相同的0.09分，倒不是因为这段时期战争没有发展——这个世纪的军事水平从伯罗奔尼撒战争时期的重装步兵和三桨座战船发展到了亚历山大大帝和迦太基时期的各种武器协同的战术和五桨座战船，而是四舍五入的结果：公元前400年的分数恰好勉强超过0.09分，而公元前300年的分数不足以进到

0.10分。)

几何级曲线和估计曲线都显示,公元前13世纪,国际时代的国王似乎正要将东地中海地区变成一个单一的大帝国,当时的战争能力大致处于7世纪所跌回的相同水平(0.04分)。7世纪时,拜占庭帝国和萨珊王朝都在分崩离析,阿拉伯的征服者们正企图夺回他们先前的领地。估计曲线还显示,古代的战争能力在约公元前900年时恢复到公元前13世纪的水平,当时诸如阿达德-尼拉里二世等亚述国王也建立起大帝国。在《西方将主宰多久》一书中,我提出了这些应该合理的结论。[43] 最后,我的估计还表明,公元前200—公元200年罗马的战争能力与1300—1500年西方的水平非常接近——中世纪晚期的欧洲人可能会认同这个观点。

图5.13显示了我对公元前3000—前1年东西方战争能力的估计。

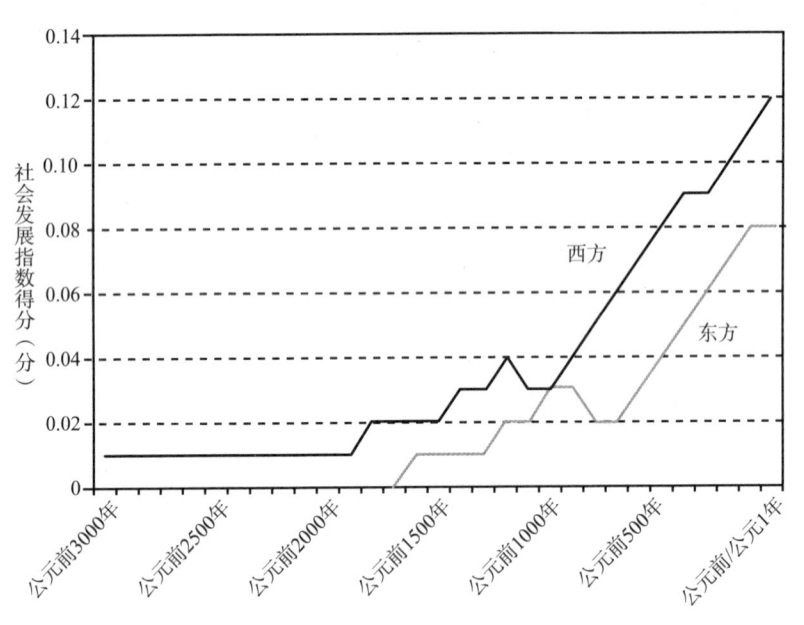

图5.13 公元前3000—前1年,东方和西方的战争能力

东方的战争能力

2000年东西方的军事平衡

2000年东方最强大的军事强国是中国,虽然获得其军事力量的大体数字非常容易,[44]但若要给东方的战争能力打分,却困难得多。

据西方推测,2000年,美国与中国在市场汇率方面的投入比超过20:1,在购买力平价率方面超过9:1,美国的核弹头数量对中国的优势超过25:1,洲际弹道导弹数量超过10:1,核潜艇数量为14:1,航空母舰编队数量为11:0。两军主战坦克的数量大致相当,但美国坦克的威力略胜一筹。在从卡车到直升机在内的所有其他武器上,美国都拥有压倒性优势。就总体技术能力而言,美国的领先优势更大。西方在军事上的优势当然不是全面的,经常有分析家怀疑美国海军不敢在台湾海峡与中国众多潜艇和反舰导弹直接对抗,但中国在其近海之外几乎没有施展过军事力量,而美国却像个巨人一样跨坐在其他国家上。

2000年西方的战争能力显然比东方强很多,[45]但究竟强多少?据我所知,很少有人试图把这个问题简化成一个单一分数。最广为人知的数字比较恐怕要数CINC(国家实力综合指数)了。这是国际关系方面广为应用的一个计分系统,旨在标示每个国家的硬实力在世界上所占的百分比。[46]其分数可回溯至1816年,但只能用于进行国家之间的共时比较,不能衡量历时性的能力变化。

不过,CINC所衡量的国家实力比此处要探讨的战争能力要广泛得多。该指数是根据每个国家的人口规模、城市化程度、钢铁产量、能量消费水平、军费开支,以及其军事人员的总数进行打分的。根据CINC的数据,2000年时,中国的CINC(16%)已经超越了美国(14%),尽管两个大国之间还存在着巨大的军事不平衡。[47]

战争游戏设计者詹姆斯·邓尼根在他的《如何作战》一书中,采用了非常不同的办法,为不同国家分配了"战斗力"分数。他分别给陆上实力和海上实力打分,在两个项目上都将美国定为榜首。在陆上,美国得2 488分;中国排第二,得827分。在海上,美国得302分,中国排第五,得16分(英国排第二,得46分;俄罗斯排第三,得45分;日本排第四,得26分)。[48]

如果我继续沿用在社会发展指数中使用的方法,只关注东方和西方最发达的地区,那么采用邓尼根的数字,2000年时西方和东方战争能力的比大致为:陆上3∶1,海上19∶1。如果我们将陆上和海上的分数相加,那么美国就是2 790分,中国为843分(比为3.3∶1)。如果我们改变一下,对陆上和海上实力等量齐观,将美国在两个领域的分数都转换成125分,计入我在此使用的250分系统内,那么中国的得分为48.17分(陆上41.55分,海上6.62分),西方和东方的比则略高于5∶1。

邓尼根没有解释他的分数是怎么得来的,但如果西方和东方战争能力的比在3∶1~5∶1这个范围的话,必然要设想投资收益是递减的,因为美国的军费开支远远超过中国,2000年时双方的比为9∶1~21∶1。在技术的复杂精密性方面也应大大加权,因为美国占有巨大优势的是复杂的技术密集型武器,如洲际弹道导弹、反导弹系统、隐形轰炸机、精确制导导弹和航空母舰,而不是诸如冲锋枪和手榴弹之类的简单武器。美国在电子战方面领先多少,还须继续观察,但其在2010年和2012年分别利用"Stuxnet蠕虫病毒"和"火焰"电脑病毒发动的网络攻击都获得成功,这表明美国的优势相当大。[49]

美国及其盟友在击败伊拉克和阿富汗的低技术敌人时所遇到的困难,表明邓尼根的假设有其价值,但也有证据显示,这些困难既源于战略和原则的失误,也与西方战争能力固有的局限性有关。[50]还有一些军事分析家认为,这类投资的收益实际上是递增的,[51]在信息处理技术不断完善和信息传输系统越发精确的驱动下,军事革命已经极大地改变了作战方式,其程度不亚于现代早期欧洲的军事革命(速度却要快得多)。1991年和2003年对伊拉克常规部队"一边倒"的战争,证明这种观点也有其价值。[52]军事革命似乎极大地改变了传统的国家间交战的方式,扩大了西方相对于世界上其他国家在战争能力方面的领先优势,但在占领和安抚战败国方面却没有多少改变。[53]

2000年的西方和东方战争能力的比大致为20∶1,比邓尼根提出的3∶1~5∶1要高得多。这将是历史上西方和东方战争能力最为悬殊的比,甚至使19世纪和20世纪的比相形见绌,但是,2000年时东方和西方军事力量方面巨大的技术差距似乎证实了这一点。

如果我的估计是合理而准确的,在社会发展指数上,与西方的250分相比,2000年东方的战争能力只能得12.50分。如果邓尼根的估计更准确,那么2000年东方可得48.17分(图5.14中估计的"低分")或75.54分("高分")。

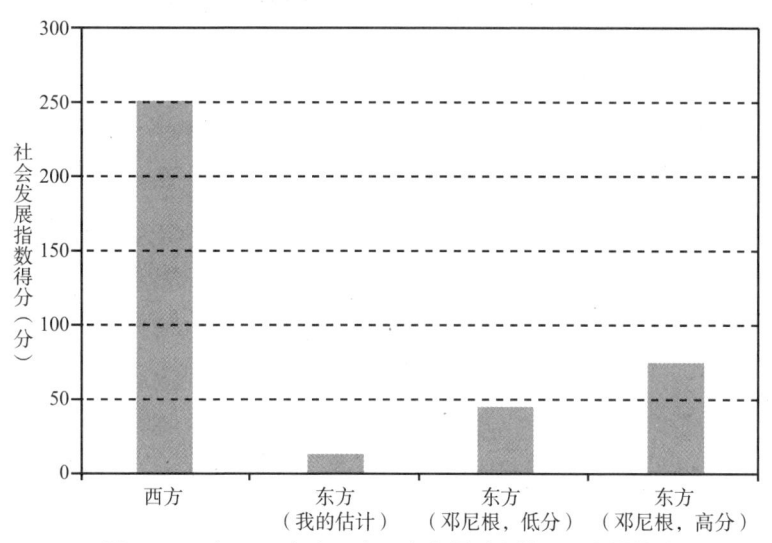

图5.14 对2000年东西方军事力量对比的不同定量估计

东方的现代军事革命（1850—2000年）

19世纪中叶，现代西方作战系统进入太平洋地区，这是东方军事史上意义最深远的裂变。中国军队使用火器的历史比西方更长，但没有跟上西方自15世纪以来使用火药武器后的前进步伐。日本则相反，尽管使用火器相对较晚，却在16世纪成为变革的中心。然而，日本的统一以及放弃丰臣秀吉的扩张政策，意味着日本军队在17世纪早期到19世纪早期这段时间没有打过大仗，日本火器的发展也在这段漫长的时期内停滞了。[54]

中日两国分别于1840年和1853年，即西方的海军远征舰队分别来到两国的海岸后，开始仿效起西方的军事实践，但日本对这场崭新挑战的适应要成功得多。[55] 日本政府于1873年引进了欧洲式的征兵制度，并在之后的10年间削弱甚至废除了武士制度，继而先后按照法国和德国的路线建立了陆军，按照英国的路线建立了海军。1880年时，日本仍然远远落后于西方列强，陆军只有7.1万人（只相当于德国陆军人数的1/6），海军舰船总吨数只有1.5万吨（相当于英国海军的1/40）。但到1900年时，日本陆军有23.4万人（几乎相当于德国陆军人数的1/2），海军舰船总吨数达到18.7万吨（几乎相当于英国海军的1/5）。[56]

日本军队的作战素质也大幅提高。[57] 他们在1894—1895年侵略中国时，表现出了对西方军事思想、纪律、组织（和硬件）的精通。1900年，日本军队在攻击北京使馆区的义和团时扮演了主要角色。1902年，英国认识到与日本结为海上同盟，是维护自身在太平洋事务上的发言权的最好办法。1904—1905年，日本在日俄战争中居然获胜了（尽管这场战争差点导致日本破产）。虽然日本的战争能力比欧洲所有主要强国要弱很多，但日本已经成为一个地区性强国，也许是当时世界上唯一能抵御欧洲人武力的非西方国家。[58]

日本在1914—1915年和1941—1942年战争中的侵略所得，都是在西方列强耽于欧洲战争而无暇旁顾的情况下取得的。日本在《凡尔赛和约》中得到了其觊觎的大部分利益（尽管其在和约中加入种族平等条款的要求落了空），然而当其在1942—1945年不得不面对美国的认真抵抗时（即使美国只是将太平洋战场列为二级前线），东西方战争能力的持续差距就彰明较著了。[59]

日本在1945年被几近全面地解除了武装（尽管到20世纪末时其海军又一次成为一支不可小觑的地区性力量），但中华人民共和国在1949年成立后，成为东亚强国。中国在1950年开始的抗美援朝战争中发挥了巨大作用（虽然也付出了惊人的代价），在1962年的中印边境自卫反击作战中取得胜利，其首颗原子弹在1964年爆炸成功。然而，人民解放军的训练和专业化在20世纪60年代的"文革"中遭受了严重干扰。在20世纪70年代，其组织、理论和装备方面的缺陷暴露无遗。中国于1978年启动了军队现代化改革。20世纪90年代，中国军费开支开始大幅增长，在10年间涨了近3倍，在接下去的10年内又涨了近3倍，尤其强调加强海军，并对美国及盟友潜在的压倒性优势形成不对称反应。[60]到21世纪20年代时，中国的军费开支也许会赶上美国，但在2012年时，东西方的军事差距仍然是巨大的。

东方的战争能力在整个20世纪都落后于西方。日本军队在20世纪40年代初期与西方军队的战斗中取得了显赫的战绩，中朝军队和越南军队在20世纪50年代和60年代与欧洲人和美国人的战争中也占据了上风。但在所有这些战争中，东方军队都得益于一个现实，那就是在西方人的眼里，这些战争都只是发生在争夺欧洲的大战争中的二级战场，西方的重点首先在于与纳粹德国的战争，继而是与苏联的战争。[61]东西方战争能力的差距在1900—1940年有所缩小，但仍然很大，并在接下去的60年中进一步拉大。

为1900年东西方军事力量的对比打一个分值，没有2000年那么难。如前文所述，1900年时德国陆军对日本陆军的优势在2∶1以上，英国海军对日本海军的优势将近5:1，而且无论陆海军，欧洲军人的素质也要高得多。我估计1900年时西方和东方战争能力之比大致为5:1。1900年西方战争能力的分数已被定为5分，因此东方的得分是1分。（前文已提到，2000年东方的得分是12.50分，西方为250分。）这意味着东方的战争能力在20世纪增长了11.5倍，而西方增长了49倍，东方2000年的军事力量比西方1900年时高出1.5倍。然而，假如我们采用邓尼根估计的数字，也就是东方的军事能力在2000年为48.17~75.54分，那么我们就不得不相应接受一个更高的增长数字（即东方的战争能力在20世纪增长了47~74倍），这似乎太高了。

火药时代的东方战争能力（1500—1850年）

新近的一系列研究使得中国2 000年帝制历史上关于东方战争能力的大致轮廓已经相当清晰了。[62] 主要的难题同样是打一个精确的分数，但是在东方，涉及的数字（以及合理的误差范围）在大部分时期甚至比西方还小。

将1900年之前东方和西方的战争能力直接进行比较，是件虽不精细却仍然可行的事情。到1800年时，西方已经显然要强大得多了，也许在1500年时，也就是西方军事革命开始时，就已经更为强大了。明朝的确有能力在必要时召集庞大的兵力（尤其是在15世纪上半叶应对草原战争时），但没有像欧洲人那样有效地利用火药技术。

16世纪时，西方的大炮已被公认优于东方。明朝也许早在16世纪20年代就见识过一些西方的大炮了，但即使这样，他们到16世纪40年代仍然对这种大炮感到惊奇。那时日本的军械师已经非常高效地仿制出一批西方大炮，不过数量仍然极少。即使是在16世纪中叶扭转了抗倭战争局面的戚家军，拥有的火枪手与同时代的西欧军队相比也少之又少。[63] 他们的火炮枪通常都造得很粗糙，而且容易自爆，这使得炮手们不敢离自己的武器太近，因而也就不能有效地瞄准。[64] 戚家军的人数从来没超过一万人，其在海战中的影响力远比庞大的明朝陆军要大。戚继光实施的一些新的海战备战措施是非常必要的。明朝水师自15世纪早期以来衰落得非常严重，[65] 手忙脚乱，仓促上马，才建立起一支部队，于16世纪90年代与朝鲜水师联手打退了日本的进攻。陆军也同样如此。例如，北京的禁卫军到1564年才用铅制炮弹替代了泥炮弹，到1568年才（像欧洲人一样）改用了铁制炮弹；直到16世纪70年代，戚继光才采用了将轻型炮装置在由柳条栅栏围护的手推车上的办法，这种炮车与1444年匈牙利人在瓦尔纳与土耳其人作战时使用的类似。[66]

16世纪明朝的战争能力无疑比哈布斯堡王朝要弱得多（更不用说奥斯曼帝国了），某种程度上甚至比小小的荷兰共和国还要弱。我提议给1600年的东方打0.12分（西方为0.17分），在丰臣秀吉入侵朝鲜时，日本的军事力量已经与中国持平，[67] 东方在1500年只能得0.10分（西方为0.11分）。这意味着中国的战争能力直到约1600年时才达到罗马帝国巅峰时期的水平，尽管那时候人类使用火器已经有三四个世纪了。

中国的战争能力在整个17世纪都处于上升状态。1696年，康熙与准噶尔部作战时，带了235门重型炮（每门重4~5吨）和104门轻型炮（每门重40~400千克）。[68] 但欧洲的战争能力增长得更快。我估计1600—1700年欧洲人的战争能力翻了一番，从0.17分增至0.33分；这段时期东方的战争能力只增长了25%，从0.12分增至0.15分，这意味着康熙的军事实力在罗马皇帝奥古斯都（0.12分）和哈布斯堡王朝皇帝腓力二世（0.18分）的军事实力之间。

1750—1800年，中国和日本的战争能力都急剧下降。[69] 1800年时，清朝拥兵85万，据说其中25万是精锐的满洲旗兵。[70] 不过，相比其庞大数量，我们必须指出其素质、组织和后勤能力自康熙起就在全面衰退。尽管乾隆皇帝在1792年自封为"十全老人",以此彰显自己的武功和德行,但实际上他的军队在缅甸、越南和尼泊尔都蒙受了惨重损失。

当罗伯特·乔斯林勋爵(我们在本章开头曾引用过他的话)于1840年观看中国陆军和水师的行动时,东方和西方在武器和组织方面的差距已经非常巨大了。[71] 英国军官阿迈恩·芒廷曾有一个著名的比喻,称中国军队就像是法国编年史作家傅华萨所著的有关英法百年战争的编年史《闻见录》中的插图,"就好像那些老照片里的物件复活了,有了实体和颜色一样,它们在我面前游弋,完全不知道几个世纪以来世界的进步,也全然不知现代的发明和改进"[72]。

我估计西方的战争能力从1300年的0.10分增至1400年的0.11分。如果这个估计是可靠的,而且阿迈恩的判断也是可靠的,那就意味着在1700—1840年,东方的战争能力从0.15分降到了大约0.11分。我猜测阿迈恩夸大事实的成分极小,以及在1700—1800年,在欧洲人的战争能力增长了将近50%,从0.33分增至0.50分的同时,中国的战争能力却下降了25%,从0.15分降至只有0.12分(日本的军事实力则降得更低)。

这意味着1800年清朝军队的战斗力并不比1600年之前不久与丰臣秀吉作战的明朝军队强多少,不过至少比在1346年的克雷西战役、1356年的普瓦捷会战和1415年的阿金库尔战役中厮杀的骑士和弓箭手强一些。这也意味着东方的战争能力在整个19世纪增长了7倍多,才使得日本在1900年得到了1分(图5.15)。

中国历史上的封建王朝和游牧民族(公元前200—公元1500年)

中国在2 000年帝制历史上的大部分时间内,战争能力都强于东方(甚至世界上)的任何对手,但也有例外。其中最引人注目的例外,

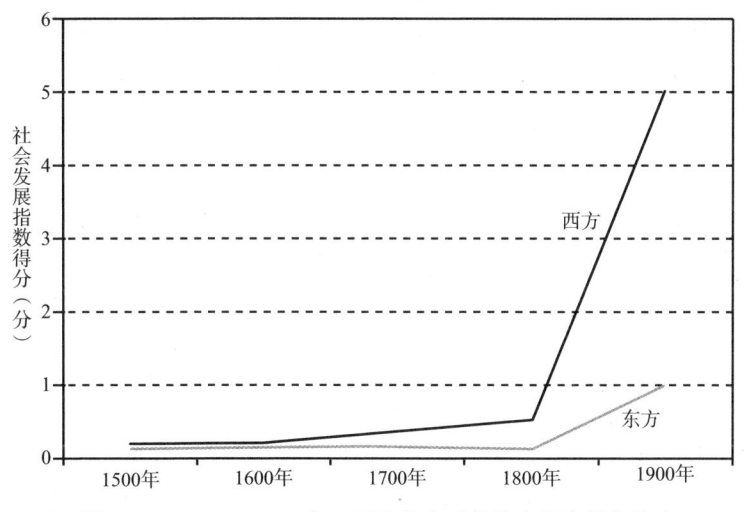

图 5.15　1500—1900 年，军事革命时代的东西方战争能力

与我在《西方将主宰多久》一书中称为"游牧民族"的群体有关。[73]

总体而言，我用于衡量社会发展水平的四个参数的分数，都显示存在相当大的冗余，然而也有一些非同寻常的社会形态可以抵消这一趋势。草原游牧民族就是其中最为重要的：这些群体通常在社会组织和信息技术方面得分极低，在能量获取方面也乏善可陈，但在火药时代来临之前，只有最为高效的农业帝国/帝制国家才能在战场上胜过他们。

在东方，农业帝国/帝制国家显然在大约公元前100—公元100年达到了这一水平。当时汉朝军队经常能击败匈奴军队，在7世纪，唐朝军队在与突厥对峙时甚至取得了更大的优势。然而，直到公元1700年后，随着火器的大幅改进，清朝军队才真正控制了草原。[74] 在中原王朝占优势的这些时期之前和之间，即大约公元前200年、200—500年和800—1500年，草原游牧民族的军事实力强于任何农业国家。[75]

在这段漫长的历史时期中，最强悍的草原社会在社会发展指数的战争能力方面，也许平均能得到大约0.10分（浮动为 ±25%~50%）。

最低分（也许是大约 0.06 分或 0.07 分）出现在公元头两个世纪，当时罗马帝国、波斯帝国和汉朝都成功地压制了新的游牧王朝在草原上的崛起，最高分（可能为大约 1.30 分，大致是匈奴的两倍）则出现在成吉思汗时代。

这意味着成吉思汗的蒙古游牧部落的武力可能已经超过了约公元前/公元 1 年的罗马帝国，甚至可能与公元 1500 年前后的奥斯曼帝国不相上下了。当然，已经无法证明这样的看法是否正确了，但帖木儿的确曾在 1402 年安卡拉之战轻取了奥斯曼帝国的军队，并认为他的游牧部落的实力足以在 1405 年推翻明朝。蒙古瓦剌部军队的确于 1449 年俘虏了明英宗朱祁镇，假如他们愿意的话，也很可能攻陷北京城。不论如何，《历史上的伟大战役》游戏也假设成吉思汗的军队在战术上优于恺撒的军队。[76]

然而，尽人皆知的是，游牧民族的统治者在试图将其战争能力转化为政治权力时，都极其困难。只有拥有"半游牧"背景的民族才有可能成功建立统治王朝，如 6 世纪时鲜卑人参与建立了隋唐，12 世纪时女真人建立了金朝，17 世纪时满洲人建立了清朝。拥有完全游牧背景的征服者，如 13—14 世纪的蒙古人，在统治一个农业帝国/帝制国家的过程中，似乎很难对其文化进行必要的调整。因此，对于整个公元前 200—公元 1800 年，我只给中原王朝的战争能力打分，而不计游牧民族。

东方军事史在这段时期的大致轮廓还是相当清楚的，尽管精确打分仍是一个主观的问题。我将从 15 世纪说起，回溯至公元前 200 年。

1400 年，就在郑和远航与永乐大帝亲征漠北前夕，明朝的军事力量是非常强大的。皇帝号称统率着一支有 3 500 艘船的近海船队（其中有 1 750 艘战船、1 350 艘巡逻船和 400 艘武装运输船）和 120 万人的陆军。[77]但实际上，军队的规模要小得多，不过在 1414 年对漠北最大的一次征伐的确投入了大约 50 万兵力。[78]明朝的战争能力无疑比当时的奥斯曼帝国要强（我给奥斯曼帝国打的分数为0.11分），但恐怕不及13世纪中期蒙古人的鼎盛时期，因此，我为1400年的东方估计的分数是0.12分。

到1279年，蒙古人灭亡南宋流亡政权后，军事实力比13世纪中期巅峰时可能有所下降，但依前现代的标准来看依然令人生畏。蒙古人建立的元朝甚至重建了中国水师，修复了自13世纪中叶就处于失修状态的战船，[79] 据说还在1274年派遣了4 500艘战船，搭载15万士兵远征日本。[80] 我为之打0.11分，稍稍低于明朝早期的全盛时期，但这只是猜测，若估计为0.10分或0.12分也是合理的。

尽管宋朝有不尚武的名声，但在10世纪晚期，其军队仍在迅速发展。据说在997年宋太宗驾崩时，宋军有65万之众；在1022年宋仁宗时期，兵力接近100万。[81] 王安石变法以解决北宋11世纪初的财政危机，这一时期，领军饷的禁兵逐渐减少而民兵开始增多，削弱了其整体力量，但军队依然强大。1081年时，正规军的32万人，以及同样数量的勤杂人员，[82] 得到了庞大的中央军械库的支持。甚至在12世纪二三十年代，朝廷仍然能向战场上投入10万~20万兵力。[83]

12世纪的南宋统治者为了与女真族作战，大大加强了水师，制造了更大的战船，包括能抵御风浪的明轮船，还研制了许多新武器，如弩炮、火箭和喷火器等。12世纪的明轮船有可能长达60~90米，配有8个轮子，可载700~800名水兵。到12世纪30年代时，最大的船长度超过了100米。到1200年时，一些船甚至装上了铁板，做装甲用。[84]

1000—1200年，宋朝的军事力量显然比当时四分五裂的西方要强大得多。在西方，1000年时军事力量最强的可能是拜占庭帝国，1100—1200年是塞尔柱王国。我给1000年的拜占庭打0.06分，给1100年和1200年的塞尔柱人打0.07分和0.08分。我姑且建议给1000年东方的战争能力打0.08分，给1100年和1200年的东方打0.09分。这意味着宋朝的战争能力即使在其巅峰时期，也不及公元前/公元1年的罗马帝国。

然而，唐朝的战争能力更为接近此时的罗马帝国。8世纪早期的文献显示，唐朝有大约50万军队，军队高度集权，纪律严明，有长期服役的专业化部队。[85]

唐朝的军事力量依托于将草原的重型骑兵与6世纪北魏、北周及其继承者隋朝发展起来的大规模步兵结合了起来。[86]这一过程始于5世纪早期鲜卑征服中国北方大部，5世纪晚期，北魏孝文帝改革加速了这个进程，但即使到了6世纪30年代，10万兵力的军队仍被认为是规模庞大的。[87]

直到6世纪晚期，随着中国北方的巩固，更加强大的军事力量才产生。589年，隋文帝征服南方时，曾在长江流域屯兵51.8万之众，并得到有5层甲板的战船的支援。这种战船可载800人，装备有尖刺状的伸臂，可固定住敌方的战船，并供本方士兵登上敌船（令人惊讶的是，这看上去很像罗马人在公元前3世纪60年代晚期制造的带有乌鸦吊桥的五桨座战船）。

隋朝建立了庞大的水军，于589年统一中国，并于612—614年与高丽进行了灾难性的战争后，水军规模逐步缩小。然而，保留的规模依然算是很大，因为没有国家能从海上对其造成实质性的威胁，（至少到755年前）中国的国内和平也不需要江河上有庞大的武装存在。只有极少数的情况下需要船只，在7世纪60年代与高丽的战争重启后，强大的唐朝也能够在短时间内建造或征用数以百计的船只，发动大规模战役。[88]

755—763年的安史之乱极大地削弱了唐朝的实力。763年，一支吐蕃军队竟然攻破了长安城，而且在接下来的两个世纪里，中国的军事能量都消耗在连绵不断的内战和算是部分成功地抵御吐蕃侵袭的战争中。在中央机构崩溃后，各藩镇还保持着自己的军队，但即使是最大的藩镇（例如平卢），其军队人数也不到10万。而且藩镇的军队普遍在装备、补给和统领方面都很差。[89]

在5世纪早期北魏统一中国北方之前,军队规模都相当大,但都远不及唐朝时期的战斗力强。例如,279年,西晋召集20万大军和支援战船征讨长江以南地区。这场战争与隋文帝于589年在同一地区为同样目标而发动的战争非常相似,但西晋军队的人数只是隋军的40%,且组织水平更接近于汉朝而不及隋朝。

在接下来的200年里,骑兵主宰了中国战场。出土文物、陶俑和墓中浮雕提供了大量关于武器的信息,显示4世纪时的骑兵普遍开始使用马镫。很多从墓葬出土的物证都表明冲击武器和马的护甲越来越普遍地得到应用,说明战术发生了重大变化。[90]

虽然公元200—400年东方的战争能力显然有重大进步,但要给这段动荡时期打分却仍然不容易。东方的军事力量从来没有衰落到西方7—9世纪的羸弱水平,国家的基础设施始终得到保存。即使在4世纪,5万~10万人的军队也比比皆是。尽管攻城器械基本上从北方军队中消失了,但南方的堡垒依然坚固。[91] 公元400年后,东方的军事实力增长得比以前更快。从我给600年的隋朝军队打0.09分回溯,我给500年打0.08分,给200—400年这段时期打0.07分。

变化极小的分数遮掩了重大的变革,但除非我们将600年的分数推得更高,否则就不得不假设或者(像我那样)设想200—400年的变化没有大到能在指数上显示出来,或者认为分数在公元200年后的某个时候降到了0.07分以下,然后又迅速攀升了。0.06分将相当于西方在6世纪早期或大约1000年时的水平,但我从文学作品中得到的印象是,在整个魏晋南北朝时期,东方的战争能力仍然高于那些水平。[92]

西汉的战争能力还要更高。公元前3世纪的大战,催生了交战双方动辄上万人的大规模步兵部队。他们娴熟地运用围城技巧和后勤保障手段,还开创了一套深奥的军事理论。[93]

公元前200年的水军还很弱,因为控制江河没有什么重要意义;骑兵也是如此,而且许多军队都还在使用青铜武器而不是铁制武器。然而,在接下来的两个世纪里,铁制武器逐步取代了青铜武器,随着主要战争从中原军队之间的内战转变为抵御匈奴的战斗,骑兵的重要性也在不断增强。

西汉军队的规模是起伏不定的,随着公元前200年后的皇帝削藩,军队人数有所下降,但为了打大仗,此后又有所攀升。如公元前97年汉朝出击匈奴时,就派出了14万步兵和7万骑兵。不过总体趋势是下降的,至31年东汉征兵制渐衰,认真开始在国家的核心地区实行非军事化。[94]到1世纪50年代时,东汉开始将大量军队(通常为郡国边郡兵,只受到国家极松散的控制)驻扎在边境地区,只留下一支规模极小,大约只有4万人的京师兵。

汉朝军队的战斗力似乎始终没有达到公元前/公元1世纪罗马帝国军队的水平(0.12分)。我为公元前100—公元100年的汉军打0.08分,公元200年的分数稍降一点,为0.07分。对这段时期的大部分估计都带有强烈的主观色彩。在当前的证据条件下,即使将西汉的得分提高到0.10分,也不为过。不过,除非我们认为汉朝的军事实力实际上与罗马帝国势均力敌,否则不可能将东方的战争能力分数改变到足以严重影响社会发展指数的程度。

公元前200—公元1600年西方和东方战争能力曲线(图5.16)显示,在火药革命爆发之前,恐怕任何国家(包括最强大的草原联盟)的军事力量都不可能超越0.12分。尽管进行跨越漫长时间和广袤空间的广泛对比极其困难,[95]但铁制兵器武装下的罗马帝国军队、唐朝初期军队和明朝初期军队的战斗技术,似乎的确是达到了大致相同的水平。较而言之改进指挥与控制、加强后勤的空间都不大了,因此也不可能比这些时段的水平再高很多了。

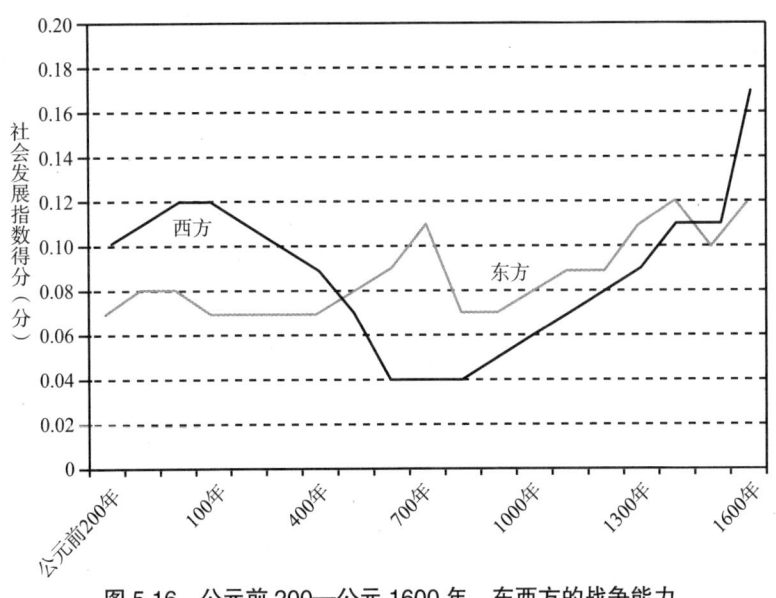

图 5.16　公元前 200—公元 1600 年，东西方的战争能力

早期中国（公元前 1600—前 200 年）

正如对西方早期战争能力的分析一样，即使是极小分数，也能在图示中看到变化（图 5.13）。

考古学家发现了大量中国史前时代有关暴力的证据，但直到公元前第二个千年早期，我们才看到金属武器的经常使用，以及可被视为国家级战争的军事组织的迹象。[96] 依照我对西方早期战争能力采用的原则，我将最低的分数 0.01 分给公元前 1600 年的东方，这与通常认为的商朝建立时间是大致相符的。公元前第二个千年中期东方的战争能力，与公元前第三个千年的西方核心地区的大致处于同一水平。此时人们在战争中通常使用青铜武器，参战人数只有几千名，都是没有盔甲的民兵，没有骑兵或战车，也没有专门为打仗建造的船，只有非常简单的防御工事。

东方和西方战争能力的时间滞差在公元前第二个千年的晚期急速缩小了。这大概与战车从中亚向这两个地区的推广（于大约公元前1800年传至西方，公元前1200年传至东方）大有关系。商朝晚期的战争似乎比其早期的规模要大得多。[97] 按照甲骨文上的标示，商朝的远征军通常大约有3 000多人，但至少有一次，商王武丁及其妻子妇好召集了1万人。[98] 到公元前1200年时，这些军队已经用上了战车，但似乎局限于军官乘坐。公元前1200年时，东方战争能力的增强足以将分数提至0.02分。我估计西方的分数是在公元前1800年时才升到0.02分，这说明东方和西方军事力量的差距缩小到了大约600年。

在西方，军事变革的步伐在公元前1500年后加快了。在地中海东部地区的王国中，战车部队成为主力，在高度集中的统领下，越来越多的专业化部队建立了起来。西方战争能力的得分在公元前1400—前1300年增至0.03分，在公元前1200年增至0.04分。在公元前第二个千年的晚期，东方似乎也经历了一个类似的军事能力加速增强的时期。到公元前1000年时，周朝也大规模地使用起战车来，就像自公元前1500年起的西方军队一样。[99] 据《史记》记载，公元前1046年，周武王在推翻商朝的战争中，拥有"戎车三百乘，虎贲三千人，甲士四万五千人"[100]。即使实际数字只有一半，这支军队按照西方公元前1500年的标准，也相当可观了（尽管不会给公元前13世纪的西方国王们留下什么印象）。因此我提议给公元前1000年的东方战争能力打0.03分。

周朝军队在公元前10世纪似乎更加壮大了，并跨过了渭河，将王权扩展至黄河流域。然而，约公元前977年时，周昭王在班师凯旋时，死于汉水之滨，此后国家开始分裂。给这样一个我们不甚了解的体系打分无疑是武断的，但公元前1000—前900年周朝军力的增长不足以使得分升至0.03分以上，公元前850年后国家陷入的混乱却足以使得分降至0.02分。

军事力量在公元前第一个千年的中后期迅速而稳步增长。最重要的变化在组织方面，从贵族征税征兵，并坐在战车里指挥自己的部队，转为统治者征税，征召自由的农民组成大规模的步兵部队。公元前7世纪时，1万人的军队仍被视为庞大。然而，到了公元前6世纪晚期，一次大规模征兵能召集到5万人，而一个世纪后，最大军队的人数还会再翻上一番。[101]

中国学者以能投入战斗的战车数量来衡量公元前5世纪时国家的大小：千乘之国（1 000辆战车可能只是公元前632年晋文公投入城濮之战的战车数量的一半）为小国，万乘之国才是大国。[102] 公元前4世纪和公元前3世纪，古代中国军队的规模呈爆炸式增长。我们的文献资料提供的数据（达到了60万人）经常受到怀疑，但到公元前250年时，秦国无疑能一次性投入数十万兵力。[103] 铁制兵器直到公元前200年后才普遍使用，但公元前4世纪和公元前3世纪，也有迹象表明战车被骑兵取代，围攻战也有了很大的进步，中国北方许多地区都建起了泥砖长城，以抵御草原袭击者。[104]

在图5.13中，东方战争能力的分数在公元前700—前100年是稳步增长的，从0.02分增至0.08分。这无疑是一种过度简化，增长率在公元前400年后很可能加速了，但鉴于涉及的分数实在太小，目前这样标绘，相比于将停滞时期和骤变时期的数据嵌入其中，随意性似乎要小一些。

战争能力：工业革命至关重要

跟社会组织能力一样，战争能力也是能量获取的功能之一。能量获取水平稍微提高一点点，通常就能引发战争能力的巨大增长（图5.17和图5.18）。

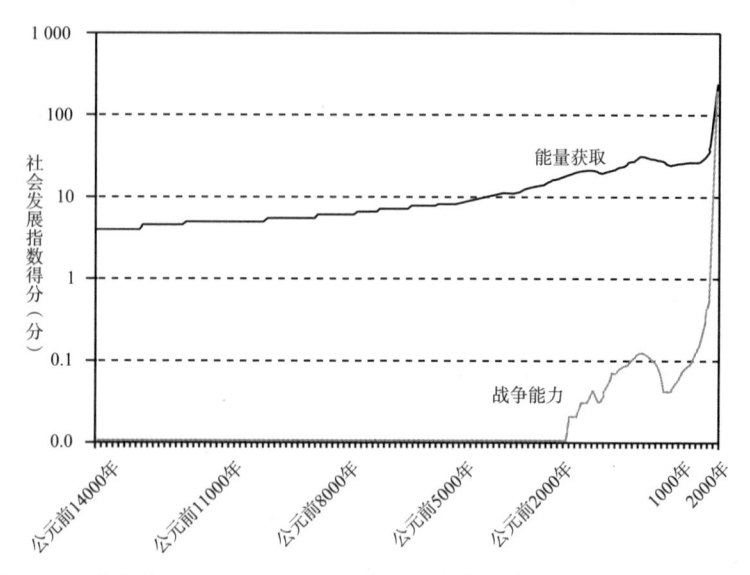

图 5.17 公元前 14000—公元 2000 年，西方能量获取水平与战争能力的对比（对数-线性标尺，以社会发展指数得分衡量）

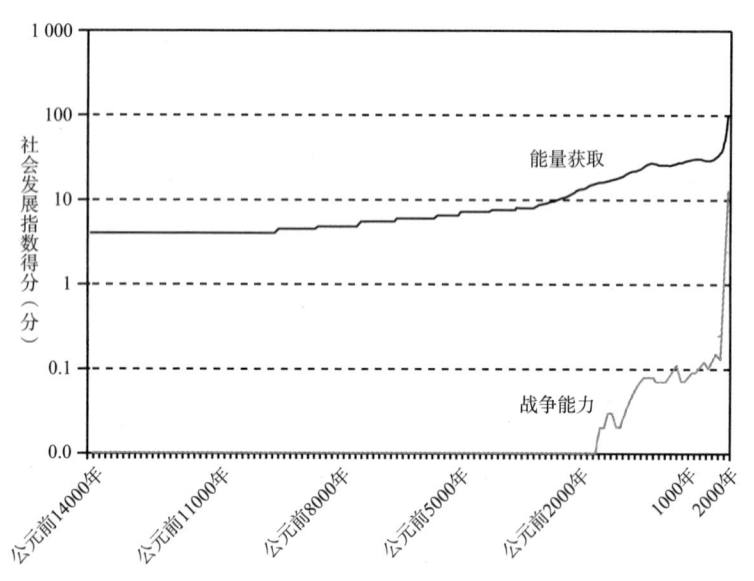

图 5.18 公元前 14000—公元 2000 年，东方能量获取水平与战争能力的对比（对数-线性标尺，以社会发展指数得分衡量）

东方和西方一样，其战争能力在经过了一段增长缓慢且难以用社会发展指数衡量的漫长时期后，又突飞猛进了一段，在大约1 000年间（西方为公元前1800—前500年，东方为公元前1200—前100年）从0.01分跃升至0.08分。而在接下来的将近2 000年间，东西方的战争能力又似乎都在不断地冲击着我们也许可称为"硬天花板"的上限，即0.08~0.12分（图5.19）。

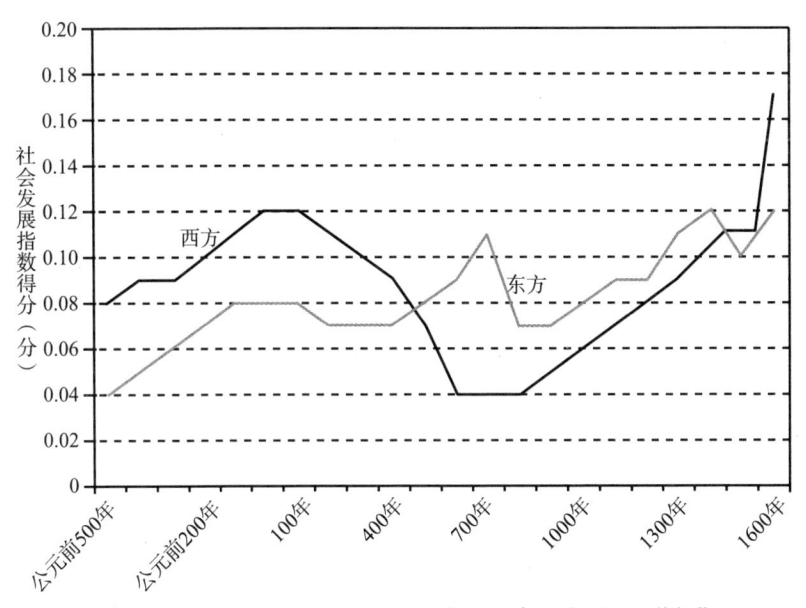

图5.19 公元前500—公元1600年，军事上的"硬天花板"

在0.08~0.12分这个范围内，东方和西方的战争能力经历了不同的道路。在东方，我们看到了一系列的波峰（公元前100—公元100年、700年、1400年）被崩溃（200—400年、800—900年）分开。每个波峰都比前一个要高（公元前100—公元100年为0.08分，700年为0.11分，1400年为0.12分，在大约1500年经历了一次轻微的下跌后，于1600年又恢复到这个水平）。

前现代时期西方战争的能力经历了一段更富戏剧性的历史，从

217

公元前500年至公元前/公元1年（如前所述，图中公元前4世纪那段时间的线是平直的，只是为了将极小的分数凑整）相当平稳地增长到一个非常高的水平——0.12分，然后又一路下跌，到600年时降至0.04分，从800年开始平稳上升，约于16世纪40年代突破了0.12分的上限——此时正是从奥斯曼帝国前往勃艮第、法兰西和英格兰的枪手们开始实验新武器和新战术的时候。

图5.19恰好说明了早期现代欧洲军事革命理论家们的观点：枪是欧洲军事腾飞的必要条件，但不是充分条件。枪确实使得16世纪时的欧洲军队在很多重要方面超越公元前/公元1年的罗马帝国成为可能，然而是战术、后勤、指挥和控制等方面发生的变化，才使得新武器的潜力得到了充分发挥。

正如历史学者肯尼思·蔡斯所指出的，[105]这些变革之所以始于欧洲，尤其是西欧，而不是中国、印度、伊朗或土耳其，是因为：（1）欧洲距草原较远，这使其难以维持较大规模的骑兵部队，且意味着会保留大量行动缓慢的步兵，因此使用射速较慢的枪仍是有效的；（2）欧洲有大量筑有围墙的城市，在进攻这些城市时，大炮有较大的用途；（3）欧洲在政治上的四分五裂，意味着战事不断，因而革新是有益的。

表5.2将欧亚大陆幸运纬度带上的地区分为三大部分（分别是基督教世界、伊斯兰世界和东方），并粗略总结了这些地区促成军事革命的因素的差异。在伊斯兰世界（大致从巴尔干半岛到印度），步兵经常在战场上发挥重要作用，但草原骑兵通常占主导地位，围攻战少有能决定战争胜负的。虽然印度在政治上有时四分五裂，奥斯曼帝国与波斯、埃及及其他邻国都进行过长期的战争，但政治争端并不像欧洲那样激烈。[106]东方则相反，壁垒森严的城镇是首要的军事目标，但除了1592—1598年的万历朝鲜战争鲜少发生对外的战争，主要的战争是在中原的边境军队与草原骑兵之间进行的。[107]中世纪晚期和现代

早期，欧洲发生军事改革的诱因比欧亚大陆任何其他地方都大得多，所以是西欧人最先开发了火枪和火炮的潜能，也是他们最先为进行更现代化的战争而组织社会力量。

表5.2　约1400—1700年促成军事革命的因素

	步兵	城市	分裂程度
基督教世界	非常重要	非常重要	非常重要
伊斯兰世界	比较重要	不重要	比较重要
东方	不重要	比较重要	不重要

这就是说，组织效率这一点不可能将现代早期的战争能力在社会发展指数上再提高哪怕1.0分。只有工业革命和将自然科学手段运用于运输、供给和火力，才能做到这点。将图5.17和图5.18，与图4.2和图4.3对比，就可看出工业革命对战争能力的影响比对城市规模要大得多。

第六章
信息技术：它影响了社会

读、写和计算

除了极少数例外，人类与所有其他动物的不同之处在于，能够随时间推移，通过积累信息、观念和优良传统来实现文化进化。早在180万年前的匠人时期，原始人类也许就有了与现代语言相似的语言，而海德堡人（尼安德特人和现代人类的共同始祖）有可以发出语音的舌骨和也许能分辨出交谈语言的发音的内耳。[1] 然而，过去15万年来智人的进化，才代表着这方面的革命。

几十万年来，信息的传输和储存完全依赖于语言和记忆。最早的通过实体信息符号进行交流的确凿无疑的证据，要回溯至将近10万年前，在南非克拉西斯河1号洞出土的刻有符号的赭石碎片。[2] 然而，这类符号不仅极少，也非常简单，直到大约5万年前，才在所有人类出现的地方突然普遍起来（至少是依照史前的标准来看）。考古学家通常称之为"人类意识的大爆炸"[3]。

最早的明确表示数字和话语的符号，出现于5 000多年前的西南亚，[4] 自那以后这些技术就传遍了全世界。几乎是理所当然的，我们相对非常清楚自文字和数字产生后的信息技术的历史，因为每一件从古代留存下来的文献，本质上都是这样的技术完善和推广的例证。因此，我们能够比较详细地探查到存储和交流信息的系统是怎样产生的，获取信息是怎样变得越来越容易的，以及各种各样的技术是怎样不断完善的。[5]

存储和传播信息的能力对于掌握智力环境至关重要，并且本身就是社会发展这个概念的一个基本组成部分。然而，尽管人类通过考古发现了写作和计算的自然痕迹，但衡量不同技术的应用程度仍非常困难。欧洲的一些历史学家曾勇敢地尝试估计过去两三千年有多少人能读、会写以及达到了什么水平。[6] 尽管计算能力明显更重要，但其得到的关注不及读写能力，不过还是有一些极富价值的研究成果。[7]

自20世纪80年代起，语言学家中就有反对对读写能力进行量化的声音，许多欧洲学者认为，读写的形式是丰富多样的，因此计算有多少人具有读写能力是没有意义的。[8] 这种认识的前半部分，即"读写（和计算）的知识是丰富多样的"无疑是正确的，但后半部分，即"计算有多少人具有读写能力是无意义的"不一定正确。只要我们清楚读写和计算的意义是什么，[9] 并且承认其他历史学家在提出其他问题时也许会以不同方式定义这些术语，那么量化就仍然是必要的手段。至于在人文科学和许多社会科学领域更广泛的反对量化之声，在很大程度上取决于我们要回答什么问题。

要将信息技术作为社会发展指数的一个参数，需要分别计算下列分数：（1）在特定时间点上，东西方信息技术的成熟程度；（2）这些信息技术的使用范围。然后将两个数字相乘，即可得出东西方信息技术在历史上的一系列分数。

跟考据战争能力的情况一样，量化信息技术最大的困难不在于前现代时期的证据稀少，而在于20世纪技术成熟度的巨大飞跃，使得我们很难把2000年的信息技术与先前时期做对比。我曾在《西方将主宰多久》一书中指出，[10] 摩尔定律显示信息存储和检索的成本效益自1950年以来每18个月翻一番，这也许意味着2000年西方信息技术的分数比1950年高出10亿倍还多。2000年西方的分数是250分，实际上在1970年之前，就已经跌至可度量的最低分数0.01分了。

我们很多人还记得20世纪70年代的卷盘式磁带机和大型计算机，但与我们这个文明时代的音乐播放器iPod和平板电脑iPad等相比，那些简直像是古代的机器；然而假如你认为在人类首次登上月球的那个时代的信息技术太过原始而无法度量，那也是很荒谬的。计算信息技术的分数需要对不同种类的系统进行加权，并确认它们之间的变化不是线性的或直接的。文字并没有替代语言，电话或推特也没有替代面对面的交谈。新的信息技术形式也许最终能完全替代过去几十万年来发展的形式，但这种情况还没有发生，而且在计算信息技术的历史分数时，我们还必须认清其复杂的重叠模式。

关于有多少人会读、会写、会计算，他们的技能处于什么水平，他们使用何种信息技术，其证据是零散破碎的，也会引发很多不同的解释；而且还要考虑到时间变化的片面性，这又增加了计算中的主观性。因此信息技术的分数比另外三个参数更容易引起争议。

计算信息技术的分数

给信息技术分类非常困难，因此需要在计分时采用两段法。

1. **技能**。遵照历史学家们的普遍范例，我将所研究对象的人群的技能水平，划分为初级、中级和高级三个等级，以描述他们在自己的时代使用信息技术的能力。同样遵照标准范例，我在划分每个类别时都将门槛设得较低。"初级"指能够读写名字，或者记录简单的数字；"中级"意味着能够读写简单的句子，或者用加、减、乘、除来解决基本的问题；而"高级"意味着能够读写更连贯的文章，或使用更高级的数学技巧。

一些人类学家和历史学家曾提出，这样的定义是以欧洲为中心的，因为在有些文化传统中，语言和数学是以完全不同的方式运作的。[11]然而，尽管这个问题值得进行更多的研究，但目前似乎还没有什么实证研究支持这样的主张。[12]例如，将读写能力划分为三个等级，是中国在1950年开展扫盲运动时独立创制的，规定要求认识常用字1 000个以上，并具有初步读、写、算能力，即达到识字教育标准；能识得500字以上，但未达到扫盲标准的为半文盲；不识字或识字数在500字以下的为文盲。[13]

根据目前可利用的研究成果（如有可利用的专家的定量估计则直接利用，如无则根据专家的定性讨论进行推算），我将不同时期的成年男子按照初级、中级和高级三个等级进行了划分。如果人口中每1%的成年男子能够划分为"高级"，则可得0.5 ITP（信息技术分）；每1%的成年男子能划分为"中级"，可得0.25 ITP；每1%的成年男子能划分为"初级"，可得0.15 ITP。

这些数字是且只能是对掌握信息技术的不同水平之间差异的武断估计。这也许对于某些时间和地点来说是非常合理的，但对于另一些则大谬不然。然而，打分时坚持一贯性似乎比虚伪而高度主观地提高精确性更为重要。将分数相加起来，会得出每个时期唯一的男性ITP。如果认为我为初级、中级和高级提出的数字不合理，批评家们当然可以用其他数字做试验，然后看看需要改动多少才能改变结果，并且对社会发展指数产生重大影响。

关于女性读写和计算能力的证据普遍比男性的要少，不过我们可以肯定在20世纪前的大部分时间和地点，会读写和进行数学计算的女性要少于男性（通常是要少得多），并且通常都处于较低水平。

前现代的男女差异无疑没有可靠的统计数字，这意味着我又一次只能猜测，仅从历史文献中获取总体印象。然而，做出清楚的猜测比留下含糊的假设更具建设性，所以我冒昧地提出一系列估计数字，抛砖引玉。然后我将所估计的每个时期的性别乘数运用于男性的ITP，得出女性的ITP；将这两个分数相加，就能得出东方和西方在特定时间点上的唯一ITP。

在2000年的西方核心地区，我将100%的成年男子划入高级，得到的男性ITP为50（即100%×0.5）；而女性的技能分数也是男性的100%，于是女性的ITP也是50分（即男性的50分×100%）。[14]因此，2000年西方ITP为100。

通常西方核心地区的职业文字和计算从业者的初级、中级和高级的标准要比历史学家高得多，因此他们不仅不会同意我所主张的100%男性都有高级的技能，而且不会同意女性的计算技能与男性相当。[15]然而，尽管为初级、中级和高级的读写技能和计算技能设定极高的标准，对那些寻求在复杂的21世纪社会提高标准的人来说非常适宜，对于长期的跨文化比较却无所助益，因为那将使1900年之前的所有分数都降为零。

2. 技术的变化速度和所达范围。计算分数的第二个阶段，是再设立一个能反映存储和交流信息技术的变化速度和所达范围的乘数。我将处理信息的工具分为三大类：电子媒介（2000年时在东西方广泛应用）、电媒介（1900年时在西方广泛应用，但在东方尚未普及），还有电之前的媒介（在西方可能使用了11 000年，在东方可能使用了9 000年）。

我为2000年西方使用的最先进形式的电子媒介赋予的乘数值为2.5。2000年时东方也使用类似的媒介，但不够普及。电话（既包括固定电话，也包括移动电话）和电视在东西方的普及程度大致相同，但电脑和互联网主机在西方更为普及（美国每100人拥有62.3台计算机，中国香港每100人拥有38.5台，日本每100人拥有34.9台；美国每100人拥有375.1台互联网主机，中国台湾每100人拥有97.3台，日本每100人拥有72.7台）。[16]由于2000年西方的乘数为2.5，我为东方核心地区设定的乘数为1.89。2000年西方信息技术的得分为250分（即

100 ITP × 2.5），东方的得分为 189（即 100 ITP × 1.89）。

2000 年西方核心地区的电子媒介的乘数定为 2.5，是因为为这一参数所设的最大分数是 250 分，但为电媒介和电之前的媒介设乘数值就要难多了。我不知道以前是否有人尝试计算整个 20 世纪信息技术的总体增长量，但根据专家文献，[17] 我的猜测是 2000 年可用的电子媒介比 1900 年西方可用的电媒介，功能增长了大约 49 倍。这意味着 1900 年西方核心地区的乘数为 0.05。

19 世纪的信息技术也有非凡的进步，[18] 不过显然与 20 世纪无法相比。1900 年西方可用的电媒介功能比 1800 年时可用的电之前的媒介增长了 4 倍，这样便得出 1800 年的乘数为 0.01。我将此作为所有电之前的信息技术系统的基准面，包括于大约公元前 9000 年时出现在西方，于公元前 6250 年时出现在东方的，有记录的最早用视觉符号所做的实验。

也许有人不同意我提出的数字，我对电之前的信息技术的粗泛分类无疑也存在许多变量。历史学家尤其会注意到我对印刷媒介和印刷产生之前的媒介没有做类别上的区分，尽管印刷机的发明在 15 世纪对欧洲精英文化、17 世纪后对东方精英文化所产生的影响已经众所周知。[19]

我做出这样的决定，是因为印刷的主要贡献是产生更多、更便宜的材料，而不是像电报在 19 世纪、互联网在 20 世纪那样改变了信息存储和检索的方式，这些纯粹数量上的变化已经作为因素计入了指数。然而，即使其他学者不同意这种看法，涉及 1900 年前信息技术分数的数字也实在太微小（甚至比战争能力的数字还要小），以至不会使乘数有太大改变，也不会对最终的社会发展指数得分造成太大的影响。

同样的，我也没有区分符号的形式，将字母的、音节的、表意的以及其他的文字形式均视为电产生之前的系统的变量。这样过分简化了事实，[20] 但是因为：（1）对文字系统相对效率的判断太容易陷入受文化约束的价值判断中，（2）公元 1700 年前所有时间点上的微小分数意味着任何看似合理的调整都不会产生重大影响,所以我决定索性对电之前的各种信息技术系统一视同仁,只关注它们的应用范围。

最后,我没有将电之前的计算工具单分成一类,比如大约公元前2500年于美索不达米亚被发现的算盘,或者与算盘大致同样古老的古代印加的奇普(这是一种结绳记事的简单形式)。[21] 这与我没有区别对待印刷机的原因是相同的:电之前的计算工具加快了计算速度,改善了精确性,但并没有像计算机那样改变计算过程。

图 6.1 以线性-线性标尺展示了我计算的分数:1900 年西方的分数不过是勉强看得到,但更早时期的分数就都看不到了。图 6.2 在对数-线性标尺上展现了同样的数据。不同在于,将西方 1500—1800 年的乘数改为 0.02 以反映印刷机带来的重大影响,并将东方 1400—1900 年的乘数改为 0.02 以反映这段时期印刷术的巨大扩张,这没有在线性-线性图(图 6.3)上造成可见的变化,在对数-线性图(图 6.4)上只能造成极小的变化。

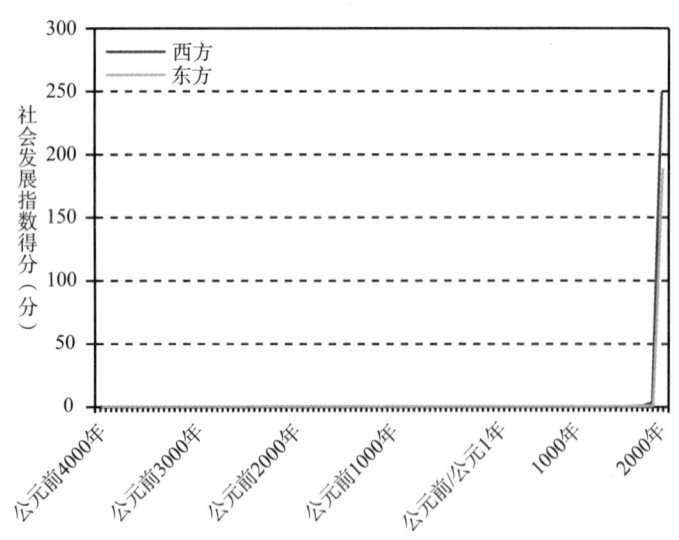

图 6.1 公元前 4000—公元 2000 年,东西方的信息技术(线性-线性标尺)

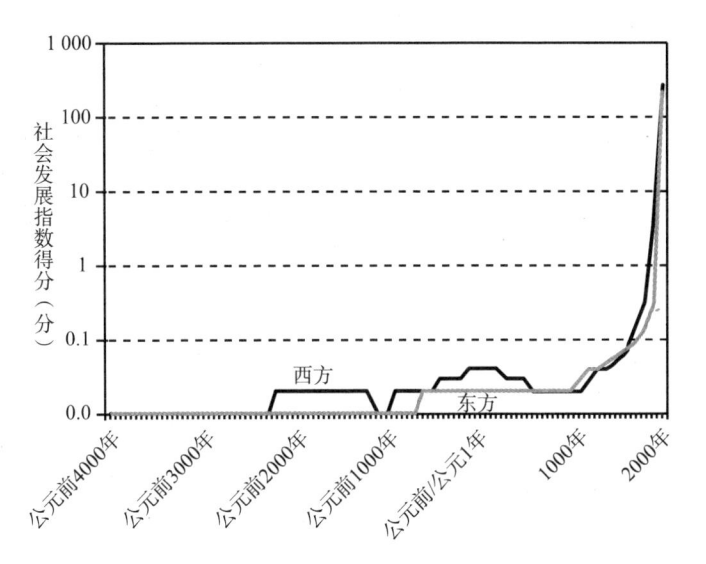

图 6.2 公元前 4000—公元 2000 年，东西方的信息技术（对数-线性标尺）

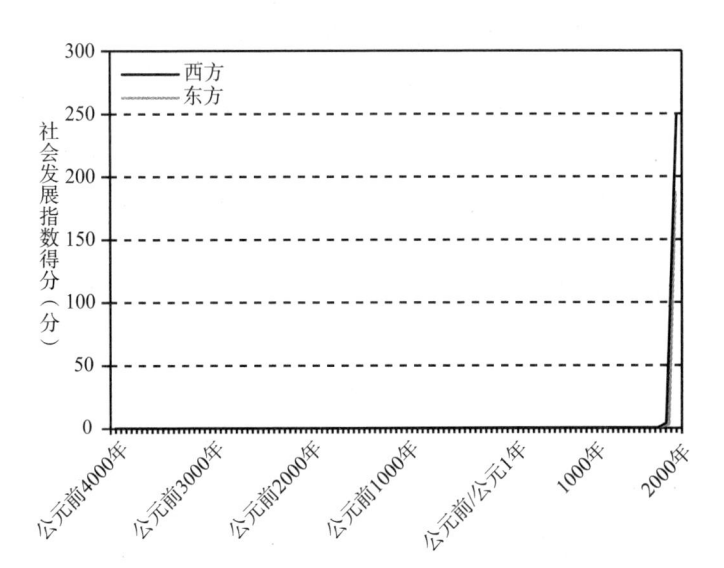

图 6.3 公元前 4000—公元 2000 年，东西方的信息技术（东方在 1400—1900 年，西方在 1500—1800 年因印刷术而分数翻番）

227

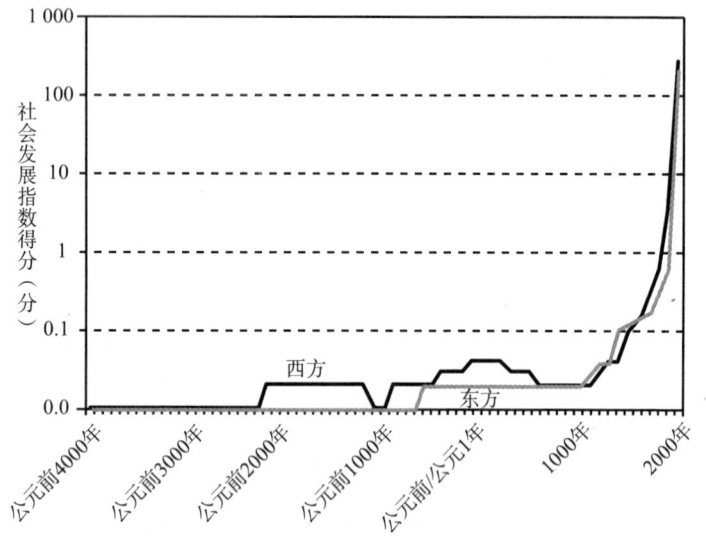

图 6.4 公元前 4000—公元 2000 年，东西方的信息技术（对数-线性标尺，东方在 1400—1900 年，西方在 1500—1800 年因印刷术而分数翻番）

这种计算方法依赖于一个更进一步的关键假设：采用可见符号来记录概念是至关重要的。人类交谈和计算几万年后，在开始书写或使用数字符号之前，人类已经有数万年的交流和计算历史，我们通过传统、仪式、艺术储存和交流了浩如烟海的信息。然而，很显然的是，所有信息技术的纯口头系统，在社会发展指数中自然都是零分。

我这样做有三个理由。

第一，出于生物学的考虑：人脑都是一样的。尽管先前曾提到有人声称文化之间有极端变量，但至今尚无令人信服的证据表明不同口头文化的人群在头脑中处理和存储信息，或者通过说话交流信息的能力有什么重大不同。如果我的这种认识是正确的，出于比较的目的，文字产生以前的信息技术系统实际上都要归零。只有更成熟的文字和计算技术被开发出来后，可以衡量的差异才开始出现。

第二，出于实际的考虑：即使上一段所提到的假设是错误的，我也不知道有什么办法可以衡量和比较古代没有文字的不同文化的信息技术系统。即使东方的口头文化能比西方的更好地处理、存储和/或交流信息，在这两个地区出现符号系统之前的时代（西方为大约公元前9300年，东方为大约公元前7000年），我们也无法得知。

第三，出于经验的考虑：使用可见符号来记录口头和数学概念的革命性的影响已经非常确定了。[22] 经常给那些强调直观记录有效性的人贴上"进化论者"标签的批评家，提出了大量理由要求人们当心极端的主张，在解释文字的影响时要持灵活态度；[23] 但是在经过了半个世纪的争论后，从纯粹口头转变为口头和文字的信息技术的各种组合，究竟是加强了个人能力，产生了等级层次，还是同时促成了两者，似乎仍然不清楚，这都标志着人类在提高存储、使用和传播信息的能力方面迈出了一大步。在西方，这方面的证据得到了极其详细的研究，最早的符号可能是用来记账的，从中也逐渐产生了口头形式。[24] 在东方，证据就没有那么清楚了，[25] 但同样的模式应当也适用于这里。

我在表6.1、表6.2，以及图6.1、图6.2中给出了完整的计算结果。

表6.1 西方信息技术得分

年代	高级（×0.5）	中级（×0.25）	初级（×0.15）	男性分数（分）	女性（％男性）	读写分数（分）	乘数	总分（分）
2000年	100 (50)	0	0	50.00	100% = 50	100.00	2.50	250.00
1900年	40 (20)	50 (12.5)	7 (1.05)	33.55	90%=30.20	63.75	0.05	3.19
1800年	20 (10)	25 (6.25)	20 (3)	19.25	50% = 9.63	28.88	0.01	0.29
1700年	10 (5)	15 (3.75)	25 (3.75)	12.50	10% = 1.25	13.75	0.01	0.14
1600年	5 (2.50)	10 (2.50)	10 (1.50)	6.50	2% = 0.13	6.63	0.01	0.07
1500年	4 (2)	8 (2)	6 (0.90)	4.90	2% = 0.10	5.00	0.01	0.05
1400年	3 (1.50)	6 (1.50)	4 (0.60)	3.60	1% = 0.04	3.64	0.01	0.04
1300年	3 (1.50)	6 (1.50)	4 (0.60)	3.60	1% = 0.04	3.64	0.01	0.04
1200年	3 (1.50)	6 (1.50)	4 (0.60)	3.60	1% = 0.04	3.64	0.01	0.04
1100年	2 (1)	4 (1)	2 (0.30)	2.30	1% = 0.02	2.32	0.01	0.02

(续表)

年代	高级 (×0.5)	中级 (×0.25)	初级 (×0.15)	男性分数 (分)	女性 (％男性)	读写分数 (分)	乘数	总分 (分)
1000 年	2 (1)	4 (1)	2 (0.30)	2.30	1% = 0.02	2.32	0.01	0.02
600—900 年	2 (1)	2 (0.50)	1 (0.15)	1.65	1% = 0.02	1.67	0.01	0.02
300—500 年	3 (1.50)	4 (1)	3 (0.45)	2.95	1% = 0.03	2.98	0.01	0.03
公元前 100—公元 200 年	4 (2)	6 (1.50)	5 (0.75)	4.25	1% = 0.04	4.29	0.01	0.04
公元前 500—前 200 年	2 (1)	3 (0.75)	2 (0.30)	2.05	1% = 0.02	2.07	0.01	0.02
公元前 900—前 600 年	1 (1)	2 (0.50)	1 (0.15)	1.65	1% = 0.02	1.67	0.01	0.02
公元前 1100—前 1000 年	1 (1)	1 (0.25)	1 (0.15)	1.40	1% = 0.01	1.41	0.01	0.01
公元前 2200—前 1200 年	1 (1)	2 (0.50)	1 (0.15)	1.65	1% = 0.02	1.67	0.01	0.02
公元前 2700—前 2300 年	1 (1)	1 (0.25)	1 (0.15)	1.40	1% = 0.01	1.41	0.01	0.01
公元前 3300—前 2800 年	0 (1)	1 (0.25)	2 (0.30)	0.55	1% = 0.01	0.56	0.01	0.01
公元前 6000—前 3400 年	0	0	1 (0.15)	0.15	1% = 0	0.15	0.01	0.00
公元前 9000—前 6100 年	0	0	0	0.00	0	0.00	0.01	0.00
公元前 9300—前 9000 年	0	0	1 (0.15)	0.15	1% = 0	0.15	0.01	0.00

表 6.2　东方信息技术得分

年代	高级 (×0.5)	中级 (×0.25)	初级 (×0.15)	男性分数	女性 (％男性)	读写分数	乘数	总分 (分)
2000 年	100 (50)	0	0	50.00	100% = 50	100.00	1.89	189.00
1900 年	15(7.50)	60 (15)	10 (1.50)	24.00	25% = 6	30.00	0.01	0.30
1800 年	5 (2.50)	35 (8.75)	10 (1.50)	12.75	5% = 0.64	13.39	0.01	0.13
1700 年	5 (2.50)	20 (5)	10 (1.50)	9.00	2% = 0.18	9.18	0.01	0.09
1600 年	4 (2)	15 (3.75)	10 (1.50)	7.25	2% = 0.15	7.40	0.01	0.07
1500 年	3 (1.50)	10 (2.50)	10 (1.50)	5.50	2% = 0.11	5.61	0.01	0.06
1400 年	3 (1.50)	10 (2.50)	10 (1.50)	5.50	2% = 0.11	5.61	0.01	0.06
1300 年	3 (1.50)	5 (1.25)	5 (0.75)	3.50	1% = 0.04	3.54	0.01	0.04
1200 年	3 (1.50)	5 (1.25)	5 (0.75)	3.50	1% = 0.04	3.54	0.01	0.04
1100 年	2 (1)	2 (0.50)	3 (0.45)	1.95	1% = 0.02	1.97	0.01	0.02
公元前 600—公元 1000 年	2 (1)	2 (0.50)	2 (0.30)	1.80	1% = 0.02	1.82	0.01	0.02
公元前 1000—前 700 年	2 (1)	1 (0.25)	1 (0.15)	1.40	1% = 0.01	1.41	0.01	0.01
公元前 1300—前 1100 年	1 (0.50)	1 (0.25)	1 (0.15)	0.90	1% = 0.01	0.91	0.01	0.01
公元前 7000—前 1400 年	0	0	1 (0.15)	0.15	1% = 0.00	0.15	0.01	0.00

对西方信息技术的估计

当我们沿时间长河回溯时，证据的性质产生了显著变化，但我们仍然能拼凑出一幅非常粗略的画面。从20世纪60年代中期到80年代中期，历史学家对1600—1900年欧洲的识字率做出了一些开创性的研究，[26] 讨论了不同时期的男性和女性识字水平的差异。也有一些学者对美国开展了少量的同类工作。[27]

自20世纪80年代中期以来，这类统计方法一直遭到批评，历史学家逐渐放弃了量化工作，转而研究关于书籍和读者群体的文化史。[28] 在重构现代早期识字率时，所运用的方法论问题无疑是重要的，[29] 但研究方法的改变，似乎更多的是受背离定量分析的更广泛的史学趋势的影响，而不是因为有确凿的证据表明20世纪60—80年代的研究结果有什么严重的错误。

从专家研究中得出的一般结论是，自1600年以来整个欧洲和北美洲识字率的地区变化和广泛趋势相结合，各级水平的识字率都有所提高，并且男女之间的差距也在缩小。[30] 在我的指数上，将历史学家卡洛·奇波拉、劳伦斯·斯通及其他人提出的数字转换成分数后，表现出1600—1800年大致每世纪的得分都会翻一番，（社会发展指数得分）从1600年的0.07分增长至1800年的0.29分，然后又飙升至1900年的3.19分。

公元1600年之前的证据就没那么充分了。中世纪史专家集中研究了欧洲关于读写情况的文献，[31] 但对计算情况关注不够。[32] 在伊斯兰核心地区，情况却正好相反，关于读写情况的文字资料极少，[33] 但自然科学和数学得到了更多的关注。[34] 也很少有人专门研究中世纪的伊斯兰教育情况和更广大的穆斯林的读写和计算能力。[35]

人们似乎一致认为，自历史学家有时称之为"12世纪复兴"[36] 的时代起，西欧男性的读写能力和计算能力开始缓慢增强，而在公元

1100年前，他们的水平非常低。而会读写和计算的女性的数量，可能是直到公元1500年后才开始稳步增长的。

研究伊斯兰教育的学者基本上无人愿意冒险去做任何量化估计，但看来在公元1100年前，尽管伊斯兰世界顶级学者的计算能力比基督教世界顶级学者的要强，且二者的读写能力至少也不相上下，但读写局限于极少数穆斯林。我们也许可以说，中世纪伊斯兰世界的读写工作只是抄写员和阿訇/毛拉的绝技，而在基督教欧洲，读写却为更广大的工匠阶层所普遍掌握（尽管能读的读物通常与《圣经》相关）。伊斯兰世界没有出现16世纪的欧洲男性踊跃阅读宗教经典并带动女性识字率提高的兴旺景象。

1100年时，西方男性中拥有基本阅读水平的人可能还不到10%，算得上有完全读写能力的人则更少（可能仅有2%）。能读会写的女性数量尤其难以知晓，但似乎非常少，也许女性与男性的识字人数比能达到1∶100，实在少到几乎无法对分数产生影响。我估计在大约1100年时西方的社会发展指数得分只有0.02分，到1500年时以缓慢的增量升到0.05分，然后更迅速地上升。

与中世纪相比，读写和计算能力在古典时代似乎普及得更广、更深，[37]尤其是在民主时期（公元前508—前322年）的雅典和大约公元前200—公元200年的意大利。在这方面，历史学家威廉·哈里斯提供了非常可靠的量化估计，我基本上采用了他的数字。[38]

新近对古希腊-罗马读写水平的研究，像中世纪研究家和人类学家们一样，强调读写是一种非常复杂的现象，不可能由一个单一分数来反映，[39]但哈里斯在计算比例时，已经将读写的各种各样的形式考虑在内了。

最近的其他研究表明，除了过度简化了读写能力的复杂性，哈里斯的数字可能还低估了古典雅典和罗马帝国早期在信息技术方面的普遍成就水平。考古发现显示，在罗马帝国位于不列颠和利比亚的边境处,普通士兵的读写能力水平令人惊讶。[40]

结合这些批评意见,我估计西方核心地区信息技术的社会发展指数得分在公元前100—公元200年这一时期达到的巅峰为大约0.04分。在公元200年后分数开始下跌,[41] 我为公元300—500年估计的分数为0.03分,此后,由于缺乏更清楚的证据,也因为所涉及的数字实在太小,我给西方在直到1100年复兴之前所打的分数,都停留在0.02分这个静止的水平上。

再回望公元前100年之前的历史,我认为公元前400—前200年,在爱琴海岸和东地中海的核心地区,信息技术得0.03分,与公元前第一个千年早期的0.02分比,有所增长。分数这样微小,使得精确性和细微差别都谈不上了;我给公元前2200年(阿卡得王国和乌尔第三王朝等官僚国家兴起的时间)到公元前500年(希腊的民主国家开始扩张)的信息技术所打的分数基本上是持平的,这代表了历史学家经常称之为"抄写识字文化"和"工匠识字文化"(我还要加上"识数文化")的结合。

说到抄写/工匠识字文化,我指的是有一小部分受过教育的精英阶层(大概只占男性人口的1%)完全掌握了文学经典,另一小部分(大概占男性人口的2%)官僚精英掌握了记录技术,还有一小部分工匠群体(也许占男性人口的1%~2%)能够读和写自己的名字,并且能进行他们的专业所需要的计算。这种抄写/手艺信息技术所得的社会发展指数得分为0.02分,但在公元前1200—前1000年的崩溃时期出现了一次中断,当时各种文字证据都骤然萎缩。在希腊,文字可能完全无用了,在整个东地中海一带,只有非常少的文字资料留存了下来。我打0.01分给那个"黑暗时代"。

抄写识数文化和识字文化最早的确凿证据,大约于公元前3300年出现在美索不达米亚南部,[42] 我给这段时期打0.01分。在接下来的1000年中信息技术的成熟度和应用范围均有所增长,但鉴于0.01分是社会发展指数中可用的最小增量,在图6.2中,对这段时期只能用平直线标示,直到大约公元前2250年才向上跳跃。一些学者发现了早在公元前9000年人类符号活动的细微迹象,并将其称为文字或算术,[43]但这些痕迹实在太稀少,我仍给它们打零分。

对东方信息技术的估计

在我能看懂的语言中,对东方识字文化和识数文化的定量分析远比对西方的要少,图6.2中的平直分数线和表6.2的简略便反映了这一点。我给东方打的分数必然将复杂得多的模式过分简化了,事实上东方的分数图也应像西方的一样,充满了起伏。

2000年,我依照HDI,将日本核心地区的东方识字率视为与西方核心地区的相同,[44]但正如我在本章第二节中所解释的,我使用乘数1.89,而不是西方的2.5,来表示2000年时日本电子媒介的普及程度不如美国。

1900年,日本政府开始努力提高国民识字率。虽然其标准与西方核心地区相比算是低的,但比前现代文化要高得多,可能至少有85%的男孩和25%的女孩掌握了一些技能。[45]人们就日本所达到的水平存在一些争议,但由于日本的信息技术即使在1900年,仍然在很大程度上依赖电之前的媒介的技术,所以在这个时期,东西方在社会发展指数得分上的差距是巨大的。

我计算的东方分数是0.30分(30 ITP × 0.01,表示仍处于电之前的时期),而西方的分数是3.19分。约1900年时,中国的识字和识数水平比日本还要低,因为受过教育的精英阶层对于大众教育存在矛盾心态。[46]中国人的文化程度按照前现代的标准算是非常高了,1900年时可能至少有50%的男孩达到了基本的识字标准,但迈向大众教育的步伐仍然相当迟疑。直到1949年中华人民共和国成立后,大众教育才真正起飞。[47]

公元1900年之前,清朝时期的基础教育和工匠识字文化在稳步发展。公元1700年前后,可能只有5%的男孩可以说能够比较流畅地阅读,35%的男孩粗通文墨,但到公元1800年时,中国北方将近一半的男孩都达到了粗通文墨的水平。[48]

女性的读写和识数率受到很大限制。18—19世纪,西方人的识字和识数率比东方人高(尤其是女性),但绝对数字仍然很小,因此社会发展指数得分的实际差别(按我的计算,西方1700年为0.14分,1800年翻番为0.29分,东方1700年为0.09分,1800年时大致增长了50%,为0.13分)并不大。

明朝时期的分数似乎更低,尽管可能比1600年开始信息繁荣之前的西方要高。在欧亚大陆两端,受过良好教育的精英阶层可能没多大区别,但中国似乎有一个相当大的中等识字识数文化程度的群体(男性占其中压倒性多数)。[49]实际分数必然是不精确的(我给1500年打0.06分,给1600年打0.07分,西方同期分别为0.05分和0.07分),然而由于17世纪前的分数非常低,因此除非误差非常大,否则不会对社会发展指数产生重大影响。当时日本的水平可能与中国非常接近。[50]

如果回溯到更早的时期,打分的精确性无疑会更差。精英教育在唐朝和宋朝得到了很大改善,10—12世纪,书籍和财务记录的激增,表明信息技术的应用大致堪与西方的罗马帝国时期(公元前100—公元200年,0.04分)相媲美。[51]打0.03分或0.05分似乎也同样合理,但低至0.02分(相当于我给公元600—900年的西方打的分数)或高达0.06分(相当于16世纪西方的分数)恐怕都是不可能的。分数从1000年的0.02分迅速上升到1400年的0.06分。

由于没有更好的理由做其他选择,我索性假设公元前600—公元1000年这段漫长的时期都是同一个分数0.02分。在这16个世纪,识字率和识数率无疑都是波动的。定性证据表明，两者可能在公元前600—公元100年都上升了，随后在公元100—400年都下降了，然后在公元400年后又再次上升。[52]越来越多的汉朝文献正在被发现，特别是在干旱的西北和湿润的南方，这两处的气候条件利于竹简留存。然而，目前看来，当时中国人的识字率和识数率似乎仍然低于罗马帝国的水平。但汉朝灭亡之后信息技术的衰退似乎也不像西方后罗马帝国时代的衰退那样严重。尽管中国在0.02分上下的变量从历史上意义重大，但在社会发展指数上，恐怕就小得可以忽略不计了。

中国符号表示法的最早证据来自大约公元前6250年的贾湖，也有充分证据显示在接下来的5 000年中，这一实践存在着连续性。[53]然而，直到大约公元前1300年，中国对文字符号和数字符号的使用似乎才能够与公元前3000年前后的美索不达米亚相媲美，因此能够得到0.01分。在接下来的1 000年里，证据显示东方符号系统的应用在不断扩张，从甲骨文到青铜器皿上的铭文，再到大规模地使用墨在竹简和丝绸上书写。然而，分数实在是太低了，这些改进在社会发展指数上，只能从0.01分跳到我给大约公元前600年打的0.02分。

信息技术：最难衡量的参数

图6.5和图6.6非常清楚地表明，无论在东方还是在西方，信息技术对过去几个世纪的广泛变化都格外敏感。

信息技术和能量获取被卷入了一个反馈回路。如果人们的读写能力和计算能力没有发展到一定的水平，18世纪晚期英国最初的工业革命就不可能发生。[54]而19世纪晚期使化学全面工业化的"第二次工业革命"，更倚重信息技术。在我们自己这个时代，20世纪末21世纪初生产力的爆炸式发展，与全新形式的信息技术的彻底腾飞，更是有着极其密切的联系。

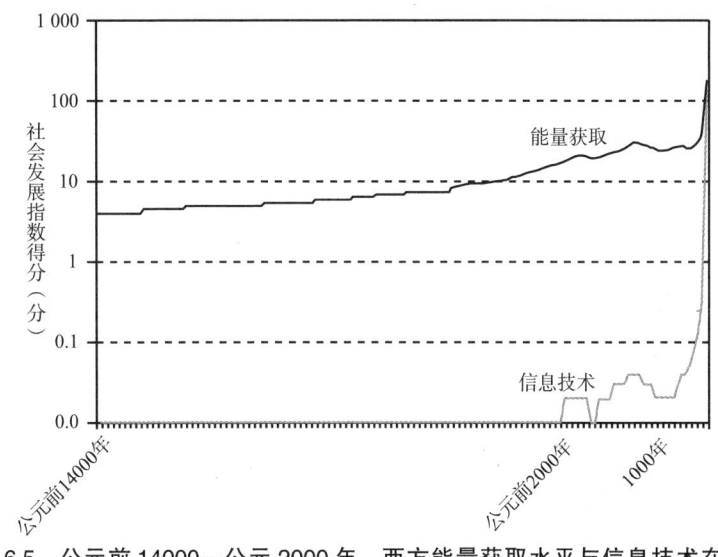

图 6.5 公元前 14000—公元 2000 年，西方能量获取水平与信息技术在对数-线性标尺上的对比（以社会发展指数得分衡量）

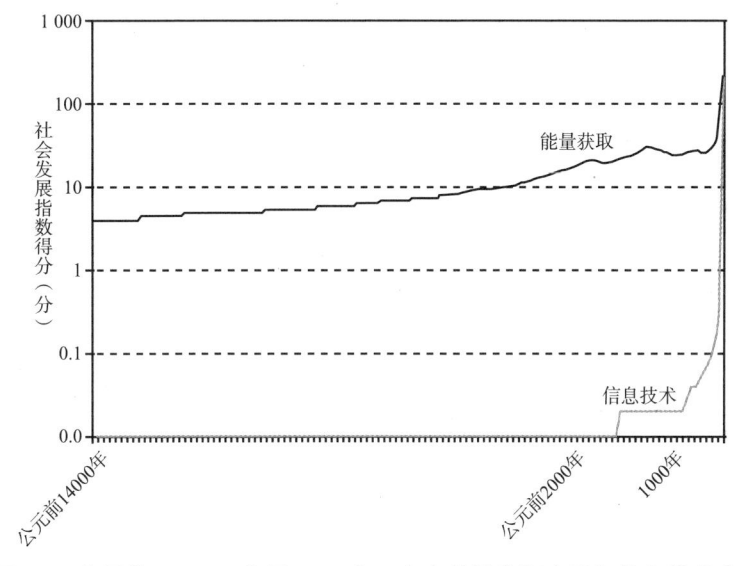

图 6.6 公元前 14000—公元 2000 年，东方能量获取水平与信息技术在对数-线性标尺上的对比（以社会发展指数得分衡量）

新近的信息爆炸意味着公元 1700 年之前的所有信息技术得分都必须极低。信息技术是社会发展指数四个参数中最难衡量的，但由于前现代时期的分数实在太低，即使有误差，似乎也不大可能对总体的社会发展指数得分造成显著影响。

第七章
让历史成为指南：度量文明发展的意义

在本书中，我介绍了名为"社会发展指数"的分析工具，及其背后的证据和方法。因此，以一个关于这种工具能够做什么、不能做什么的更开放的讨论，而不是一系列结论来结束本书，似乎是明智的。

我将先用两节来讨论一下该指数可能出现的问题。首先，我就误差和讹误谈几点看法。新进化论者的指数的最大缺陷之一是，由于指数并非真正为回答某个具体问题而设计，其设计者很难准确地说出它为什么会出现讹误。误差项取决于所问的问题，就"为什么西方主宰世界"这个问题，我们对于能够容忍多大的误差才能保证指数不误导，可以做到相当准确？

在接下来的一节中，我将转向展示数据的问题。在展示统计信息时，根本没有中立的方式，各种方式都会强调指数的一个或多个维度而忽视其他维度。我成系统地选择了在我看来最简单的方式，尽可能优先选用线性-线性图，但其他方式也有其优点。

然后我将回到在第一章曾讨论的问题上，探讨此处谈论的指数如何有助于形成历史上的统一进化理论。我对有可能形成一个这样的理论，而且社会发展指数可以成为这个理论的一个重要组成部分，持乐观态度。最后，我将探讨的是，这样一个理论能否真的如斯宾塞在150多年前所声称的那样，使历史成为未来的指南。

误差和讹误

第三章至第六章讨论过的几乎所有细节都可能受到质疑,证据几乎都可以进行多种解释。有不止一种方式来定义能量获取、社会组织能力、战争能力和信息技术。我也能以其他方式计算分数。在生成社会发展指数的每个阶段,都会牵扯出长长的一连串争论和推断。

因此,其他研究者可能会得出一套完全不同的社会发展指数得分。实际上,任何其他研究者都不太可能得出与我完全一致的一套分数。就此而言,如果我再重新计算一遍社会发展指数得分,也很可能得出不同的数字。

所以,问指数是否正确是没有意义的。从来没有指数是"正确"的,无论我们是从严格的意义上理解为表 7.1 和表 7.2 中的所有 530 个数字都完全符合实际,还是从宽泛的意义上理解为所有专家都将同意这些数字。我计算的分数肯定是错误的,唯一有用的问题是它们错得有多厉害。它们是否错到了连图 2.5 中描绘的历史基本轮廓都属误导,以致整个《西方将主宰多久》一书的内容都有致命缺陷呢,还是说,这些误差实际上微不足道?

要想确定这些问题的答案,唯一的办法是让其他考古学家和历史学家来研究我在第三章到第六章中展示的证据,并检验我的论点。不过,在此,我至少能肯定地说出指数能容忍多大的分数错误,以及什么情况会导致我的主张被证伪。如果我计算的分数基本上和其他分析家计算的数字相差在 10% 以内,那么我试图解释的模式的基本轮廓就仍然可以维持现状。如果我的数字基本上和其他人差 15%,那么我也许要将发展曲线的形状改变得足以修正我的观点,这取决于细节。如果相差在 20% 以上,那么显然我的观点需要修正了。

表 7.1 公元前 14000—公元 2000 年，西方的社会发展指数得分

（单位：分）

年代	能量获取	社会组织能力	战争能力	信息技术	总分
公元前 14000 年	4.36	0.00	0.00	0.00	4.36
公元前 13000 年	4.36	0.00	0.00	0.00	4.36
公元前 12000 年	4.90	0.00	0.00	0.00	4.90
公元前 11000 年	5.45	0.00	0.00	0.00	5.45
公元前 10000 年	5.45	0.00	0.00	0.00	5.45
公元前 9000 年	5.99	0.00	0.00	0.00	5.99
公元前 8000 年	6.54	0.00	0.00	0.00	6.54
公元前 7000 年	7.08	0.01	0.00	0.00	7.09
公元前 6000 年	7.63	0.03	0.00	0.00	7.66
公元前 5000 年	8.72	0.04	0.00	0.00	8.76
公元前 4000 年	10.90	0.05	0.00	0.00	10.95
公元前 3500 年	11.99	0.09	0.00	0.00	12.08
公元前 3000 年	13.08	0.42	0.01	0.01	13.52
公元前 2500 年	15.26	0.47	0.01	0.01	15.75
公元前 2250 年	17.44	0.33	0.01	0.02	17.80
公元前 2000 年	18.52	0.56	0.01	0.02	19.11
公元前 1750 年	20.65	0.61	0.02	0.02	21.30
公元前 1500 年	22.34	0.70	0.02	0.02	23.08
公元前 1400 年	22.88	0.75	0.03	0.02	23.68
公元前 1300 年	23.43	0.75	0.03	0.02	24.23
公元前 1200 年	22.88	0.75	0.04	0.02	23.69
公元前 1100 年	22.34	0.47	0.03	0.01	22.85
公元前 1000 年	21.79	0.47	0.03	0.01	22.30
公元前 900 年	22.34	0.47	0.04	0.02	22.87
公元前 800 年	22.88	0.70	0.05	0.02	23.65
公元前 700 年	23.43	0.94	0.07	0.02	24.46

（续表）

年代	能量获取	社会组织能力	战争能力	信息技术	总分
公元前 600 年	23.97	1.17	0.07	0.02	25.23
公元前 500 年	25.06	1.40	0.08	0.02	26.56
公元前 400 年	26.15	1.40	0.09	0.02	27.66
公元前 300 年	28.33	1.40	0.09	0.02	29.84
公元前 200 年	29.42	2.81	0.10	0.02	32.35
公元前 100 年	31.06	3.75	0.11	0.04	34.96
公元前/公元 1 年	33.78	9.36	0.12	0.04	43.30
100 年	33.78	9.36	0.12	0.04	43.30
200 年	32.69	9.36	0.11	0.04	42.20
300 年	31.60	7.49	0.10	0.03	39.22
400 年	31.60	7.49	0.09	0.03	39.21
500 年	30.51	4.23	0.07	0.03	34.84
600 年	28.33	1.41	0.04	0.02	29.80
700 年	27.24	1.17	0.04	0.02	28.47
800 年	27.24	1.64	0.04	0.02	28.94
900 年	27.24	1.64	0.05	0.02	28.95
1000 年	28.33	1.87	0.06	0.02	30.28
1100 年	28.33	2.34	0.07	0.02	30.76
1200 年	28.88	2.34	0.08	0.04	31.34
1300 年	29.42	3.75	0.09	0.04	33.30
1400 年	28.33	1.17	0.11	0.04	29.65
1500 年	29.42	3.75	0.11	0.05	33.33
1600 年	31.06	3.75	0.17	0.07	35.05
1700 年	34.87	5.62	0.33	0.14	40.96
1800 年	41.41	8.43	0.50	0.29	50.63
1900 年	100.00	61.80	5.00	3.19	169.99
2000 年	250.00	156.37	250.00	250.00	906.37

表 7.2 公元前 14000—公元 2000 年，东方的社会发展指数得分

(单位：分)

年代	能量获取	社会组织能力	战争能力	信息技术	总分
公元前 14000 年	4.36	0.00	0.00	0.00	4.36
公元前 13000 年	4.36	0.00	0.00	0.00	4.36
公元前 12000 年	4.36	0.00	0.00	0.00	4.36
公元前 11000 年	4.36	0.00	0.00	0.00	4.36
公元前 10000 年	4.36	0.00	0.00	0.00	4.36
公元前 9000 年	4.90	0.00	0.00	0.00	4.90
公元前 8000 年	5.45	0.00	0.00	0.00	5.45
公元前 7000 年	5.99	0.00	0.00	0.00	5.99
公元前 6000 年	6.54	0.00	0.00	0.00	6.54
公元前 5000 年	7.08	0.00	0.00	0.00	7.08
公元前 4000 年	7.63	0.00	0.00	0.00	7.63
公元前 3500 年	8.17	0.02	0.00	0.00	8.19
公元前 3000 年	8.72	0.05	0.00	0.00	8.77
公元前 2500 年	10.35	0.09	0.00	0.00	10.44
公元前 2250 年	11.44	0.13	0.00	0.00	11.57
公元前 2000 年	11.99	0.10	0.00	0.00	12.09
公元前 1750 年	14.17	0.22	0.00	0.00	14.39
公元前 1500 年	16.35	0.33	0.01	0.00	16.69
公元前 1400 年	16.89	0.33	0.01	0.00	17.23
公元前 1300 年	17.44	0.33	0.01	0.01	17.79
公元前 1200 年	17.44	0.47	0.02	0.01	17.94
公元前 1100 年	17.98	0.47	0.02	0.01	18.48
公元前 1000 年	18.52	0.33	0.03	0.01	18.89
公元前 900 年	19.07	0.37	0.03	0.01	19.48
公元前 800 年	19.61	0.42	0.02	0.01	20.06
公元前 700 年	20.16	0.51	0.02	0.01	20.70

(续表)

年代	能量获取	社会组织能力	战争能力	信息技术	总分
公元前 600 年	21.79	0.61	0.03	0.02	22.45
公元前 500 年	22.88	0.75	0.04	0.02	23.69
公元前 400 年	23.97	0.94	0.05	0.02	24.98
公元前 300 年	24.52	1.17	0.06	0.02	25.77
公元前 200 年	26.15	2.81	0.07	0.02	29.05
公元前 100 年	27.79	3.75	0.08	0.02	31.64
公元前/公元 1 年	29.42	4.68	0.08	0.02	34.20
100 年	29.42	3.93	0.08	0.02	33.45
200 年	28.33	1.12	0.07	0.02	29.54
300 年	28.33	1.31	0.07	0.02	29.73
400 年	28.33	1.87	0.07	0.02	30.29
500 年	28.33	1.87	0.08	0.02	30.30
600 年	29.42	5.63	0.09	0.02	35.16
700 年	29.42	9.36	0.11	0.02	38.91
800 年	30.51	9.36	0.07	0.02	39.96
900 年	31.06	7.00	0.07	0.02	38.15
1000 年	32.15	9.36	0.08	0.02	41.61
1100 年	32.69	9.36	0.09	0.02	42.16
1200 年	33.24	9.36	0.09	0.04	42.73
1300 年	32.69	7.50	0.11	0.04	40.34
1400 年	31.06	4.68	0.12	0.06	35.92
1500 年	32.69	6.35	0.10	0.06	39.20
1600 年	33.78	6.55	0.12	0.07	40.52
1700 年	35.96	6.09	0.15	0.09	42.29
1800 年	39.23	10.30	0.12	0.13	49.78
1900 年	53.40	16.39	1.00	0.30	71.09
2000 年	113.33	250.00	12.50	189.00	564.83

按照图 7.1 中以对数-线性标尺展示出的指数，西方的社会发展水平自公元前 14000 年后便领先于东方。随后东方慢慢追赶了上来，尤其是在公元前 2000 年后，以及公元前第一个千年的大部分时间里，西方的领先优势都很小。公元前 100 年前后，西方又扩大了领先优势。但到 541 年时，东方首次超过了西方。东方的分数保持领先直到 1773 年。自冰期结束后 92.5% 的时间里，西方的发展水平均高于东方。

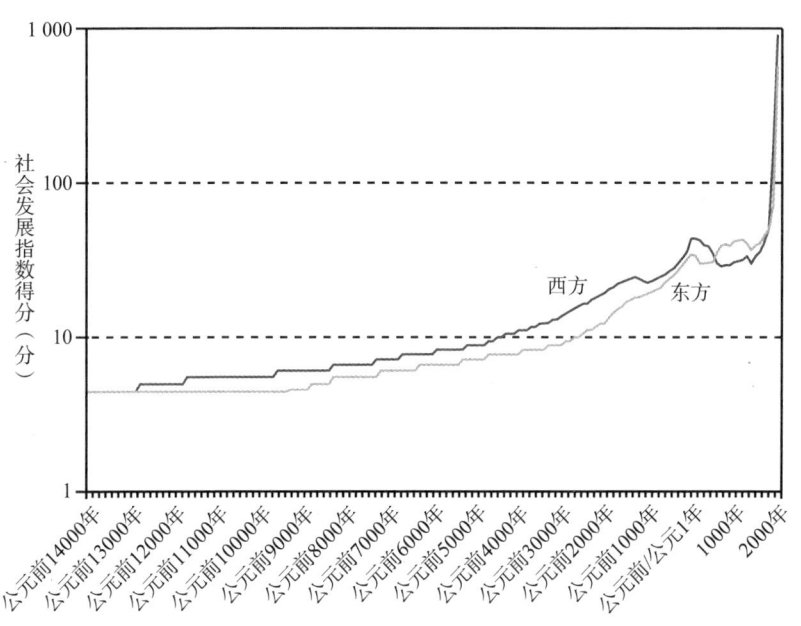

图 7.1　公元前 14000—公元 2000 年，东西方的社会发展指数得分（对数-线性标尺）

图 7.2 在对数-线性标尺上展示了假如我将西方的分数一直低估 10%，而将东方的分数高估 10%（即在图中将我计算的所有西方分数提高 10%，将所有东方的分数降低 10%），那么东西方正确的走势将是怎样的。图 7.3 则展示了假如我犯了相反的错误，即将东方发展分

数低估了10%，而将西方发展分数高估了10%，将会是怎样的。

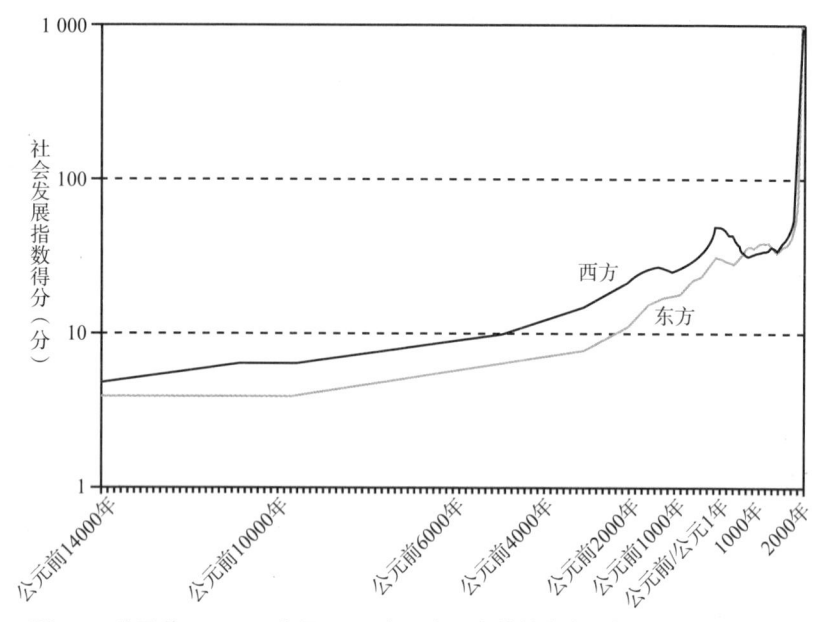

图7.2 公元前14000—公元2000年，东西方的社会发展指数得分（对数-线性标尺，所有西方的分数提高了10%，所有东方的分数降低了10%）

首先要注意的是图7.2和图7.3的可信度扭曲了多少。图7.2分别将西方和东方的分数提高和降低了10%，这就要求我们承认在1400年，当郑和正准备扬帆印度洋时，西方比东方要发达；这也意味着当公元前218年，汉尼拔驱赶着他的战象进攻罗马时，西方的发展水平已经比东方的郑和时代要高了。好像这些结论还不够荒唐似的，该图还告诉我们，当公元前44年恺撒遇刺时，西方已经比1793年的中国要发达了，正是在这一年，乾隆皇帝拒绝了马戛尔尼勋爵的通商请求。以上这些结论都不符合现有的大量历史证据。

图7.3将东方的分数提高了10%，而将西方的分数降低了10%，结果甚至更为荒唐。例如，在公元700年时，大马士革的哈里发统治着一个从今葡萄牙一直延伸到巴基斯坦的大帝国，该图给当时西方

打的分数却低于孔子时代的东方,这恐怕根本不可能;1800年,工业革命已经展开,英法两大帝国攫取了全球大片土地,然而该图给西方打的分数,却比1000—1200年宋朝时期的东方还要低,这似乎更不可信。

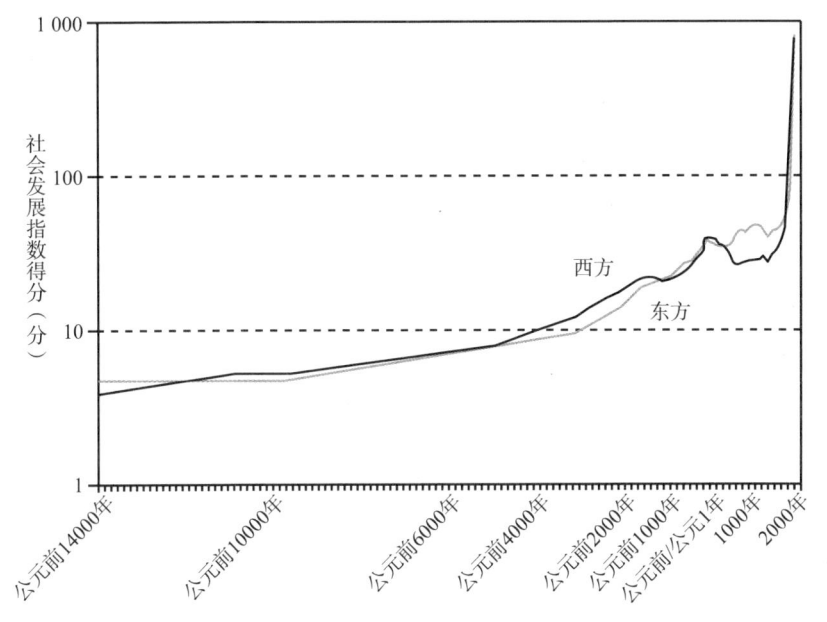

图7.3 公元前14000—公元2000年,东西方的社会发展指数得分(对数-线性标尺,所有西方的分数降低了10%,所有东方的分数提高了10%)

然而,即使历史学家们能够忍受这样奇怪的结论,图7.2和图7.3所描绘的历史形状与图7.1所描绘的,差异并没有大到要改变基本模式的地步。短时段偶然论仍然不足以成立,因为即使在图7.3中,西方的分数在冰期结束后的大多数时期仍然高于东方(只不过这个"大多数"意味的是56%的时间,而不是92.5%)。长时段注定论也不足以成立,因为即使在图7.2中,东方也领先了大约7个世纪。我计算的分数所产生的模式,即西方在过去15 000年的大部分时间里处于领先地位，但中间插入了一个1 200年的"东方时代"，仍然是不变的。[1]

如果要改变基本模式，我的估计必须有20%的偏差。图7.4展示了假如我对西方的分数一直低估了20%，而对东方的分数高估了20%，那么历史将是什么样子。图7.5则展示了假如我将东方的分数低估了20%，而将西方的分数高估了20%的结果。

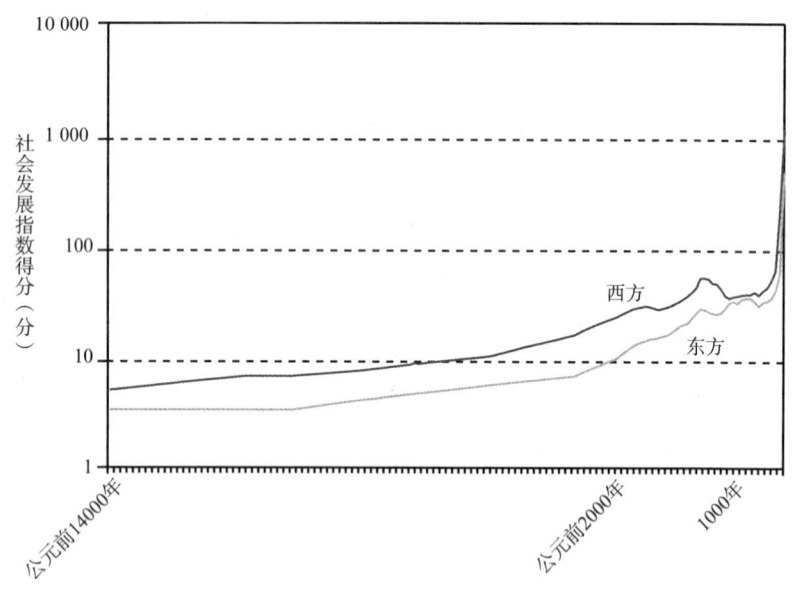

图7.4　公元前14000—公元2000年，东西方的社会发展指数得分（对数-线性标尺，西方的分数提高了20%，东方的分数降低了20%）

这回模式大不相同了。在图7.4中，西方的分数总是高于东方，使得长时段注定论貌似非常合理，也否定了我在《西方将主宰多久》一书中通篇的主张：社会发展改变了地理的意义。图7.5则相反，实际上颠倒了我的实际指数得出的结论，使东方在冰期以后90%的时间内都处于领先地位。

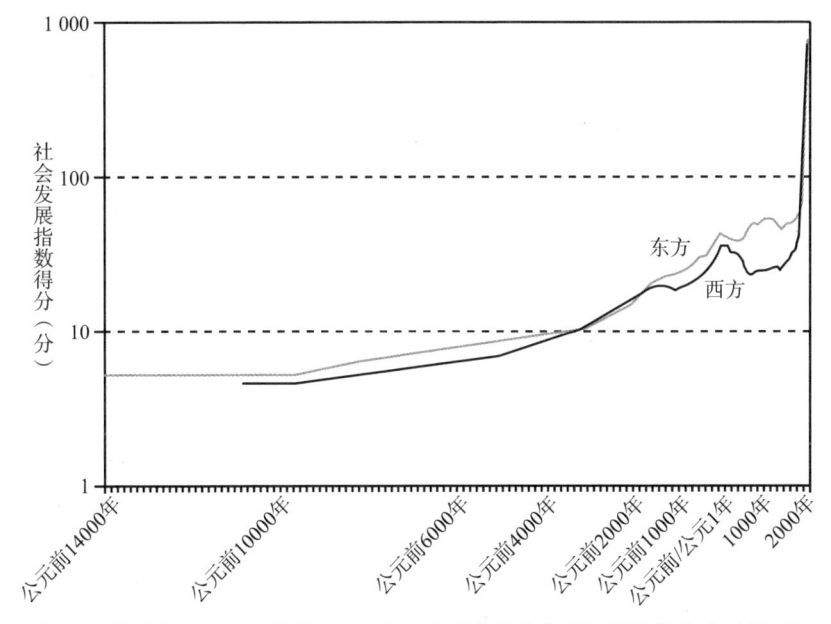

图 7.5　公元前 14000—公元 2000 年，东西方的社会发展指数得分（对数-线性标尺，西方的分数降低了 20%，东方的分数提高了 20%）

假如图 7.4 或图 7.5 是正确的，那么《西方将主宰多久》中的一切就都是错误的。然而，我们可以自信地说，两张图都是错误的。图 7.4 将西方的分数提高了 20%，而将东方的分数降低了 20%，告诉我们公元前/公元 1 年时罗马帝国的社会发展指数得分只比 1900 年工业化时期的日本低 5 分，这是不可能的。图 7.5 则相反，将东方的分数提高了 20%，而将西方的分数降低了 20%，意味着东方的发展在商朝之前的时代就比西方在波斯帝国统治时期快；而西方直到 1828 年，也即鸦片战争前夕才赶上东方；并且西方的统治已经结束（实际上是在 2003 年结束）。这些说法都是不可信的。

因此我的结论是：（1）我估计的误差可能不会超过 10%，并且肯定不会超过 20%；（2）即使误差达到了 10%，我试图解释的基本历史模式仍然有效。

指数的直观显示

计算社会发展指数得分是一回事,展示结果则完全是另一回事。所有可以想象的展现方式都不可避免地会突出信息的某一方面而忽略另一方面。[2] 因此,我在《西方将主宰多久》一书中对指数及其解释的另一种可能的反对意见,或许是我选择的视觉展示方式模糊了其他对记录同样适当的解释。

感谢斯坦福大学经济系研究生艾萨克·奥珀,他提出的一个问题已经引起了我的注意。[3] 正如我在第二章中所解释的,我计算分数的方法是,将每个参数的最高分值定为 250 分(均为 2000 年的分数),分数除以 250,才能知道什么样的表现可以得到 1 分,然后我又设定指数的最低分值为 0.01 分。其结果是三个参数的分数一路跌到了零分,分别是社会组织能力(西方于公元前 8000 年,东方于公元前 4000 年)、战争能力(西方于公元前 3500 年,东方于公元前 1750 年)、信息技术(西方于公元前 3500 年,东方于公元前 1400 年),但能量获取却没有。这是因为人们如果不能获取到最低量的能量,即每天 4 000 卡(得 4.36 分),他们就无法生存。

因此,在公元前 100 年前,无论东方还是西方,能量获取一项的分数都在社会发展指数总分中占到了 90% 以上(表 7.3);甚至自那以后又过了 2 000 年,直到 20 世纪,在社会组织能力、战争能力和信息技术的分数全都有了爆炸式增长以后,能量获取一项在东方的总分中仍然占到 75% 以上。

我在《西方将主宰多久》一书中讨论了能量获取一项的分数是怎样掩盖其他三个参数的,但随意地为其他三个参数加权或提高分数,制造的问题将比解决的问题更多。并非所有人都同意我的观点,但艾萨克·奥珀指出,有一种更简单的办法可以让其他三个参数更清楚明确。[4]

表 7.3 社会发展指数总分中能量获取所占百分比

年代	西方(%)	东方(%)	年代	西方(%)	东方(%)
公元前 14000—前 4000 年	100*	100	公元前 100 年	89	88
			公元前/公元 1 年	78	86
公元前 3500 年	99	100*	100 年	78	88
公元前 3000 年	97	99	200 年	77	96
公元前 2500 年	97	99	300 年	81	95
公元前 2250 年	98	99	400 年	81	94
公元前 2000 年	97	99	500 年	88	93
公元前 1750 年	97	98	600 年	95	84
公元前 1500 年	97	98	700 年	96	76
公元前 1400 年	97	98	800 年	94	76
公元前 1300 年	97	98	900 年	94	81
公元前 1200 年	97	97	1000 年	94	77
公元前 1100 年	98	97	1100 年	92	78
公元前 1000 年	98	97	1200 年	92	78
公元前 900 年	98	98	1300 年	88	81
公元前 800 年	97	98	1400 年	96	86
公元前 700 年	96	97	1500 年	88	83
公元前 600 年	95	97	1600 年	89	83
公元前 500 年	94	97	1700 年	85	85
公元前 400 年	95	96	1800 年	82	79
公元前 300 年	95	95	1900 年	59	75
公元前 200 年	91	90	2000 年	28	20

*社会组织能力的分数,在西方是从公元前 8000 年,在东方是从公元前 3500 年开始记录的,但直到公元前 3500 年的西方和公元前 3000 年的东方,分值仍然太小,占社会发展指数总分比例的不到 0.5%,这也意味着社会组织能力的得分作为舍入误差消失了

展现前现代时期社会发展指数得分的变量的最简单办法，是在对数-线性图上标绘数据。我在《西方将主宰多久》一书中多次采用这个方法，[5] 将四个参数的分数相加，然后计算其总和的对数。这有其用处，但如果我们分别计算四个参数的对数，再把对数相加，得出一个单一分数，我们就能绘出一幅不再被能量获取的高分数所支配的图了。图 7.6 中位于最上面的两条线分别展示了西方和东方参数总和的对数，而最下面的两条线则分别展示了双方参数对数的总和。可以看到，将参数的对数相加后产生的曲线，对于 20 世纪前的社会组织能力、战争能力和信息技术，哪怕极小的变化都表现得更加细致。

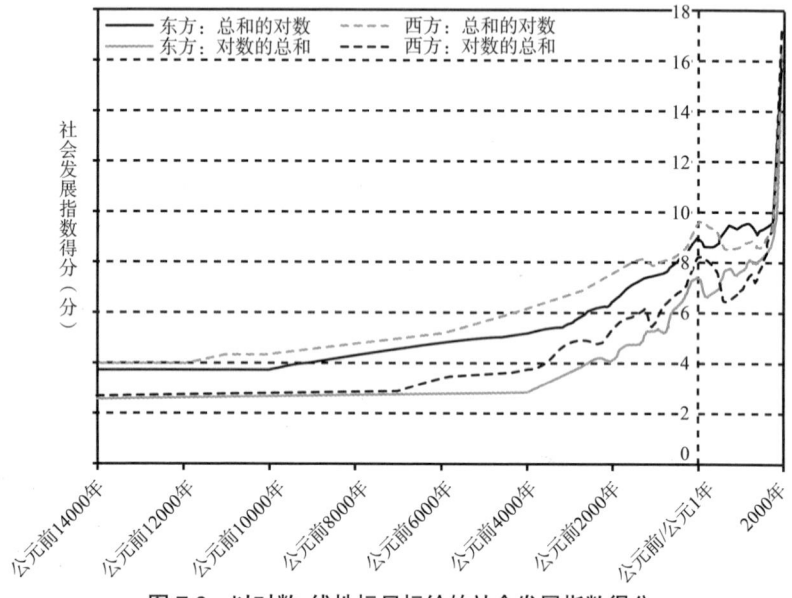

图 7.6　以对数-线性标尺标绘的社会发展指数得分

注：位于最上面的两条线展示了东西方四个参数的总和的对数（将四个参数的分数相加，然后计算其总和的对数）；位于最下面的两条线展示了东西方四个参数的对数的总和（先计算四个参数的分数的对数，然后再将四个对数相加）。对数的总和虽然不够直观，但在表现社会组织能力、战争能力和信息技术在前现代时期的小变化方面更加细致

资料来源：Prepared by Isaac Opper

公元前2200年后位于西方核心地区的埃及古王国和阿卡得王国的崩溃，公元前2000年前后东方陶寺的毁灭，以及公元前771年西周王朝的灭亡（当以其他形式绘制社会发展指数得曲线图时，都被能量获取分数的持续性掩盖了），现在都非常清晰地显示出来了。而且，自20世纪60年代以来曾被众多学者极度轻视的西方后罗马时代的瓦解，现在也凸显了出来。

图7.6中位于下方的线也改变了其在图左侧的斜率。该图不再单纯由能量获取水平（最重要的是农业的出现）驱动，可以更细致地呈现其他参数的起伏，将西方领先东方的时间从约公元前12500年（冰期结束时）推进到约公元前7000年，这是超过千人的定居点（贝达、巴斯塔、恰塔霍裕克等）最早出现的时间。现在看来，在公元前3500年前后，随着最早的国家出现，西方发展的速度似乎加快了，公元前300年前后，随着罗马帝国将地中海沿岸的大部分地区统一在一个单一的政治框架之下，西方的发展速度再次加快，标志着其又跨越了一个门槛。不过，在这两个时间点之间，公元前2200年和公元前1200年的崩溃明显打断了这个趋势，但在两次中断后，发展趋势又都迅速恢复了正常。

东方古代时期曲线的变化也很有趣。农业的出现没有对东方的分数产生很大影响，发展速度是直到公元前4000年，西坡发展为约1 000人的定居点后，才真正开始加快的。东方的曲线此后平稳上升（在大约公元前2000年、公元前1600年和公元前800年曾有过中断，但都比西方在大约公元前2200年和公元前1200年的大崩溃要平和得多），直到大约公元前600年，发展再次提速，直到大约公元100年。进一步的比较研究应当能表明，东方曲线相对于西方的平稳性，是代表着历史的真实情况，还是仅仅因为我们对西方考古和古代历史知识了解得更详细。

将参数分数的对数相加，而不是计算参数分数总和的对数，对公元1年后2 000年间的曲线形状影响较小，因为到了这个时候，社会组织能力、战争能力和信息技术的分数已经足够高，无论用哪种办法都可以显示出来了。然而，将参数分数的对数相加，的确突出了偏离总体趋势线的程度。

我写《西方将主宰多久》一书的目的之一，是进一步支持中国的发展在明朝和清朝并没有停滞的观点。图7.6中下方东方的曲线更清楚地说明了这一点，1400—1800年分数的增长趋势与汉朝之后更长期的趋势密切相关。

将参数分数的对数相加，也有助于使西方在1400—1800年的爆炸式发展显示得更为清楚，强调了现代西方的主宰并不是以"东方的衰落"为基础的：东方社会在1400—1800年表现得不错，但西方社会表现得更好。前现代时期的全球化对西方社会发展的驱动，与公元前最初三个世纪的地中海化对罗马社会发展的驱动一样有利。[6]

位于图7.6下方西方的线突出了我在《西方将主宰多久》一书中所论述的两个论点。第一个是早期现代欧洲的发展的确与罗马共和国的发展有共同之处，而且17—18世纪的欧洲人在其社会发展恢复到近2 000年前的水平时，谈论一场"古代和现代的战争"，是非常正确的；第二个是尽管早期现代的欧洲成绩不俗，但真正革命性的变化还是发生于公元1800年之后，是随着西北欧的人们开发并利用了化石燃料中的能量而发生的。[7]将参数分数的对数相加，与计算参数分数总和的对数相比，更能直观地反映社会发展情况，然而能量获取仍然是人类历史的基础。

文化与社会发展

我曾经说过，社会发展指数的主要贡献之一是迫使分析家分析得更加清楚明确。指数是形容需要做出解释的模式的宝贵工具，持与我同样观点的人都不得不详细地讲清自己的证据和方法。那些持不同意见，或认为指数的设计或运用不合理的人，也能够清楚地看到指数是怎样运作的，从而进行详细的批驳。[8]争论双方都不必陷入含糊的斥责。这种含糊的斥责在20世纪八九十年代关于新进化论的争论中曾非常普遍。

在《西方将主宰多久》一书中，虽然我只关注了世界上的两个地区，但社会发展指数无疑可以扩大为真正的全球性工具。我常常想，这可以为解决社会科学中一些长久争议不休的问题做些贡献，比如物质力量和文化力量在塑造历史方面哪个相对更重要。

在《西方将主宰多久》一书中，我坚定地站在唯物主义一边，提出过去16 000年来东方和西方社会发展惊人的相似性，表明两个地区的文化参数并没有太大区别。与之一脉相承的是，每个时代的观念都是得其所需（或者也许是其值得拥有的思想）。不过，这充其量只是一种假设，而一种适当的全球性社会发展指数，显然将是进一步检验这一观点的工具，将世界的不同部分视为历史的自然实验。[9]

最有用的对比，也许是旧世界和新世界的对比，因为在大约公元前10000—公元1500年，两个世界基本上没有进行有意义的接触。欧亚大陆和大洋洲的澳大利亚也是如此，但新世界还有另一个有利条件，使其与欧亚大陆的对比富有成果。新世界有一处像旧世界而不像澳大利亚的特点，就是在冰期结束时，也有一个包含大量且集中的可供驯化动植物的幸运纬度带。澳大利亚的西南部的确也有一个地中海气候区，但在冰期结束时没有进化出同样丰富的小麦、大麦、稻子、玉米、土豆、绵羊、山羊、猪或牛，这使得在澳大利亚驯化动植物并在本地发展出复杂社会比在欧亚大陆困难得多。[10]

如果文化当真是个因变量，我们也许要指望新世界的核心地区会以类似于旧世界核心地区的方式扩张，引发同样一系列后发优势、发展的悖论、社会崩溃，以及我在《西方将主宰多久》一书中描绘的所有其他现象。

如果将社会发展指数扩展到新世界，就会发现类似事情的确发生了。驯化动植物首先出现在新世界的幸运纬度带，在瓦哈卡地区和秘鲁高原。随着这些地区的社会发展，城市和国家出现了，新的核心地区（尤卡坦半岛、墨西哥谷）在最早驯化动植物的地区旁形成了。图7.7是一幅简单的图表，展现了古代复杂社会的五个地区的主要文化转型，它加强了这样一种印象：旧世界和新世界最早的农业核心地区，遵循大致相同的时间表，在很大程度上独立地历经了同样的发展阶段。

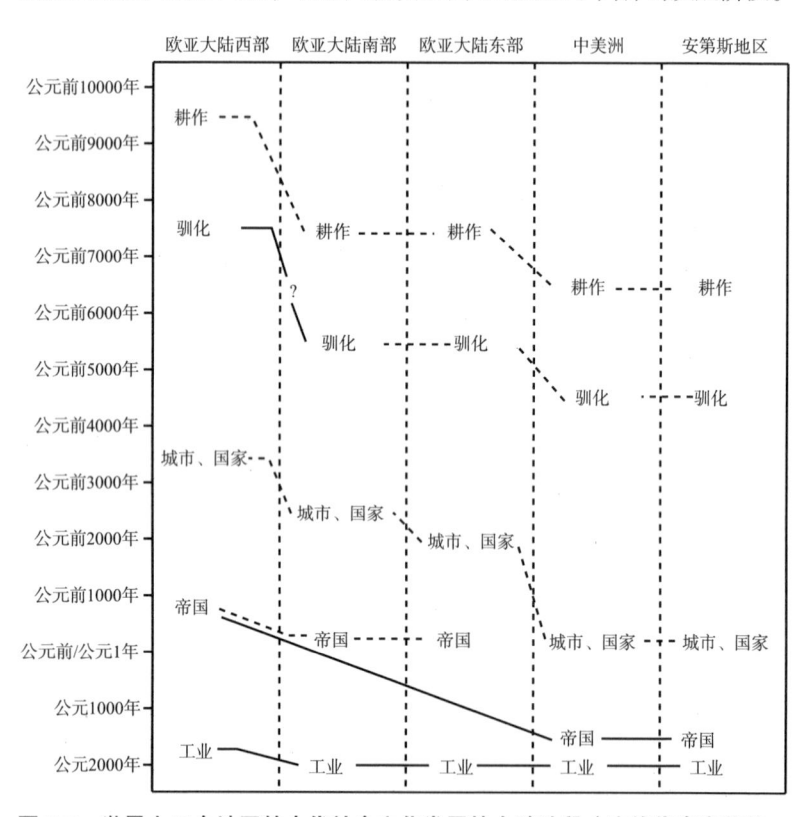

图 7.7 世界上五个地区的古代社会文化发展的大致阶段（实线代表变革从一个地区到另一个地区的扩散；虚线则不然）

耕作（人类干预植物的生命周期，产生选择压力，导致植物结出非自然的大种子）开始与驯化（人类的干预使动植物的基因发生重大改变，使它们转化为只有在人类的持续干预下才能生存的新物种）开始的时间间隔，在旧大陆普遍为大约 2 000 年，在新大陆普遍为大约 4 000 年，这可能是因为新世界的农作物不及旧世界的适应性强。例如，将墨西哥类蜀黍转化为玉米，比将野生小麦、大麦或稻子转化为它们的驯化品种，需要的基因转变要多得多。

然而，由于从动植物驯化到城市、国家兴起之间的时间间隔，在新世界的时间（约 3 000 年）比旧世界的（3 000~4 000 年）短，两地发展被部分拉平了。在旧世界，又过了 1 500~3 000 年，像埃及的古王国和商朝这样的国家才变成了真正的帝国/帝制国家，统治着 200 万以上平方千米的疆域和数千万人口。在新世界，在像莫切文化和特奥蒂瓦坎这样最早的真正国家兴起大约 1 500 年之后，征服者才来到美洲，切断了美洲土著自己的社会和文化试验；但是在那个时候，印加帝国和阿兹特克帝国的扩张已经产生了与旧世界最早的帝国规模大致相当的组织。假如没有被侵扰，那么再过 1 000 年，它们完全有可能沿着旧世界帝国的道路发展。

作为新世界考古情况的外行人，我的印象是：专家根据这份资料算出的社会发展指数，将表明美洲系统性地落后于欧亚大陆，其模式与我在《西方将主宰多久》提出的论点非常相符。在能量获取方面，新世界的一些农作物比旧世界的要强，但美洲缺乏役畜，这必然严重影响了人均可获得的能量。这些有用动物的缺乏，在很大程度上解释了为何车轮在新世界的运输中使用程度有限，尽管在欧亚大陆，由人推动的独轮车显然已于公元前 5 世纪的希腊和公元前 1 世纪的中国被独立地发明出来了。[11]

在信息技术方面，无论旧世界还是新世界，记录文字和数字的系统都是伴随着最早的城市和国家的出现而开始使用的，然而与大约公元前1500年的埃及和美索不达米亚的实践,或者大约公元前500年中国的实践相比,中美洲和安第斯地区在大约公元1500年时对这些技术的使用,似乎仍然非常有限。[12]

在战争能力方面,一些大约是在旧世界最早的国家出现时所发明的技术(例如堡垒),在新世界大约也是在同样的时代出现的,但是在随后的1 500年中,这些技术在美洲的传播不及在欧亚大陆的快。而且一些其他技术(例如青铜武器和盔甲),在美洲根本没有出现;由于美洲所有可能进化为驯养马的野马品种在人类到来之后都消失了,新世界的军队无疑从来没有发明出战车和骑兵。

弓箭在新旧世界的命运更是有趣。弓是6万年前在非洲被发明出来的,然后传遍了旧世界。[13]到公元前第一个千年时,强劲有力的复合弓已经应用于旧世界所有的复杂社会,十字弩也在中国被发明出来。然而,据我们所知,最早移居美洲的人并没有引进弓,也没有任何迹象表明有人重新发明了弓,直到大约公元前2300年,箭头才在位于阿拉斯加和加拿大的"北极小工具传统"遗址被发掘出来。这些武器随后非常缓慢地在北美洲传播,直到大约1100年才传到中美洲,并且始终没有达到旧世界的弓那样的精致程度。[14]

相反的是,城市规模似乎在新世界的某些部分发展得比旧世界要快。到公元500年时,今墨西哥境内的古代印第安文明特奥蒂瓦坎可能已有10万~20万居民,比欧亚大陆任何地区最早的城市出现后1 000年内的任何遗址都大得多。最早可能达到特奥蒂瓦坎规模下限的旧世界遗址,是大约公元前700年的尼尼微;直到公元前3世纪时才有城市达到其上限,即亚历山大城。

对新旧世界的这些差异的解释,可能已经具备。贾雷德·戴蒙德在《枪炮、病菌和钢铁》一书中,指出欧亚大陆相比美洲,有三大地理优势,可能在很大程度上是使其在我所谓的社会发展中领先的原因。[15]

戴蒙德指出，首先，在冰期结束时，欧亚大陆拥有比美洲更为丰富的自然资源基础，这使得西南亚和东亚的人们比中美洲或安第斯地区的人们更容易驯化动植物。[16] 其次，新世界有可能被驯化的大型（即重达45千克以上的）哺乳动物，在人类最初殖民该大陆后，很快就在巨型动物灭绝现象中消失了。[17] 最后，甚至大陆的布局都对美洲原住民不利。欧亚大陆基本上是东西走向的，因而起源于西南亚的观念、制度和实践，能够在地理学家们称之为"生物群区"[18]的统一生态区中传播数千千米，到达欧洲或中国。美洲则相反，基本上是南北走向的，这意味着在中美洲或安第斯地区崭露头角的观念、制度和实践，只能在小股人群（相对于旧世界而言）中流传，然后才能跨越极其不同的生物群区。[19] 因此，新世界的观念、制度和实践要很长时间才能出现，要更长时间才能传播。[20]

由于大陆数量太少，戴蒙德的观点很难被验证，尽管最近一项对语言多样性的研究的确提供了至少是一定程度的支持。[21] 新世界的社会无疑有其特色，它们有（相对于旧世界社会而言）早熟的城市化，却又较慢采用新的作战方式和信息技术，这一现象仍亟待解释。将社会发展指数扩展到全球尺度上，将更容易看出戴蒙德的地理框架能否解释新旧世界的差异，或者我们是否需要赋予文化因素更重要的地位。

社会发展与直线进化

"毫无疑问，直线发展的进化与多线发展的进化之间的争执，是文化进化论方面最令人烦恼的问题之一。"人类学家罗伯特·卡内罗在结束他对该领域的研究时总结道。[22]

不过，像许多这样的问题一样，烦恼很大程度上来自不清楚问题是什么，以及对适当抽象程度的隐含假设。[23] 在一些学者看来，追问社会发展是否为直线发展，似乎意味着在问现代化是否只有一条道路

（而且，相应的还要问现代化是否不止一种）；而在另一些学者看来，这似乎意味着在问一个更普遍的问题：社会是否可以向多个方向发展（相应地，问是否有多重道路，以至谈及发展本身就是个错误）。

社会发展指数表明，对第一种问题，即"现代化是否只有一条道路"的回答，是毫不含糊的"是"。指数显示的不仅是从觅食者到农夫再到工厂工人并继续发展的一系列非常清晰的进步，也表明了在每种广义的组织下的发展所能达到的一系列像"硬天花板"一样的上限。在指数上，任何狩猎-采集社会都不可能发展到超越6~7分的程度，任何农业村落社会都不可能超越10~12分，任何农业帝国/帝制国家都不可能超越40分。任何狩猎-采集社会或农业村落社会都不可能跨越农业帝国/帝制国家阶段而直接实现工业化，除非受到另一个已经经历了这些阶段的社会的影响；没有任何社会能从草原游牧阶段直接进入工业社会，除非先被一个农业帝国/帝制国家征服。

人类学家、历史学家和社会学家一直无休无止地争论现代化到底意味着什么，[24] 但是所有他们通常视为"现代"的社会，都经历了上一段描述中一两条道路的其中一条。无论在什么情况下，现代化都包含能量获取的激增。这种激增是借助化石燃料威力的工业革命带来的，而其后果又是将能量应用于重新划分的各行各业。关于现代化是多重的还是单一的争论，很大程度上可归结为对这些社会的最有益水平方面的概括的分歧。

如果我们从第二种意义上来看直线发展与多线发展之争的问题，即"社会是否能向多个方向发展"，答案在很大程度上取决于我们的时序观点，以及我们将调查的终点设在哪里。如果我们从观察1 000年前的世界开始，我们的回答将是毫不含糊的"是"：社会很显然是在向多个方向发展的，从卡拉哈里沙漠的猎手到突厥游牧民族，从密西西比河畔的农夫到中国的宋朝。

然而，在支持多线进化的论点中发挥着巨大作用的文化，在解释这种多样性时，作用就很有限了。在一个给定的生物群区内，社会的发展方式大体相同。农业是在幸运纬度带内生根的，也是从那里开始向外推广的。居住在大草原上的牧民，经历了徒步、乘马车和骑马的发展阶段。狩猎和采集则主宰着不支持农业或畜牧业的环境。

又一次，我们的工作所停留的抽象层次也决定着我们能看见什么。譬如说，中国人、印度人、阿拉伯人、基督徒和托尔特克人的生活方式，无疑在各种各样的方面都大相径庭，学者们完全可以随意选择强调这些差异而忽视其共性。然而，社会发展指数迫使我们认识到，生物群区内的共性是真实存在且至关重要的。决定多线进化的主要因素是地理，而非文化。

这就是说，如果我们只观察21世纪的世界，可能会得出相反的结论，对上述问题的回答将是"否"：社会并不是向多个方向发展的。几千年来，地理因素推动着不同生物群区沿不同的道路发展，但是随着世界上各幸运纬度带内的社会发展，最发达的社会在空间上不断扩张。到公元前200年时，欧亚大陆上农业帝国／帝制国家的商人们将商品从旧世界的一端运往另一端；到公元600年时，有确凿证据表明已有人可以从欧洲一路走到中国；到1400年时，欧亚大陆上的人已经有了能够可靠地渡过任何海洋的船只；而到1900年时，欧洲人及其海外殖民者已几乎将整个世界聚合成一个单一经济体。全球化历程已经发展了几个世纪，一旦有一个社会跨越了化石燃料的门槛，整个世界都将不可避免地迅速走向现代化。[25]

于是，对社会是否会向多个方向发展的问题，我们是回答"是"还是"否"，完全取决于我们所着眼的年代。研究史前时期的考古学家和研究前现代时期的历史学家可以轻松地回答"是"，但是任何将21世纪包括在内的思想，都迫使我们回答"否"。

我相信，社会发展指数以线性条件发展。第一，只有一条道路通向现代化；第二，只有居住在特定地方的人们能走上这条道路；第三，一旦有足够多的人在这条道路上走得足够远,其他所有人都会被拽上这条道路。

社会进化的方向

生物进化经常被描绘为一个无方向的过程。进化论科学家斯蒂芬·杰·古尔德曾生动形象地指出,假如我们有办法重放生命的磁带,那么它将极可能不会再导向我们这里了。他说:"在神圣的磁带播放机中,有上百万个脚本,每个脚本都极其合理。在开端处即使不经意间一个小小的偏转,都会引发一连串的结果,形成一个在回顾时会觉得不可避免的特定未来。然而在开始时哪怕最轻的一碰,都会碰到不同的槽口,历史就会转入另一个看似合理的轨道……因此,对我们来说,我想我们只能大喊:噢,在如此美好而不可能存在的新世界中,竟有这样的人!"[26]

只要进化论是思考人类社会的正确框架,我们就应当像古尔德一样看到生物学和文化之间的连续性,也许会得出这样的结论:没有任何事情能使过去15 000年不断上升的社会发展成为不可避免的模式。指数上的数字之所以开始攀升,是因为公元前12700年后的全球气候变暖,导致上升的发展成为一种成功的适应。改变了环境背景,你也就改变了适合度景观;在一种环境下蓬勃发展的事物,比如发展水平高的群体,到了另一种环境下就不一定兴盛了。

这种观点的隐含之意,似乎是社会进化并不比生命进化更有方向性;而一个社会发展指数,无论其在了解历史方面的描述性价值如何,都不具有预测能力。但这样看也许会将社会发展指数所带来的价值一并去掉。事实上,在生命历史中其实存在非常明显、非常强大的模式,很多生物学家都曾得出结论:动物进化到像人类一样聪明(也许像人类一样看待事物)是完全可能的,以至我们也可以说这是不可避免的。[27]

古尔德本人也愿意承认，尽管他看到了生命彩票本质的随意性，但贯穿生命历史，有一种"复杂性的右倾"一直在非常稳定地运行着。[28] 社会历史尽管时常与物种历史一样，被受到的众多冲击所打断，然而在过去15 000年中，也仍然能看到同样稳定的"右倾趋势"。整个历史的明显含义是，在其他条件都相同的情况下，从长远来看，我们也许能预期社会发展指数得分会不断地上涨。

在《西方将主宰多久》一书中，[29] 我认为情况的确如此，并认为如果我们可以预测社会发展指数在整个21世纪及以后的趋势，就能对可能发生的情况有所了解。我的预测非常粗糙，只是推断东方和西方的社会发展指数在21世纪将以与20世纪相同的速度继续增长。假如情况的确如此，东方的分数将在2103年赶上西方，届时两个地区在指数上都将达到大约5 000分（图7.8）。

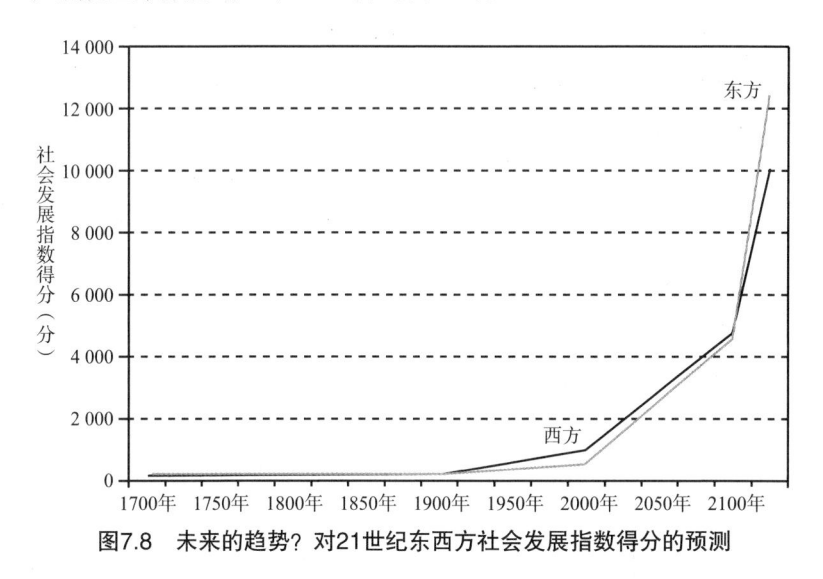

图7.8　未来的趋势？对21世纪东西方社会发展指数得分的预测

这个论点比本书的任何其他部分都更受关注。[30] 21世纪的发展道路实际上极不可能按照这样一个过分简单化的直线性预测来发展，但是预测的价值不仅在于它能否实现（实际上所有预测都不能实现），更多的是在于迫使我们提问，我们需要在多大程度上改变自己的设想，才能产生截然不同的结果。

对20世纪的指数趋势线做迈向21世纪的预测表明，过去50年"东方的崛起"并非西方主宰故事中的短暂插曲。[31] 这是中期历史趋势的结果，是由可回溯到一个多世纪前的地理因素的变化（最重要的是，太平洋实际上变小了）驱动的。西方国家的政府也许能应对财富和权力向东方转移的变化，最老练的西方政策预言家们关注的恰恰是这一点。[32] 然而，要想阻止或逆转东方的崛起，要求有至今尚未确定的会使地理含义再次发生重大变化的事态发展，并且这些发展是为西方复兴的优势服务的。

不过，预测20世纪趋势线进一步走向的最大意义在于，社会发展指数得分在下一个百年将达到5 000分。公元前14000—公元2000年，社会发展指数得分提高了900分。这是人类从旧石器时代的岩洞壁画发展到互联网而获得的。不过，按照图7.8的设想，2000—2100年的社会发展指数得分还将再提高4 000分；如果有什么不同的话，那就是这个分数可能被低估了。21世纪开端的这几十年的所有迹象都表明，发展正在呈指数级增长，而不仅是像20世纪末时那样的线性延伸。

又一次，重要的问题并非我在《西方将主宰多久》一书中讨论的具体预测能否实现，而是需要发生什么情况，才能使现实远离我的预测所依托的设想，使社会发展指数得分在2100年时远远达不到5 000分。从过去15 000年的社会发展曲线来判断，最有可能的答案似乎是发生一场新的社会崩溃。

5 000分的设想假定人类社会已永远摆脱马尔萨斯理论的限制，但对后冰期的历史显然有另一种解释：工业化只是将这些限制向外推了推。其推动力度的确很大，使全世界的人口增长了一个数量级，也使数十亿人脱了贫；但对指数的这种解读同样表明，工业社会也将面对内在的"硬天花板",就像曾限制了农业社会发展的"硬天花板"一样。

罗马帝国和宋朝等农业帝国/帝制国家在社会发展指数得分超过40分以后,便开始动摇和衰退,现代社会或许在达到1 000~5 000分的某个时间点,也会遇到新的"硬天花板"。假如在一个拥有100亿人的世界中,发展停滞了,或者出现了难以预料的气候变化、核扩散、机器人战争、电子战争和纳米战争等,其后果会比农业时代的发展停滞还要恐怖。

社会发展指数暗示接下来的50年将是历史上最重要的一段时期。[33]一方面,假如19世纪和20世纪能量增长带来的好运只是一锤子买卖,那么21世纪对所有人来说都将是最糟糕的时代;另一方面,假如工业革命被证明只是一个更长时期的能量革命的第一阶段,那么当前这个世纪必将使人类发生翻天覆地的变化。到21世纪60年代时,也许我们将看清世界的走向。

社会发展指数当然无法解决这些问题中的任何一个,但它可能是确定其中一些问题的宝贵工具。著名演化生物学家理查德·道金斯在其经典著作《自私的基因》的开头推断:"假如有更高级的生物从太空造访地球,为了估量我们的文明水平,他们问的第一个问题会是:'他们发现进化论了没有?'"[34]假如这样的事情当真发生了,我想他们问的既包括生物进化,也包括社会进化。

致　谢

《文明的度量》是我此前所写的《西方将主宰多久》的姊妹篇，但也是一本截然不同的书。在《西方将主宰多久》中，我试图讲述过去 15 000 年来社会发展的故事；而在本书中，我介绍了自己在建构那些故事背后的社会发展指数时所使用的论据和论证方法。

和许多书一样，本书也是在多年的讨论中日趋成熟的。早在 20 世纪 80 年代初，即我在英国剑桥大学读研究生时，就有人向我介绍了社会进化的观点，自那以后，我就不时思考并与他人讨论这个问题。在此期间，我欠下了很多人情，特别想感谢以下各位：达龙·阿西莫格鲁、詹姆斯·安德森、约翰·贝内特、白馥兰、马特·伯罗斯、华逸文、约翰·谢里、埃里克·钦斯基、大卫·克里斯蒂安、杰克·戴维斯、斯特凡·德·施皮格利埃、贾雷德·戴蒙德、丁爱博、汤姆·加朗、彼得·加恩西、班宁·加勒特、金世杰、德博拉·戈登、史蒂夫·哈伯、约翰·霍尔顿、保罗·霍尔斯特德、伊恩·霍德、徐心眉、帕拉格·康纳、卡拉·谢尔克高、克里斯蒂安·克里斯蒂安森、大卫·莱廷、迈克尔·莱西希、陆威仪、安东尼·林、刘莉、安格斯·麦迪逊、阿莱西奥·马格纳瓦卡、保罗·马拉尼马、乔·曼宁、迈克尔·麦考密克、汤姆·麦克莱伦、乔尔·莫基尔、苏雷什·奈杜、雷维尔·内茨、道格拉斯·诺思、乔赛亚·奥伯、艾萨克·奥珀、安妮·波特、普鸣、库马尔·拉马克里什纳、安娜·拉泽托、科林·伦福儒、吉姆·鲁宾逊、理查德·萨勒、沃尔特·沙伊德尔、格伦·施瓦茨、雨果·斯科特-加尔、史蒂夫·申南、丹·斯梅尔、瓦茨拉夫·斯米尔、拉里·史密斯、迈克·史密斯、安东尼·斯诺德格拉斯、彼得·特明、尼克·托马斯、彼得·图尔钦、巴里·温格斯特、托德·怀特洛、詹姆斯·惠特利、格雷格·伍尔夫和诺姆·约菲。他们都曾帮助我从不同的角度看待问题,希望他们能看到我很好地采纳了他们的意见。

如果没有下面这些人,我也根本完不成本书。感谢普林斯顿大学出版社的罗布·滕皮奥的鼓励;感谢 Profile Books 出版社的丹尼尔·克鲁,是他看出原本只被我视作一个数据库的东西可以扩展为一本书;感谢桑迪·迪杰斯特拉和阿拉贝拉·斯坦的指教,是他们把大家召集在一起;感谢凯西·圣约翰的支持和耐心;感谢我父亲诺埃尔·莫里斯给我树立的榜样和早年对我的教育,事实证明,他教我的数学派上了用场。

注 释

第一章

1. 以下作品探讨了这些观点的历史：David Gress, *From Plato to NATO: The Idea of the West and Its Opponents* (New York: Free Press, 1998)。

2. 近期在关于希腊罗马根源的文献中，以下作品得到广泛关注：Victor Davis Hanson, *Carnage and Culture: Landmark Battles in the Rise of Western Power* (New York: Anchor, 2001)；Roger Osborne, *Civilization: A New History of the Western World* (New York: Pegasus, 2008)。与此同时，以下作品支持印欧是西方文明的根源：Ricardo Duchesne, *The Uniqueness of Western Civilization* (Leiden: Brill, 2011)。而下述作品则赞成中世纪的欧洲人为根源：Francis Fukuyama, *The Origins of Political Order: From Prehuman Times to the French Revolution* (New York: Farrar, Straus and Giroux, 2011)。

3. 以下作品可能是最具影响力的例证：Eric Jones, *The European Miracle: Environments, Economies and Geopolitics in the History of Europe and Asia*, 3rd ed. (Cambridge, UK: Cambridge University Press, 2003)。

4. For example, David Landes, *The Wealth and Poverty of Nations* (New York: Norton, 1998).

5. Oded Galor and Omer Moav, "Natural Selection and the Origin of Economic Growth," *Quarterly Journal of Economics* 117 (2002): 1133–91; Gregory Clark, "Genetically Capitalist? The Malthusian Era and the Formation of Modern Preferences," http://www.econ.ucdavis.edu/faculty/gclark/papers/capitalism%20genes.pdf.

6. Gregory Cochran and Henry Harpending, *The Ten Thousand Year Explosion: How Civilization Accelerated Evolution* (New York: Basic Books, 2009). 他们的网站为：http://westhunt.wordpress.com/。

7. For example, Andre Gunder Frank, *ReOrient: Global Economy in the Asian Age* (Berkeley: University of California Press, 1998); John Hobson, *The Eastern Origins of Western Civilisation* (Cambridge, UK: Cambridge University Press, 2004).

8. 关于国家结构：Bin Wong, *China Transformed* (Ithaca, NY: Cornell University Press, 1997) 和 Jean-Laurent Rosenthal and Bin Wong, *Before and Beyond Divergence: The Politics of Economic Change in China and Europe* (Princeton: Princeton University Press, 2011)；关于自然禀赋：Kenneth Pomeranz, *The Great Divergence: China, Europe, and the Making of the Modern World Economy* (Princeton: Princeton University Press, 2000)；关于自然地理和政治地理：Jared Diamond, *Guns, Germs, and Steel: The Fates of Human Societies* (New York: Norton, 1997)；关于思想潮流：Jack Goldstone, *Why Europe? The Rise of the West in World History, 1500–1850* (New York: McGraw-Hill, 2009)。

9. 每年更新，见 http://hdr.undp.org/en/。

10. Robert W. Fogel and Stanley Engerman, *Time on the Cross: The Economics of American Negro Slavery*, 2 vols. (Boston: Little, Brown, 1974).

11. Ian Morris, *Why the West Rules—For Now: The Patterns of History, and What They Reveal about the Future* (New York: Farrar, Straus and Giroux, 2010); http://www.ianmorris.org.

12. Peter Turchin, *Historical Dynamics: Why States Rise and Fall* (Princeton: Princeton University Press, 2003), 1.

13. 见 Debraj Ray, *Development Economics* (Princeton: Princeton University Press, 1998)；Yujiro Hayami, *Development Economics: From the Poverty to the Wealth of Nations* (Oxford: Oxford University Press, 2001)；以及众多其他文献。

14. Kenneth Pomeranz, "How Big Should Historians Think? A Review Essay on *Why the West Rules—For Now* by Ian Morris," *Cliodynamics* 2 (2011): 307–9; Michael Mann, *The Sources of Social Power 1: A History of Power from the Beginning to AD 1760* (Cambridge, UK: Cambridge University Press, 1986).

15. 这是 John Gerring 的表达方式，见 John Gerring, *Social Science Methodology* (Cambridge, UK: Cambridge University Press, 2001), 80。

16. 如我在以下文本中所阐述的：Morris, *Why the West Rules*, 144。

17. 对我影响尤其深刻的有：Marvin Harris, *The Rise of Anthropological Theory* (New York: Crowell 1968); Adam Kuper, *Anthropology and Anthropologists*, 2nd ed. (London: Routledge Kegan Paul, 1983); Stephen Sanderson, *Social Evolutionism: A Critical History* (Oxford: Blackwell, 1990)；Bruce Trigger, *Sociocultural Evolution* (Oxford: Blackwell, 1998)；*A History of Archaeological Thought*, 2nd ed. (Cambridge,

UK: Cambridge University Press, 2006)。

18. Herbert Spencer, "Progress: Its Laws and Cause," *Westminster Review* 67 (1857): 445–85. 在以下文本中可见精彩论述：Mark Francis, *Herbert Spencer and the Invention of Modern Life* (Ithaca, NY: Cornell University Press, 2007)。

19. Spencer, "Progress," 465.

20. Herbert Spencer, *The Principles of Sociology*, 3 vols. (New York: Appleton, 1874–96).

21. Edward Tylor, *Primitive Culture: Researches into the Development of Mythology, Philosophy, Religion, Language, Art and Custom*, 2 vols. (London: John Murray, 1871); Lewis H. Morgan, *Ancient Society, or Researches in the Lines of Human Progress from Savagery through Barbarism to Civilisation* (1877; repr., Gloucester, MA: Peter Smith, 1974); Friedrich Engels, *The Origins of the Family, Private Property and the State, in the Light of the Researches of Lewis H. Morgan* (1884; repr., London: Lawrence & Wishart, 1972).

22. Kristian Kristiansen, "Genes versus Agents: A Discussion of the Widening Theoretical Gap in Archaeology," *Archaeological Dialogues* 11 (2004): 77–132.

23. For example, Arthur Radcliffe-Brown, *A Natural Science of Society* (1936; repr., Glencoe, IL: Free Press, 1957).

24. Bruce Trigger, *Gordon Childe: Revolutions in Archaeology* (London: Thames & Hudson, 1980).

25. V. Gordon Childe, *The Dawn of European Civilisation*, 1st ed. (London: Kegan Paul, 1925).

26. V. Gordon Childe, *Man Makes Himself* (London: Watts & Co., 1936); *What Happened in History* (Harmondsworth, UK: Penguin, 1942); *Social Evolution* (London: Watts & Co., 1951).

27. William Peace, "Vere Gordon Childe and American Anthropology," *Journal of Anthropological Research* 44 (1988): 417–33.

28. Walt W. Rostow, *The Stages of Economic Growth: A Non-Communist Manifesto*, 1st ed. (Cambridge, UK: Cambridge University Press, 1960).

29. Talcott Parsons, "Evolutionary Universals in Society," *American Sociological Review* 29 (1964): 339–57; *Societies: Evolutionary and Comparative Perspectives* (Englewood Cliffs, NJ: Prentice Hall, 1966); *The System of Modern Societies* (Englewood Cliffs, NJ: Prentice Hall, 1971).

30. Parsons, "Evolutionary Universals," 340–41.

31. For example, Anthony D. Smith, *The Concept of Social Change: A Critique*

of the Functionalist Theory of Social Change (London: Routledge Kegan Paul, 1973), 135–45; Christopher Lloyd, *Explanation in Social History* (Oxford: Blackwell, 1986), 213.

32. Leslie White, "Energy and the Evolution of Culture," *American Anthropologist* 45 (1943): 335–56; *The Science of Culture* (New York: Grove Press, 1949); *The Evolution of Culture* (New York: McGraw-Hill, 1959).

33. White, "Energy," 338, emphasis original.

34. White, *Science of Culture*, 390–91.

35. White, "Energy," 343–44.

36. Sebald Steinmetz, "Classification des types sociaux," *L'Année Sociologique* 3 (1898–99): 43–147.

37. Hans J. Nieboer, *Slavery as an Industrial System* (The Hague: Nyhoff, 1910); Leonard Hobhouse et al., "The Material Culture and Social Institutions of the Simpler Peoples," S*ociological Review* 7 (1914): 203–31, 332–68, 同名书籍由 Chapman and Hall, London 于 1930 年出版。

38. Carleton Coon, *A Reader in General Anthropology* (New York: Holt, 1948), 612–13; Raoul Naroll, "A Preliminary Index of Social Development," *American Anthropologist* 58 (1956): 687–715.

39. http://www.yale.edu/hraf/; Melvin Ember, "Evolution of the Human Relations Area Files," *Cross-Cultural Research* 31 (1997): 3–15; Carol Ember and Marvin Ember, *Cross-Cultural Research Methods* (Walnut Creek, CA: AltaMira, 2001).

40. Charles Darwin, *Voyages of the Adventure and Beagle*, vol. 3 (London: Henry Colburn, 1839), chap. 10.

41. Robert Carneiro, "Scale Analysis as an Instrument for the Study of Cultural Evolution," *Southwestern Journal of Anthropology* 18 (1962): 149–69.

42. Ibid., 162.

43. Ibid., 160，强调原先的观点。

44. Robert Carneiro, "The Measurement of Cultural Development in the Ancient Near East and in Anglo-Saxon England," *Transactions of the New York Academy of Sciences Series* 231 (1969): 1013–23.

45. For example, Edgar Bowden, "A Diensional Model of Multilinear Sociocultural Evolution," *American Anthropologist* 67 (1969): 864–70; Robert Carneiro, "Ascertaining, Testing, and Interpreting Sequences of Cultural Development," *Southwestern Journal of Anthropology* 24 (1968): 354–74, and "Scale Analysis, Evolutionary Sequences, and the Rating of Cultures," in Naroll and Cohen, *Handbook of Method in Cultural Anthropology*, 834–71; Edwin Erickson, "Other Cultural Dimensions:

Selective Rotations of Sawyer and LeVine's Factor Analysis of the World Ethnographic Sample," *Behavior Science Notes* 7 (1972): 95–155; Linton Freeman and Robert Winch, "Societal Complexity: An Empirical Test of a Typology of Societies," *American Journal of Sociology* 62 (1957): 461–66; Charles McNett, "A Settlement Pattern Scale of Cultural Complexity," in Naroll and Cohen, *Handbook of Method*, 872–86, "A Cross-Cultural Method for Predicting Nonmaterial Traits in Archeology," *Behavior Science Notes* 5 (1970): 195–212, and "Factor Analysis of a Cross-Cultural Sample," *Behavior Science Notes* 8 (1973): 233–57; George Murdock and Caterina Provost, "Measurement of Cultural Complexity," *Ethnology* 12 (1973): 379–92; Raoul Naroll, "The Culture-Bearing Unit in Cross-Cultural Surveys," in Naroll and Cohen, *Handbook of Method*, 721–65; Jack Sawyer and Robert LeVine, "Cultural Dimensions: A Factor Analysis of the World Ethnographic Sample," *American Anthropologist* 68 (1966): 708–31; Terrence Tatje and Raoul Naroll, "Two Measures of Societal Complexity," in Naroll and Cohen, *Handbook of Method*, 766–833.

46. 关于丧葬情况，见：Arthur Saxe, "Social Dimensions of Mortuary Practices" (PhD thesis, University of Michigan, 1970); Lewis Binford, "Mortuary Practices: Their Study and Their Potential," in James Brown, ed., *Approaches to the Social Dimensions of Mortuary Practices* (New York: Memoirs of the Society for American Archaeology 25, 1971), 6–29; Joseph Tainter, "Social Inference and Mortuary Practices: An Experiment in Numerical Classification," *World Archaeology* 7 (1975): 1–15 and "Mortuary Practices and the Study of Prehistoric Social Systems," *Advances in Archaeological Method and Theory* 1 (1978): 105–41。关于定居模式，见：Kent Flannery, "The Cultural Evolution of Civilizations," *Annual Review of Ecology and Systematics* 3 (1972): 399–426; Gregory Johnson, *Local Exchange and Early State Development in Southwest Iran* (Ann Arbor, MI: Museum of Anthropology Occasional Papers 51, 1973); Henry Wright and Gregory Johnson, "Population, Exchange, an Early State Formation in Southwestern Iran," *American Anthropologist* 77 (1975): 267–89。

47. Robert Carneiro, *Evolutionism in Cultural Anthropology* (Boulder, CO: Westview, 2003), 167–68.

48. Elman Service, *Primitive Social Organization: An Evolutionary Perspective*, 1st ed. (New York: Random House, 1962); Morton Fried, *The Evolution of Political Society: An Essay in Political Anthropology* (New York: Random House, 1967).

49. 关于新制度经济学，见：Douglass North, *Structure and Change in Economic History* (New York: Norton, 1981); Douglass North et al., *Violence and Social Orders: A Conceptual Framework for Interpreting Recorded Human History* (Cambridge, UK:

Cambridge University Press, 2009), 以上都是经典之作。关于苏联集团, 见 Don Karl Rowney, ed., *Soviet Quantitative History* (Beverly Hills, CA: Sage, 1984)。

50. Michael Rowlands, "A Question of Complexity," in Daniel Miller et al., eds., *Domination and Resistance* (London: Allen & Unwin, 1988), 29–40.

51. Carneiro, *Evolutionism*, 286.

52. Robert Dunnell, "Evolutionary Theory and Archaeology," *Advances in Archaeological Method and Theory* 9 (1980): 50.

53. Robert Boyd and Peter Richerson, *Culture and the Evolutionary Process* (Chicago: University of Chicago Press, 1985), 和 William Durham, *Coevolution: Genes, Culture, and Human Diversity* (Stanford: Stanford University Press, 1991) 对于开启这一进程尤为重要。

54. Diamond, *Guns, Germs, and Steel*.

55. 在众多例证中仅列举少量。政治学方面: Fukuyama, *Origins of Political Order* 和 Daron Acemoglu and James Robinson, *Why Nations Fail* (New York: Crown Books, 2012)。经济学方面: Geerat Vermeij, *Nature: An Economic History* (Princeton: Princeton University Press, 2004) 和 *The Evolutionary World: How Adaptation Explains Everything from Seashells to Civilization* (New York: Thomas Dunne/St. Martin's, 2010)。宗教哲学方面: David Sloan Wilson, *Darwin's Cathedral: Evolution, Religion, and the Nature of Society* (Chicago: University of Chicago Press, 2002), Daniel Dennett, *Breaking the Spell: Religion as a Natural Phenomenon* (New York: Simon & Schuster, 2006) 和 Richard Dawkins, *The God Delusion* (New York: Houghton Mifflin Harcourt, 2007)。心理学方面: Susan Blackmore, *The Meme Machine* (Oxford: Oxford University Press, 1999) 和 Steven Pinker, *The Blank Slate: The Modern Denial of Human Nature* (New York: Viking, 2002) 及 *The Better Angels of Our Nature: Why Violence Has Declined* (New York: Penguin, 2011)。考古学方面: Stephen Shennan, *Genes, Memes and Human History: Darwinian Archaeology and Cultural Evolution* (London: Thames & Hudson, 2002)。人类学方面: Peter Richerson and Robert Boyd, *Not by Genes Alone* (Chicago: University of Chicago Press, 2005)。历史学方面: David Christian, *Maps of Time: An Introduction to Big History* (Berkeley: University of California Press, 2004), Albert Crosby, *Ecological Imperialism*, 2nd ed. (Cambridge, UK: Cambridge University Press, 2003) 和 *Children of the Sun: A History of Humanity's Unappeasable Appetite for Energy* (New York: Norton, 2006), 以及 Charles Mann, *1491: New Revelations of the Americas Before Columbus* (New York: Knopf, 2005) 和 *1493: Uncovering the New World Columbus Created* (New York: Knopf, 2011)。

56. Samuel Bowles and Herbert Gintis, *A Cooperative Species: Human Reciprocity and Its Evolution* (Princeton: Princeton University Press, 2011); Alex Mesoudi, *Cultural Evolution: How Darwinian Theory Can Explain Human Culture & Synthesize the Social Sciences* (Chicago: University of Chicago Press, 2011).

57. Randall McGuire, "Breaking Down Cultural Complexity," *Advances in Archaeological Method and Theory* 6 (1983): 91–142.

58. See Saxe, "Social Dimensions," Binford, "Mortuary Practices," and Tainter, "Social Inference" and "Mortuary Practices."

59. See Ian Hodder, *Symbols in Action* (Cambridge, UK: Cambridge University Press, 1982), 163–70, Ellen Jane Pader, *Symbolism, Social Relations and the Interpretation of Mortuary Remains* (Oxford: British Archaeological Reports, 1982), Michael Parker Pearson, "Mortuary Practices, Society and Ideology," in Ian Hodder, ed., *Symbolic and Structural Archaeology* (Cambridge, UK: Cambridge University Press, 1982), 99–113, and Christopher Carr, "Mortuary Practices: Their Social, Philosophical-Religious, Circumstantial, and Physical Determinants," *Journal of Archaeological Method and Theory* 2 (1995): 105–200.

60. Carneiro, "Scale Analysis, Evolutionary Sequences," 854–70.

61. See Ernest Gellner, *Nations and Nationalism* (Oxford: Blackwell, 1983).

62. Charles Tilly, *Big Structures, Large Processes, Huge Comparisons* (New York: Russell Sage Foundation, 1984), 46–50.

63. Ian Morris, "Economic Growth in Ancient Greece," *Journal of Institutional and Theoretical Economics* 160 (2004): 709–42 and "The Greater Athenian State," in Morris and Scheidel, *Dynamics of Ancient Empires*, 99–177; Josiah Ober, *Democracy and Knowledge: Innovation and Learning in Classical Athens* (Princeton: Princeton University Press, 2008) and "Wealthy Hellas," *Transactions of the American Philological Association* 140 (2010): 241–86.

64. Ian Morris, *Death-Ritual and Social Structure in Classical Antiquity* (Cambridge, UK: Cambridge University Press, 1992), 108–55.

65. Tilly, *Big Structures*, 48; Anthony Giddens, *The Constitution of Society: Outline of the Theory of Structuration* (Stanford: Stanford University Press, 1984), xxxvi–xxxvii, 263–74.

66. McGuire, "Breaking Down Cultural Complexity."

67. For example, Per Bak et al., "Self-Organized Criticality," *Physical Review* 38 (1988); Murray Gell-Mann, *The Quark and the Jaguar* (New York: Freeman, 1994); John Holland, *Hidden Order: How Adaptation Builds Complexity* (Cambridge, MA:

Perseus Books, 1995); Harold Morowitz, *The Emergence of Everything: How the World Became Complex* (New York: Oxford University Press, 2002).

68. For example, John Miller and Scott Page, *Complex Adaptive Systems: An Introduction to Computational Models of Social Life* (Princeton: Princeton University Press, 2007); Scott Page, *Diversity and Complexity* (Princeton: Princeton University Press, 2010).

69. 仍然只从大量文献中选取一小部分。人类学方面：Peter Richerson and Robert Boyd, "Complex Societies: The Evolutionary Dynamics of a Crude Superorganism," *Human Nature* 10 (2000): 253–89。考古学方面：Alexander Bentley and Herbert Maschner, eds., *Complex Systems and Archaeology* (Salt Lake City: University of Utah Press, 2003) 和 Arthur Griffin, "Emergence of Fusion/Fission Cycling and Self-Organized Criticality from a Simulation Model of Early Complex Polities," *Journal of Archaeological Science* 38 (2011): 873–83。管理学方面：Dennis Tafoya, *The Effective Organization: Practical Application of Complexity Theory and Organizational Design to Maximize Performance in the Face of Emerging Events* (London: Routledge, 2010) 和 Wanda Curlee and Robert Gordon, *Complexity Theory and Project Management* (New York: Wiley, 2010)。经济学方面：Eric Beinhocker, *The Origin of Wealth: Evolution, Complexity, and the Radical Remaking of Economics* (Cambridge, MA: Harvard Business School, 2010)。历史学方面：Christian, *Maps of Time* 和 Turchin, *Historical Dynamics*。国际关系学方面：Neil Harrison, ed., *Complexity in World Politics* (Albany: State University of New York Press, 2007) 和 Alexander Wendt, "Why a World State Is Inevitable," *European Journal of International Relations* 9 (2003): 491–542。

70. Giddens, *Constitution*, 231–36.

71. Quoted in Mesoudi, *Cultural Evolution*, 46.

72. For example, Patrice Teltser, ed., *Evolutionary Archaeology* (Tucson: University of Arizona Press, 1995), Herbert Maschner, ed., *Darwinian Archaeologies* (New York: Academic Press, 1996), and Shennan, *Genes*.

73. Robert Leonard, "Evolutionary Archaeology," in Ian Hodder, ed., *Archaeological Theory Today* (Oxford: Blackwell, 2001), 72.

74. See, for example, Robert Dunnell, "What Is It That Actually Evolves?" in Teltser, *Evolutionary Archaeology*, 33–50.

75. Michael Shanks and Christopher Tilley, *Archaeology and Social Theory* (Oxford: Polity, 1987), 164.

76. McNett, "Settlement Pattern Scale."

77. Colin Renfrew, "Monuments, Mobilization and Social Organization in Neolithic Wessex," in Colin Renfrew, ed., *The Explanation of Culture Change* (London: Duckworth, 1973), 539–58; Christopher Peebles and Susan Kus, "Some Archaeological Correlates of Ranked Societies," *American Antiquity* 42 (1977): 421–48.

78. 夏威夷酋邦就是一个很好的例证：Timothy Earle, "A Reappraisal of Redistribution," in Timothy Earle and J. Ericson, eds., *Exchange Systems in Prehistory* (New York: Academic Press, 1977), 213–29, and "Chiefdoms in Archaeological and Ethnohistorical Perspective," *Annual Review of Anthropology* 16 (1987): 279–308; R. H. Cordy, *A Theory of Prehistoric Social Change* (New York: Academic Press, 1981)。Patrick Kirch, *How Chiefs Become Kings: Divine Kingship and the Rise of Archaic States in Ancient Hawai'i* (Berkeley: University of California Press, 2010), 以上文本描述了学者们目前对夏威夷酋邦的看法。

79. Sawyer and LeVine, "Cultural Dimensions"；Erickson, "Other Cultural Dimensions"；McNett, "Factor Analysis."

80. Gary Feinman and Jill Neitzel, "Too Many Types: An Overview of Sedentary Prestate Societies in the Americas," *Advances in Archaeological Method and Theory* 7 (1984): 77.

81. Robert Drennan, "Regional Demography in Chiefdoms," and Stedman Upham, "A Theoretical Consideration of Middle Range Societies," both in Robert Drennan and C. Uribe, eds., *Chiefdoms in the Americas* (Lanham, MD: University Press of America, 1987), 307–23, 345–67.

82. For example, Robert Chapman, *Archaeologies of Complexity* (London: Routledge, 2003), 41–59.

83. Elman Service, *Origins of the State and Civilization* (New York: Academic Press, 1975), 3–4.

84. Norman Yoffee, *Myths of the Archaic State* (Cambridge, UK: Cambridge University Press, 2005), 22–31.

85. Mann, *Sources of Social Power*, 17; Giddens, Constitution, 164; cf. Giddens, *A Contemporary Critique of Historical Materialism*, 2nd ed. (Stanford: Stanford University Press, 1995), 42–48.

86. Akhil Gupta and James Ferguson, "Culture, Power, Place," in Akhil Gupta and James Ferguson, eds., *Culture, Power, Place* (Durham, NC: Duke University Press, 1997), 4.

87. David Clarke, *Analytical Archaeology*, 2nd ed., revised by Robert Chapman (London: Methuen, 1978), 247.

88. Naroll, "Culture-Bearing Unit."

89. Michael Shanks and Christopher Tilley, *Re-Constructing Archaeology: Theory and Practice*, 2nd ed. (London: Routledge, 1992), 58.

90. Mark Granovetter, "Economic Action and Social Structure: The Problem of Embeddedness," *American Journal of Sociology* 91 (1985): 481–510.

91. 对此，以下作品发出了尤其强烈的捍卫之声：Trigger, *Sociocultural Evolution*, and Carneiro, *Evolutionism*。

第二章

1. 最好的讨论仍然是：Geoffrey Elton and Robert Fogel, *Which Road to the Past?* (New Haven: Yale University Press, 1983)。

2. http://hdr.undp.org/en/.

3. Mahbub ul Haq, *Reflections on Human Development* (New York: Oxford University Press, 1995).

4. http://hdr.undp.org/en/statistics/.

5. See David Hastings, "Filling the Gaps in the Human Development Index," 联合国亚洲及太平洋经济社会委员会工作报告 WP/09/02, 2009, http://www.unescap.org/publications/detail.asp?id=1308; Mark McGillivray, "The Human Development Index: Yet Another Redundant Composite Development Indicator?" *World Development* 19 (1991): 1461–68; Mark McGillivray and Howard White, "Measuring Development? The UNDP's Human Development Index," *Journal of International Development* 5 (2006): 183–92; Ambuj Sagara and Adil Najam, "The Human Development Index: A Critical Review," *Ecological Economics* 25 (1998): 249–64; T. N. Srinivasan, "Human Development: A New Paradigm or Reinvention of the Wheel?" *American Economic Review* 84 (1994): 238–43; Hendrik Wolff et al., "Classification, Detection and Consequences of Data Error: Evidence from the Human Development Index," *Economic Journal* 121: 843–70.

6. 我列举的这六项标准来自 Gerring, *Social Science Methodology*, 但关于社会科学方法的其他作品往往也采用同样的准则。Raoul Naroll（"Preliminary Index," 692）在他原创的社会发展指数中，列出了这六项中的五项，省略了第一项。

7. Diamond, *Guns, Germs, and Steel*, 93–175.

8. Norman Davies, *Europe: A History* (New York: Oxford University Press, 1994), 25.

9. Diamond, *Guns, Germs, and Steel*, 仍然是对这些结果最清晰的讨论。

10. Morris, *Why the West Rules*, 114–19.

11. Shennan, *Genes*, 129–34.

12. Pomeranz, *Great Divergence*, 3–10.

13. Naroll, "Culture-Bearing Unit in Cross-Cultural Surveys," 721–65.

14. Bradford de Long and Andrei Schleifer, "Princes and Merchants: European City Growth Before the Industrial Revolution," *Journal of Law and Economics* 36 (1993): 671–702, 这是一个极好的例证。

15. Walter Scheidel, "Germs for Rome," in Catharine Edwards and Greg Woolf, eds., *Rome the Cosmopolis* (Cambridge, UK: Cambridge University Press, 2003), 158–76.

16. See Richard Wrangham and Dale Petersen, *Demonic Males: Apes and the Origins of Human Violence* (New York: Mariner, 1996); Bowles and Gintis, *Cooperative Species*.

17. Naroll, "Preliminary Index," 691.

18. 参见 Philip Hoffman 对此话题的探讨。Ian Morris 对此进行了回顾：*Why the West Rules—For Now*, in *Journal of Economic History* 71 (2011): 545–47。

19. 关于常态：Pierre Bourdieu, *Outline of a Theory of Practice*, 由 Richard Nice 译自 1972 年的法文原著（Cambridge, UK: Cambridge University Press, 1977）。关于结构化：Giddens, *Constitution*。关于人口学和经济学的后现代转型：Nancy Riley and James McCarthy, *Demography in the Age of Postmodernism* (Cambridge, UK: Cambridge University Press, 2003); Deirdre McCloskey, *Knowledge and Persuasion in Economics* (Cambridge, UK: Cambridge University Press, 1994)。

20. Ian Morris, "Gift and Commodity in Archaic Greece," *Man* 21 (1986): 1–17; *Burial and Ancient Society: The Rise of the Greek City-State* (Cambridge, UK: Cambridge University Press, 1987); "The Early Polis as City and State," in John Rich and Andrew Wallace-Hadrill, eds., *City and Country in the Ancient World* (London: Routledge, 1991), 24–57.

21. Service, *Primitive Social Organization*; Parsons, *Societies*; Fried, *Evolution of Political Society*.

22. Ian Morris, "An Archaeology of Equalities? The Greek City-States," in Tom Charlton and Deborah Nichols, eds., *The Archaeology of City-States* (Washington, DC: Smithsonian Institution, 1997), 91–105; *Archaeology as Cultural History: Words and Things in Iron Age Greece* (Oxford: Blackwell, 2000).

23. Morris, "Economic Growth in Ancient Greece"; "Archaeology, Standards of Living, and Greek Economic History," in Manning and Morris, *Ancient Economy: Evidence and Models*, 91–126; "The Growth of Greek Cities in the First Millennium BC," in Storey, *Urbanism in the Preindustrial World*, 27–51; "Early Iron Age Greece,"

in Scheidel et al., *Cambridge Economic History*, 211–41; "Greater Athenian State"; Michael Smith et al., "Archaeology as a Social Science." *Proceedings of the National Academy of Sciences* 109 (2012): 7617–21.

24. Morris, *Why the West Rules*, 625–26, and chapter 7.

25. Spencer, "Progress," 445–85.

26. Carneiro, "Scale Analysis as an Instrument," 161–63; "Scale Analysis, Evolutionary Sequences," 854–70.

27. McGuire, "Breaking Down Cultural Complexity."

28. Morris, *Why the West Rules*, 40–41.

29. Pomeranz, *Great Divergence*, 3–10.

第三章

1. White, "Energy," 335–56.

2. Christian, *Maps of Time*, 505–11, 有对热力学历史意义的优秀讨论。

3. 当然有重要的例外。Richard N. Adams, *Energy and Structure: A Theory of Social Power* (Austin: University of Texas Press, 1975), Crosby, *Children of the Sun*, and Vaclav Smil's *General Energetics* (Boulder, CO: Westview, 1991), *Energy in World History* (Boulder, CO: Westview, 1994), and *Energy in Nature and Society: General Energetics of Complex Systems* (Cambridge, MA: MIT Press, 2008). 以上作品对我本人的研究工作最具价值。

4. Earl Cook, "The Flow of Energy in an Industrial Society," *Scientific American* 225 (1971): 135–44.

5. Thomas Malthus, *An Essay on the Principle of Population*, 1st ed. (London: P. Johnson, 1798), chap. 5.

6. See, for example, A. Bogaard et al., "The Impact of Manuring on Nitrogen Isotope Ratios in Cereals," *Journal of Archaeological Science* 34 (2007): 335–43.

7. See Robert Fogel, *The Escape from Hunger and Premature Death, 1700–2100* (Cambridge, UK: Cambridge University Press, 2004).

8. Oded Galor, *Unified Growth Theory* (Princeton: Princeton University Press, 2011), 为这一理论提供了一个尤为成熟的版本。

9. Gregory Clark, *A Farewell to Alms: A Brief Economic History of the World* (Princeton: Princeton University Press, 2007), 1.

10. E. A. Wrigley, *Continuity, Chance and Change: The Character of the Industrial Revolution in England* (Cambridge, UK: Cambridge University Press, 1988).

11. http://www.livius.org/w/weights/weights4.html 对古代的度量衡提供了一个

便利的总结。

12. Vaclav Smil, *Biomass Energies: Resources, Links, Constraints* (New York: Plenum, 1983); *Energy in World History*.

13. Food and Agriculture Organization, *Statistical Yearbook*, vol. 2, pt. 1 (Rome: Food and Agriculture Organization of the United Nations, 2006); United Nations, *2003 Energy Statistics Yearbook* (New York: United Nations, 2006).

14. See Paul Bairoch, "International Industrialization Levels from 1705 to 1980," *Journal of European Economic History* 11 (1982): 269–333; Nicholas Crafts, *British Economic Growth during the Industrial Revolution* (Oxford: Clarendon, 1985); Paolo Malanima, "The Path towards the Modern Economy: The Role of Energy," *Rivista di Politica Economica* (April–June 2010–11): 1–30, http://www.paolomalanima.it/default_file/Papers/ENERGY_AND_GROWTH.pdf.

15. For example, see E. P. Thompson, *The Making of the English Working Class* (London: Victor Gollancz, 1963), 207–488, 这关于 1780—1832 年的英国。

16. Smil, *General Energetics* and *Energy in World History*, 12, 119, fig. 5.15; Angus Maddison, *The World Economy: Historical Statistics* (Paris: OECD Publishing, 2003).

17. For example, Kenneth Hudson, *World Industrial Archaeology* (Cambridge, UK: Cambridge University Press, 1979); Stephen Mrozowski, *The Archaeology of Class in Urban America* (Cambridge, UK: Cambridge University Press, 2006); Paul Shackel, *An Archaeology of American Labor and Working Class Life* (Gainesville: University of Florida Press, 2009).

18. Robert Allen, "The Great Divergence in European Wages and Prices from the Middle Ages to the First World War," *Explorations in Economic History* 38 (2001): 411–48; "Pessimism Preserved: Real Wages in the British Industrial Revolution," Oxford University Department of Economics Working Paper 314, 2007, http://www.nuffield.ox.ac.uk/General/Members/allen.aspx; *The British Industrial Revolution in Global Perspective* (Cambridge, UK: Cambridge University Press, 2009).

19. See, for example, Christian, *Maps of Time*, 表 13.1 确定了 1023% 的增长，修正了 Christian 在表 11.1 中的人口增长率，得出 19 世纪人均工业产值增长了 402%。

20. 关于住房：James Deetz, *In Small Things Forgotten*, rev. ed. (New York: Anchor, 1996); Christopher Dyer, *Standards of Living in the Later Middle Ages: Social Change in England c. 1200–1520*, rev. ed. (Cambridge, UK: Cambridge University Press, 1989), 109–210。关于家庭用品：John Brewer and Roy Porter, eds., *Consumption and the World of Goods* (London: Routledge, 1993)。关于西北欧地区的

工资情况：Allen, "Great Divergence" and *British Industrial Revolution*。关于昂贵热量：S. Cavaciocchi, ed., *Alimentazione e nutrizione secc. XIII–XVIII* (Florence: Le Monnier, 1997); James Barrett et al., "'Dark Age Economics' Revisited: The English Fish Bone Evidence AD 600–1600," *Antiquity* 78 (2004): 618–36; Gundula Müldner and M. P. Richards, "Fast or Feast: Reconstructing Diet in Later Medieval England by Stable Isotope Analysis," *Journal of Archaeological Science* 32 (2005): 39–48 and "Stable Isotope Evidence for 1500 Years of Human Diet at the City of York, UK," *American Journal of Physical Anthropology* 133 (2007): 682–97; M. Salamon et al., "The Consilience of Historical and Isotopic Approaches in Reconstructing the Medieval Mediterranean Diet," *Journal of Archaeological Science* 35 (2008): 1667–72。关于更长的工作时间：Jan de Vries, *The Industrious Revolution* (Cambridge, UK: Cambridge University Press, 2009)。

21. Maddison, *World Economy*.

22. For instance, G. Federico, "The World Economy 0–2000 AD: A Review Article," *European Review of Economic History* 6 (2002): 111–20; Paolo Malanima and Elio Lo Cascio, "GDP in Pre-Modern Agrarian Economies (1–1820 AD): A Revision of the Estimates," *Rivista di storia economica* 25 (2009): 387–415.

23. M. Haines and Rick Steckel, *Childhood Mortality and Nutritional Status as Indicators of Standard of Living* (National Bureau of Economic Research Historical Paper 121, Cambridge, MA, 2000); Rick Steckel and Jerome Rose, eds., *The Backbone of History: Health and Nutrition in the Western Hemisphere* (Cambridge, UK: Cambridge University Press, 2002).

24. Nikola Koepke and Joerg Baten, "Agricultural Specialization and Height in Ancient and Medieval Europe," *Explorations in Economic History* 45 (2005): 127–46 and their website, http://www.uni-tuebingen.de/uni/wwl/twomillennia.html; Clark, *Farewell to Alms*, 55–62.

25. Allen, "Great Divergence."

26. 关于乌尔遗址：Leonard Woolley and Max Mallowan, *Ur Excavations VII: The Old Babylonian Period* (London: Oxford University Press, 1976), 综合性讨论见 Nicholas Postgate, *Early Mesopotamia* (London: Routledge, 1994)。关于艾因-马拉哈遗址：François Valla et al., "Le natufien final et les nouvelles fouilles à Mallaha (Eynan), Israel 1996–1997," *Journal of the Israel Prehistoric Society* 28 (1999): 105–76, 综合性讨论见 Ofer Bar-Yosef and François Valla, eds., *The Natufian Culture in the Levant* (Ann Arbor, MI: International Monographs in Prehistory, 1991)。

27. Walter Scheidel, "Real Wages in Early Economies: Evidence for Living

Standards from 1800 BCE to 1300 CE," *Journal of the Economic and Social History of the Orient* 53 (2010): 425–62 (Princeton/Stanford Working Papers in Classics no. 090904, http://www.princeton.edu/~pswpc/); Jan Luit van Zanden, "Wages and the Standards of Living in Europe, 1500–1800," *European Review of Economic History* 3 (1999): 175–98.

28. R. van der Spek, "Commodity Prices in Babylon, 385–61 BC," 2008, www.iisg.nl/hpw/babylon.php.

29. Robert Loomis, *Wages, Welfare Costs and Inflation in Classical Athens* (Ann Arbor: University of Michigan Press, 1998).

30. 尤其要看 Hans-Joachim Drexhage, *Preise, Mieten/Pachten, Kosten und Löhne im römischen Ägypten* (St. Katharinen: Scripta Mercaturae Verlag, 1991) 和 Dominic Rathbone, "Monetisation, Not Price-Inflation, in Third-Century AD Egypt?" in C. E. King and D. G. Wigg, eds., *Coin Finds and Coin Use in the Roman World* (Berlin: Mann Verlag, 1996), 321–39; "Prices and Price Formation in Roman Egypt," in Jean Andreau et al., eds., *Prix et formation des prix dans les économies antiques* (Saint-Bertrand-des-Comminges: Musée Archéologique, 1997), 183–244; "The 'Muziris' Papyrus (SB XVIII 13167): Financing Roman Trade with India," in *Alexandrian Studies II in Honour of Mostafa el Abbadi, Bulletin de la société d'archéologie d'Alexandrie* 46 (2009): 39–50, 均聚焦于独特而丰富的埃及资料。

31. Elio Lo Cascio and Paolo Malanima, "Ancient and Pre-Modern Economies. GDP in the Roman Empire and Early Modern Europe" (paper, Quantifying Long-Run Economic Development conference, Venice, March 21–25, 2011), http://www.paolomalanima.it/default_file/Papers/ANCIENT-PRE-MODERN-ECONOMIES.pdf, 详细讨论了这些假设。

32. Walter Scheidel and Steven Friesen, "The Size of the Economy and the Distribution of Income in the Roman Empire," *Journal of Roman Studies* 99 (2009): 63 (Princeton/Stanford Working Papers in Classics no. 010901, http://www.princeton.edu/~pswpc/).

33. Keith Hopkins, "Taxes and Trade in the Roman Empire (200 BC–AD 200)," *Journal of Roman Studies* 70 (1980): 101–25; "Rome, Taxes, Rents and Trade," in Walter Scheidel and Sitta von Reden, eds., *The Ancient Economy* (Edinburgh: Edinburgh University Press, 2002), 190–230; "The Political Economy of the Roman Empire," in Morris and Scheidel, *Dynamics of Ancient Empires*, 178–204; R. W. Goldsmith, "An Estimate of the Size and Structure of the National Product of the Early Roman Empire," *Review of Income and Wealth* 30 (1984): 263–88; Angus Maddison, *Contours of the*

World Economy 1–2030 AD: Essays in Macroeconomic History (New York: Oxford University Press, 2007).

34. Scheidel and Friesen, "Size of the Economy"; Maddison, *Contours*.

35. Scheidel, "Real Wages"; Cook, "Flow of Energy"; Hopkins, "Taxes and Trade"; Goldsmith, "Estimate"; Maddison, *Contours*; Scheidel and Friesen, "Size of the Economy."

36. Smil, *General Energetics* and *Energy in World History*.

37. A. H. V. Smith, "Provenance of Coals from Roman Sites in England and Wales," *Britannia* 28 (1997): 297–324.

38. Smil, *Energy in World History*, 119.

39. Morris, "Economic Growth," 709–42; "Archaeology, Standards of Living, and Greek Economic History," 91–126; "Early Iron Age Greece," 211–41.

40. M. Legouilloux, "L'alimentation carnée au Ier millenaire avant J.-C. en Grèce continentale et dans les Cyclades," *Pallas* 52 (2000): 69–95.

41. William Coulson and Sarah Vaughan, eds., *Palaeodiet in the Aegean* (Oxford: Oxbow, 2000); D. Kusan, "Rapport synthétique sur les recherches archéobotaniques dans le sanctuaire d'Héra de l'Île de Samos," *Pallas* 52 (2000): 99–108; Albert Prieto and Joseph Carter, *Living off the Chora: Food and Diet in Ancient Pantanello* (Austin, TX: Institute for Classical Archaeology, 2003); F. Megaloudi et al., "Plant Offerings from the Classical Necropolis of Limenas, Thasos, North Greece," *Antiquity* 81 (2007): 933–43; Anne Keenleyside et al., "Stable Isotopic Evidence in a Greek Colonial Population," *Journal of Archaeological Science* 36 (2009): 51–63; Efrossini Vika et al., "Aristophanes and Stable Isotopes: A Taste for Freshwater Fish in Classical Thebes (Greece)?" *Antiquity* 83 (2009): 1076–83; Ephraim Lytle, "Fish Lists in the Wilderness: The Social and Economic History of a Boiotian Price Decree," *Hesperia* 79 (2010): 253–303; Efrossini Vika, "Diachronic Dietary Reconstructions in Ancient Thebes, Greece: Results from Stable Isotope Analysis," *Journal of Archaeological Science* 38 (2011): 1157–63. 关于不同地方消费鱼类的差异：Efrossini Vika and Tatiana Theodoropoulou, "Reinvestigating Fish Consumption in Greek Antiquity: Results from $\delta^{13}C$ and $\delta^{15}C$ Analysis from Fish Bone Collagen," *Journal of Archaeological Science* 39 (2012):1618–27。

42. Morris, "Economic Growth"; Geofrey Kron, "Anthropometry, Physical Anthropology, and the Reconstruction of Ancient Health, Nutrition, and Living Standards," *Historia* 54 (2005): 68–83.

43. 关于气候体系从亚北方期向亚大西洋期的转变：P. A. Mayewski et al.,

"Holocene Climate Variability," *Quaternary Research* 62 (2005): 243–55; B. van Geel et al., "Archaeological and Palynological Indications of an Abrupt Climate Change in the Netherlands, and Evidence for Climatological Teleconnections around 2630 BP," *Journal of Quaternary Science* 11 (1996): 451–60; F. M. Chambers et al., "Globally Synchronous Climate Change 2800 Years Ago: Proxy Data from Peat in South America," *Earth and Planetary Science Letters* 253 (2007): 439–44; "Peatland Archives of Late Holocene Climate Change in Northern Europe," *PAGES News* 18 (2010): 4–6。认为公元前 1000 年早期气候变化并不大的元研究：Martin Finné et al., "Climate in the Eastern Mediterranean, and Adjacent Regions, during the Past 6000 Years," *Journal of Archaeological Science* 38 (2011): 3153–73。关于协调气候和社会变化方面不同类型证据的困难，参见 C. J. Caseldine and C. Turney, "The Bigger Picture: Towards Integrating Palaeoclimate and Environmental Data with a History of Societal Change," *Journal of Quaternary Science* 25 (2010): 88–93。

  44. 关于人口密度，参见 Mogens Hansen, *The Shotgun Method: The Demography of the Ancient Greek City-States* (Columbia: University of Missouri Press, 2006) 和 "An Update on the Shotgun Method," *Greek, Roman, and Byzantine Studies* 48 (2008): 259–86。

  45. Stephen Hodkinson, "Animal Husbandry in the Greek Polis," in C. R. Whittaker ed., *Pastoral Economies in Classical Antiquity, Proceedings of the Cambridge Philological Society* 14, suppl. (1988): 35–73; John Cherry et al., *Landscape Archaeology as Long-Term History* (Los Angeles: Cotsen Institute, 1991); Michael Jameson et al., *A Greek Countryside: The Southern Argolid from Prehistory to the Present* (Stanford: Stanford University Press, 1994); Anthony Snodgrass, "Response: The Archaeological Aspect," in Ian Morris, ed., *Classical Greece: Ancient Histories and Modern Archaeologies* (Cambridge, UK: Cambridge University Press, 1994), 197–200; John Bintliff et al., eds., *Testing the Hinterland: The Work of the Boeotia Survey (1989–1991) in the Southern Approaches to the City of Thespiai* (Cambridge, UK: McDonald Institute, 2008).

  46. Eberhard Zangger et al., "The Pylos Regional Archaeological Project, Part II: Landscape Evolution and Site Preservation," *Hesperia* 66 (1997): 549–641; Warren Eastwood et al., "Holocene Climate Change in the Eastern Mediterranean Region," *Journal of Quaternary Science* 22 (2006): 327–41; Morteza Djamali et al., "A Late Holocene Pollen Record from Lake Almaiou in NW Iran," *Journal of Archaeological Science* 36 (2009): 1364–75.

  47. Wolfram Hoepfner and Ernst-Ludwig Schwandner, *Haus und Stadt im klassischen Griechenland*, 2nd ed. (Munich: Deutscher Kunstverlag, 1994), 150;

Lisa Nevett, "A Real Estate 'Market' in Classical Greece? The Example of Town Housing," *Annual of the British School at Athens* 95 (2000): 329–44.

48. 关于奥林图斯: David M. Robinson et al., *Excavations at Olynthus*, 14 vols. (Baltimore: Johns Hopkins University Press, 1929–52); Nicholas Cahill, *Household and City Organization at Olynthus* (New Haven: Yale University Press, 2002)。关于沃拉姆·珀西: Maurice Beresford and John Hurst, *Wharram Percy: Deserted Medieval Village* (New Haven: Yale University Press, 1991)。关于中世纪和早期现代的希腊: Frederick Cooper, *Houses of the Morea: Vernacular Architecture of the Northwest Peloponnese (1205–1955)* (Athens: Melissa, 2002); Eleutherios Sigalos, *Housing in Medieval and Post-Medieval Greece* (Oxford: British Archaeological Reports International Series 1291, 2004); A. Vionis, "The Archaeology of Ottoman Villages in Central Greece: Ceramics, Housing and Everyday Life in Post-Medieval Boeotia," in A. Erkanal-Öktü et al., eds., *Studies in Honour of Itayat Erkanal* (Istanbul: Homer Kitabevi, 2006), 784–800; Johanna Vroom, "Early Modern Archaeology in Central Greece: The Contrasts of Artefact Rich and Sherdless Sites," *Journal of Mediterranean Archaeology* 11 (1998): 131–64。

49. Hansen, *Shotgun Method* and "Update."

50. Geofrey Kron, "The Use of Housing Evidence as a Possible Index of Social Equality and Prosperity in Classical Greece and Early Industrial England". 另请参见上述注释41中引用的作品。

51. Morris, "Early Iron Age Greece."

52. Hopkins, "Rome, Taxes, Rents and Trade"; Alan Bowman, "Quantifying Egyptian Agriculture," and Roger Bagnall, "Response to Alan Bowman," both in Bowman and Wilson, *Quantifying the Roman Economy*, 177–204, 205–12.

53. 关于牲畜骸骨: Anthony King, "Diet in the Roman World: A Regional InterSite Comparison of the Mammal Bones," *Journal of Roman Archaeology* 12 (1999): 168–202; Mamoru Ikeguchi, "The Dynamics of Agricultural Locations in Roman Italy" (PhD dissertation, King's College London, 2007); Willem Jongman, "The Early Roman Empire: Consumption," in Scheidel et al., *Cambridge Economic History*, 592–618。关于船只残骸: A. J. Parker, *Ancient Shipwrecks of the Mediterranean and Roman Provinces* (Oxford: British Archaeological Reports, 1992); "Artifact Distributions and Wreck Locations: The Archaeology of Roman Commerce," in Robert Hohlfelder, ed., *The Maritime World of Ancient Rome* (Ann Arbor, MI: Memoirs of the American Academy in Rome supp. vol. 6, 2008), 177–96, 可以同时阅读的有 Andrew Wilson, "Approaches to Quantifying Roman Trade" 和 Michael Fulford, "Approaches to Quantifying Roman Trade:

Response",均收于 Bowman and Wilson, *Quantifying the Roman Economy*, 213–49 and 250–58。2012年4月,在本书正在写作时,牛津罗马经济项目(Oxford Roman Economy Project)承诺提供一个关于船只残骸的新数据库(http://oxrep.classics.ox.ac.uk/oxrepdb/)。关于铅污染:François de Callataÿ, "The Graeco-Roman Economy in the Super-Long Run: Lead, Copper, and Shipwrecks," *Journal of Roman Archaeology* 18 (2005): 361–72; M. Kylander et al., "Refining the Preindustrial Atmospheric Pb-Isotope Evolution Curve in Europe Using an 8000 Year Old Peat Core from NW Spain," *Earth and Planetary Science Letters* 240 (2005): 467–85; V. Renson et al., "Roman Road Pollution Assessed by Elemental and Lead Isotope Geochemistry in Belgium," *Applied Geochemistry* 23 (2008): 3253–66; T. M. Mighall et al., "Ancient Copper and Lead Pollution Records from a Raised Bog Complex in Central Wales, UK," *Journal of Archaeological Science* 36 (2009): 1509–15。关于锡污染:Andrew Meharg et al., "First Comprehensive Peat Depositional Records for Tin, Lead and Copper Association with Antiquity of Europe's Largest Cassiterite Deposits," *Journal of Archaeological Science* 39 (2012): 717–27。关于森林采伐:William Harris, "Bois et déboisment dans la Méditerrannée antique," *Annales Histoires Sciences Sociales* 1 (2011): 105–40。关于公共碑铭:Ramsay MacMullen, "The Epigraphic Habit in the Roman Empire," *American Journal of Philology* 103 (1982): 233–46; Willem Jongman, "Archaeology, Demography, and Roman Economic Growth," in Bowman and Wilson, *Quantifying the Roman Economy*, 115–26。关于钱币:Richard DuncanJones, *Money and Government in the Roman Empire* (Cambridge, UK: Cambridge University Press, 1994); Elio Lo Cascio, "Produzione monetaria, finanza pubblica ed economia nel principato," *Rivista storica italiana* 109 (1997): 650–77。关于德国边境的考古发现:E. Holstein, *Mitteleuropäische Eichenchronologie* (Mainz: von Zabern, 1980), 137; B. Schmidt and W. Gruhle, "Klimaextreme in römischen Zeitein Strukturanalyse dendrochronologische Daten," *Archäologisches Korrespondenzblatt* 33 (2003): 421–27。Julia Hoffmann-Salz, *Die wirtschaftlichen Auswirkungen der römischen Eroberung: vergleichende Untersuchungen der Provinzen Hispania Tarraconensis, Africa Proconsularis und Syria* (Stuttgart: Historia Einzelschrift 218, 2011) 以丰富的考古细节,概述了帝国三个省的经济变化情况。

54. Walter Scheidel, "In Search of Roman Economic Growth" and Andrew Wilson, "Indicators for Roman Economic Growth," both in *Journal of Roman Archaeology* 22 (2009): 46–61 and 63–78, 讨论了这方面的一些情况。

55. http://ceipac.gh.ub.es/MOSTRA/u_expo.htm.

56. 乐观的观点:Jongman, "Early Roman Empire" and "Archaeology";

Kron, "Anthropometry"。悲观的观点：M. Giannecchini and J. Moggi-Cecchi, "Stature in Archaeological Samples from Central Italy: Methodological Issues and Diachronic Changes," *American Journal of Physical Anthropology* 135 (2008): 284–92; Walter Scheidel, "Roman Wellbeing and the Economic Consequences of the 'Antonine Plague,'" version 3.0 (Princeton/Stanford Working Papers in Classics no. 011001, http://www.princeton.edu/~pswpc/), 刊载于 Elio Lo Cascio, ed., *L'impatto della "peste antonina"*; "Physical Wellbeing in the Roman World," version 3.0 (Princeton/Stanford Working Papers in Classics no. 091001, http://www.princeton.edu/~pswpc/), 刊载于 Walter Scheidel, ed., *The Cambridge Companion to the Roman Economy* (Cambridge, UK: Cambridge University Press)。

57. I. M. Barton, *Roman Domestic Buildings* (Exeter: University of Exeter Press, 1996); Simon Ellis, *Roman Housing* (London: Duckworth, 2000); Robert Stephan, "House Size, Living Standards, and Economic Growth in the Roman World" (PhD dissertation, Stanford University, forthcoming); Kron, "Use of Housing Evidence."

58. Richard Alston, *The City in Roman and Byzantine Egypt* (London: Routledge, 2001); Andrew Wallace-Hadrill, *Houses and Society in Pompeii and Herculaneum* (Princeton: Princeton University Press, 1994).

59. 关于双耳瓶：John Paterson, "'Salvation from the Sea': Amphorae and Trade in the Roman World," *Journal of Roman Studies* 72 (1982): 146–57; D. P. S. Peacock and Dyfri Williams, *Amphorae and the Roman Economy* (London: Longman, 1986); André Tchernia, *Le vin de l'Italie romaine: essai de l'histoire économique d'après les amphores* (Paris: École française à Rome, 1986); C. Panella and A. Tchernia, "Produits agricoles transportés en amphores: l'huile et surtout le vin," in *L'Italie d'Auguste à Dioclétian* (Paris: École française à Rome, 1994), 145–65; Theodore Peña, *Roman Pottery in the Archaeological Record* (Cambridge, UK: Cambridge University Press, 2007)。关于铁器：Sarah Harvey, "Iron Tools from a Roman Villa at Boscoreale, Italy," *American Journal of Archaeology* 114 (2010): 697–714。

60. Peter Fibiger Bang, *The Roman Bazaar: A Comparative Study of Trade and Markets in a Tributary Empire* (Cambridge, UK: Cambridge University Press, 2009).

61. Rathbone, "'Muziris' Papyrus"; P. J. Cherian et al., "The Muziris Heritage Project: Excavations at Pattanam—2007," *Journal of Indian Ocean Archaeology* 4 (2007): 1–10; Roberta Tomber, *Indo-Roman Trade* (London: Duckworth, 2008).

62. Cook, "Flow of Energy."

63. Maddison, *Contours*, 37; Scheidel and Friesen, "Size of the Economy"; Paolo Malanima, "Energy Consumption and Energy Crisis in the Roman World"

(paper, American Academy in Rome, June 15–16, 2011); Lo Cascio and Malanima, "Ancient and Pre-Modern Economies."

64. Vaclav Smil, *Why America Is Not a New Rome* (Cambridge, MA: MIT Press, 2010), 107–13.

65. Smil, *Energy in World History*, table A1.4.

66. Lo Cascio and Malanima, "Ancient and Pre-Modern Economies"; Maddison, *Contours*; Scheidel and Friesen, "Size of the Economy".

67. Malanima, "Energy Consumption."

68. 马拉尼马还认为我提出的 1900 年的数据（每人每天 92 000 千卡）过高，他认为应当是每人每天 41 500 千卡。这里有一个典型的单位定义问题。马拉尼马将 1900 年西方的核心地区定为瑞典、挪威、荷兰、德国、法国、西班牙、葡萄牙和意大利，而我出于在本书第二章 "8. 关注核心地区" 一节中解释的原因，将其定为英国、低地国家、德国西部、法国北部和美国东北部的工业化中心地带。马拉尼马注意到，单英格兰的数字就有每人每天 95 000 千卡，对于更大的西方工业核心地区，我的估计是每人每天 92 000 千卡，与库克的估计是一致的。

69. 马拉尼马给出的罗马人的能量消耗是每人每天 6 000~11 000 千卡；我取这一区间的中数，即每人每天 8 500 千卡。

70. Scheidel, "Real Wages"; Robert Allen, "How Prosperous Were the Romans? Evidence from Diocletian's Price Edict (AD 301)," in Bowman and Wilson, *Quantifying the Roman Economy*, 327–45; Scheidel and Friesen, "Size of the Economy," 10n29.

71. Michael McCormick, *Origins of the European Economy: Communications and Commerce, AD 300–900* (Cambridge, UK: Cambridge University Press, 2001); Bryan Ward-Perkins, *The Fall of Rome and the End of Civilization* (Oxford: Oxford University Press, 2005); Chris Wickham, *Framing the Early Middle Ages: Europe and the Mediterranean 400–800* (Oxford: Oxford University Press, 2005).

72. Wickham, *Framing*.

73. Morris, *Why the West Rules*, 292–308.

74. Walter Scheidel, "A Model of Demographic and Economic Change in Roman Egypt After the Antonine Plague," *Journal of Roman Archaeology* 15 (2002): 97–114; Scheidel, "Roman Wellbeing." Roger Bagnall, "Effects of Plague: Model and Evidence," *Journal of Roman Archaeology* 15 (2002): 114–20，提供了不同观点。

75. Michael McCormick et al., "Climate Change under the Roman Empire and Its Successors, 100 BC–800 AD: A First Synthesis Based on Multi-Proxy Natural Scientific and Historical Evidence," *Journal of Interdisciplinary History* 43 (2012):

169–220.

76. Jan Baeten et al., "Faecal Biomarkers and Archaeobotanical Analyses of Sediments from a Public Latrine Shed New Light on Ruralisation in Sagalassos, Turkey," *Journal of Archaeological Science* 39 (2012): 1143–59.

77. Roger Bagnall, *Egypt in Late Antiquity* (Berkeley: University of California Press, 1993); Andrew Watson, *Agricultural Innovation in the Early Islamic World* (Cambridge, UK: Cambridge University Press, 1982).

78. S. Mays and N. Beavan, "An Investigation of Diet in Early Anglo-Saxon England Using Carbon and Nitrogen Stable Isotope Analysis of Human Bone Collagen," *Journal of Archaeological Science* 39 (2012): 867–74.

79. See Bagnall, *Egypt in Late Antiquity*.

80. Peter Brown, *The World of Late Antiquity AD 150–750* (London: Thames & Hudson, 1971), 7.

81. Andrea Giardina, "The Transition to Late Antiquity," in Scheidel et al., *Cambridge Economic History*, 746.

82. Edward Luttwak, *The Grand Strategy of the Byzantine Empire* (Cambridge, MA: Harvard University Press, 2009), 1.

83. 尤其请看：Ward-Perkins, *Fall of Rome*; Guy Halsall, *Barbarian Migrations and the Roman West*, 367–568 (Cambridge, UK: Cambridge University Press, 2007); Willem Jongman, "Gibbon Was Right: The Decline and Fall of the Roman Economy," in Olivier Hekster et al., eds., *Crises and the Roman Empire* (Leiden: Brill, 2007), 183–99。

84. 例如，请看关于 Colchester 考古遗址的英文网站 (Christopher Hawkes and M. R. Hull, *Camulodunum I* [London: Reports of the Research Committee of the Society of Antiquaries 14, 1947]; Christopher Hawkes and P. J. Crummy, *Camulodunum II* [Colchester: Colchester Archaeological Report 11, 1995]; P. J. Crummy, *Aspects of Anglo-Saxon and Norman Colchester* [London: Council for British Archaeology Research Report 39 and Colchester: Colchester Archaeological Report 1, 1981] *Excavations at Lion Walk, Balkerne Lane, and Middleborough, Colchester, Essex* [Colchester: Colchester Archaeological Report 3, 1984])；关于 Wroxeter 考古遗址 (R. White and Philip Barker, *Wroxeter: Life and Death of a Roman City* [London: Tempus, 1998]; Philip Barker, *The Baths Basilica, Wroxeter* [London: English Heritage, 1997])；关于 St. Albans 考古遗址 (D. Neal et al., *Excavations of the Iron Age, Roman, and Mediaeval Settlement at Gorhambury, St. Albans* [London: HBMC, 1990])，或者伦敦考古遗址 (W. F. Grimes, *The Excavation of Roman and Medieval London* [London 1968])；关于意大利的罗马考古遗址 (Eva Margareta Steinby, ed., *Lexicon Topographicum Urbis*

Romae, 6 vols. [Rome: Quasar, 1993–2000]; Roger Coates-Stephens, "Housing in Early Medieval Rome," *Papers of the British School at Rome* 64 [1996]: 239–59), 关于那不勒斯考古遗址 (Paul Arthur, *Naples, from Roman Town to City-State* [Rome: British School at Rome, 2002]), 或者 San Giovanni di Ruoti 考古遗址 (Joann Freed, "San Giovanni di Ruoti: Cultural Discontinuity Between the Early and Late Roman Empire in Southern Italy," in Caroline Malone and Simon Stoddart, eds., *Papers in Italian Archaeology* [Oxford: British Archaeological Reports International Series 246, 1985], 4:179–93, 还有 Neil Christie 的全面性综述, *From Constantine to Charlemagne: An Archaeology of Italy, AD 300–800* [London: Ashgate, 2006]); 关于埃及的 Coptos 考古遗址 (Sharon Herbert and Andrea Berlin, "Excavations at Coptos [Qift] in Upper Egypt, 1987–1992," *Journal of Roman Archaeology* 53, suppl. [2003]) 或 Bakchias 考古遗址 (G. Bitelli et al., *The Bologna and Lecce Universities Joint Archaeological Mission in Egypt: Ten Years of Excavation at Bakchias, 1993–2002* [Naples: Graus, 2003])。

85. Timothy Insoll, *The Archaeology of Islam* (Oxford: Blackwell, 1999); Marcus Milwright, *An Introduction to Islamic Archaeology* (Edinburgh: Edinburgh University Press, 2010).

86. Wickham, *Framing*.

87. Alan Harvey, *Economic Expansion in the Byzantine Empire 900–1200* (Cambridge, UK: Cambridge University Press, 1989); Angeliki Laiou, ed., *The Economic History of Byzantium: From the Seventh through the Fifteenth Century* (Washington, DC: Dumbarton Oaks, 2002); Branko Milanovic, "An Estimate of Average Income and Inequality in Byzantium around the Year 1000," *Review of Income and Wealth* 52 (2006): 449–70.

88. Milanovic, "Estimate," 454.

89. 关于范赞登的计算结果，转引自 Milanovic, "Estimate," 460; Gregory Clark, "The Condition of the Working Class in England, 1209–2004," *Journal of Political Economy* 113 (2005): 1308。

90. Milanovic, "Estimate," 450; Robert Lopez, "The Dollar of the Middle Ages," *Journal of Economic History* 11 (1951): 215.

91. Peter Lock and Guy Sanders, eds., *The Archaeology of Medieval Greece* (Oxford: Oxbow, 1996); Sigalos, *Housing*; John Bintliff and Hanna Stöger, eds., *Medieval and Post-Medieval Greece: The Corfu Papers* (Oxford: British Archaeological Reports International Series 2023, 2009); Lynne Schepartz et al., eds., *New Directions in the Skeletal Biology of Greece* (Princeton: American School of Classical Studies, 2009).

92. See, for example, James Graham-Campbell and Magdalena Valor, eds., *The*

Archaeology of Medieval Europe I: The Eighth to Twelfth Centuries (Aarhus: Aarhus Universitetsforlag, 2006); Jane Grenville, *Medieval Housing* (London: Cassell, 1999); Tadhag O'Keefe, ed., *The Archaeology of Medieval Europe II: Twelfth to Sixteenth Centuries* (London: University College London, 2008); C. M. Woolgar et al., eds., *Food in Medieval England: Diet and Nutrition* (New York: Oxford University Press, 2009).

93. Laurie Reitsema et al., "Preliminary Evidence for Medieval Polish Diet from Carbon and Nitrogen Stable Isotopes," *Journal of Archaeological Science* 37 (2010): 1413–23.

94. Sevket Pamuk, "The Black Death and the Origins of the 'Great Divergence' across Europe, 1300–1600," *European Review of Economic History* 11 (2007): 289–317.

95. For example, Allen, "Great Divergence"; Clark, "Condition"; Paolo Malanima, "Wages, Productivity and Working Time in Italy 1300–1913," *Journal of European Economic History* 36 (2007): 127–74; "The Long Decline of a Leading Economy: GDP in Central and Northern Italy, 1300–1913," *European Review of Economic History* 15 (2010): 169–219; Pamuk, "Black Death."

96. Maddison, *World Economy*.

97. Luis Angeles, "GDP Per Capita or Real Wages? Making Sense of Conflicting Views on Pre-Industrial Europe," *Explorations in Economic History* 45 (2008): 147–63.

98. See the discussion in A. E. Aston and T. Philpin, eds., *The Brenner Debate* (Cambridge, UK: Cambridge University Press, 1985).

99. Sylvia Thrupp, "Medieval Industry 1000–1500," in Carlo Cipolla, ed., *The Fontana Economic History of Europe I: The Middle Ages* (Glasgow: Fontana, 1972), 221–73; Benjamin Kedar, *Merchants in Crisis: Genoese and Venetian Men of Affairs and the Fourteenth-Century Depression* (New Haven: Yale University Press, 1976); Maureen Mazzaoui, *The Italian Cotton Industry in the Later Middle Ages, 1100–1600* (Cambridge, UK: Cambridge University Press, 1981); Harry Miskimin, *The Economy of Early Renaissance Europe, 1300–1460* (Englewood Cliffs, NJ: Prentice Hall, 1969).

100. Edwin Hunt and James Murray, *A History of Business in Medieval Europe 1200–1550* (Cambridge, UK: Cambridge University Press, 1999), summarize this research.

101. E.g., B. H. Slicher van Bath, *The Agrarian History of Western Europe A.D. 500–1850* (London: Arnold, 1963); Gregory Clark, "Productivity Growth without Technical Change in European Agriculture before 1850," *Journal of Economic History* 47 (1987): 419–32; David Grigg, *The Transformation of Agriculture in the West* (Oxford: Blackwell, 1992).

102. Barrett et al., "Dark Age Economics" and "Interpreting the Expansion of Sea Fishing in Medieval Europe Using Stable Isotope Analysis of Archaeological Cod Bones," *Journal of Archaeological Science* 38 (2011): 1516–24; Cavaciocchi, *Alimentazione*; Müldner and Richards, "Fast or Feast" and "Stable Isotope Evidence"; Salamon et al., "Consilience of Historical and Isotopic Approaches," 1667–72.

103. Koepke and Baten, "Agricultural Specialization"; Carlo Cipolla, ed., *The Fontana Economic History of Europe II: The Sixteenth and Seventeenth Centuries* (Glasgow: Fontana, 1974).

104. 有大量的证据，其中很多在下列文献中有所描述：Fernand Braudel, *Civilization and Capitalism, 15th–18th Centuries I: The Structures of Everyday Life*, trans. Siân Reynolds (New York: Harper and Row, 1981); Carlo Cipolla, *Europe before the Industrial Revolution: European Society and Economy, 1000–1700*, 3rd ed. (London: Routledge, 1993); Dyer, *Standards of Living*; Christopher Dyer and Richard Jones, eds., *Deserted Villages Revisited* (Hertford: University of Hertfordshire Press, 2010); W. G. Hoskins, "The Rebuilding of Rural England, 1570–1640," *Past and Present* 4 (1953): 44–59; Matthew Johnson, *An Archaeology of Capitalism* (Oxford: Blackwell, 1996); Daniel Smail, *Goods and Debts in Mediterranean Europe* (Draft manuscript, 2010)。

105. 关于生产：Jan de Vries and Ad van der Woude, *The First Modern Economy: Success, Failure, and Perseverance in the Dutch Economy, 1500–1815* (Cambridge, UK: Cambridge University Press, 1997); John Blair and Nigel Ramsay, eds., *English Medieval Industries: Craftsmen, Techniques, Products* (London: Continuum, 2003); Elizabeth Smith and Michael Wolfe, eds., *Technology and Resource Use in Medieval Europe: Cathedrals, Mills, and Mines* (Aldershot, UK: Variorum, 1998)。关于更长的工作时间：de Vries, *Industrious Revolution*。关于化石燃料：John Hatcher, *The History of the British Coal Industry I: Before 1700: Towards the Age of Coal* (Oxford: Oxford University Press, 1993); Paolo Malanima, "The Energy Basis for Early Modern Growth, 1650–1820," in M. Prak, ed., *Early Modern Capitalism: Economic and Social Change in Europe, 1400–1800* (London: Routledge, 2000); Richard Unger, "Energy Sources for the Dutch Golden Age: Peat, Wind, and Coal," *Research in Economic History* 9 (1984): 221–53。

106. M. Kleiber, *The Fire of Life: An Introduction to Animal Energetics* (New York: Wiley, 1961); T. H. Clutton-Brock, ed., *Primate Ecology* (New York: Academic Press, 1989).

107. R. Bailey, "The Behavioral Ecology of Efe Pygmy Men in the Ituru Forest,

Zaire" (University of Michigan Museum of Anthropology Paper 86, Ann Arbor, 1991); P. Dwyer, "Etolo Hunting Performance and Energetics," *Human Ecology* 11 (1983): 145–74; Richard Lee, *The !Kung San: Men, Women, and Work in a Foraging Society* (Cambridge, UK: Cambridge University Press, 1979); G. Silberbauer, *Hunter and Habitat in the Central Kalahari Desert* (Cambridge, UK: Cambridge University Press, 1981); P. T. Katzmaryk et al., "Resting Metabolic Rate and Daily Energy Expenditure among Two Indigenous Siberian Groups," *American Journal of Human Biology* 6 (2005): 719–30; Llorenç Picornell Gelabert et al., "The Ethnoarchaeology of Firewood Management in the Fang Villages of Equatorial Guinea, Central Africa: Implications for the Interpretation of Wood Fuel Remains from Archaeological Sites," *Journal of Anthropological Archaeology* 30 (2011): 375–84.

108. Richard Klein, *The Human Career*, 3rd ed. (Chicago: University of Chicago Press, 2009), 262–71.

109. Ibid., table 4.10.

110. Richard Wrangham, *Catching Fire* (London: Profile, 2009).

111. N. Goren-Inbar et al., "Evidence of Hominin Control of Fire at Gesher Benot Ya'aqov, Israel," *Science* 204 (2004): 725–27; N. Alperson-Afil, "Continual Fire-Making by Hominins at Gesher Benot Ya'aqov, Israel," *Quaternary Science Reviews* 27 (2008): 1733–39.

112. John Gowlett, "The Early Settlement of Northern Europe: Fire History in the Context of Climate Change and the Social Brain," *Comptes Rendus de Palévolution* 5 (2006): 299–310; R. Preece et al., "Humans in the Hoxnian: Habitat, Context and Fire Use at Beeches Pit, West Stow, Suffolk, UK," *Journal of Quaternary Science* 21 (2006): 485–96; H. Thieme, "The Lower Paleolithic Art of Hunting," in Clive Gamble and M. Parr, eds., *The Hominid Individual in Context* (London: Routledge, 2005), 115–32.

113. H. Bocherens et al., "Paleoenvironmental and Paleodietary Implications of Isotopic Biogeochemistry of Last Interglacial Neanderthal and Mammoth Bones in Scladina Cane (Belgium)," *Journal of Archaeological Science* 26 (1999): 599–607; "New Isotopic Evidence for Dietary Habits of Neandertals from Belgium," *Journal of Human Evolution* 40 (2001): 497–505; Laura Niven, *The Palaeolithic Occupation of Vogelherd Cave: Implications for the Subsistence Behaviour of Late Neanderthals and Early Modern Humans* (Tübingen: Kerns, 2006); Michael Richards et al., "Neanderthal Diet at Vindija and Neanderthal Predation: The Evidence from Stable Isotopes," *Proceedings of the National Academy of Sciences* 97 (2000): 7663–66; "Isotopic Dietary Analysis of a Neanderthal and Associated Fauna from the Site of Jonzac (Charante-Maritime),

France," *Journal of Human Evolution* 55 (2008): 179–85; Michael Richards and Ralf Schmitz, "Isotopic Evidence for the Diet of the Neanderthal Type Specimen," *Antiquity* 82 (2009): 553–59.

114. Anne Delagnes and William Rendu, "Shifts in Neanderthal Mobility, Technology and Subsistence Strategies in Western France," *Journal of Archaeological Science* 38 (2011): 1771–83.

115. W. Leonard and M. Robertson, "Comparative Primate Energetics and Hominid Evolution," *American Journal of Physical Anthropology* 102 (1997): 265–81; Brent Sørenson and W. Leonard, "Neanderthal Energetics and Foraging Efficiency," *Journal of Human Evolution* 40 (2001): 483–95; Brent Sørenson, "Energy Use by Eem Neanderthals," *Journal of Archaeological Science* 36 (2009): 2201–5.

116. W. Leonard and M. Robertson, "Nutritional Requirements in Human Evolution: A Bioenergetics Approach," *American Journal of Human Biology* 4 (1992): 179–85.

117. Ralf Kittler et al., "Molecular Evolution of *Pediculus humanus* and the Origin of Clothing," *Current Biology* 13 (2003): 1414–17; Andrew Kitchen et al., "Genetic Analysis of Human Head and Clothing Lice Indicates an Early Origin of Clothing Use in Archaic Hominins" (paper, 79th annual meeting of the American Association of Physical Anthropologists, 2010), *Abstracts of AAPA Poster and Podium Session*s, 154, http://physanth.org/annual-meeting/2010/79th-annual-meeting-2010/2010%20 AAPA%20Abstracts.pdf.

118. Erik Trinkaus and Hong Shang, "Anatomical Evidence for the Antiquity of Human Footwear," *Journal of Archaeological Science* 35 (2008): 1928–33.

119. Klein, *Human Career*, 543–49.

120. Helen Wilkins, "Transformational Change in Proto-Buildings: A Quantitative Study of Thermal Behavior and Its Relationship with Social Functionality," *Journal of Archaeological Science* 36 (2009): 150–56.

121. D. Nadel, "The Organisation of Space in a Fisher-Hunter-Gatherers' Camp at Ohalo II, Israel," in M. Otte, ed., *Nature et culture* (Liège: Université de Liège, 1996), 373–88.

122. Bar-Yosef and Valla, *Natufian Culture in the Levant,* and Steven Mithen, *After the Ice: A Global Human History 20,000–5000 BC* (Cambridge, MA: Harvard University Press, 2003) 提供了很好的全面评述，虽然现在看来有些陈旧。

123. Gordon Hillman et al., "New Evidence of Lateglacial Cereal Cultivation at Abu Hureyra on the Euphrates," *The Holocene* 11 (2001): 383–93.

124. See Mithen, *After the Ice*, 46–55; Graeme Barker, *The Agricultural Revolution in Prehistory: Why Did Foragers Become Farmers?* (Oxford: Oxford University Press, 2006), 117–31; Metin Eren, ed., *Hunter-Gatherer Behavior: Human Response during the Younger Dryas* (Walnut Creek, CA: Left Coast Press, 2012).

125. T. Watkins, "The Origins of the House and Home?" *World Archaeology* 21 (1990): 336–47; Peter Akkermans and Glenn Schwartz, *The Archaeology of Syria* (Cambridge, UK: Cambridge University Press, 2003), 49–57.

126. Dorian Fuller, "Contrasting Patterns in Crop Domestication and Domestication Rates," *Annals of Botany* (2007): 1–22; Susan Colledge et al., "Archaeobotanical Evidence for the Spread of Farming in the Eastern Mediterranean," *Current Anthropology* 45, suppl. (2004): S35–S58; Susan Colledge and James Connolly, eds., *The Origins and Spread of Domestic Plants in Southwest Asia and Europe* (Walnut Creek, CA: AltaMira, 2007).

127. Clark Larsen, "Biological Changes in Human Populations with Agriculture," *Annual Review of Anthropology* 24 (1995): 185–213; "The Agricultural Revolution as Environmental Catastrophe," *Quaternary International* 150 (2006): 12–20; George Armelagos and Kristin Harper, "Genomics at the Origins of Agriculture," *Evolutionary Anthropology* 14 (2005): 68–77, 109–21.

128. See Barker, *Agricultural Revolution*; Fuller, "Contrasting Patterns"; Mark Nathan Cohen, ed., "Rethinking the Origins of Agriculture," *Current Anthropology* 50, suppl. (2009); Brian Boyd, *People and Animals in Levantine Prehistory, 10,000–8000 BC* (Cambridge, UK: Cambridge University Press, 2010).

129. Andrew Sherratt, *Economy and Society in Prehistoric Europe* (Edinburgh: Edinburgh University Press, 1997), 155–248.

130. Yosef Garfinkel et al., "The Domestication of Water: The Neolithic Well at Sha'ar Hagolan, Jordan Valley, Israel," *Antiquity* 80 (2006): 686–96; "Large-Scale Storage of Grain Surplus in the 6th Millennium BC: The Silos of Tel Tsaf," *Antiquity* 83 (2009): 309–25.

131. José Luis Araus et al., "Estimated Wheat Yields during the Emergence of Agriculture Based on the Carbon Isotope Discrimination of Grains: Evidence from a 10th Millennium BP Site on the Euphrates," *Journal of Archaeological Science* 28 (2001): 341–50; "Productivity in Prehistoric Agriculture," *Journal of Archaeological Science* 30 (2003): 681–89; Bogaard et al., "Impact of Manuring," 335–43.

132. 关于阿布胡赖拉遗址：Andrew Moore et al., *Village on the Euphrates* (New York: Oxford University Press, 2000)。关于恰塔霍裕克遗址：Ian Hodder, *The Leop-*

ard's Tale: Revealing the Mysteries of Çatalhöyük* (London: Thames & Hudson, 2006)。关于美索不达米亚的考古遗址：Susan Pollock, *Ancient Mesopotamia* (Cambridge, UK: Cambridge University Press, 1999), 78–148; Michael Roaf, "'Ubaid Social Organization and Social Activities as Seen from Tell Madhhur," in Elizabeth Henrickson and Ingolf Thuesen, eds., *Upon This Foundation: The 'Ubaid Reconsidered* (Copenhagen: Museum Tusculanum, 1989), 91–146。

133. 关于杰里科有争议的考古证据，参见 Ofer Bar-Yosef, "The Walls of Jericho: An Alternative Interpretation," *Current Anthropology* 27 (1986): 157–62;Thomas McClellan, "Early Fortifications: The Missing Walls of Jericho," *Baghdader Mitteilungen* 18 (2006): 593–610。关于埃利都考古遗址：Fuad Safar et al., *Eridu* (Baghdad: State Organization of Antiquities and Heritage, 1981)。关于苏萨考古遗址：M.-J. Stève and Hermann Gasche, *L'acropole de Suse* (Paris: Mémoires de la délégation archéologique française en Iran 46, 1971)。

134. M. Littauer and Jan Crouwel, *Wheeled Vehicles and Ridden Animals in the Ancient Near East* (Leiden: Brill, 1981); Stuart Piggott, *The Earliest Wheeled Transport* (London: Thames & Hudson, 1983).

135. Charles Maisels, *The Emergence of Civilization: From Hunting and Gathering to Agriculture, Cities, and the State in the Near East* (London: Routledge, 1990); Hans Nissen, *The Early History of the Ancient Near East, 9000–2000 BC* (Chicago: University of Chicago Press, 1988); Pollock, *Ancient Mesopotamia*; Postgate, *Early Mesopotamia;* and Michael Roaf, *Cultural Atlas of Mesopotamia* (New York: Facts on File, 1990) 对这一时期的不同部分提供了出色的概述。

136. For example, Nathan MacDonald, *What Did the Ancient Israelites Eat?* (Grand Rapids, MI: Eerdmans, 2008); Carol Yokell, *Modeling Socioeconomic Evolution and Continuity in Ancient Egypt: The Value and Limitations of Zooarchaeological Analyses* (Oxford: Archeopress, 2004).

137. For example, Coulson and Vaughan, *Palaeodiet in the Aegean* and Sevi Triandaphyllou et al., "Isotopic Dietary Reconstruction of Humans from Middle Bronze Age Lerna, Argolid, Greece," *Journal of Archaeological Science* 35 (2008): 3028–34 是关于爱琴海地区的。

138. Michael Jursa, "The Ancient Near East: Fiscal Regimes, Political Structures" (paper, Premodern Fiscal Regimes conference, Stanford University, May 27, 2010), table 1.

139. Postgate, *Early Mesopotamia*, 226–29.

140. Gary Feinman and Joyce Marcus, eds., *Archaic States* (Santa Fe, NM: School

of American Research, 1998).

141. Eric Cline, *Sailing the Wine-Dark Sea: International Trade in the Aegean Late Bronze Age* (Oxford: British Archaeological Reports International Series 591, 1994); William Parkinson and Michael Galaty, eds., *Archaic State Interaction: The Eastern Mediterranean in the Bronze Age* (Santa Fe: School for American Research, 2010); George Bass, "Cape Gelidonya Shipwreck," and Cemal Pulak, "Uluburun Shipwreck," in Cline, *Oxford Handbook of the Bronze Age Aegean*, 797–803 and 862–76.

142. 关于青铜时代地中海的考古研究，有许多综述文献，但以下作品对于考古现场报告介绍得尤其出色，富有参考价值——关于埃及：Barry Kemp, *Ancient Egypt* (Cambridge, UK: Cambridge University Press, 1989); 关于美索不达米亚：Postgate, *Early Mesopotamia*, 73–108, 191–240; 关于叙利亚：Akkermans and Schwartz, *Archaeology of Syria*, 211–359; 关于爱琴海地区：Oliver Dickinson, *The Aegean Bronze Age* (Cambridge, UK: Cambridge University Press, 1994), 95–207; 关于埃兰：Daniel Potts, *The Archaeology of Elam* (Cambridge, UK: Cambridge University Press, 1999), 85–257。

143. John McEnroe, "A Typology of Minoan Neopalatial Houses," *American Journal of Archaeology* 86 (1982): 3–19.

144. 关于崩溃的原因：Nüzhet Dalfes et al., *Third Millennium BC Climate Change and Old World Collapse* (Berlin: Springer, 1997); Nadine Moeller, "The First Intermediate Period: A Time of Famine and Climate Change?" *Ägypten und Levante* 15 (2006): 153–67; Marc van de Mieroop, *A History of Ancient Egypt* (Oxford: Wiley-Blackwell, 2010), 86–96。关于对其真实性的质疑：Lisa Cooper, *Early Urbanism on the Syrian Euphrates* (London: Routledge, 2006); Anne Porter, *Mobile Pastoralism and the Formation of Near Eastern Civilizations: Weaving Together Society* (Cambridge, UK: Cambridge University Press, 2012)。Finné 等人（在"Climate in the Eastern Mediterranean"中）提出，气候学数据的确显示公元前 2200 年前后出现了干旱情况，但并没有显示出许多气候变化理论所认为的那种迅速干旱。

145. 关于乌加里特：O. Callot, *Une maison à Ugarit: études d'architecture domestique* (Paris: Editions recherché sur les civilisations, 1983) 和 *La tranchée "ville sud": études d'architecture domestique* (Paris: Editions recherché sur les civilisations, 1994); M. Yon, *La cité d'Ougarit sur le tell de Ras Shamra* (Paris: Editions recherchésur les civilisations, 1997)。关于奥林图斯：Robinson et al., *Excavations at Olynthus*; Cahill, *Household and City*。

146. William Ward and Martha Joukowsky, eds., *The Crisis Years: The 12th Century BC* (Dubuque, IA: Kendall-Hunt, 1992); Robert Drews, *The End of the Bronze Age* (Princeton: Princeton University Press, 1993); Christopher Bachhuber

and Gareth Roberts, eds., *Forces of Transformation: The End of the Bronze Age in the Mediterranean* (Oxford: Oxbow, 2009); Yasur-Landau Assaf, *The Philistines and Aegean Migration at the End of the Late Bronze Age* (Cambridge, UK: Cambridge University Press, 2010).

147. Akkermans and Schwartz, *Archaeology of Syria*, 360–77; Philip King and Lawrence Stager, *Life in Biblical Israel* (Louisville, KY: Westminster John Knox Press, 2001); Morris, "Early Iron Age Greece"; Sarah Murray, "Imports, Trade, and Society in Early Greece" (PhD dissertation, Stanford University, forthcoming).

148. Morris, "Early Iron Age Greece."

149. Lawrence Stager, "The Archaeology of the Family in Ancient Israel," *Bulletin of the American Schools of Oriental Research* 260 (1985): 1–35; Alexander Mazarakis Ainian, *From Rulers' Dwellings to Temples: Architecture, Religion, and Society in Early Iron Age Greece* (Jonsered, Sweden: Studies in Mediterranean Archaeology, 1997); Rosa Maria Albanese Procelli, *Sicani, Siculi, Elimi: Forme di identità, modi di contatto e processi di trasformazione* (Milan: Longanesi, 2003); Michel Py, *Les Gaulois du Midi: de la fin du l'âge du bronze à la conquête romaine* (Paris: Hachette, 1993).

150. Morris, "Early Iron Age Greece"; Legouilloux, "L'alimentation."

151. Anthony Snodgrass, "The Coming of the Iron Age in Greece: Europe's First Bronze/Iron Transition," in Marie-Louise Stig-Sørenson and Richard Thomas, eds., *The Bronze-Iron Transition in Europe* (Oxford: British Archaeological Reports International Series 483, 1989), 1:22–35.

152. 希腊最早的藏有大量铁制工具的地方：Alexander Mazarakis Ainian, "Skala Oropou," *Praktika tis en Athinais Arkhaiologikis Etaireia* (1998): 132–44。关于地中海模式：Anthony Snodgrass, "Iron and Early Metallurgy in the Mediterranean," in Theodore Wertime and James Muhly, eds., *The Coming of the Age of Iron* (New Haven: Yale University Press, 1980), 335–74。

153. 关于近东：Peter Bedford, "The Persian Near East," in Scheidel et al., *Cambridge Economic History*, 302–29。关于地中海西部地区：Ramon Buxó, "Botanical and Archaeological Dimensions of the Colonial Encounter," in Michael Dietler and Caroline López-Ruiz, eds., *Colonial Encounters in Ancient Iberia* (Chicago: University of Chicago Press, 2009), 155–68; Carlos Gómez Bellard, *Ecohistoria del paisaje agrario: La agricultura fenicio-púnica en al Mediterráneo* (Valencia: University of Valencia Press, 2003); Michael Dietler, "The Iron Age in the Western Mediterranean," in Scheidel et al., *Cambridge Economic History*, 242–76; Jean-Paul Morel, "Early Rome and Italy," in Scheidel et al., *Cambridge Economic History*, 487–510; Morris,

"Early Iron Age Greece"; Py, *Les Gaulois*。

154. Sherratt, *Economy and Society*.

155. Compare Sarah Morris, *Daidalos and the Origins of Greek Art* (Princeton: Princeton University Press, 1992) and Morris, "Early Iron Age Greece".

156. Walter Scheidel, "Demography," in Scheidel et al., *Cambridge Economic History*, 42.

157. Morris, *Why the West Rules*, 640–45.

158. Food and Agriculture Organization, *Statistical Yearbook*, table 4; United Nations, *2003 Energy Statistics*.

159. See Smil, *General Energetics* and *Energy in World History*; John L. Buck, *Chinese Farm Economy* (Chicago: University of Chicago Press, 1930) and *Land Utilization in China* (Shanghai: Nanjing University Press, 1937); Dwight Perkins, *Agricultural Development in China, 1368–1968* (Chicago: Aldine, 1969).

160. See the statistical tables in G. C. Allen, *A Short Economic History of Modern Japan, 1867–1937* (London: Allen & Unwin, 1946) and Thomas C. Smith, *Political Change and Industrial Development in Japan: Government Enterprise, 1868–1880* (Stanford: Stanford University Press, 1955).

161. Conrad Totman, *The Green Archipelago: Forestry in Preindustrial Japan* (Berkeley: University of California Press, 1989); *Early Modern Japan* (Berkeley: University of California Press, 1993), 223–79.

162. See Buck, *Chinese Farm Economy* and *Land Utilization* and Perkins, *Agricultural Development,* plus Philip Huang, *The Peasant Economy and Social Change in North China* (Stanford: Stanford University Press, 1985).

163. Discussed in Morris, *Why the West Rules*, 11–21.

164. Maddison, *World Economy*; Perkins, *Agricultural Development*; Mark Elvin, *The Pattern of the Chinese Past* (Stanford: Stanford University Press, 1973).

165. Harriet Zurndorfer, "Beyond Sinology," *Journal of the Economic and Social History of the Orient* 46 (2003): 355–71.

166. Pomeranz, *Great Divergence*, 39, 91–98; Sucheta Mazumdar, *Sugar and Society in China: Peasants, Technology, and the World Market* (Cambridge, MA: Harvard University Press, 1998).

167. 悲观观点：Philip Huang, *The Peasant Family and Rural Development in the Lower Yangzi Region, 1350–1988* (Stanford: Stanford University Press, 1990); "Development or Involution in Eighteenth-Century Britain and China?" *Journal of Asian Studies* 61 (2002): 501–38。关于工资资料：Robert Allen, "Agricultural Productivity and Rural

Incomes in England and the Yangzi Delta, c. 1620–c. 1820" (unpublished paper, 2006), http://www.nuffield.ox.ac.uk/General/Members/allen.aspx; Robert Allen et al., "Wages, Prices and Living Standards in China, 1738–1925: A Comparison with Europe, Japan and India," *Economic History Review* 64, supplement (2011): 8–38, http://www.nuffield.ox.ac.uk/General/Members/allen.aspx.

168. Robert Hartwell, "A Revolution in the Chinese Iron and Coal Industries during the Northern Sung, 960–1126 AD," *Journal of Asian Studies* 21 (1962): 155; see also Hartwell, "Markets, Technology, and the Structure of Enterprise in the Development of the 11th-Century Chinese Iron and Steel Industry," *Journal of Economic History* 26 (1966): 29–58; "A Cycle of Economic Change in Imperial China: Coal and Iron in Northeast China, 750–1350," *Journal of Economic and Social History of the Orient* 10 (1967): 102–59.

169. Peter Golas, *Science and Civilisation in China V: Chemistry and Chemical Technology. Part 13: Mining* (Cambridge, UK: Cambridge University Press, 1999), 170n475.

170. Donald Wagner, *Science and Civilisation in China V: Chemistry and Chemical Technology. Part 11: Ferrous Metallurgy* (Cambridge, UK: Cambridge University Press, 2008), 279–80.

171. Cited from Dieter Kuhn, *The Age of Confucian Rule: The Song Transformation of China* (Cambridge, MA: Harvard University Press, 2009), 307–8n36.

172. Golas, *Science and Civilisation*, 376–83; Kuhn, *Age of Confucian Rule*, 231.

173. S. Hong et al., "A Reconstruction of Changes in Copper Production and Copper Emissions to the Atmosphere during the Past 7000 Years," *Science of the Total Environment* 188 (1996): 183–93.

174. Hartwell, "Revolution," 159–60.

175. Jang-Sik Park et al., "Transition in Cast Iron Technology of the Nomads of Mongolia," *Journal of Archaeological Science* 34 (2007): 1187–96; "A Technological Transition in Mongolia Evident in Microstructure, Chemical Composition, and Radiocarbon Age of Cast Iron Artifacts," *Journal of Archaeological Science* 35(2008): 2465–70.

176. Elvin, *Pattern*; Kuhn, *Age of Confucian Rule*, 213–32.

177. http://news.bbc.co.uk/2/hi/asia-pacific/7156581.stm.

178. Kuhn, *Age of Confucian Rule*, 205; Klaas Ruitenbeek, *Carpentry and Building in Late Imperial China* (Leiden: Brill, 1993).

179. See note 155 above.

180. Perkins, *Agricultural Development*, 15.

181. See Jane Rowlandson, *Landowners and Tenants in Roman Egypt: The Social Relations of Agriculture in the Oxyrhynchite Nome* (Oxford: Clarendon, 1996), 247–52; Andrew Monson, *From the Ptolemies to the Romans: Political and Economic Change in Egypt* (Cambridge, UK: Cambridge University Press, 2012), 171–72.

182. Elvin, *Pattern*.

183. See Wong, *China Transformed*.

184. Maddison, *Contours*; Allen, "Agricultural Productivity"; Allen et al., "Wages, Prices, and Living Standards."

185. See Paul Smith and Richard von Glahn, eds., *The Song-Yuan-Ming Transition in Chinese History* (Cambridge, MA: Harvard University Press, 2003).

186. Frank, *ReOrient*; Rhoads Murphey, *The Outsiders: The Western Experience in India and China* (Ann Arbor: University of Michigan Press, 1977).

187. Samuel Adshead, *China in World History*, 3rd ed. (London: Longmans, 2000), 4–21 有效地突出了相似性。

188. 尤其请看 Walter Scheidel, ed., *Rome and China: Comparative Perspectives on Ancient World Empires* (New York: Oxford University Press, 2009) and Anna Razeto, "Imperial Structures and Urban Forms: A Comparative Study of Capital Cities in the Roman and Han Empires" (PhD thesis, University College London, 2011)。Fritz-Heiner Mutschler and Achim Mittag, eds., *Conceiving the Empire: China and Rome Compared* (New York: Oxford University Press, 2009) 更侧重于比较罗马和汉朝的观念。

189. Sadao Nishijima, "The Economic and Social History of Former Han," and Patricia Ebrey, "The Economic and Social History of Later Han," both in Loewe, *Cambridge History of China*, 551–607 and 608–48.

190. Cho-yun Hsu, *Han Agriculture: The Formation of the Early Chinese Agrarian Economy (206 BC–AD 220)* (Seattle: University of Washington Press, 1980); Wang Zhongshu, *Han Civilization*, trans. K. C. Chang (New Haven: Yale University Press, 1982).

191. Francesca Bray, *Science and Civilisation in China VI: Biology and Biological Technology. Part 6: Agriculture* (Cambridge, UK: Cambridge University Press, 1984).

192. Mark Lewis, *The Early Chinese Empires: Qin and Han* (Cambridge, MA: Harvard University Press, 2007), 103–15.

193. Francesca Bray, "The *Qimin yaoshu* (Essential Techniques for the Common People)" (unpublished paper, 2001, kindly provided to me by Professor Bray).

194. Hsu, *Han Agriculture*.

195. http://www.artsci.wustl.edu/~anthro/archy/projchina.html; http://english.peopledaily.com.cn/200602/22/eng20060222_244902.html.

196. Guo Qinghua, *The Mingqi Pottery Buildings of Han Dynasty China, 206 BC–AD 220* (Eastbourse, UK: Sussex University Press, 2010); Andrew Boyd, *Chinese Architecture and Town Planning: 1500 BC–AD 1911* (Chicago: University of Chicago Press, 1962); Robert Thorp, "Origins of Chinese Architectural Style: The Earliest Plans and Building Types," *Archives of Asian Art* 36 (1983): 22–39; Razeto, "Imperial Structures."

197. Donald Wagner, *Iron and Steel in Ancient China* (Leiden: Brill, 1993); Jang-Sik Park and Thilo Rehren, "Large-Scale 2nd to 3rd Century AD Bloomery Iron Smelting in Korea," *Journal of Archaeological Science* 38 (2011): 1180–90.

198. Walter Scheidel, "The Monetary Systems of the Han and Roman Empires," in Scheidel, *Rome and China*, 137–207.

199. Ying-shih Yü, *Trade and Expansion in Han China: A Study in the Structure of Sino-Barbarian Economic Relations* (Berkeley: University of California Press, 1967); Liu Xinru, *Ancient India and Ancient China: Trade and Religious Exchanges, AD 1–600* (Delhi: Oxford University Press, 1988); *Silk and Religion: An Exploration of Material Life and the Thought of People, AD 600–1200* (Delhi: Oxford University Press, 1996).

200. Morris, *Why the West Rules*, 270–75.

201. Mark Lewis, *China between Empires: The Northern and Southern Dynasties* (Cambridge, MA: Harvard University Press, 2009); Albert Dien, *Six Dynasties Civilization* (New Haven: Yale University Press, 2007).

202. Lien-Sheng Yang, "Notes on the Economic History of the Chin Dynasty," *Harvard Journal of Asiatic Studies* 9 (1947): 107–85.

203. Bray, *Science and Civilisation in China VI; The Rice Economy: Technology and Development in Asian Societies* (Oxford: Oxford University Press, 1986); *"Qimin yaoshu."*

204. Denis Twitchett, "The Monasteries and China's Economy in Medieval Times," *Bulletin of the School of Oriental and African Studies* 19 (1957): 526–49; "Lands under State Cultivation during the T'ang Dynasty," *Journal of the Economic and Social History of the Orient* 2 (1959): 162–203, 335–36; *Land Tenure and the Social Order in T'ang and Sung China* (London: School of Oriental and African Studies, 1961); Victor Xiong, "The Land-Tenure System of Tang China: A Study of the Equal Field System and the Turfan Documents," *T'oung Pao* 85 (1999): 328–90.

205. See Shufen Liu, "Jiankang and the Commercial Empire of the Southern Dynasties," in Scott Pearce et al., eds., *Culture and Power in the Reconstitution of the Chinese Realm, 200–600* (Cambridge, MA: Harvard University Press, 2001).

206. Denis Twitchett, "The Fragment of the T'ang Ordinances of the Department of Waterways Discovered at Tun-huang," *Asia Major* 6 (1957): 23–79; "Some Remarks on Irrigation under the T'ang," *T'oung Pao* 48 (1961): 175–94; "The T'ang Market System," *Asia Major* 12 (1966): 202–48.

207. Denis Twitchett, "Merchant, Trade, and Government in Late T'ang," *Asia Major* 14 (1968): 63–95.

208. Samuel Adshead, *Tang China* (London: Longmans, 2004); Lewis, *China between Empires*.

209. Yang Hong, "Changes in Urban Architecture, Interior Design, and Lifestyles Between the Han and Tang Dynasties," in Wu Hung, ed., *Between Han and Tang: Visual and Material Culture* (Beijing: Wenwu, 2003); John Kieschnick, *The Impact of Buddhism on Chinese Material Culture* (Princeton: Princeton University Press, 2003); Patricia Karetzky, *Court Art of the Tang* (Lanham, MD: University Press of America, 1996).

210. Cf. Wrigley, *Continuity, Chance and Change*.

211. 例如中国陕西省的龙王辿遗址：Shaanxi Institute of Archaeology, "The Upper Paleolithic Longwangcan Site in Shaanxi," *Chinese Archaeology* 8 (2008): 32–36; Zhang Jia-Fu et al., "The Palaeolithic Site of Longwangcan in the Middle Yellow River Valley, China," *Journal of Archaeological Science* 38 (2011): 1537–50。

212. Zhang Yue et al., "Zooarchaeological Perspectives on the Chinese Early and Late Paleolithic from the Ma'anshan Site (Guizhou, Southern China)," *Journal of Archaeological Science* 37 (2010): 2066–77; Elisabetta Boaretto et al., "Radiocarbon Dating of Charcoal and Bone Collagen Associated with Early Pottery at Yuchanyan Cave, Hunan Province, China," *Proceedings of the National Academy of Sciences* 106 (2009): 9595–9600, doi:10.1073/pnas.0900539106.

213. Yaroslav Kuzmin, "Chronology of the Earliest Pottery in East Asia," *Antiquity* 80 (2006): 362–71.

214. 关于阿布胡赖拉遗址：Hillman et al., "New Evidence"；关于吊桶环洞穴遗址：Z. Zhijun, "The Middle Yangtze Region in China Is One Place Where Rice Was Domesticated: Phytolith Evidence from the Diaotonghuan Cave, Northern Jiangxi," *Antiquity* 77 (1998): 885–97。关于柿子滩遗址：Li Liu et al., "Plant Exploitation of the Last Foragers at Shizitan in the Middle Yellow River Valley, China," *Journal of Archaeological*

Science 38 (2011): 3524–32。关于玉蟾岩遗址：Mary Prendergast et al., "Resource Intensification in the Late Upper Paleolithic: A View from Southern China," *Journal of Archaeological Science* 36 (2009): 1027–37。

215. Zhang et al., "Palaeolithic Site of Longwangcan."

216. Biancamaria Aranguren et al., "Grinding Flour in Upper Palaeolithic Europe (25,000 Years BP)," *Antiquity* 81 (2007): 845–55.

217. Li Liu et al., "A Functional Analysis of Grinding Stones from an Early Holocene Site at Donghulin, North China," *Journal of Archaeological Science* (forthcoming).

218. Tao Dawei et al., "Starch Grain Analysis for Groundstone Tools from Neolithic Baiyinchanghan Site: Implications for their Function in Northeast China," *Journal of Archaeological Science* 38 (2011): 3577–83; Pia Atahan et al., "Early Neolithic Diets at Baijian, Wei River Valley, China: Stable Carbon and Nitrogen Analysis of Human and Faunal Remains," *Journal of Archaeological Science* 38 (2011): 2811–17.

219. 2012 年 4 月 23 日至 24 日，刘莉在斯坦福大学组织的非公开研讨会 "The Origins of Sedentism and Agriculture in Early China"（中国早期定居生活和农业的起源），所提供的论文尤其使我受益。

220. Jiang Lepin and Li Liu, "New Evidence for the Origins of Sedentism and Rice Domestication in the Lower Yangzi River, China," *Antiquity* 80 (2006): 355–61.

221. Dorian Fuller et al., "Presumed Domestication? Evidence for Wild Rice Cultivation and Domestication in the Fifth Millennium BC of the Lower Yangtze Region," *Antiquity* 81 (2007): 316–31.

222. Li Liu et al., "The Earliest Rice Domestication in China," *Antiquity* 81, no. 313 (2007), http://www.antiquity.ac.uk/liu1/index.html; "Evidence for the Early Beginning (c. 9000 ca. BP) of Rice Domestication: A Response," *The Holocene* 17 (2007): 1059–68; Dorian Fuller and Ling Qin, "Immature Rice and Its Archaeobotanical Recognition," *Antiquity* 82, no. 316 (2008), http://www.antiquity.ac.uk/projgall/fuller316; Fuller et al., "Rice Archaeobotany Revisited," *Antiquity* 82, no. 315 (2008), http://www.antiquity.ac.uk/projgall/fuller315.

223. Liu Xinyi et al., "River Valleys and Foothills: Changing Archaeological Perceptions of North China's Earliest Farms," *Antiquity* 83 (2009): 82–95; Chi Zhang and Hsiao-chun Hung, "The Emergence of Agriculture in Southern China," *Antiquity* 84 (2010): 11–25.

224. Zhang Zhongpei, "The Yangshao Period: Prosperity and the Transformation of Prehistoric Society," in Chang and Xu, *Formation of Chinese Civilization*, 60–64.

225. Hu Yaowu et al., "Stable Isotopic Analysis of Human Bones from Jiahu Site,

Henan, China," *Journal of Archaeological Science* 33 (2006): 1319–30; "Stable Isotopic Analysis of Humans from Xiaojingshan Site," *Journal of Archaeological Science* 35 (2008): 2960–65; Jing et al., "Meat-Acquisition Patterns," 351–66; T. Cucchi et al., "Early Neolithic Pig Domestication at Jiahu, Henan Province, China," *Journal of Archaeological Science* 38 (2011): 11–22.

226. Li Liu, *The Chinese Neolithic* (Cambridge, UK: Cambridge University Press, 2004), 35–38.

227. Jiang and Liu, "New Evidence," 355–61; Liu, *Chinese Neolithic*, 39–46, 74–95; Christian Peterson and Gideon Shelach, "Jiangzhai: Social and Economic Organization of a Middle Neolithic Chinese Village," *Journal of Archaeological Science* 31 (2012): 265–301.

228. Rita Lanehart et al., "Dietary Adaptation during the Longshan Period in China: Stable Isotope Analysis at Liangchengzhen (Southeastern Shandong)," *Journal of Archaeological Science* 38 (2011): 2171–81.

229. Shao Wangping, "The Formation of Civilization: The Interaction Sphere of the Longshan Period," in Chang and Xu, *Formation of Chinese Civilization*, 90.

230. Cho-yun Hsu, *Ancient China in Transition: An Analysis of Social Mobility, 722–222 BC* (Stanford: Stanford University Press, 1965), 107–8.

231. Li Feng, "Feudalism and the Western Zhou," *Harvard Journal of Asiatic Studies* 63 (2003): 115–44.

232. Shao, "Formation," 91; Lothar von Falkenhausen, *Chinese Society in the Age of Confucius (1000–250 BC)* (Los Angeles: Cotsen Institute, 2006), 410–11n30.

233. Benjamin Roberts et al., "The Development of Metallurgy in Eurasia," *Antiquity* 83 (2009): 1012–22.

234. Li Liu and Chen Xingcan, *State Formation in Early China* (London: Duckworth, 2003).

235. Lu Liancheng and Yan Wenming, "Society during the Three Dynasties," in Chang and Xu, *Formation of Chinese Civilization*, 158–60.

236. Jessica Rawson, "Western Zhou Archaeology," in Loewe and Shaughnessy, *Cambridge History of Ancient China*, 352–449; von Falkenhausen, *Chinese Society*.

237. Jessica Rawson, "A Bronze-Casting Revolution in the Western Zhou and Its Influence on the Provincial Industries," in Robert Maddin, ed., *The Beginning of the Use of Metals and Alloys* (Cambridge, MA: MIT Press, 1988), 228–38; Li Xueqin, *Eastern Zhou and Qin Civilization* (New Haven: Yale University Press, 1985), 272–76; Lu Liancheng, "The Eastern Zhou and the Growth of Regionalism," in Chang and Xu,

Formation of Chinese Civilization, 205–10.

238. Liu, *Chinese Neolithic*, 108–11; Shanxi Fieldwork Team, "Monumental Structure from Ceremonial Precinct at Taosi Walled-Town in 2003," *Chinese Archaeology* 5 (2005): 51–58.

239. Kwang-chih Chang, *Shang Civilization* (New Haven: Yale University, 1980); Robert Thorp, *China in the Early Bronze Age* (Philadelphia: University of Pennsylvania Press, 2006).

240. Lu and Yan, "Society," 183–87.

241. von Falkenhausen, *Chinese Society*; Li Feng, *Landscape and Power in Early China: The Crisis and Fall of the Western Zhou 1045–771 BC* (Cambridge, UK: Cambridge University Press, 2006), 提供了相关参考资料。

242. Hsu, *Ancient China*, 108–9.

243. Mark Lewis, "Warring States Political History," in Loewe and Shaughnessy, *Cambridge History of Ancient China*, 604–5.

244. Hsu, *Ancient China*, 81–88; "The Spring and Autumn Period," in Loewe and Shaughnessy, *Cambridge History of Ancient China*, 578.

245. Steven Sage, *Ancient Sichuan and the Unification of China* (Albany: State University of New York Press, 1992); Joseph Needham, *Science and Civilisation in China IV Part 3: Civil Engineering and Nautics* (Cambridge, UK: Cambridge University Press, 1971), 288–96.

246. Li, *Eastern Zhou*, 284–94; Wagner, *Iron and Steel*; von Falkenhausen, *Chinese Society*, 409–10n29.

247. Lothar von Falkenhausen, "The Waning of the Bronze Age: Material Culture and Social Developments, 770–481 BC," in Loewe and Shaughnessy, *Cambridge History of Ancient China*, 539; Li Xiating et al., *Art of the Houma Foundry* (Princeton: Princeton University Press, 1996).

248. Hsu, *Ancient China*, 117–18; Li, *Eastern Zhou*, 372–77; Scheidel, "Monetary Systems."

249. Roberts et al., "Development"; Li Chungxiang et al., "Ancient DNA Analysis of Desiccated Wheat Grains from a Bronze Age Cemetery in Xinjiang, China," *Journal of Archaeological Science* 38 (2011): 115–19.

250. J. P. Mallory and Victor Mair, *The Tarim Mummies* (London: Thames & Hudson, 2008).

251. Morris, *Why the West Rules*, 143–50, 625–26.

第四章

1. For example, Robert Carneiro, "On the Relationship between Size of Population and Complexity of Social Organization," *Southwestern Journal of Anthropology* 23 (1967): 234–41; Andrew Forge, "Normative Factors in the Settlement Size of Neolithic Cultivators (New Guinea)," in Peter Ucko et al., eds., *Man, Settlement and Urbanism* (London: Duckworth, 1972), 363–76; Roland Fletcher, *The Limits of Settlement Growth* (Cambridge, UK: Cambridge University Press, 1995); de Long and Schleifer, "Princes and Merchants," 671–702; Edward Glaeser, *The Triumph of the City* (New York: Penguin, 2011).

2. *The Economist Pocket World in Figures, 2004 Edition* (London: Profile, 2004), 20.

3. Fletcher, *Limits*.

4. Hansen, *Shotgun Method*; Nicholas Postgate, "How Many Sumerians PerHectare? Probing the Anatomy of an Early City," *Cambridge Archaeological Journal* 4 (1994): 47–65.

5. Tertius Chandler, *Four Thousand Years of Urban Growth: An Historical Census* (Lewiston, NY: St David's University Press, 1987); Tertius Chandler and Gerald Fox, *Three Thousand Years of Urban Growth* (New York: Academic Press, 1974). 钱德勒在1987年做出的对公元前2000—公元1988年的估计，可见 http://web.archive.org/web/20080211233018/http://www.etext.org/Politics/ World.Systems/datasets/citypop/civilizations/citypops_2000BC-1988AD。Paul Bairoch's *Cities and Economic Development: From the Dawn of History to the Present* (Chicago: University of Chicago Press, 1988) 也很有价值，但稍微欠缺系统性。George Modelski 的网站 "Cities of the Ancient World" (https://faculty.washington.edu/modelski/WCITI2.html) 对西南亚和埃及的介绍仅限公元前1200年以前。维基百科的词条 "Historical Urban Community Sizes" (http://en.wikipedia.org/wiki/Historical_urban_community_sizes) 很大程度上也依靠的是钱德勒、莫德尔斯基（Modelski）和贝洛赫搜集的资料。

6. Chandler, *Four Thousand Years*, 461; Morris, "Growth of Greek Cities," 42–43.

7. Morris, *Why the West Rules*, 158.

8. *Economist Pocket World*, 20.

9. Christopher Bayly, *The Birth of the Modern World 1789–1914* (Oxford: Blackwell, 2004), 189, 以及许多其他资料。

10. Chandler, *Four Thousand Years*, 492.

11. Fernand Braudel, *Civilization and Capitalism, 15th–18th Centuries* I: *The Structures of Everyday Life*, trans. Siân Reynolds (New York: Harper and Row, 1981), 528.

12. 例如钱德勒（*Four Thousand Years*, 485）认为是68.1万人。

13. Cipolla, *Europe before the Industrial Revolution*, 304; Braudel, *Civilization and Capitalism*, 548.

14. Chandler, *Four Thousand Years*, 483; Bairoch, *Cities and Economic Develop-ment*, 378; 约翰·霍尔顿，2005年10月的私人谈话；http://www.medievallogistics.bham.ac.uk/。

15. 霍尔顿，2005年10月的私人谈话。

16. Eric Jones, *The European Miracle: Environments, Economies and Geopolitics in the History of Europe and Asia*, 3rd ed. (Cambridge, UK: Cambridge University Press, 2003), 178; Chandler, *Four Thousand Years*, 481; Bairoch, *Cities and Economic Development*, 378.

17. Chandler, *Four Thousand Years*, 478.

18. Frank, *ReOrient*, 12; Bairoch, *Cities and Economic Development*, 378; 霍尔顿，2005年10月的私人谈话。关于开罗：Janet Abu-Lughod, *Cairo: 1,001 Years of the City Victorious* (Princeton: Princeton University Press, 1971)。

19. 关于黑死病：Ole Benedictow, *The Black Death 1346–1353: The Complete History* (Rochester, NY: Boydell Press, 2004)。关于开罗：Chandler, *Four Thousand Years*, 476; Abu-Lughod, *Cairo*; Michael Dols, *The Black Death in the Middle East* (Princeton: Princeton University Press, 1974)。

20. 根据 Michael Brett, "Population and Conversion to Islam in Egypt in the Mediaeval Period," in U. Vermeulen and J. van Steenbergen, eds., *Egypt and Syria in the Fatimid, Ayyubid and Mamluk Eras* (Leuven: Peeters, 2005), 4:4，推测开罗的人口在13世纪40年代黑死病暴发前夕达到45万人的峰值。

21. Albert Hourani, *A History of the Arab Peoples*, 2nd ed. (New York: Warner, 2003), 112; Chandler, *Four Thousand Years*, 473; Bairoch, *Cities and Economic Development*, 378; Haldon, personal communication, October 2005.

22. Haldon, personal communication, October 2005.

23. Wickham, *Framing*, 612.

24. 关于科尔多瓦：Bairoch, *Cities and Economic Development*, 118; de Long and Schleifer, "Princes and Merchants," 678; Chandler, *Four Thousand Years*, 467。关于君士坦丁堡：霍尔顿，2005年10月的私人谈话。关于巴格达：Richard Hodges and David Whitehouse, *Mohamed, Charlemagne, and the Origins of Europe* (London: Duckworth, 1983)。

25. Chandler, *Four Thousand Years*, 468; Ira Lapidus, *A History of Islamic Societies*, 2nd ed. (Cambridge, UK: Cambridge University Press, 2002), 56。关于工业化之前的其他大城市：Fletcher, *Limits*。

26. Chandler, *Four Thousand Years*, 468；霍尔顿，2005年10月的私人谈话。

27. 霍尔顿，2005年10月的私人谈话。关于君士坦丁堡人口的下降：John Haldon, *Byzantium in the Seventh Century* (Cambridge, UK: Cambridge University Press, 1990), 114–17。

28. 霍尔顿，2005年10月的私人谈话。

29. 关于君士坦丁堡：Averil Cameron, *The Mediterranean World in Late Antiquity AD 395–600* (London: Routledge, 1993), 13; Wickham, *Framing*, 29; Chandler, *Four Thousand Years*, 465。关于谷物供应：Cyril Mango, *Le développement urbain de Constantinople (IVe—VIIe siècles)* (Paris: de Boccard, 1985); A. Sirks, "The Size of the Grain Distributions in Imperial Rome and Constantinople," *Athenaeum* 79 (1991): 215–37。关于罗马：Wickham, *Framing*, 33。关于"都市村庄"：Wickham, *Framing*, 653。

30. Hodges and Whitehouse, *Mohamed*, 48–52; Charles Krautheimer, *Three Christian Capitals: Topography and Politics. Rome, Constantinople, Milan* (Berkeley: University of California Press, 1983), 109，不过也请参见 154n12。

31. Wickham, *Framing*, 33.

32. For example, Keith Hopkins, *Conquerors and Slaves* (Cambridge, UK: Cambridge University Press, 1978), 96–98; Neville Morley, *Metropolis and Hinterland: The City of Rome and the Italian Economy, 200 BC–AD 200* (Cambridge, UK: Cambridge University Press, 1996), 33–54.

33. Glenn Storey, "The Population of Ancient Rome," *Antiquity* 71 (1997): 966–78.

34. Pierre Salmon, *Population et dépopulation dans l'empire romain* (Brussels: Latomus, 1974), 11–22.

35. Walter Scheidel, "Progress and Problems in Roman Demography," in Walter Scheidel, ed., *Debating Roman Demography* (Leiden: Brill, 2001), 52–57; Lo Cascio, "Produzione monetaria," 650–77.

36. 参见 Morley, *Metropolis and Hinterland*, 39 中的讨论。

37. Walter Scheidel, "Creating a Metropolis: A Comparative Demographic Perspective," in William Harris and Giovanni Ruffini, eds., *Ancient Alexandria between Egypt and Greece* (Leiden: Brill, 2004), 1–31; Morley, *Metropolis and Hinterland*, 39.

38. Diana Delia, "The Population of Roman Alexandria," *Transactions of the American Philological Association* 118 (1989): 275–92.

39. Scheidel, "Creating a Metropolis."

40. T. Boiy, *Late Achaemenid and Hellenistic Babylon* (Leuven: Orientalia Lovaniensia Analecta 126, 2004); Scheidel, "Creating a Metropolis."

41. 我的估计，是根据 D. J. Wiseman, *Nebuchadnezzar and Babylon* (New York: Oxford University Press, 1985), A. R. George, "Babylon Revisited: Archaeology and Philology," *Antiquity* 67 (1993): 734–46, 以及 Boiy, *Late Achaemenid and Hellenistic Babylon* 计算的。

42. Herodotus 1.178, 191; Aristotle, *Politics* 1276a30; Charles Gates, *Ancient Cities* (London: Routledge, 2003), 181.

43. 我的估计，来源于 Marc van de Mieroop, *The Ancient Mesopotamian City* (Oxford: Oxford University Press, 1997), 97 中的资料。

44. Jonah 3:3, 4:1; K. Åkerman, "The 'Aussenhaken Area' in the City of Assur during the Second Half of the Seventh Century BC: A Study of a Neo-Assyrian City Quarter and Its Demography," *State Archives of Assyria Bulletin* 13 (2001): 217–72.

45. Extrapolated from Chandler, *Four Thousand Years*, 460.

46. Kenneth Kitchen, *The Third Intermediate Period (1100–650 BC) in Egypt* (Warminster, UK: Aris & Philips, 1986).

47. Chandler, *Four Thousand Years*, 460.

48. Ibid., 460; 关于塔尼斯，根据 Jean Yoyotte et al., eds., *Tanis, l'or des pharaohs* (Paris: Galeries nationals du grand palais, 1987) 计算。

49. Chandler, *Four Thousand Years*, 460。关于巴比伦的总体情况，参见 Joan Oates, *Babylon* (London: Thames & Hudson, 1979); I. L. Finkel and M. J. Seymour, eds., *Babylon* (Oxford: Oxford University Press, 2009)。还有一个便利的在线综述，见 *International Standard Bible Encyclopedia*（国际标准圣经百科全书，http://bibleencyclopedia.com/babylon.htm）。关于新王国时期的底比斯：C. F. Nims, *Thebes of the Pharaohs: Pattern for Every City* (London: Elek Books, 1965); Kemp, *Ancient Egypt*, 201–2。

50. Oskar Reuther, *Die Innenstadt von Babylon (Merkes)* (Leipzig: Hinrichs, 1926).

51. Chandler, *Four Thousand Years*, 460.

52. Ibid., 460.

53. Ibid., 460; van de Mieroop, *Ancient Mesopotamian City*, 95.

54. Christian, *Maps of Time*, 295.

55. Marc van de Mieroop, *King Hammurabi of Babylon* (Oxford: Wiley Blackwell, 2004).

56. Oates, *Babylon*, 76–82; van de Mieroop, *Hammurabi*, 93.

57. Chandler, *Four Thousand Years*, 460.

58. See Postgate, "How Many Sumerians."

59. Robert McC. Adams, *Heartland of Cities* (Chicago: University of Chicago

Press, 1981).

60. Chandler, *Four Thousand Years*, 460.

61. Modelski, "Cities," table 2; Adams, *Heartland*, 85.

62. Adams, *Heartland*, 85; Nissen, *Early History*; Maisels, *Emergence*, 141.

63. Adams, *Heartland*.

64. David Oates et al., *Excavations at Tell Brak III: The Uruk and Ubaid Periods* (Cambridge, UK: McDonald Institute, forthcoming); http://www.mcdonald.cam.ac.uk/projects/brak/index.htm.

65. Hodder, *Leopard's Tale*.

66. Ibid.; Maisels, *Emergence*.

67. Maisels, *Emergence*, 93–94.

68. *Economist Pocket World*, 20.

69. Bayly, *Modern World*, 189, 以及许多其他资料。

70. Chandler, *Four Thousand Years*, 492, 该作者认为是 150 万。

71. Ibid., 485.

72. Braudel, *Civilization and Capitalism*, 526, 540; William Rowe, *China's Last Empire: The Great Qing* (Cambridge, MA: Harvard University Press, 2009), 90–148.

73. Chandler, *Four Thousand Years*, 483.

74. For example, Frederick Mote, *Imperial China, 900–1800* (Berkeley: University of California Press, 1999), 763, 该作者认为是 130 万。

75. Chandler, *Four Thousand Years*, 481, 提出了非常精确的数字：70.6 万。

76. Frank, *ReOrient*, 109, 提出南京大约为 100 万人。

77. Chandler, *Four Thousand Years*, 478.

78. Mote, *Imperial China*, 763; "The Transformation of Nanking, 1350–1400," in Skinner, *City in Late Imperial China*, 150; Bairoch, *Cities and Economic Development*, 356.

79. Chandler, *Four Thousand Years*, 476, 说是 48.7 万人。

80. Mote, "Transformation," 132, 138, 145.

81. Bairoch, *Cities and Economic Development*, 355.

82. Elvin, *Pattern,* 177; Gilbert Rozman, *Urban Networks in Ch'ing China and Tokugawa Japan* (Princeton: Princeton University Press, 1973), 35; Kuhn, *Age of Confucian Rule*, 205; Christian, *Maps of Time*, 368; William Skinner, "Introduction: Urban Development in Imperial China," in Skinner, *City in Late Imperial China*, 30.

83. Kuhn, *Age of Confucian Rule*, 205–9.

84. Mote, *Imperial China*, 164–65; Skinner, "Introduction," 30; Kuhn, *Age of*

Confucian Rule, 195.

85. Chandler, *Four Thousand Years*, 467; Bairoch, *Cities and Economic Development*, 352; compareKuhn, *Age of Confucian Rule*, 191–205; Christian de Pee, "Purchase on Power: Imperial Space and Commercial Space in Song-Dynasty Kaifeng, 960–1127," *Journal of the Economic and Social History of the Orient* 53 (2010): 149–84.

86. Kuhn, *Age of Confucian Rule*, 195.

87. Kuhn, *Age of Confucian Rule*, 205.

88. Charles Benn, *China's Golden Age: Everyday Life Under the Tang Dynasty* (New York: Oxford University Press, 2002); Kuhn, *Age of Confucian Rule*, 191; cf. Arthur Wright, *The Sui Dynasty* (New York: Knopf, 1978), 201.

89. Skinner, "Introduction," 30.

90. Mark Lewis, *China's Cosmopolitan Empire: The Tang Dynasty* (Cambridge, MA: Harvard University Press, 2009), 72.

91. Benn, *China's Golden Age*, 46; Rozman, *Urban Networks*.

92. Skinner, "Introduction," 30; Kuhn, *Age of Confucian Rule*, 191.

93. Skinner, "Introduction," 30; Kuhn, *Age of Confucian Rule*, 191.

94. Wright, *Sui Dynasty*, 84–90; Lewis, *China between Empires*, 252.

95. Chandler, *Four Thousand Years*, 465.

96. David Graff, *Medieval Chinese Warfare, 300–900* (London: Routledge, 2002), 98.

97. Dien, *Six Dynasties Civilization*.

98. Graff, *Medieval Chinese Warfare*, 35–51.

99. Chandler, *Four Thousand Years*, 463.

100. Hans Bielenstein, "Lo-yang in the Later Han Times," *Bulletin of the Museum of Far Eastern Antiquities* 48 (1976): 3–142; Mark Lewis, *The Construction of Space in Early China* (Albany: State University of New York Press, 2006); *Early Chinese Empires*, 75–101; Li, *Eastern Zhou*; Nancy Steinhardt, *Chinese Imperial City Planning* (Honolulu: University of Hawaii Press, 1990), 46–53; Wang, *Han Civilization*; Wu Hung, "The Art and Architecture of the Warring States Period," in Loewe and Shaughnessy, *Cambridge History of Ancient China*, 653–65.

101. Lewis, *Early Chinese Empires*, 89.

102. Wu, "Art and Architecture," 653–65.

103. *Shi ji* 69, p. 2257 = William Nienhauser, *The Grand Scribe's Records VII: Memoirs of Pre-Han China* (Bloomington: Indiana University Press, 1994), 106.

104. Bairoch, *Cities and Economic Development*, 44.

105. Rawson, "Western Zhou Archaeology," 393–97; Li, *Landscape and Power*, 40–49, 62–66; von Falkenhausen, *Chinese Society*, 31–38.

106. von Falkenhausen, *Chinese Society*, 34.

107. 在 Morris, "Early Polis as City and State," 29–30 中，我详细阐述了我对分散定居点的看法。

108. 钱德勒在 *Four Thousand Years* 中的估计，460 页。

109. Ibid., 460.

110. Thorp, *China in the Early Bronze Age*, 125–71; Kwang-chih Chang, *Shang Civilization* (New Haven: Yale University Press, 1980); Li Liu and Xingcan Chen, *The Archaeology of China: From the Late Palaeolithic to the Early Bronze Age* (Cambridge, UK: Cambridge University Press, 2012).

111. Thorp, *China in the Early Bronze Age*, 64.

112. Ibid., 62-116; Liu and Chen, *State Formation*, 92–99; Liu and Chen, *Archaeology of China*.

113. Li Liu, "Urbanization in China: Erlitou and its Hinterland," in Storey, *Urbanism in the Preindustrial World*, 184.

114. Liu, *Chinese Neolithic*, 111; Liu and Chen, *Archaeology of China*, chap. 7.

115. Liu, *Chinese Neolithic*, 110; Shao, "Formation of Civilization," 91–92.

116. Liu, *Chinese Neolithic*, 240.

117. Reported in Liu and Chen, *Archaeology of China*, chap. 7.

118. 这是我的估计。可与 Liu, *Chinese Neolithic*, 108–10 相比较。

119. Ibid.,86-88.

120. Ibid., 83.

121. Ibid., 79; Peterson and Shelach, "Jiangzhai," 275–77。

122. Morris, *Why the West Rules*, 183–84, 207–9.

123. Morris, "Growth of Greek Cities."

124. In the senses defined by Mann, *Sources of Social Power*.

125. *Economist Pocket World*, 20.

126. Morris, *Why the West Rules*, 190–95, 206–7.

127. Ibid., 386-99.

128. Ibid., 590-613.

第五章

1. Quoted in Peter Ward Fay, *The Opium War, 1840–1842*, 2nd ed. (Chapel Hill:

University of North Carolina Press, 1997), 222.

2. 毛泽东. 毛泽东文集：第一卷 [M]. 北京：人民出版社，1993：47。

3. Peter Turchin, "A Theory for Formation of Large Empires," *Journal of Global History* 4 (2009): 191–217; "Warfare and the Evolution of Social Complexity: A Multilevel-Selection Approach," *Structure and Dynamics* 4, no. 3 (2011): 1–37; Ian Morris, *War! What Is It Good For?* (New York: Farrar, Straus and Giroux, forthcoming).

4. F. W. Lanchester, *Aircraft in Warfare: The Dawn of the Fourth Arm* (London: Constable, 1916), summarized in Lanchester, "Mathematics in Warfare," in James Newman, ed., *The World of Mathematics* (New York: Simon & Schuster, 1956), 4:2139–57.

5. For instance, James Taylor, *Lanchester Models of Warfare*, 2 vols. (Arlington, VA: Operations Research Society of America, 1983).

6. Trevor Nevitt Dupuy, *Numbers, Predictions and War: The Use of History to Evaluate Combat Factors and Predict the Outcomes of Battles*, rev. ed. (Fairfax, VA: Hero Books, 1985); *Understanding War: History and Theory of Combat* (New York: Paragon House, 1992); Stephen Biddle, *Military Power: Explaining Victory and Defeat in Modern Battle* (Princeton: Princeton University Press, 2004); David Rowland, *The Stress of Battle: Quantifying Human Performance in Combat* (London: HMSO, 2006).

7. For example, Daniel Willard, *Lanchester as a Force in History: An Analysis of Land Battles of the Years 1618–1905* (McLean, VA: Research Analysis Corporation, 1962), Janice Fain, "The Lanchester Equations and Historical Warfare: An Analysis of Sixty World War II Land Engagements," *History, Numbers, and War* 1 (1977): 34–52, and John Lepingwell, "The Laws of Combat? Lanchester Reexamined," *International Security* 12, no. 1 (1987): 89–134, 全都在以不同的方式检验兰彻斯特方程，讨论见 http://www.dupuyinstitute.org/。

8. 参见 Peter Perla, *The Art of Wargaming: A Guide for Professionals and Hobbyists* (Annapolis, MD: U.S. Naval Institute Press, 1990); James Dunnigan, *The Wargames Handbook: How to Play and Design Commercial and Professional Wargames*, 3rd ed. (Lincoln, NE: iUniverse, 2000); 尤其是 Philip Sabin, *Lost Battles: Reconstructing the Great Clashes of the Ancient World* (London: Continuum, 2007) 和 *Simulating War: Studying Conflict through Simulation Games* (London: Continuum, 2012)。

9. Richard Berg, *Chariots of Fire: Warfare in the Bronze Age, 2300–1200 BC* (Hanford, CA: GMT Games, 2010); Richard Berg and Mark Herman, *SPQR: The Art of War in the Roman Republic*, 3rd ed. (Hanford, CA: GMT Games, 2008); Stephen Welch, *Chandragupta: Great Battles of the Mauryan Empire, India, 319–261 BC* (Hanford, CA: GMT Games, 2008); Richard Berg and Mark Herman, *Devil's Horsemen: The*

Mongol War Machine (Hanford, CA: GMT Games, 2004).

10. Robert Massie, *Dreadnought: Britain, Germany, and the Coming of the Great War* (New York: Ballantine Books, 1993).

11. Andrei Sakharov, *Memoirs* (New York: Knopf, 1990), 215–25; David Miller, *The Cold War: A Military History* (London: Pimlico, 1998), appendix 8; Gerard De Groot, *The Bomb: A Life* (Cambridge, MA: Harvard University Press, 2005).

12. Miller, *Cold War*, 75–76.

13. See, for example, S. Glasstone and P. J. Dolan, *The Effects of Nuclear Weapons* (Washington, DC: U.S. Department of Defense, 1977); William Daugherty et al., "The Consequences of 'Limited' Nuclear Attacks on the United States," *International Security* 10, no. 4 (1986): 3–45; Barbara Levi et al., "Civilian Casualties from 'Limited' Nuclear Attacks on the USSR," *International Security* 12, no. 3 (1987–88): 168–89.

14. 英国国际战略研究所：http://www.iiss.org. Ravi Rikhye et al., *Concise World Armies 2009* (Alexandria, VA: General Data LLC, 2010), 在 http://www.globalsecurity.org 网站可以看到，这是又一个不断更新的极佳电子资料。

15. Robert Norris and Hans Kristensen, "Global Nuclear Stockpiles, 1945–2006," *Bulletin of the Atomic Scientists* 62, no. 4 (2006): 66.

16. 我在这个问题上的见解主要来自 P. E. Cleator, *Weapons of War* (London: Robert Hale, 1967); Bruce Gundmundsson, *On Artillery* (Westport, CT: Praeger, 1993); Ian Hogg, *The New Illustrated Encyclopedia of Firearms* (New York: Booksales, 1992); International Institute for Strategic Studies, *The Military Balance 2001* (London: Routledge, 2001); Bernard Ireland and Eric Grove, eds., *Jane's War at Sea 1897–1997* (London: HarperCollins, 1997); Paul Kennedy, *The Rise and Fall of the Great Powers* (New York: Vintage, 1987)。

17. C. J. Chivers, *The Gun* (New York: Simon & Schuster, 2010).

18. Max Boot, *War Made New: Technology, Warfare, and the Course of History, 1500 to Today* (New York: Gotham Books, 2006).

19. 我最为倚重的资料来源是：Jean-Paul Bertaud, *The Army of the French Revolution*, trans. R. R. Palmer (Bloomington: Indiana University Press, 1988); Jeremy Black, *War in the Early Modern World, 1450–1815* (London: Routledge, 1998) 和 *Warfare in the Eighteenth Century* (Washington, DC: Smithsonian, 2006); Robert Bruce et al., *Fighting Techniques of the Napoleonic Age, 1792–1815* (New York: Thomas Dunne Books, 2008); David Chandler, *The Campaigns of Napoleon* (New York: Scribner, 1966); Charles Esdaile, *Napoleon's Wars* (New York: Penguin, 2007); Richard Harding, *Seapower and Naval Warfare, 1660–1830* (London: Longman, 1999); Chris

McNab, *Armies of the Napoleonic Wars* (London: Osprey, 1999); Geoffrey Parker, *The Military Revolution: Military Innovation and the Rise of the West, 1500–1800*, 2nd ed. (Cambridge, UK: Cambridge University Press, 1996); N. A. M. Rodger, ed., *A Naval History of Britain II: 1649–1815* (Cambridge, UK: Cambridge University Press, 2004); Clifford Rogers, ed., *The Military Revolution Debate: Readings on the Military Transformation of Early Modern Europe* (Boulder, CO: Westview, 1995); Gunther Rothenberg, *The Art of Warfare in the Age of Napoleon* (Bloomington: Indiana University Press, 1978) 和 *The Napoleonic Wars* (Washington, DC: Smithsonian, 2006); Quincy Wright, *A Study of War*, 2nd ed. (Chicago: University of Chicago Press, 1965), 232–33。

20. Biddle, *Military Power*, 29–30.

21. Kenneth Chase, *Firearms: A Global History to 1700* (Cambridge, UK: Cambridge University Press, 2003), 74.

22. For example, David Hollins, *Austrian Napoleonic Artillery, 1792–1815* (London: Osprey, 2003).

23. Chris Henry, *Napoleonic Naval Armaments, 1792–1815* (Oxford: Osprey, 2004).

24. Michael Roberts, *Essays in Swedish History* (London: Weidenfeld & Nicholson, 1967), 195–225, 是对最初于 1955 年举办的一次讲座的讲稿的重印；Parker, *Military Revolution*。

25. 我在这个问题上的见解主要来自 Black, *War in the Early Modern World and European Warfare, 1494–1660* (London: Longmans, 2002); Chase, *Firearms*; Christopher Duffy, *Siege Warfare: The Fortress in the Early Modern World, 1494–1660* (London: Routledge, 1996) 和 *Fire and Stone: The Science of Fortress Warfare, 1660–1860* (New York: Booksales, 2006); Jan Glete, *Warfare at Sea, 1500–1650* (London: Longmans, 2000); Christer Jörgensen et al., *Fighting Techniques of the Early Modern World, AD 1500–1763: Equipment, Combat Skills, and Tactics* (New York: Thomas Dunne Books, 2006); John Lynn, ed., *Tools of War: Instruments, Ideas, and Institutions of Warfare, 1445–1871* (Urbana: University of Illinois Press, 1989); *Giant of the Grand Siècle: The French Army, 1610–1714* (Cambridge, UK: Cambridge University Press, 1997); *The Wars of Louis XIV, 1667–1714* (New York: Longman, 1999); Brent Nosworthy, *The Anatomy of Victory: Battle Tactics, 1689–1763* (New York: Hippocrene Books, 1990); Parker, *Military Revolution*; Keith Roberts, *Pike and Shot Tactics 1590–1660* (Oxford: Osprey, 2010); Rogers, *Military Revolution Debate*; Martin van Creveld, *Supplying War: Logistics from Wallenstein to Patton*, 2nd ed. (Cambridge, UK: Cambridge University Press, 2004)。

26. See, for example, Hans Delbrück, *History of the Art of War within the Framework of Political History*, trans. Walter Renfroe, 4 vols. (first published 1920; repr., Westport, CT: Greenwood, 1975–85); J. F. C. Fuller, *A Military History of the Western World*, 2 vols. (New York: Funk and Wagnall, 1957); Azar Gat, *War in Human Civilization* (New York: Oxford University Press, 2006); John Keegan, *A History of Warfare* (New York: Vintage, 1993).

27. Bernard Bachrach, *Merovingian Military Organization, 451–781* (Minneapolis: University of Minnesota Press, 1972); *Early Carolingian Warfare: Prelude to Empire* (Philadelphia: University of Pennsylvania Press, 2001).

28. See, for instance, J. F. Verbruggen, *The Art of War in Western Europe during the Middle Ages*, 2nd ed. (Woodbridge, UK: Boydell Press, 1997); "The Role of Cavalry in Medieval Warfare," *Journal of Medieval Military History* 3 (2004): 46–71; Philip Contamine, *War in the Middle Ages*, trans. Michael Jones (Oxford: Blackwell, 1984); John France, "The Composition and Raising of Charlemagne's Armies," *Journal of Medieval Military History* 1 (2002): 61–82; Guy Halsall, *Warfare and Society in the Barbarian West 450–900* (London: Routledge, 2003).

29. Gat, *War in Human Civilization*.

30. 在大量的文献中，我尤其受益于 Duncan Campbell, *Greek and Roman Siege Machinery 399 BC–AD 363* (Oxford: Osprey, 2003); J. B. Campbell, *The Roman Army: A Sourcebook* (London: Routledge, 1994); Paul Erdkamp, ed., *A Companion to the Roman Army* (Oxford: Wiley-Blackwell, 2007); Adrian Goldsworthy, *The Roman Army at War, 100 BC–AD 200* (Oxford: Oxford University Press, 1996) 和 *The Complete Roman Army* (London: Thames & Hudson, 2003); Jonathan Roth, *The Logistics of the Roman Army at War, 264 BC–AD 235* (Leiden: Brill, 1999)。

31. 在这个争议性话题上，我遵从 A. D. Lee, *War in Late Antiquity* (Oxford: Blackwell, 2007), 74–79。

32. 关于纵深防御：Edward Luttwak, *The Grand Strategy of the Roman Empire* (Baltimore: Johns Hopkins University Press, 1976)。总体上，参见 Hugh Elton, *Warfare in the Roman Empire, AD 350–425* (Oxford: Oxford University Press, 1996); Lee, *War in Late Antiquity*; Ward-Perkins, *Fall of Rome*; Luttwak, *Grand Strategy of the Byzantine Empire*。

33. Ramsay MacMullen, *Soldier and Civilian in the Later Roman Empire* (Cambridge, MA: Harvard University Press, 1963) 出色地展示了关于卫戍部队弱点的老观点。

34. Haldon, *Byzantium in the Seventh Century*; *Warfare, State and Society in the*

Byzantine World, 565–1204 (London: University College London Press, 1999); Haldon, ed., *Byzantine Warfare* (Aldershot, UK: Ashgate 2007); *The Byzantine Wars* (London: History Press, 2008); Walter Kaegi, *Byzantium and the Early Islamic Conquests* (Cambridge, UK: Cambridge University Press, 1992); *Heraclius: Emperor of Byzantium* (Cambridge, UK: Cambridge University Press, 2003); Hugh Kennedy, *The Armies of the Caliphs: Military and Society in the Early Islamic State* (London: Routledge, 2001); Luttwak, *Grand Strategy of the Byzantine Empire*.

35. John Haldon, ed., *General Issues in the Study of Medieval Logistics: Sources, Problems, Methodologies* (Leiden: Brill, 2005); International Medieval Logistics Project, http://www.medievallogistics.bham.ac.uk.

36. See, among many other titles, Matthew Bennett et al., *Fighting Techniques of the Medieval World, AD 500–1500: Equipment, Combat Skills, and Tactics* (New York: Thomas Dunne Books, 2005); Jim Bradbury, ed., *The Routledge Companion to Medieval Warfare* (London: Routledge, 2007); Contamine, *War in the Middle Ages*; Maurice Keen, *Medieval Warfare: A History* (Oxford: Oxford University Press, 1999);Clifford Rogers, ed., *The Oxford Encyclopedia of Medieval Warfare and Military Technology* (Oxford: Oxford University Press, 2010); Verbruggen, *Art of War*.

37. 关于拜占庭的军力，我推荐阅读：Haldon, *Warfare, State and Society and Byzantine Wars*; Ian Heath, *Byzantine Armies 886–1118* (Oxford: Osprey, 1979) 和 *Byzantine Armies AD 1118–1461* (Oxford: Osprey, 1995); Savvas Kyriakidis, *Warfare in Late Byzantium, 1204–1453* (Leiden: Brill, 2011); Eric McGeer, *Sowing the Dragon's Teeth: Byzantine Warfare in the Tenth Century* (Washington, DC: Dumbarton Oaks, 2008); 以及 David Nicolle, *Romano-Byzantine Armies 4th–9th Centuries* (Oxford: Osprey, 1992)。关于塞尔柱王朝军队的情况，我查阅了 Osman Aziz Basan, *The Great Seljuqs: A History* (London: Routledge, 2010); Pal Fodor, "Ottoman Warfare, 1300–1453," in Kate Fleet, ed., *The Cambridge History of Turkey I: Byzantium to Turkey, 1071–1453* (Cambridge, UK: Cambridge University Press, 2009), 192–226; John Freely, *Storm on Horseback: The Seljuk Warriors of Turkey* (London: Tauris, 2008)。

38. Black, *War in the Early Modern World*; Amber Books et al., *Fighting Techniques of the Oriental World, AD 1200–1854: Equipment, Combat Skills, and Tactics* (New York: Thomas Dunne Books, 2008); *Fighting Techniques of Naval Warfare, 1190 BC–Present: Strategy, Weapons, Commanders, and Ships* (New York: Thomas Dunne Books, 2009); Colin Imber, *The Ottoman Empire* (London: Palgrave, 2002), 252–318; Rhoads Murphey, *Ottoman Warfare 1500–1700* (London: Routledge, 1999); Susan Rose, *Medieval Naval Warfare, 1000–1500* (London:

Routledge, 2002).

39. 关于罗马之前的西方战争，有很多综述（关于罗马人的战争，见上文注释 30）。我发现特别有益的包括：Simon Anglim et al., *Fighting Techniques of the Ancient World, 3000 BC—AD 500: Equipment, Combat Skills, and Tactics* (New York: Thomas Dunne Books, 2003); Richard Beal, *The Organization of the Hittite Military* (Heidelberg: Carl Winter, 1992); John Darnell and Colleen Manassa, *Tutankhamun's Armies: Battle and Conquest during Ancient Egypt's Late Eighteenth Dynasty* (New York: Wiley, 2007);Marie-Christine de Graeve, *The Ships of the Ancient Near East, c. 2000–500 BC* (Louvain: Department Orientalistiek, 1981); Philip de Souza, ed., *The Ancient World at War* (London: Thames and Hudson, 2008); Robert Drews, *The Coming of the Greeks* (Princeton: Princeton University Press, 1988) 和 *End of the Bronze Age;* Richard Gabriel, *The Great Armies of Antiquity* (New York: Praeger, 2002); William Hamblin, *Warfare in the Ancient Near East to 1600 BC* (London: Routledge, 2006); Victor Davis Hanson, *The Western Way of War: Infantry Battle in Classical Greece* (New York: Oxford University Press, 1989); A. W. Lawrence, "Ancient Egyptian Fortifications," *Journal of Egyptian Archaeology* 51 (1965): 69–71; Littauer and Crouwel, *Wheeled Vehicles*; R. Miller et al., "Experimental Approaches to Ancient Near Eastern Archery," *World Archaeology* 18 (1986): 178–95; Ellen Morris, *The Architecture of Imperialism: Military Bases and the Evolution of Foreign Policy in Egypt's New Kingdom* (Leiden: Brill, 2005); Graham Philip, *Metal Weapons of the Early and Middle Bronze Ages in Syria-Palestine* (Oxford: British Archaeological Reports, 1989); Kurt Raaflaub and Nathan Rosenstein, eds., *War and Society in the Ancient and Medieval Worlds* (Cambridge, MA: Center for Hellenic Studies, 1999); Philip Sabin et al., eds., *The Cambridge History of Greek and Roman Warfare*, 2 vols. (Cambridge, UK: Cambridge University Press, 2008); Ian Shaw, *Egyptian Warfare and Weapons* (Oxford: Shire Publications, 1991); Anthony Spalinger, *War in Ancient Egypt: The New Kingdom* (Oxford: Wiley-Blackwell, 2005); Hans van Wees, *Greek Warfare* (London: Duckworth, 2004); Shelley Wachsmann, *Seagoing Ships and Seamanship in the Bronze Age Levant* (College Station: Texas A&M University, 1998)。

40. See especially Lawrence Keeley, *War Before Civilization* (New York: Oxford University Press, 1996) and Gat, *War in Human Civilization*.

41. Yigael Yadin, *The Art of Warfare in Biblical Lands*, 2 vols. (New York: McGraw-Hill, 1963); Hamblin, *Warfare in the Ancient Near East*.

42. Kennedy, *Armies of the Caliphs*.

43. Morris, *Why the West Rules*, 195–200, 233–37, 343–63.

44. For example, e.g., International Institute for Strategic Studies, *Military*

Balance 2001, 346–51; Norris and Kristensen, "Global Nuclear Stockpiles."

45. See, for example, Robert Kaplan, "How We Would Fight China," *The Atlantic* 295, no. 5 (2005): 49–64.

46. See Joel Singer, *The Correlates of War: Testing Some Realpolitik Models* (New York: Free Press, 1980), http://correlatesofwar.org/.

47. http://correlatesofwar.org/COW%20Data/Capabilities/NMC_v4_0.csv.

48. James Dunnigan, *How to Make War: A Comprehensive Guide to Modern Warfare in the 21st Century*, 4th ed. (New York: Quill, 2003), 624–44.

49. 当然，假设这两次攻击都是美国背后主使的：见 http://www.nytimes.com/2011/01/16/world/middleeast/16stuxnet.html?r=1&pagewanted=all 和 http://www.dailymail.co.uk/sciencetech/article-2157834/Cyber-weapons-Stuxnet-Flame-share-source-code.html。

50. See, for example, Seth Jones, *In the Graveyard of Empires: America's War in Afghanistan* (New York: Norton, 2009); Richard North, *Ministry of Defeat: The British War in Iraq, 2003–2009* (London: Continuum, 2009); George Packer, *The Assassin's Gate: America in Iraq* (New York: Farrar, Straus and Giroux, 2005); Thomas Ricks, *Fiasco: The American Military Adventure in Iraq* (New York: Penguin, 2006) 和 *The Gamble: General Petraeus and the American Military Adventure in Iraq* (New York: Penguin, 2009).

51. For example, Thomas Adams, *The Army after Next: The First Postindustrial Army* (Stanford: Stanford University Press, 2008); Boot, *War Made New*; P. W. Singer, *Wired for War: The Robotics Revolution and Conflict in the 21st Century* (New York: Penguin, 2009).

52. Boot, *War Made New*, 318–418; Michael Gordon and Bernard Trainor, *Cobra II: The Inside Story of the Invasion and Occupation of Iraq* (New York: Vintage, 2006). Biddle, *Military Power*, 132–49, 提供了重要的限定性条件。

53. Cf. John Nagl, *Learning to Eat Soup with a Knife: Counterinsurgency Lessons from Malaya and Vietnam*, updated ed. (Chicago: University of Chicago Press, 2005).

54. Chase, *Firearms*, 193–96.

55. Jonathan Spence, *The Search for Modern China* (New York: Norton, 1990); Marius Jansen, *The Making of Modern Japan* (Cambridge, MA: Harvard University Press, 2000); James Huffman, *Japan in World History* (Oxford: Oxford University Press, 2010), 72–90.

56. Kennedy, *Rise and Fall*, 203.

57. Meirion Harries and Susie Harries, *Soldiers of the Sun: The Rise and Fall of*

the Imperial Japanese Army, 1868–1945 (London: Heinemann, 1991); David Evans and Mark Peattie, *Kaigun: Strategy, Tactics, and Technology in the Imperial Japanese Navy, 1887–1941* (Annapolis, MD: U.S. Naval Institute Press, 1997).

58. R. M. Connaughton, *The War of the Rising Sun and Tumbling Bear: A Military History of the Russo-Japanese War, 1904–5* (London: Routledge, 1988); S. C. M. Paine, *The Sino-Japanese War of 1894–1895* (Cambridge, UK: Cambridge University Press, 2003).

59. John Ellis, *The World War II Databook: The Essential Facts and Figures for All the Combatants* (New York: Aurum, 1993); John Ellis and Michael Cox, *The World War I Databook: The Essential Facts and Figures for All the Combatants* (New York: Aurum, 2001).

60. James Bussert and Bruce Elleman, P*eople's Liberation Army Navy: Combat System Technology, 1949–2010* (Annapolis, MD: U.S. Naval Institute Press, 2011); Andrew Erickson et al., eds., *China, the United States, and 21st-Century Sea Power* (Annapolis, MD: U.S. Naval Institute Press, 2010); Bernard Cole, *The Great Wall at Sea: China's Navy in the Twenty-First Century*, 2nd ed., (Annapolis, MD: U.S. Naval Institute Press, 2010); Richard Fisher, *China's Military Modernization: Building for Regional and Global Reach* (Stanford: Stanford University Press, 2010).

61. John Lewis Gaddis, *The Cold War: A New History* (New York: Penguin, 2005); Odd Arne Westad, *The Global Cold War* (Cambridge, UK: Cambridge University Press, 2005).

62. See Thomas Barfield, *The Perilous Frontier: Nomadic Empires and China, 221 BC–AD 1757* (Oxford: Blackwell, 1989); Nicola Di Cosmo, *Ancient China and Its Enemies* (Cambridge, UK: Cambridge University Press, 2002); Di Cosmo, ed., *Warfare in Inner Asian History* (Leiden: Brill, 2002); Nicola Di Cosmo et al., eds., *Military Culture in Imperial China* (Cambridge, MA: Harvard University Press, 2009); Elleman, *Modern Chinese Warfare*; Karl Friday, *Samurai, Warfare and the State in Early Medieval Japan* (London: Routledge, 2004); Graff, *Medieval Chinese Warfare*; Graff and Higham, *Military History of China*; Frank Kierman and John Fairbanks, eds., *Chinese Ways in Warfare* (Cambridge, MA: Harvard University Press, 1974); Mark Lewis, *Sanctioned Violence in Early China* (Albany: State University of New York Press, 1990); Peter Lorge, *War, Politics and Society in Early Modern China, 900–1795* (London: Routledge, 2005); *The Asian Military Revolution: From Gunpowder to the Bomb* (Cambridge, UK: Cambridge University Press, 2008); Peter Perdue, *China Marches West: The Qing Conquest of Central Eurasia* (Cambridge, MA: Harvard

University Press, 2005); Kenneth Swope, "Crouching Tigers, Secret Weapons: Military Technology Employed during the Sino-Japanese-Korean War, 1592–1598," *Journal of Military History* 69 (2005): 11–42; *A Dragon's Head and a Serpent's Tail: Ming China and the First Great East Asian War, 1592–1598* (Norman: University of Oklahoma Press, 2009); Hans van de Ven, ed., *Warfare in Chinese History* (Leiden: Brill, 2000); Joanna Waley-Cohen, *The Culture of War in China: Empire and the Military under the Qing Dynasty* (London: I. B. Tauris, 2006).

63. Ray Huang, "Military Expenditures in Sixteenth-Century Ming China," *Oriens Extremus* 17 (1970): 39–62.

64. Kwan-wai So, *Japanese Piracy in Ming China during the Sixteenth Century* (East Lansing: Michigan State University Press, 1975), 15–36.

65. Jung-Pang Lo, "The Decline of the Early Ming Navy," *Oriens Extremus* 5 (1958): 149–68.

66. Generally, see Chase, *Firearms*.

67. Swope, *"Crouching Tigers"* and *Dragon's Head*.

68. Perdue, *China Marches West*, 184.

69. Lorge, *War, Politics and Society*, 158–74.

70. Elleman, *Modern Chinese Warfare*, 5.

71. Fay, *Opium War*; Elleman, *Modern Chinese Warfare*, 3–34.

72. Cited in Fay, *Opium War*, 222.

73. Morris, *Why the West Rules*, 624.

74. Perdue, *China Marches West*.

75. Barfield, *Perilous Frontier*; Di Cosmo, *Ancient China* and *Warfare in Inner Asian History*; Di Cosmo et al., *Military Culture*; Timothy May, *The Mongol Art of War: Chinggis Khan and the Mongol Military System* (London: Pen & Sword, 2007).

76. Comparing Berg and Herman, *Devil's Horsemen* 与 Mark Herman and Richard Berg, *Caesar: Conquest of Gaul* (Hanford, CA: GMT Games, 2006).

77. Lo, "Decline," 150; Lorge, *War, Politics and Society*, 111.

78. Lorge, *War, Politics and Society*, 116.

79. Jung-Pang Lo, "The Emergence of China as a Sea Power in the Late Sung and Early Yuan Periods," *Far Eastern Quarterly* 14 (1955): 489–503.

80. Morris Rossabi, *Khubilai Khan: His Life and Times* (Berkeley: University of California Press, 1988), 99–103.

81. Mote, *Imperial China*, 114; Lorge, *War, Politics and Society*, 48.

82. Lorge, *War, Politics and Society*, 49.

83. Mote, *Imperial China*, 302; Lorge, *War, Politics and Society*, 51.

84. Jung-Pang Lo, "China's Paddle-Wheel Boats: The Mechanized Craft Used in the Opium War and Their Historical Background," *Qinghua Journal of Chinese Studies* 5 (1958): 189–211; "Decline of the Early Ming Navy," 149–68; "Maritime Commerce and Its Relation to the Sung Navy," *Journal of Economic and Social History of the Orient* 12 (1969): 57–101; Joseph Needham, *Science and Civilisation in China IV Part 3: Civil Engineering and Nautics* (Cambridge, UK: Cambridge University Press, 1971); Rossabi, *Khubilai Khan*, 79.

85. Denis Twitchett, "Tibet in Tang's Grand Strategy," in van de Ven, *Warfare in Chinese History*, 106–79; Graff, *Medieval Chinese Warfare*, 210.

86. Graff, *Medieval Chinese Warfare*, 97–159.

87. Ibid., 104.

88. Ibid., 199.

89. Ibid., 227-51.

90. Albert Dien, "The Stirrup and Its Effect on Chinese Military History," *Ars Orientalis* 16 (1986): 33–56; *Six Dynasties Civilization*, 331–39.

91. Dien, *Six Dynasties Civilization*, 15–45.

92. Particularly Graff, *Medieval Chinese Warfare*; Lewis, *China between Empires*.

93. Lewis, *Sanctioned Violence*.

94. Mark Lewis, "The Han Abolition of Universal Military Service," in van de Ven, *Warfare in Chinese History*, 33–76.

95. On which see Tilly, *Big Structures*.

96. Kwang-chih Chang, *The Archaeology of Ancient China*, 4th ed. (New Haven: Yale University Press, 1986); Ralph Sawyer, *Ancient Chinese Warfare* (New York: Basic Books, 2011); Liu and Chen, *Archaeology of China*.

97. David Keightley, "The Shang: China's First Historical Dynasty," in Loewe and Shaughnessy, eds., *Cambridge History of Ancient China*, 232–91.

98. Robin Yates, "Early China," in Raaflaub and Rosenstein, *War and Society*, 13.

99. 在这个争议性话题上，我遵从 Edward Shaughnessy, "Historical Perspectives on the Introduction of the Chariot into China," *Harvard Journal of Asiatic Studies* 48 (1988): 189–237。

100. Edward Shaughnessy, "Western Zhou History," in Loewe and Shaughnessy, *Cambridge History of Ancient China*, 309; Yates, "Early China," 18.

101. Lewis, *Sanctioned Violence*, 60; "Warring States Political History," 625.

102. Yates, "Early China," 20.

103. Lewis, *Sanctioned Violence*, 60–61.

104. Wagner, *Iron and Steel*; Joseph Needham and Robin Yates, *Science and Civilisation in China V: Chemistry and Chemical Technology. Part 6: Military Technology: Missiles and Sieges* (Cambridge, UK: Cambridge University Press, 1994).

105. Chase, *Firearms*.

106. Stephen Dale, *The Muslim Empires of the Ottomans, Safavids, and Mughals* (Cambridge, UK: Cambridge University Press, 2010); Kaveh Farrokh, *Iran at War, 1500–1988* (Oxford: Osprey, 2011); Jane Hathaway, *The Arab Lands under Ottoman Rule, 1516–1800* (London: Longman, 2008); Iqtidar Alam Khan, *Gunpowder and Firearms: Warfare in Medieval India* (New Delhi: Oxford University Press, 2004); Douglas Streusand, *The First Gunpowder Empires: The Ottomans, Safavids, and Mughals* (Boulder, CO: Westview, 2010).

107. Barfield, *Perilous Frontier*; Lorge, *War, Politics and Society*; Swopes, *Dragon's Head*.

第六章

1. Klein, *Human Career*, 410–12; Ignacio Martinez et al., "On the Origin of Language: The Atapuerca Evidence" (paper, American Association of Physical Anthropologists annual meeting, Portland, OR, April 14, 2012), 在 http://physanth.org/annual-meeting/2012/81st-annual-meeting-2012/aapa-meeting-program-2012 上可看到摘要。

2. Francesco D'Errico et al., "Technical, Elemental and Colorific Analysis of an Engraved Ochre Fragment from the MSA Levels of Klasies River Cave 1, South Africa," *Journal of Archaeological Science* 39 (2012): 942–52.

3. Richard Klein and Blake Edgar, *The Dawn of Human Culture* (New York: Wiley, 2002).

4. Denise Schmandt-Besserat, *Before Writing*, 2 vols. (Austin: University of Texas Press, 1992).

5. See Barry Powell, *Writing: Theory and History of the Technology of Civilization* (Oxford: Blackwell, 2009).

6. 著述很多。20世纪60年代的文献中有几项关于阅读的规模和重要性的基础研究，至今仍值得参考（如 Lawrence Stone, "The Educational Revolution in England, 1560–1640," *Past and Present* 28 [1964]: 41–80 和 "Literacy and Education in England 1640–1900," *Past and Present* 42 [1969]: 69–139; Jack Goody and Ian Watt, "The Consequences of Literacy," *Comparative Studies in Society and History* 5 [1963]: 304–45; 以及 Jack Goody, ed., *Literacy in Traditional Societies* [Cambridge,

UK: Cambridge University Press, 1968])。如正文中提到的，自 20 世纪 80 年代以后，学术研究便在朝着极为不同的方向发展，但重要的新著作仍然层出不穷，特别是关于较早时期的研究（如 William Harris, *Ancient Literacy* [Cambridge, MA: Harvard University Press, 1989]; Michael Clanchy, *From Memory to Written Record: England, 1066–1307*, 2nd ed. [Oxford: Blackwell, 1993]; Reviel Netz, "The Bibliosphere of Ancient Science (Outside of Alexandria)," *NTM Zeitschrift für Geschichte der Wissenschaften, Technik und Medizin* 19 [2011]: 239–69; *Space, Scale, Canon: Parameters of Ancient Literary Culture* [forthcoming])。

7. For example, Derk Bodde, *Chinese Thought, Society, and Science: The Intellectual and Social Background of Science and Technology in Pre-Modern China* (Honolulu: University of Hawaii Press, 1991); Albert Crosby, *The Measure of Reality: Quantification and Western Society, 1250–1600* (Cambridge, UK: Cambridge University Press, 1994); Reviel Netz, "Counter-Culture: Towards a History of Greek Numeracy," *History of Science* 40 (2002): 321–52; Stephen Chrisomalis, "A Cognitive Typology for Numerical Notation," *Cambridge Archaeological Journal* 14 (2004): 37–52; "The Origins and Co-Evolution of Literacy and Numeracy," in David Olson and Nancy Torrance, eds., *The Cambridge Handbook of Literacy* (Cambridge, UK: Cambridge University Press, 2009), 59–74; *Numerical Notation: A Comparative History* (Cambridge, UK: Cambridge University Press, 2010).

8. For example, Brian Street, *Literacy in Theory and Practice* (Cambridge, UK: Cambridge University Press, 1984); "Orality and Literacy as Ideological Constructions: Some Problems in Cross-Cultural Studies," *Culture and History* 2 (1987): 7–30; Roger Chartier, ed., *The Culture of Print* (Princeton: Princeton University Press, 1989); Rosalind Thomas, *Literacy and Orality in Ancient Greece* (Cambridge, UK: Cambridge University Press, 1992)。

9. On these issues, I follow Shirley Heath, "Literacy," in William Frawley, ed., *International Encyclopedia of Linguistics*, 2nd ed., 4 vols. (New York: Oxford University Press, 2003), 2:503–6 and Chrisomalis, "Origins and Co-Evolution."

10. Morris, *Why the West Rules*, 636.

11. For example, Daniel Everett, "Cultural Constraints on Grammar and Cognition in Pirahã: Another Look at the Design Features of Human Language," *Current Anthropology* 46 (2005): 621–46; *Language: The Cultural Tool* (New York: Pantheon, 2012)。

12. 关于计算能力，参见 Thomas Crump, *The Anthropology of Numbers* (Cambridge, UK: Cambridge University Press, 1990) 和 Michael Frank et al., "Number

as a Cognitive Technology: Evidence from Pirahã Language and Cognition," *Cognition* 108 (2008): 819–24；关于口语，见 Andrew Nevins et al., "Pirahã Exceptionality: A Reassessment," *Language* 85 (2009): 355–404 和 "Evidence and Argumentation: A Reply to Everett," *Language* 85 (2009): 671–81, 以及 Daniel Everett, "Pirahã Culture and Grammar: A Response to Some Criticism," *Language* 85 (2009): 405–42 之间的辩论。

13. Marianne Bastid, *Educational Reform in Early Twentieth-Century China* (Ann Arbor: University of Michigan Press, 1988); Paul Bailey, *Reform the People: Changing Attitudes Towards Popular Education in Early Twentieth-Century China* (Vancouver: University of British Columbia Press, 1990); Vilma Seeberg, ed., *Literacy in China: The Effect of the National Development Context on Literacy Levels, 1949–79* (Bochum: Brockmeyer, 1990).

14. United Nations Development Programme, *Human Development Report 2011: Sustainability and Equity: A Better Future for All* (New York: United Nations Development Programme, 2011), 158, table 9, http://hdr.undp.org/en/media/HDR_2011_EN_Complete.pdf.

15. Kathryn St. John, personal communication, June 2012.

16. *Economist Pocket World in Figures*, 88, 89, 91.

17. 特别是 Alfred Balk, *The Rise of Radio, from Marconi through the Golden Age* (New York: McFarland & Co., 2005); Erik Barnouw, *Tube of Plenty: The Evolution of American Television*, 2nd ed. (New York: Oxford University Press, 1990); Asa Briggs and Peter Burke, *A Social History of the Media: From Gutenberg to the Internet* (Oxford: Blackwell, 2002); Claude Fischer, *America Calling: A Social History of the Telephone to 1940* (Berkeley: University of California Press, 1994); Jeremy Norman, ed., *From Gutenberg to the Internet: A Sourcebook on the History of Information Technology* (Novato, CA: Historyofscience.com, 2005); Paul Starr, *The Creation of the Media: Political Origins of Mass Communication* (New York: Basic Books, 2005)。

18. Briggs and Burke, *Social History of the Media*; Stephen Kern, *The Culture of Time and Space 1880–1918*, 2nd ed. (Cambridge, MA: Harvard University Press, 2003); Norman, *Gutenberg to the Internet*; Tom Standage, *The Victorian Internet: The Remarkable Story of the Telegraph and the Nineteenth Century's On-Line Pioneers* (New York: Walker & Co., 2007).

19. For example, Elizabeth Eisenstein, *The Printing Press as an Agent of Change* (Cambridge, UK: Cambridge University Press, 1979); T. H. Barrett, *The Woman Who Discovered Printing* (New Haven: Yale University Press, 2008); Cynthia Brokaw and Kai-wing Chow, eds., *Printing and Book Culture in Late Imperial China* (Berkeley:

University of California Press, 2005); Kai-wing Chow, *Publishing, Culture, and Power in Early Modern China* (Stanford, CA: Stanford University Press, 2004); Joseph McDermott, *A Social History of the Chinese Book: Books and Literati Culture in Late Imperial China* (Hong Kong: Hong Kong University Press, 2006); David McKitterick, "The Beginning of Printing," in Christopher Allmand, ed., *The New Cambridge Medieval History* (Cambridge, UK: Cambridge University Press, 1998), 7:287–98.

20. Compare Powell, *Writing*.

21. Georges Ifrah, *The Universal History of Computing: From the Abacus to the Quantum Computer* (New York: Wiley, 2001); Paul Benyon-Davies, "Informatics and the Inca," *International Journal of Information Management* 27 (2007): 306–18.

22. See, for example, the classic studies of Goody and Watt, "Consequences" ; Goody, *Literacy in Traditional Societies*; Goody, "Mémoire et apprentissage dans les sociétés avec et sans écriture," *L'Homme* 17 (1977): 42–49; *The Domestication of the Savage Mind* (Cambridge, UK: Cambridge University Press, 1977); *The Logic of Writing and the Organization of Society* (Cambridge, UK: Cambridge University Press, 1987); Walter Ong, *Orality and Literacy* (London, 1982).

23. For example, R. Pattison, *On Literacy: The Politics of the Word from Homer to the Age of Rock* (Oxford: Oxford University Press, 1982); Harvey Graff, *The Legacies of Literacy* (Bloomington: Indiana University Press, 1987); Ruth Finnegan, *Literacy and Orality* (Oxford: Oxford University Press, 1988); John Halverson, "Goody and the Implosion of the Literacy Thesis," *Man n.s.* 27 (1992): 301–17.

24. Schmandt-Besserat, *Before Writing*.

25. Paola Demattè, "The Origins of Chinese Writing: The Neolithic Evidence," *Cambridge Archaeological Journal* 20 (2010): 211–28.

26. Particularly Carlo Cipolla, *Literacy and Development in the West* (Harmondsworth, UK: Penguin, 1969); David Cressy, *Literacy and the Social Order: Reading and Writing in Tudor and Stuart England* (Cambridge, UK: Cambridge University Press, 1980); François Furet and Jacques Ozouf, *Reading and Writing: Literacy in France from Calvin to Jules Ferry* (Cambridge, UK: Cambridge University Press, 1982); R. A. Houston, "Literacy and Society in the West, 1500–1850," *Social History* 8 (1983): 269–93; *Literacy in Early Modern Europe: Culture and Education, 1500–1800* (London: Longman, 1988); M. J. Maynes, *Schooling for the People: Comparative Local Studies of Schooling History in France and Germany, 1750–1850* (London: Holmes and Meier, 1984); M. Sanderson, "Literacy and Social Mobility in the Industrial Revolution in England," *Past and Present* 56 (1972): 75–104; Roger Schofield, "The Measurement of Literacy in Pre-Industrial England,"

in Goody, *Literacy in Traditional Societies*, 311–25; "Dimensions of Illiteracy, 1750–1850," *Explorations in Economic History* 10 (1973): 437–54; W. B. Stephens, "Illiteracy in Devon during the Industrial Revolution, 1754–1844," *Journal of Educational Administration and History* 8 (1976): 1–5; Stone, "Educational Revolution" and "Literacy and Education".

27. K. A. Lockridge, *Literacy in Colonial New England: An Inquiry into the Social Context of Literacy in the Early Modern West* (New York: Norton, 1974); Lee Soltow and E. Stevens, *The Rise of Literacy and the Common School in the United States: A Socioeconomic Analysis to 1870* (Chicago: University of Chicago Press, 1981).

28. Keith Thomas, "The Meaning of Literacy in Early Modern England," in G. Baumann, ed., *The Written Word* (Oxford: Oxford University Press, 1986), 97–131, 也许是最具影响力的批评。Carl Kaestle, "The History of Literacy and the History of Readers," *Review of Research in Education* 12 (1985): 11–53, 对这些问题提供了一个很好的综述。

29. See Cressy, *Literacy and the Social Order*; W. Gilmore, "Elementary Literacy on the Eve of the Industrial Revolution: Trends in Rural New England, 1760–1830," *Proceedings of the American Antiquarian Society* 92 (1982): 87–178; T. Hamerow, *The Birth of a New Europe* (Chapel Hill: University of North Carolina Press, 1983); Lockridge, *Literacy in Colonial New England*; Schofield, "Measurement of Literacy."

30. W. B. Stephens, "Illiteracy and Schooling in the Provincial Towns, 1640–1870," in D. Reader, ed., *Urban Education in the Nineteenth Century* (London: Taylor and Francis, 1977).

31. For example, Franz-Josef Arlinghaus et al., eds., *Transforming the Medieval World: Uses of Pragmatic Literacy in the Middle Ages* (Turnhout: Brepols, 2006); Richard Britnell, *Pragmatic Literacy, East and West, 1200–1330* (Oxford: Boydell, 1997); Clanchy, *From Memory to Written Record*; Armando Petrucci, *"Scriptores in urbibus": alfabetismo e cultura scritta nell'Italia altomedioevale* (Bologna: Mulino, 1992); Huw Pryce, *Literacy in Medieval Celtic Societies* (Oxford: Oxford University Press, 2006); Schofield, "Measurement of Literacy".

32. Crosby, *Measure of Reality* 和 David Landes, *Revolution in Time: Clocks and the Making of the Modern World* (Cambridge, MA: Harvard University Press, 1983) 是重要的例外。

33. George Atiyeh, ed., *The Book in the Islamic World: The Written Word and Communication in the Middle East* (Edinburgh: Edinburgh University Press, 2005) 是部分例外，不过其中的大部分文章关注的都是现代。

34. See Ahmed Dallal, *Islam, Science, and the Challenge of History* (New Haven: Yale University Press, 2010); Donald Hill, *Islamic Science and Engineering* (Edinburgh:

Edinburgh University Press, 1994); Muzaffar Iqbal, *The Making of Islamic Science*, 2nd ed. (Kuala Lumpur: Islamic Book Trust, 2009); Ehsan Masood, *Science and Islam: A History* (London: Icon, 2009); George Saliba, *Islamic Science and the Making of the European Renaissance* (Cambridge, MA: MIT Press, 2007); Howard Turner, *Science in Medieval Islam* (Austin: University of Texas Press, 1997), 还有大量参考书目见 Mohamed Abattouy, *L'histoire des sciences arabes classiques: une bibliographie selective critique* (Casablanca: Fondation du Roi Abdul Aziz, 2007)。

35. Jonathan Berkey, *The Transmission of Knowledge in Medieval Cairo* (Princeton: Princeton University Press, 1992) 和 George Makdisi, *The Rise of Colleges: Institutions of Learning in Islam and the West* (Edinburgh: Edinburgh University Press, 1981) 是部分例外。

36. Charles Haskins, *The Renaissance of the Twelfth Century* (1927; repr., Cambridge, MA: Harvard University Press, 1971); R. N. Swanson, *The Twelfth Century Renaissance* (Manchester, UK: Manchester University Press, 1999).

37. Mary Beard et al., "Literacy in the Roman World," *Journal of Roman Archaeology* 3, suppl. (1991); Alan Bowman and Gregory Woolf, eds., *Literacy and Power in the Ancient World* (Cambridge, UK: Cambridge University Press, 1997); Harris, *Ancient Literacy*; Netz, "Counter-Culture," "Bibliosphere," and *Space, Scale, Canon*.

38. Harris, *Ancient Literacy*.

39. For example, Thomas, *Literacy and Orality in Ancient Greece*; William Johnson and Holt Parker, eds., *Ancient Literacies: The Culture of Reading in Greece and Rome* (New York: Oxford University Press, 2009).

40. Anna Missiou, *Literacy and Democracy in Fifth-Century Athens* (Cambridge, UK: Cambridge University Press, 2010), and Ober, *Democracy and Knowledge*, 介绍了雅典人的知识和创新情况。关于罗马普通士兵的读写能力：Alan Bowman, *Life and Letters on the Roman Frontier* (London: British Museum, 1998); John Adams, "The Poets of Bu Njem: Language, Culture and the Centurionate," *Journal of Roman Studies* 89 (1999): 109–34。

41. See, for instance, Nicholas Everett, *Literacy in Lombard Italy, c. 568–774* (Cambridge, UK: Cambridge University Press, 2010) .

42. Schmandt-Besserat, *Before Writing*.

43. Akkermans and Schwartz, *Archaeology of Syria*, 88.

44. United Nations Development Programme, *Human Development Report 2011*.

45. 我的这些估计，很大程度上是基于 Benjamin Duke, *The History of*

Modern Japanese Education: Constructing the National School System, 1872–1890 (New Brunswick, NJ: Rutgers University Press, 2009)。

46. Bastid, *Educational Reform*; Bailey, *Reform the People*.

47. Seeberg, *Literacy in China*.

48. 我推断出这些数字，是根据 Evelyn Rawski, *Education and Popular Literacy in Ch'ing China* (Ann Arbor: University of Michigan Press, 1978), Charles Ridley, "Educational Theory and Practice in Late Imperial China: The Teaching of Writing as a Specific Case" (PhD thesis, Stanford University, 1973), 以及 Thomas Lee, *Education in Traditional China: A History* (Leiden: Brill, 2000)。

49. See Catherine Jami, "Learning Mathematical Sciences during the Early and Mid-Ch'ing," in Benjamin Elman and Alexander Woodside, eds., *Education and Society in Late Imperial China, 1600–1900* (Berkeley: University of California Press, 1994), 223–56; Timothy Brook, *The Confusions of Pleasure: Commerce and Culture in Ming China* (Berkeley: University of California Press, 1998), 56–65.

50. Richard Rubinger, *Popular Literacy in Early Modern Japan* (Honolulu: University of Hawaii Press, 2007).

51. See, for instance, Lee, *Education in Traditional China*; Bodde, *Chinese Thought*; Barrett, *Woman Who Discovered Printing*; Kuhn, *Age of Confucian Rule*, 120–37; Elvin, *Pattern*, 181–95.

52. In general terms, see Mark Lewis, *Writing and Authority in Early China* (Albany: State University of New York Press, 1999); *Early Chinese Empires*; *China between Empires*.

53. Demattè, "Origins."

54. Compare Margaret Jacob, *Scientific Culture and the Making of the Industrial West* (New York: Oxford University Press, 1997); Joel Mokyr, *The Enlightened Economy: An Economic History of Britain, 1700–1850* (New Haven: Yale University Press, 2010).

第七章

1. 关于短时段偶然论：Morris, *Why the West Rules*, 18–21; 关于长时段注定论：同上，英文版 10—18 页。

2. 最著名的，见 Edward Tufte, *The Visual Display of Quantitative Information* (New York: Graphics Press, 2001)。

3. 2010 年 11 月 23 日的私人谈话。

4. Morris, *Why the West Rules*, 151, 626; Pomeranz, "How Big Should Historians

Think?" 310–11 对此有不同意见。

5. Morris, *Why the West Rules*, 166, 558, 642, 644.

6. Ian Morris, "Mediterraneanization," *Mediterranean Historical Review* 18 (2003): 30–55.

7. Morris, *Why the West Rules*, 481–83, 489.

8. For example, Malanima, "Energy Consumption".

9. 这种方法在 Jared Diamond and James Robinson, eds., *Natural Experiments of History* (Cambridge, MA: Harvard University Press, 2010) 中有详细的解释。

10. 尽管也许不是不可能：见 Ian McNiven et al., "Dating Aboriginal Stone-Walled Fishtraps at Lake Condah, Southeast Australia," *Journal of Archaeological Science* 39 (2012): 268–86。

11. M. J. T. Lewis, "The Origins of the Wheelbarrow," *Technology and Culture* 35 (1994): 453–75; 我感谢 Panagiotis Karras（在 2010 年 12 月 26 日面谈时）所做的这一提示。

12. Elizabeth Boone and Gary Urton, eds., *Their Way of Writing: Scripts, Signs, and Pictographies in Pre-Columbia America* (Washington, DC: Dumbarton Oaks, 2011) 对于新世界的文字记录提供了新近的综述。一些考古学家认为，至少新世界的某些书写形式并不是有意作为信息技术系统（在用于与他人交流信息并存储信息的符号这种意义上）而出现的（如，Joyce Marcus, *Mesoamerican Writing Systems: Propaganda, Myth, and History in Four Ancient Civilizations* [Princeton: Princeton University Press, 1992]），但设计者和使用者的意图并不是这里要讨论的问题。无论文本制作者的目的是什么，新世界的文字系统确实起到了信息技术的作用，尽管不如旧世界同时代的系统有效。

13. Lucinda Blackwell et al., "Middle Stone Age Bone Tools from the Howiesons Poort Layers, Sibudu Cave, South Africa," *Journal of Archaeological Science* 35 (2008): 1566–80; Marlize Lombard, "Quartz-Tipped Arrows Older Than 60ka: Further Use-Trace Evidence from Sibudu, KwaZulu-Natal, South Africa," *Journal of Archaeological Science* 38 (2011): 1918–30.

14. Brian Fagan, *The First North Americans: An Archaeological Journey* (London: Thames & Hudson, 2012), 63; Ross Hassig, *War and Society in Ancient Mesoamerica* (Berkeley: University of California Press, 1992), 119.

15. Diamond, *Guns, Germs, and Steel*, 360–70.

16. Ibid., 93-156.

17. Ibid., 157-78. 戴蒙德倾向于以人类行为来解释这些动物灭绝，但证据非常不清楚 (Donald Grayson and David Meltzer, "A Requiem for North American

Overkill," *Journal of Archaeological Science* 30 [2003]: 585–93)。

18. Robert Ricklefs, *The Economy of Nature*, 5th ed. (New York: Freeman, 2001).

19. Diamond, *Guns, Germs, and Steel*, 176–91.

20. See also Peter Turchin et al., "East-West Orientation of Historical Empires and Modern Nations," *Journal of World Systems Research* 12 (2006): 218–29.

21. David Laitin et al., "Geographic Axes and the Persistence of Cultural Diversity," *Proceedings of the National Academy of Sciences* 110 (2012): 10.1073/pnas.1205338109.

22. Carneiro, *Evolutionism*, 229.

23. Sanderson, *Social Evolutionism*, 83–100, Trigger, *Sociocultural Evolution*, 162–85, 以及 Carneiro, *Evolutionism*, 229–61, 对许多文献做了评述。

24. 相关文献很多，但 Arjun Appadurai, *Modernity at Large* (Minneapolis: University of Minnesota Press, 1996), Shmuel Eisenstadt, ed., *Multiple Modernities* (New York: Transaction Books, 1999), 以及 Dilip Parameshwar Gaonkar, ed., *Alternative Modernities*, 2nd ed. (Durham, NC: Duke University Press, 2001) 提供了较有趣味的讨论。

25. 这一过程在 Bayly, *Modern World* 中有非常详细的描述。

26. Stephen Jay Gould, *Wonderful Life: The Burgess Shale and the Nature of History* (New York: Norton, 1989), 320–21.

27. For example, Simon Conway Morris, *Life's Solution: Inevitable Humans in a Lonely Universe* (Cambridge, UK: Cambridge University Press, 2003).

28. Stephen Jay Gould, "The Evolution of Life on Earth," *Scientific American* 271 (1994): 84–91.

29. Morris, *Why the West Rules*, 170–71, 582–624.

30. For example, Hugo Scott-Gall, "An Interview with . . . Prof. Ian Morris," *Goldman Sachs Fortnightly Thoughts* 23 (December 15, 2010): 5–7; Jane Smiley, "Who Cares What a Robot Thinks? You Will," *Washington Post*, January 30, 2011, http://www.washingtonpost.com/wp-dyn/content/article/2011/01/28/AR2011012806988.html; Martin Wolf, "East and West Converge on a Problem,," *Financial Times*, January 11, 2011, http://www.ft.com/cms/s/0/4f590ec6-1dce-11e0-badd-00144feab49a.html#axz z1AqLSQCea.

31. 正如最近一些引人入胜的书中所假设的那样：Niall Ferguson (*Civilization: The West and the Rest* [New York: Penguin, 2011]), George Friedman (*The Next Decade: Empire and Republic in a Changing World* [New York: Anchor, 2011]), 以及 Robert Kagan (*The World America Made* [New York: Knopf, 2012])。

32. For example, National Intelligence Council, *Global Trends 2030: Alternative Worlds* (Washington, DC: Government Printing Office, 2012).

33. Morris, *War! What Is It Good For?*, chap. 7.

34. Richard Dawkins, *The Selfish Gene* (Oxford: Oxford University Press, 1976), 1.

参考文献

Abattouy, Mohamed. 2007. *L'histoire des sciences arabes classiques: une bibliographie selective critique.* Casablanca: Fondation du Roi Abdul-Aziz.
Abu-Lughod, Janet. 1971. *Cairo: 1,001 Years of the City Victorious.* Princeton: Princeton University Press.
Acemoglu, Daron, and James Robinson. 2012. *Why Nations Fail.* New York: Crown Books.
Adams, John. 1999. "The Poets of Bu Njem: Language, Culture and the Centurionate." *Journal of Roman Studies* 89: 109–34.
Adams, Richard N. 1975. *Energy and Structure: A Theory of Social Power.* Austin: University of Texas Press.
Adams, Robert McC. 1981. *Heartland of Cities.* Chicago: University of Chicago Press.
———. 1996. *Paths of Fire: An Anthropologist's Inquiry into Western Technology.* Princeton: Princeton University Press.
———. 2001. "Complexity in Archaic States." *Journal of Anthropological Archaeology* 20: 345–60.
Adams, Thomas. 2008. *The Army after Next: The First Postindustrial Army.* Stanford: Stanford University Press.
Adshead, Samuel. 2000. *China in World History.* 3rd ed. London: Longmans.
———. 2004. *Tang China.* London: Longmans.
Åkerman, K. 2001. "The 'Aussenhaken Area' in the City of Assur during the Second Half of the Seventh Century BC: A Study of a Neo-Assyrian City Quarter and Its Demography." *State Archives of Assyria Bulletin* 13: 217–72.
Akkermans, Peter, and Glenn Schwartz. 2003. *The Archaeology of Syria.* Cambridge, UK: Cambridge University Press.
Albanese Procelli, Rosa Maria. 2003. *Sicani, Siculi, Elimi: Forme di identità, modi di contatto e processi di trasformazione.* Milan: Longanesi.
Allen, G. C. 1946. *A Short Economic History of Modern Japan, 1867–1937.* London: Allen & Unwin.
Allen, Robert. 2001. "The Great Divergence in European Wages and Prices from

335

the Middle Ages to the First World War." *Explorations in Economic History* 38: 411–48.

———. 2006. "Agricultural Productivity and Rural Incomes in England and the Yangzi Delta, c. 1620–c. 1820." Unpublished paper. http://www.nuffield.ox .ac.uk/General/Members/allen.aspx.

———. 2007. "Pessimism Preserved: Real Wages in the British Industrial Revolution." Oxford University Department of Economics Working Paper 314. http://www.nuffield.ox.ac.uk/General/Members/allen.aspx.

———. 2009a. *The British Industrial Revolution in Global Perspective*. Cambridge, UK: Cambridge University Press.

———. 2009b. "How Prosperous Were the Romans? Evidence from Diocletian's Price Edict (AD 301)." In Bowman and Wilson, *Quantifying the Roman Economy*, 327–45.

Allen, Robert, et al. 2011. "Wages, Prices and Living Standards in China, 1738–1925: A Comparison with Europe, Japan and India." *Economic History Review* 64 (supplement): 8–38, http://www.nuffield.ox.ac.uk/General/Members/ allen.aspx.

Allen, Robert, Tommy Bengtsson, and Martin Dribe, eds. 2005. *Living Standards in the Past: New Perspectives on Well-Being in Asia and Europe*. Oxford: Oxford University Press.

Alperson-Afil, N. 2008. "Continual Fire-Making by Hominins at Gesher Benot Ya'aqov, Israel." *Quaternary Science Reviews* 27: 1733–39.

Alston, Richard. 2001. *The City in Roman and Byzantine Egypt*. London: Routledge.

Angeles, Luis. 2008. "GDP per Capita or Real Wages? Making Sense of Conflicting Views on Pre-Industrial Europe." *Explorations in Economic History* 45: 147–63.

Anglim, Simon, et al. 2003. *Fighting Techniques of the Ancient World, 3000 BC–AD 500: Equipment, Combat Skills, and Tactics*. New York: Thomas Dunne Books.

Appadurai, Arjun. 1996. *Modernity at Large*. Minneapolis: University of Minnesota Press.

Aranguren, Biancamaria, et al. 2007. "Grinding Flour in Upper Palaeolithic Europe (25,000 Years BP)." *Antiquity* 81: 845–55.

Araus, José Luis, et al. 2001. "Estimated Wheat Yields during the Emergence of Agriculture Based on the Carbon Isotope Discrimination of Grains: Evidence from a 10th Millennium BP Site on the Euphrates." *Journal of Archaeological Science* 28: 341–50.

———. 2003. "Productivity in Prehistoric Agriculture." *Journal of Archaeological Science* 30: 681–93.

Arlinghaus, Franz-Josef, et al., eds. 2006. *Transforming the Medieval World: Uses of Pragmatic Literacy in the Middle Ages*. Turnhout: Brepols.

Armelagos, George, and Kristin Harper. 2005. "Genomics at the Origins of Agriculture." *Evolutionary Anthropology* 14: 68–77, 109–21.

Arrighi, Giovanni. 2007. *Adam Smith in Beijing: Lineages of the Twenty-First Century*. London: Verso.
Arrighi, Giovanni, et al., eds. 2003. *The Resurgence of East Asia: 500, 150, and 50 Year Perspectives*. New York: Routledge.
Arthur, Paul. 2002. *Naples, from Roman Town to City-State*. Rome: British School at Rome.
Assaf, Yasur-Landau. 2010. *The Philistines and Aegean Migration at the End of the Late Bronze Age*. Cambridge, UK: Cambridge University Press.
Aston, A. E., and T. Philpin, eds. 1985. *The Brenner Debate*. Cambridge, UK: Cambridge University Press.
Atahan, Pia, et al. 2011. "Early Neolithic Diets at Baijian, Wei River Valley, China: Stable Carbon and Nitrogen Analysis of Human and Faunal Remains." *Journal of Archaeological Science* 38: 2811–17.
Atiyeh, George, ed. 2005. *The Book in the Islamic World: The Written Word and Communication in the Middle East*. Edinburgh: Edinburgh University Press.
Bachhuber, Christopher, and Gareth Roberts, eds. 2009. *Forces of Transformation: The End of the Bronze Age in the Mediterranean*. Oxford: Oxbow.
Bachrach, Bernard. 1972. *Merovingian Military Organization, 451–781*. Minneapolis: University of Minnesota Press.
———. 2001. *Early Carolingian Warfare: Prelude to Empire*. Philadelphia: University of Pennsylvania Press.
Baeten, Jan, et al. 2012. "Faecal Biomarkers and Archaeobotanical Analyses of Sediments from a Public Latrine Shed New Light on Ruralisation in Sagalassos, Turkey." *Journal of Archaeological Science* 39: 1143–59.
Bagnall, Roger. 1993. *Egypt in Late Antiquity*. Berkeley: University of California Press.
———. 2002. "Effects of Plague: Model and Evidence." *Journal of Roman Archaeology* 15: 114–20.
———. 2009. "Response to Alan Bowman." In Bowman and Wilson, *Quantifying the Roman Economy*, 205–12.
Bailey, Paul. 1990. *Reform the People: Changing Attitudes towards Popular Education in Early Twentieth-Century China*. Vancouver: University of British Columbia Press.
Bailey, R. 1991. "The Behavioral Ecology of Efe Pygmy Men in the Ituru Forest, Zaire." University of Michigan Museum of Anthropology Paper 86, Ann Arbor.
Bairoch, Paul. 1982. "International Industrialization Levels from 1705 to 1980." *Journal of European Economic History* 11: 269–333.
———. 1988. *Cities and Economic Development: From the Dawn of History to the Present*. Chicago: University of Chicago Press.
Bak, Per, et al. 1988. "Self-Organized Criticality." *Physical Review* 38: 364–74.
Balk, Alfred. 2005. *The Rise of Radio, from Marconi through the Golden Age*. New York: McFarland & Co.

Bang, Peter Fibiger. 2009. *The Roman Bazaar: A Comparative Study of Trade and Markets in a Tributary Empire*. Cambridge, UK: Cambridge University Press.

Barfield, Thomas. 1989. *The Perilous Frontier: Nomadic Empires and China, 221 BC–AD 1757*. Oxford: Blackwell.

Barker, Graeme. 2006. *The Agricultural Revolution in Prehistory: Why Did Foragers Become Farmers?* Oxford: Oxford University Press.

Barker, Philip. 1997. *The Baths Basilica, Wroxeter*. London: English Heritage.

Barnouw, Erik. 1990. *Tube of Plenty: The Evolution of American Television*. 2nd ed. New York: Oxford University Press.

Barrett, James, et al. 2004. "'Dark Age Economics' Revisited: The English Fish Bone Evidence AD 600–1600." *Antiquity* 78: 618–36.

———. 2011. "Interpreting the Expansion of Sea Fishing in Medieval Europe Using Stable Isotope Analysis of Archaeological Cod Bones." *Journal of Archaeological Science* 38: 1516–24.

Barrett, T. H. 2008. *The Woman Who Discovered Printing*. New Haven: Yale University Press.

Barton, I. M. 1996. *Roman Domestic Buildings*. Exeter: University of Exeter Press.

Bar-Yosef, Ofer. 1986. "The Walls of Jericho: An Alternative Interpretation." *Current Anthropology* 27: 157–62.

Bar-Yosef, Ofer, and François Valla, eds. 1991. *The Natufian Culture in the Levant*. Ann Arbor, MI: International Monographs in Prehistory.

Basan, Osman Aziz. 2010. *The Great Seljuqs: A History*. London: Routledge.

Bass, George. 2010. "Cape Gelidonya Shipwreck." In Cline, *Oxford Handbook of the Bronze Age Aegean*, 797–803.

Bastid, Marianne. 1988. *Educational Reform in Early Twentieth-Century China*. Ann Arbor: University of Michigan Press.

Bayly, Christopher. 2004. *The Birth of the Modern World 1789–1914*. Oxford: Blackwell.

Beal, Richard. 1992. *The Organization of the Hittite Military*. Heidelberg: Carl Winter.

Beard, Mary, et al. 1991. "Literacy in the Roman World." *Journal of Roman Archaeology* 3 (suppl.).

Bedford, Peter. 2007. "The Persian Near East." In Scheidel et al., *Cambridge Economic History*, 302–29.

Beinhocker, Eric. 2010. *The Origin of Wealth: Evolution, Complexity, and the Radical Remaking of Economics*. Cambridge, MA: Harvard Business School.

Bellwood, Peter. 2005. *First Farmers*. Oxford: Blackwell.

Benedictow, Ole. 2004. *The Black Death 1346–1353: The Complete History*. Rochester, NY: Boydell Press, 2004.

Bengtsson, Tommy, C. Campbell, and James Lee, eds. 2005. *Life Under Pressure: Mortality and Living Standards in Europe and Asia, 1500–1700*. Cambridge, UK: Cambridge University Press.

Benn, Charles. 2002. *China's Golden Age: Everyday Life under the Tang Dynasty*. New York: Oxford University Press.

Bennett, Matthew, et al. 2005. *Fighting Techniques of the Medieval World, AD 500–1500: Equipment, Combat Skills, and Tactics.* New York: Thomas Dunne Books.
Bentley, R. Alexander, and Herbert Maschner, eds. 2003. *Complex Systems and Archaeology.* Salt Lake City: University of Utah Press.
Benyon-Davies, Paul. 2007. "Informatics and the Inca." *International Journal of Information Management* 27: 306–18.
Beresford, Maurice, and John Hurst. 1991. *Wharram Percy: Deserted Medieval Village.* New Haven: Yale University Press.
Berg, Richard. 2010. *Chariots of Fire: Warfare in the Bronze Age, 2300–1200 BC.* Hanford, CA: GMT Games.
Berg, Richard, and Mark Herman. 1999. *Cataphract: The Reconquest of the Roman Empire.* Hanford, CA: GMT Games.
———. 2004. *Devil's Horsemen: The Mongol War Machine.* Hanford, CA: GMT Games.
———. 2008. *SPQR: The Art of War in the Roman Republic.* 3rd ed. Hanford, CA: GMT Games.
Berkey, Jonathan. 1992. *The Transmission of Knowledge in Medieval Cairo.* Princeton: Princeton University Press.
Bertaud, Jean-Paul. 1988. *The Army of the French Revolution.* Trans. R. R. Palmer. Bloomington: Indiana University Press.
Biddle, Stephen. 2004. *Military Power: Explaining Victory and Defeat in Modern Battle.* Princeton: Princeton University Press.
Bielenstein, Hans. 1976. "Lo-yang in the Later Han Times." *Bulletin of the Museum of Far Eastern Antiquities* 48: 3–142.
Binford, Lewis. 1971. "Mortuary Practices: Their Study and Their Potential." In James Brown, ed., *Approaches to the Social Dimensions of Mortuary Practices*: 6–29. New York: Memoirs of the Society for American Archaeology 25.
Bintliff, John, et al., eds. 2008. *Testing the Hinterland: The Work of the Boeotia Survey (1989–1991) in the Southern Approaches to the City of Thespiai.* Cambridge, UK: McDonald Institute.
Bintliff, John, and Hanna Stöger, eds. 2009. *Medieval and Post-Medieval Greece: The Corfu Papers.* Oxford: British Archaeological Reports International Series 2023.
Bitelli, G., et al. 2003. *The Bologna and Lecce Universities Joint Archaeological Mission in Egypt: Ten Years of Excavation at Bakchias, 1993–2002.* Naples: Graus.
Black, Jeremy. 1998. *War in the Early Modern World, 1450–1815.* London: Routledge.
———. 2002. *European Warfare, 1494–1660.* London: Longmans.
———. 2006. *Warfare in the Eighteenth Century.* Washington, DC: Smithsonian.
Blackmore, Susan. 1999. *The Meme Machine.* Oxford: Oxford University Press.
Blackwell, Lucinda, et al. 2008. "Middle Stone Age Bone Tools from the Howiesons Poort Layers, Sibudu Cave, South Africa." *Journal of Archaeological Science* 35: 1566–80.

Blair, John, and Nigel Ramsay, eds. 2003. *English Medieval Industries: Craftsmen, Techniques, Products.* London: Hambledon.

Blanton, Robert, et al. 1981. *Ancient Mesoamerica.* Cambridge, UK: Cambridge University Press.

Boaretto, Elisabetta, et al. 2009. "Radiocarbon Dating of Charcoal and Bone Collagen Associated with Early Pottery at Yuchanyan Cave, Hunan Province, China." *Proceedings of the National Academy of Sciences* 106: 9595–9600. doi:10.1073/pnas.0900539106.

Bocherens, H., et al. 1999. "Paleoenvironmental and Paleodietary Implications of Isotopic Biogeochemistry of Last Interglacial Neanderthal and Mammoth Bones in Scladina Cane (Belgium)." *Journal of Archaeological Science* 26: 599–607.

———. 2001. "New Isotopic Evidence for Dietary Habits of Neandertals from Belgium." *Journal of Human Evolution* 40: 497–505.

Bodde, Derk. 1991. *Chinese Thought, Society, and Science: The Intellectual and Social Background of Science and Technology in Pre-Modern China.* Honolulu: University of Hawaii Press.

Bogaard, A., et al. 2007. "The Impact of Manuring on Nitrogen Isotope Ratios in Cereals." *Journal of Archaeological Science* 34: 335–43.

Boiy, T. 2004. *Late Achaemenid and Hellenistic Babylon.* Leuven: Orientalia Lovaniensia Analecta 126.

Books, Amber, et al. 2008. *Fighting Techniques of the Oriental World, AD 1200–1854: Equipment, Combat Skills, and Tactics.* New York: Thomas Dunne Books.

———. 2009. *Fighting Techniques of Naval Warfare, 1190 BC–Present: Strategy, Weapons, Commanders, and Ships.* New York: Thomas Dunne Books.

Boone, Elizabeth, and Gary Urton, eds. 2011. *Their Way of Writing: Scripts, Signs, and Pictographies in Pre-Columbia America.* Washington, DC: Dumbarton Oaks.

Boot, Max. 2006. *War Made New: Technology, Warfare, and the Course of History, 1500 to Today.* New York: Gotham Books.

Boserup, Ester. 1965. *The Conditions of Agricultural Growth.* Chicago: Aldine.

———. 1981. *Population and Technological Change.* Chicago: University of Chicago Press.

Bourdieu, Pierre. 1977. *Outline of a Theory of Practice.* Trans. Richard Nice. Cambridge, UK: Cambridge University Press.

Bowden, Edgar. 1969. "A Dimensional Model of Multilinear Sociocultural Evolution." *American Anthropologist* 67: 864–70.

Bowles, Samuel, and Herbert Gintis. 2011. *A Cooperative Species: Human Reciprocity and Its Evolution.* Princeton: Princeton University Press.

Bowman, Alan. 1998. *Life and Letters on the Roman Frontier.* London: British Museum.

———. 2009. "Quantifying Egyptian Agriculture." In Bowman and Wilson, *Quantifying the Roman Economy,* 177–204.

Bowman, Alan, and Andrew Wilson, eds. 2009. *Quantifying the Roman Economy.* Oxford: Oxford University Press.
Bowman, Alan, and Gregory Woolf, eds. 1997. *Literacy and Power in the Ancient World.* Cambridge, UK: Cambridge University Press.
Boyd, Andrew. 1962. *Chinese Architecture and Town Planning: 1500 BC–AD 1911.* Chicago: University of Chicago Press.
Boyd, Brian. 2010. *People and Animals in Levantine Prehistory, 10,000–8000 BC.* Cambridge, UK: Cambridge University Press.
Boyd, Robert, and Peter Richerson. 1985. *Culture and the Evolutionary Process.* Chicago: University of Chicago Press.
Bradbury, Jim, ed. 2007. *The Routledge Companion to Medieval Warfare.* London: Routledge.
Braudel, Fernand. 1981. *Civilization and Capitalism, 15th–18th Centuries I: The Structures of Everyday Life.* Trans. Siân Reynolds. New York: Harper and Row.
Bray, Francesca. 1984. *Science and Civilisation in China VI: Biology and Biological Technology. Part 6: Agriculture.* Cambridge, UK: Cambridge University Press.
———. 1986. *The Rice Economy: Technology and Development in Asian Societies.* Oxford: Oxford University Press.
———. 2001. "The *Qimin yaoshu* (Essential Techniques for the Common People)." Unpublished paper.
Brett, Michael. 2005. "Population and Conversion to Islam in Egypt in the Mediaeval Period." In U. Vermeulen and J. van Steenbergen, eds., *Egypt and Syria in the Fatimid, Ayyubid and Mamluk Eras*: 4:1–32. Leuven: Peeters.
Brewer, John. 1988. *The Sinews of Power: War, Money and the English State, 1688–1783.* Cambridge, MA: Harvard University Press.
Brewer, John, and Roy Porter, eds. 1993. *Consumption and the World of Goods.* London: Routledge.
Briggs, Asa, and Peter Burke. 2002. *A Social History of the Media: From Gutenberg to the Internet.* Oxford: Blackwell.
Britnell, Richard. 1997. *Pragmatic Literacy, East and West, 1200–1330.* Oxford: Boydell.
Brokaw, Cynthia, and Kai-wing Chow, eds. 2005. *Printing and Book Culture in Late Imperial China.* Berkeley: University of California Press.
Brook, Timothy. 1998. *The Confusions of Pleasure: Commerce and Culture in Ming China.* Berkeley: University of California Press.
Brown, Peter. 1971. *The World of Late Antiquity AD 150–750.* London: Thames & Hudson.
Bruce, Robert, et al. 2008. *Fighting Techniques of the Napoleonic Age, 1792–1815.* New York: Thomas Dunne Books.
Brunk, Gregory. 2002. "Why Do Societies Collapse? A Theory Based on Self-Organized Criticality." *Journal of Theoretical Politics* 14: 195–230.
Buck, John L. 1930. *Chinese Farm Economy.* Chicago: University of Chicago Press.

———. 1937. *Land Utilization in China*. Shanghai: Nanjing University Press.
Bussert, James, and Bruce Elleman. 2011. *People's Liberation Army Navy: Combat System Technology, 1949–2010*. Annapolis, MD: U.S. Naval Institute Press.
Buxó, Ramon. 2009. "Botanical and Archaeological Dimensions of the Colonial Encounter." In Michael Dietler and Caroline López-Ruiz, eds., *Colonial Encounters in Ancient Iberia*: 155–68. Chicago: University of Chicago Press.
Cahill, Nicholas. 2002. *Household and City Organization at Olynthus*. New Haven: Yale University Press.
Callot, O. 1983. *Une maison à Ugarit: études d'architecture domestique*. Paris: Editions recherché sur les civilisations.
———. 1994. *La tranchée "ville sud": études d'architecture domestique*. Paris: Editions recherché sur les civilisations.
Cameron, Averil. 1993. *The Mediterranean World in Late Antiquity AD 395–600*. London: Routledge.
Campbell, Duncan. 2003. *Greek and Roman Siege Machinery 399 BC–AD 363*. Oxford: Osprey.
Campbell, J. Brian. 1994. *The Roman Army: A Sourcebook*. London: Routledge.
Carneiro, Robert. 1962. "Scale Analysis as an Instrument for the Study of Cultural Evolution." *Southwestern Journal of Anthropology* 18: 149–69.
———. 1967. "On the Relationship between Size of Population and Complexity of Social Organization." *Southwestern Journal of Anthropology* 23: 234–41.
———. 1968. "Ascertaining, Testing, and Interpreting Sequences of Cultural Development." *Southwestern Journal of Anthropology* 24: 354–74.
———. 1969. "The Measurement of Cultural Development in the Ancient Near East and in Anglo-Saxon England." *Transactions of the New York Academy of Sciences Series 2* 31: 1013–23.
———. 1970. "Scale Analysis, Evolutionary Sequences, and the Rating of Cultures." In Naroll and Cohen, *Handbook of Method in Cultural Anthropology*, 834–71.
———. 2003. *Evolutionism in Cultural Anthropology*. Boulder, CO: Westview.
Carr, Christopher. 1995. "Mortuary Practices: Their Social, Philosophical-Religious, Circumstantial, and Physical Determinants." *Journal of Archaeological Method and Theory* 2: 105–200.
Caseldine, C. J., and C. Turney. 2010. "The Bigger Picture: Towards Integrating Palaeoclimate and Environmental Data with a History of Societal Change." *Journal of Quaternary Science* 25: 88–93.
Cavaciocchi, S., ed. 1997. *Alimentazione e nutrizione secc. XIII–XVIII*. Florence: Le Monnier.
Chambers, F. M., et al. 2007. "Globally Synchronous Climate Change 2800 Years Ago: Proxy Data from Peat in South America." *Earth and Planetary Science Letters* 253: 439–44.
———. 2010. "Peatland Archives of Late-Holocene Climate Change in Northern Europe." *PAGES News* 18: 4–6.
Chandler, David. 1966. *The Campaigns of Napoleon*. New York: Scribner.

Chandler, Tertius. 1987. *Four Thousand Years of Urban Growth: An Historical Census*. Lewiston, NY: St. David's University Press.

Chandler, Tertius, and Gerald Fox. 1974. *Three Thousand Years of Urban Growth*. New York: Academic Press.

Chang, Kwang-chih. 1980. *Shang Civilization*. New Haven: Yale University Press.

———. 1986. *The Archaeology of Ancient China*. 4th ed. New Haven: Yale University Press.

Chang, Kwang-chih, and Xu Pingfang, eds. 2005. *The Formation of Chinese Civilization: An Archaeological Perspective*. New Haven: Yale University Press.

Chapman, Robert. 2003. *Archaeologies of Complexity*. London: Routledge.

Chartier, Roger, ed. 1989. *The Culture of Print*. Princeton: Princeton University Press.

Chase, Kenneth. 2003. *Firearms: A Global History to 1700*. Cambridge, UK: Cambridge University Press.

Chayanov, A. V. 1986. *The Theory of Peasant Economy*. Madison: University of Wisconsin Press.

Cherian, P. J., et al. 2007. "The Muziris Heritage Project: Excavations at Pattanam—2007." *Journal of Indian Ocean Archaeology* 4: 1–10.

Cherry, John, et al. 1991. *Landscape Archaeology as Long-Term History*. Los Angeles: Cotsen Institute.

Chi, Zhang, and Hsiao-chun Hung. 2010. "The Emergence of Agriculture in Southern China." *Antiquity* 84: 11–25.

Childe, V. Gordon. 1925. *The Dawn of European Civilisation*. 1st ed. London: Kegan Paul.

———. 1936. *Man Makes Himself*. London: Watts & Co.

———. 1942. *What Happened in History*. Harmondsworth, UK: Penguin.

———. 1951. *Social Evolution*. London: Watts & Co.

Chivers, C. J. 2010. *The Gun*. New York: Simon & Schuster.

Chow, Kai-wing. 2004. *Publishing, Culture, and Power in Early Modern China*. Stanford: Stanford University Press.

Chrisomalis, Stephen. 2004. "A Cognitive Typology for Numerical Notation." *Cambridge Archaeological Journal* 14: 37–52.

———. 2009. "The Origins and Co-evolution of Literacy and Numeracy." In David Olson and Nancy Torrance, eds., *The Cambridge Handbook of Literacy*: 59–74. Cambridge, UK: Cambridge University Press.

———. 2010. *Numerical Notation: A Comparative History*. Cambridge, UK: Cambridge University Press.

Christian, David. 2004. *Maps of Time: An Introduction to Big History*. Berkeley: University of California Press.

Christie, Neil. 2006. *From Constantine to Charlemagne: An Archaeology of Italy, AD 300–800*. London: Ashgate.

Cipolla, Carlo. 1969. *Literacy and Development in the West*. Harmondsworth, UK: Penguin.

———, ed. 1974. *The Fontana Economic History of Europe II: The Sixteenth and Seventeenth Centuries*. Glasgow: Fontana.

———. 1993. *Europe before the Industrial Revolution: European Society and Economy, 1000–1700*. 3rd ed. London: Routledge.

Clanchy, Michael. 1993. *From Memory to Written Record: England, 1066–1307*. 2nd ed. Oxford: Blackwell.

Clark, Colin, and Margaret Haswell. 1970. *The Economics of Subsistence Agriculture*. London: Macmillan.

Clark, Gregory. 1987. "Productivity Growth without Technical Change in European Agriculture before 1850." *Journal of Economic History* 47: 419–32.

———. 2005. "The Condition of the Working Class in England, 1209–2004." *Journal of Political Economy* 113: 1307–40.

———. 2007a. *A Farewell to Alms: A Brief Economic History of the World*. Princeton: Princeton University Press.

———. 2007b. "Genetically Capitalist? The Malthusian Era and the Formation of Modern Preferences." http://www.econ.ucdavis.edu/faculty/gclark/papers/capitalism%20genes.pdf.

Clarke, David. 1978. *Analytical Archaeology*. 2nd ed., revised by Robert Chapman. London: Methuen.

Cleator, P. E. 1967. *Weapons of War*. London: Robert Hale.

Cline, Eric. 1994. *Sailing the Wine-Dark Sea: International Trade in the Aegean Late Bronze Age*. Oxford: British Archaeological Reports International Series 591.

———, ed. 2010. *The Oxford Handbook of the Bronze Age Aegean*. Oxford: Oxford University Press.

Clutton-Brock, T. H., ed. 1989. *Primate Ecology*. New York: Academic Press.

Coates-Stephens, Roger. 1996. "Housing in Early Medieval Rome." *Papers of the British School at Rome* 64: 239–59.

Cochrane, Gregory, and Henry Harpending. 2009. *The Ten Thousand Year Explosion: How Civilization Accelerated Evolution*. New York: Basic Books.

Cohen, Mark Nathan, ed. 2009. "Rethinking the Origins of Agriculture." *Current Anthropology* 50 (suppl.).

Cole, Bernard. 2010. *The Great Wall at Sea: China's Navy in the Twenty-First Century*. 2nd ed. Annapolis, MD: U.S. Naval Institute Press.

Colledge, Susan, and James Connolly, eds. 2007. *The Origins and Spread of Domestic Plants in Southwest Asia and Europe*. Walnut Creek, CA: AltaMira.

Colledge, Susan, et al. 2004. "Archaeobotanical Evidence for the Spread of Farming in the Eastern Mediterranean." *Current Anthropology* 45 (suppl.): S35–S58.

Connaughton, R. M. 1988. *The War of the Rising Sun and Tumbling Bear: A Military History of the Russo-Japanese War, 1904–5*. London: Routledge.

Contamine, Philip. 1984. *War in the Middle Ages*. Trans. Michael Jones. Oxford: Blackwell.

Conway Morris, Simon. 2003. *Life's Solution: Inevitable Humans in a Lonely Universe*. Cambridge, UK: Cambridge University Press.
Cook, Earl. 1971. "The Flow of Energy in an Industrial Society." *Scientific American* 225: 135–44.
Coon, Carleton. 1948. *A Reader in General Anthropology*. New York: Holt.
Cooper, Frederick. 2002. *Houses of the Morea: Vernacular Architecture of the Northwest Peloponnese (1205–1955)*. Athens: Melissa.
Cooper, Lisa. 2006. *Early Urbanism on the Syrian Euphrates*. London: Routledge.
Cordy, R. H. 1981. *A Theory of Prehistoric Social Change*. New York: Academic Press.
Coulson, William, and Sarah Vaughan, eds. 2000. *Palaeodiet in the Aegean*. Oxford: Oxbow.
Crafts, Nicholas. 1985. *British Economic Growth during the Industrial Revolution*. Oxford: Clarendon.
Cressy, David. 1980. *Literacy and the Social Order: Reading and Writing in Tudor and Stuart England*. Cambridge, UK: Cambridge University Press.
Crosby, Albert. 1994. *The Measure of Reality: Quantification and Western Society, 1250–1600*. Cambridge, UK: Cambridge University Press.
———. 2003. *Ecological Imperialism*. 2nd ed. Cambridge, UK: Cambridge University Press.
———. 2006. *Children of the Sun: A History of Humanity's Unappeasable Appetite for Energy*. New York: Norton.
Crummy, P. J. 1981. *Aspects of Anglo-Saxon and Norman Colchester*. London: Council for British Archaeology Research Report 39; Colchester: Colchester Archaeological Report 1.
———. 1984. *Excavations at Lion Walk, Balkerne Lane, and Middleborough, Colchester, Essex*. Colchester: Colchester Archaeological Report 3.
Crump, Thomas. 1990. *The Anthropology of Numbers*. Cambridge, UK: Cambridge University Press.
Cucchi, T., et al. 2011. "Early Neolithic Pig Domestication at Jiahu, Henan Province, China." *Journal of Archaeological Science* 38: 11–22.
Curlee, Wanda, and Robert Gordon. 2010. *Complexity Theory and Project Management*. New York: Wiley.
Dale, Stephen. 2010. *The Muslim Empires of the Ottomans, Safavids, and Mughals*. Cambridge, UK: Cambridge University Press.
Dalfes, Nüzhet, et al. 1997. *Third Millennium BC Climate Change and Old World Collapse*. Berlin: Springer.
Dallal, Ahmed. 2010. *Islam, Science, and the Challenge of History*. New Haven: Yale University Press.
Darnell, John, and Colleen Manassa. 2007. *Tutankhamun's Armies: Battle and Conquest during Ancient Egypt's Late Eighteenth Dynasty*. New York: Wiley.
Darnton, Robert. 1982. "What Is the History of Books?" *Daedalus* 111: 65–83.
Darwin, Charles. 1839. *Voyages of the* Adventure *and* Beagle. Vol. 3. London: Henry Colburn.

Daugherty, William, et al. 1986. "The Consequences of 'Limited' Nuclear Attacks on the United States." *International Security* 10 (4): 3–45.
Davies, Norman. 1994. *Europe: A History*. New York: Oxford University Press.
Dawkins, Richard. 1976. *The Selfish Gene*. Oxford: Oxford University Press.
———. 2007. *The God Delusion*. New York: Houghton Mifflin Harcourt.
de Callataÿ, François. 2005. "The Graeco-Roman Economy in the Super-Long Run: Lead, Copper, and Shipwrecks." *Journal of Roman Archaeology* 18: 361–72.
Decker, Ethan, et al. 2007. "Global Patterns of City Size Distributions and their Fundamental Drivers." *PLoS ONE* 9. www.plosone.org.
Deetz, James. 1996. *In Small Things Forgotten*. Rev. ed. New York: Anchor.
de Graeve, Marie-Christine. 1981. *The Ships of the Ancient Near East, c. 2000–500 BC*. Louvain: Department Orientalistiek.
De Groot, Gerard. 2005. *The Bomb: A Life*. Cambridge, MA: Harvard University Press.
Delagnes, Anne, and William Rendu. 2011. "Shifts in Neanderthal Mobility, Technology and Subsistence Strategies in Western France." *Journal of Archaeological Science* 38: 1771–83.
Delbrück, Hans. 1920/1975–85. *History of the Art of War within the Framework of Political History*. 4 vols. Trans. Walter Renfroe. Westport, CT: Greenwood.
Delia, Diana. 1989. "The Population of Roman Alexandria." *Transactions of the American Philological Association* 118: 275–92.
de Long, Bradford, and Andrei Schleifer. 1993. "Princes and Merchants: European City Growth before the Industrial Revolution." *Journal of Law and Economics* 36: 671–702.
Demattè, Paola. 2010. "The Origins of Chinese Writing: The Neolithic Evidence." *Cambridge Archaeological Journal* 20: 211–28.
Dennett, Daniel. 2006. *Breaking the Spell: Religion as a Natural Phenomenon*. New York: Simon & Schuster.
de Pee, Christian. 2010. "Purchase on Power: Imperial Space and Commercial Space in Song-Dynasty Kaifeng, 960–1127." *Journal of the Economic and Social History of the Orient* 53: 149–84.
D'Errico, Francesco, et al. 2012. "Technical, Elemental and Colorific Analysis of an Engraved Ochre Fragment from the MSA Levels of Klasies River Cave 1, South Africa." *Journal of Archaeological Science* 39: 942–52.
de Souza, Philip, ed. 2008. *The Ancient World at War*. London: Thames and Hudson.
de Vleeschouwer, François. 2007. "Atmospheric Lead and Heavy Metal Pollution Records from a Belgian Peat Bog Spanning the Last 2 Millennia." *Science of the Total Environment* 377: 282–95.
de Vries, Jan. 2009. *The Industrious Revolution*. Cambridge, UK: Cambridge University Press.
de Vries, Jan, and Ad van der Woude. 1997. *The First Modern Economy: Success, Failure, and Perseverance in the Dutch Economy, 1500–1815*. Cambridge, UK: Cambridge University Press.

Diamond, Jared. 1997. *Guns, Germs, and Steel: The Fates of Human Societies.* New York: Norton.

Diamond, Jared, and James Robinson, eds. 2010. *Natural Experiments of History.* Cambridge, MA: Harvard University Press.

Dickinson, Oliver. 1994. *The Aegean Bronze Age.* Cambridge, UK: Cambridge University Press.

Di Cosmo, Nicola. 2002a. *Ancient China and Its Enemies.* Cambridge, UK: Cambridge University Press.

———, ed. 2002b. *Warfare in Inner Asian History.* Leiden: Brill.

Di Cosmo, Nicola, et al., eds. 2009a. *The Cambridge History of Inner Asia: The Chingissid Age.* Cambridge, UK: Cambridge University Press.

Di Cosmo, Nicola, et al., eds. 2009b. *Military Culture in Imperial China.* Cambridge, MA: Harvard University Press.

Dien, Albert. 1986. "The Stirrup and Its Effect on Chinese Military History." *Ars Orientalis* 16: 33–56.

———. 2007. *Six Dynasties Civilization.* New Haven: Yale University Press.

Dietler, Michael. 2007. "The Iron Age in the Western Mediterranean." In Scheidel et al., *Cambridge Economic History,* 242–76.

Djamali, Morteza, et al. 2009. "A Late Holocene Pollen Record from Lake Almaiou in NW Iran." *Journal of Archaeological Science* 36: 1364–75.

Dols, Michael. 1974. *The Black Death in the Middle East.* Princeton: Princeton University Press.

Dore, Ronald. 1965. *Education in Tokugawa Japan.* London: Routledge Kegan Paul.

Drennan, Robert. 1987. "Regional Demography in Chiefdoms." In Drennan and Uribe, *Chiefdoms in the Americas,* 307–23.

Drennan, Robert, and C. Uribe, eds. 1987. *Chiefdoms in the Americas.* Lanham, MD: University Press of America.

Drews, Robert. 1988. *The Coming of the Greeks.* Princeton: Princeton University Press.

———. 1992. *The End of the Bronze Age.* Princeton: Princeton University Press.

Drexhage, Hans-Joachim. 1991. *Preise, Mieten/Pachten, Kosten und Löhne im römischen Ägypten.* St. Katharinen: Scripta Mercaturae Verlag.

Duchesne, Ricardo. 2011. *The Uniqueness of Western Civilization.* Leiden: Brill.

Duffy, Christopher. 1996. *Siege Warfare: The Fortress in the Early Modern World, 1494–1660.* London: Routledge.

———. 2006. *Fire and Stone: The Science of Fortress Warfare, 1660–1860.* New York: Booksales.

Duke, Benjamin. 2009. *The History of Modern Japanese Education: Constructing the National School System, 1872–1890.* New Brunswick, NJ: Rutgers University Press.

Duncan-Jones, Richard. 1994. *Money and Government in the Roman Empire.* Cambridge, UK: Cambridge University Press.

Dunnell, Robert. 1980. "Evolutionary Theory and Archaeology." *Advances in Archaeological Method and Theory* 9: 35–99.

———. 1995. "What Is It That Actually Evolves?" In Teltser, *Evolutionary Archaeology*, 33–50.

Dunnigan, James. 2000. *The Wargames Handbook: How to Play and Design Commercial and Professional Wargames*. 3rd ed. Lincoln, NE: iUniverse.

———. 2003. *How to Make War: A Comprehensive Guide to Modern Warfare in the 21st Century*. 4th ed. New York: Quill.

Dupuy, Trevor Nevitt. 1985. *Numbers, Predictions and War: The Use of History to Evaluate Combat Factors and Predict the Outcomes of Battles*. Rev. ed. Fairfax, VA: Hero Books.

———. 1992. *Understanding War: History and Theory of Combat*. New York: Paragon House.

Durham, William. 1991. *Coevolution: Genes, Culture, and Human Diversity*. Stanford: Stanford University Press.

Dwyer, P. 1983. "Etolo Hunting Performance and Energetics." *Human Ecology* 11: 145–74.

Dyer, Christopher. 1989. *Standards of Living in the Later Middle Ages: Social Change in England c. 1200–1520*. Rev. ed. Cambridge, UK: Cambridge University Press.

Dyer, Christopher, and Richard Jones, eds. 2010. *Deserted Villages Revisited*. Hertford: University of Hertfordshire Press.

Earle, Timothy. 1977. "A Reappraisal of Redistribution." In Timothy Earle and J. Ericson, eds., *Exchange Systems in Prehistory*: 213–29. New York: Academic Press.

———. 1987. "Chiefdoms in Archaeological and Ethnohistorical Perspective." *Annual Review of Anthropology* 16: 279–308.

Eastwood, Warren, et al. 2006. "Holocene Climate Change in the Eastern Mediterranean Region." *Journal of Quaternary Science* 22: 327–41.

Ebrey, Patricia. 1986. "The Economic and Social History of Later Han." In Loewe, *Cambridge History of China*, 608–48.

Economist. 2004. *The Economist Pocket World in Figures, 2004 Edition*. London: Profile.

Eisenstadt, Shmuel, ed. 1999. *Multiple Modernities*. New York: Transaction Books.

Eisenstein, Elizabeth. 1979. *The Printing Press as an Agent of Change*. Cambridge, UK: Cambridge University Press.

Elleman, Bruce. 2005. *Modern Chinese Warfare, 1795–1989*. London: Routledge.

Ellis, John. 1993. *The World War II Databook: The Essential Facts and Figures for All the Combatants*. New York: Aurum.

Ellis, John, and Michael Cox. 2001. *The World War I Databook: The Essential Facts and Figures for All the Combatants*. New York: Aurum.

Ellis, Simon. 2000. *Roman Housing*. London: Duckworth.

Elton, Geoffrey, and Robert Fogel. 1983. *Which Road to the Past?* New Haven: Yale University Press.

Elton, Hugh. 1996. *Warfare in the Roman Empire, AD 350–425*. Oxford: Oxford University Press.

Elvin, Mark. 1973. *The Pattern of the Chinese Past*. Stanford: Stanford University Press.
Ember, Carol, and Melvin Ember. 2001. *Cross-Cultural Research Methods*. Walnut Creek, CA: AltaMira.
Ember, Melvin. 1997. "Evolution of the Human Relations Area Files." *Cross-Cultural Research* 31: 3–15.
Engels, Friedrich. 1884/1972. *The Origins of the Family, Private Property and the State, in the Light of the Researches of Lewis H. Morgan*. London: Lawrence & Wishart.
Epstein, Joshua. 1985. *The Calculus of Conventional War: Dynamic Analysis without Lanchester Theory*. Washington, DC: Brookings Institution.
Erdkamp, Paul, ed. 2007. *A Companion to the Roman Army*. Oxford: Wiley-Blackwell.
Eren, Metin, ed. 2012. *Hunter-Gatherer Behavior: Human Response during the Younger Dryas*. Walnut Creek, CA: Left Coast Press.
Erickson, Andrew, et al., eds. 2010. *China, the United States, and 21st-Century Sea Power*. Annapolis, MD: U.S. Naval Institute Press.
Erickson, Edwin. 1972. "Other Cultural Dimensions: Selective Rotations of Sawyer and LeVine's Factor Analysis of the World Ethnographic Sample." *Behavior Science Notes* 7: 95–155.
Esdaile, Charles. 2007. *Napoleon's Wars*. New York: Penguin.
Evans, David, and Mark Peattie. 1997. *Kaigun: Strategy, Tactics, and Technology in the Imperial Japanese Navy, 1887–1941*. Annapolis, MD: U.S. Naval Institute Press.
Everett, Daniel. 2005. "Cultural Constraints on Grammar and Cognition in Pirahã: Another Look at the Design Features of Human Language." *Current Anthropology* 46: 621–46.
———. 2009. "Pirahã Culture and Grammar: A Response to Some Criticism." *Language* 85: 405–42.
———. 2012. *Language: The Cultural Tool*. New York: Pantheon.
Everett, Nicholas. 2010. *Literacy in Lombard Italy, c. 568–774*. Cambridge, UK: Cambridge University Press.
Fagan, Brian. 2012. *The First North Americans: An Archaeological Journey*. London: Thames & Hudson.
Fain, Janice. 1977. "The Lanchester Equations and Historical Warfare: An Analysis of Sixty World War II Land Engagements." *History, Numbers, and War* 1: 34–52.
Farrokh, Kaveh. 2011. *Iran at War, 1500–1988*. Oxford: Osprey.
Fay, Peter Ward. 1997. *The Opium War, 1840–1842*. 2nd ed. Chapel Hill: University of North Carolina Press.
Federico, G. 2002. "The World Economy 0–2000 AD: A Review Article." *European Review of Economic History* 6: 111–20.
Feinman, Gary, and Joyce Marcus, eds. 1998. *Archaic States*. Santa Fe, NM: School of American Research.

Feinman, Gary, and Jill Neitzel. 1984. "Too Many Types: An Overview of Sedentary Prestate Societies in the Americas." *Advances in Archaeological Method and Theory* 7: 39–102.
Ferguson, Niall. 2004. *Colossus: The Price of America's Empire*. New York: Penguin.
———. 2007. *The War of the World: Twentieth-Century Conflict and the Descent of the West*. New York: Penguin.
———. 2011. *Civilization: The West and the Rest*. New York: Penguin.
Finkel, I. L., and M. J. Seymour, eds. 2009. *Babylon*. Oxford: Oxford University Press.
Finné, Martin, et al. 2011. "Climate in the Eastern Mediterranean, and Adjacent Regions, during the Past 6000 Years." *Journal of Archaeological Science* 38: 3153–73.
Finnegan, Ruth. 1988. *Literacy and Orality*. Oxford: Oxford University Press.
Fischer, Claude. 1994. *America Calling: A Social History of the Telephone to 1940*. Berkeley: University of California Press.
Fisher, Richard. 2010. *China's Military Modernization: Building for Regional and Global Reach*. Stanford: Stanford University Press.
Flannery, Kent. 1972. "The Cultural Evolution of Civilizations." *Annual Review of Ecology and Systematics* 3: 399–426.
Fletcher, Roland. 1995. *The Limits of Settlement Growth*. Cambridge, UK: Cambridge University Press.
Fodor, Pal. 2009. "Ottoman Warfare, 1300–1453." In Kate Fleet, ed., *The Cambridge History of Turkey I: Byzantium to Turkey, 1071–1453*: 192–226. Cambridge, UK: Cambridge University Press.
Fogel, Robert. 2004. *The Escape from Hunger and Premature Death, 1700–2100*. Cambridge, UK: Cambridge University Press.
Fogel, Robert, and Stanley Engerman. 1974. *Time on the Cross: The Economics of American Negro Slavery*. 2 vols. Boston: Little, Brown.
Food and Agriculture Organization. 2006. *Statistical Yearbook*. Vol. 2, pt. 1. Rome: Food and Agriculture Organization of the United Nations.
Forbes, Hamish. 1976. "'We Have a Little of Everything': The Ecological Basis of Some Agricultural Practices in Methana, Trizinia." In M. Dimen and Ernestine Friedl, eds., *Regional Variation in Modern Greece and Cyprus*: 236–50. New York: New York Academy of Sciences.
———. 1982. "Strategies and Soils: Technology, Production, and Environment in the Peninsula of Methana, Greece." PhD dissertation, University of Pennsylvania.
Forge, Andrew. 1972. "Normative Factors in the Settlement Size of Neolithic Cultivators (New Guinea)." In Peter Ucko et al., eds., *Man, Settlement and Urbanism*: 363–76. London: Duckworth.
France, John. 2002. "The Composition and Raising of Charlemagne's Armies." *Journal of Medieval Military History* 1: 61–82.

Francis, Mark. 2007. *Herbert Spencer and the Invention of Modern Life*. Ithaca, NY: Cornell University Press,
Francovich, Riccardo, and Richard Hodges. 2003. *From Villa to Village: The Transformation of the Roman Countryside in Italy, c. 400–1000*. London: Duckworth.
Frank, Andre Gunder. 1998. *ReOrient: Global Economy in the Asian Age*. Berkeley: University of California Press.
Frank, Michael, et al. 2008. "Number as a Cognitive Technology: Evidence from Pirahã Language and Cognition." *Cognition* 108: 819–24.
Freed, Joann. 1985. "San Giovanni di Ruoti: Cultural Discontinuity between the Early and Late Roman Empire in Southern Italy." In Caroline Malone and Simon Stoddart, eds., *Papers in Italian Archaeology*: 4:179–93. Oxford: British Archaeological Reports International Series 246.
Freely, John. 2008. *Storm on Horseback: The Seljuk Warriors of Turkey*. London: Tauris.
Freeman, Linton, and Robert Winch. 1957. "Societal Complexity: An Empirical Test of a Typology of Societies." *American Journal of Sociology* 62: 461–66.
Friday, Karl. 2004. *Samurai, Warfare and the State in Early Medieval Japan*. London: Routledge.
Fried, Morton. 1967. *The Evolution of Political Society: An Essay in Political Anthropology*. New York: Random House.
Friedman, George. 2011. *The Next Decade: Empire and Republic in a Changing World*. New York: Anchor.
Fukuyama, Francis. 2011. *The Origins of Political Order: From Prehuman Times to the French Revolution*. New York: Farrar, Straus and Giroux.
Fulford, Michael. 2009. "Approaches to Quantifying Roman Trade: Response." In Bowman and Wilson, *Quantifying the Roman Economy*, 250–58.
Fuller, Dorian. 2007. "Contrasting Patterns in Crop Domestication and Domestication Rates." *Annals of Botany* 2007: 1–22.
Fuller, Dorian, et al. 2007. "Presumed Domestication? Evidence for Wild Rice Cultivation and Domestication in the Fifth Millennium BC of the Lower Yangtze Region." *Antiquity* 81: 316–31.
———. 2008. "Rice Archaeobotany Revisited." *Antiquity* 82 (315). http://www.antiquity.ac.uk/projgall/fuller315.
Fuller, Dorian, and Ling Qin. 2008. "Immature Rice and Its Archaeobotanical Recognition." *Antiquity* 82 (316). http://www.antiquity.ac.uk/projgall/fuller316.
Fuller, J. F. C. 1957. *A Military History of the Western World*. 2 vols. New York: Funk and Wagnall.
Furet, François, and Jacques Ozouf. 1982. *Reading and Writing: Literacy in France from Calvin to Jules Ferry*. Cambridge, UK: Cambridge University Press.
Gabriel, Richard. 2002. *The Great Armies of Antiquity*. New York: Praeger.
Gaddis, John Lewis. 2005. *The Cold War: A New History*. New York: Penguin.
Galor, Oded. 2011. *Unified Growth Theory*. Princeton: Princeton University Press.

Galor, Oded, and Omer Moav. 2002. "Natural Selection and the Origin of Economic Growth." *Quarterly Journal of Economics* 117: 1133–91.
Gaonkar, Dilip Parameshwar, ed. 2001. *Alternative Modernities*. 2nd ed. Durham, NC: Duke University Press.
Garfinkel, Yosef, et al. 2006. "The Domestication of Water: The Neolithic Well at Sha'ar Hagolan, Jordan Valley, Israel." *Antiquity* 80: 686–96.
———. 2009. "Large-Scale Storage of Grain Surplus in the 6th Millennium BC: The Silos of Tel Tsaf." *Antiquity* 83: 309–25.
Gat, Azar. 2006. *War in Human Civilization*. New York: Oxford University Press.
Gates, Charles. 2003. *Ancient Cities*. London: Routledge.
Gell-Mann, Murray. 1994. *The Quark and the Jaguar*. New York: Freeman.
Gellner, Ernest. 1983. *Nations and Nationalism*. Oxford: Blackwell.
George, A. R. 1993. "Babylon Revisited: Archaeology and Philology." *Antiquity* 67: 734–46.
Gerring, John. 2001. *Social Science Methodology*. Cambridge, UK: Cambridge University Press.
Giannecchini, M., and J. Moggi-Cecchi. 2008. "Stature in Archaeological Samples form Central Italy: Methodological Issues and Diachronic Changes." *American Journal of Physical Anthropology* 135: 284–92.
Giardina, Andrea. 2007. "The Transition to Late Antiquity." In Scheidel et al., *Cambridge Economic History*, 743–68.
Giddens, Anthony. 1984. *The Constitution of Society: Outline of the Theory of Structuration*. Stanford: Stanford University Press.
———. 1981/1995. *A Contemporary Critique of Historical Materialism*. 2nd ed. Stanford: Stanford University Press.
Gilmore, W. 1982. "Elementary Literacy on the Eve of the Industrial Revolution: Trends in Rural New England, 1760–1830." *Proceedings of the American Antiquarian Society* 92: 87–178.
Glaeser, Edward. 2011. *The Triumph of the City*. New York: Penguin.
Glasstone, S., and P. J. Dolan. 1977. *The Effects of Nuclear Weapons*. Washington, DC: U.S. Department of Defense.
Glete, Jan. 2000. *Warfare at Sea, 1500–1650*. London: Longmans.
Golas, Peter. 1999. *Science and Civilisation in China V: Chemistry and Chemical Technology. Part 13: Mining*. Cambridge, UK: Cambridge University Press.
Goldsmith, R. W. 1984. "An Estimate of the Size and Structure of the National Product of the Early Roman Empire." *Review of Income and Wealth* 30: 263–88.
Goldstone, Jack. 2009. *Why Europe? The Rise of the West in World History, 1500–1850*. New York: McGraw-Hill.
Goldsworthy, Adrian. 1996. *The Roman Army at War, 100 BC–AD 200*. Oxford: Oxford University Press.
———. 2003. *The Complete Roman Army*. London: Thames & Hudson.
Gómez Bellard, Carlos, ed. 2003. *Ecohistoria del paisaje agrario: La agricultura fenicio-púnica en al Mediterráneo*. Valencia: University of Valencia Press.

Goody, Jack, ed. 1968. *Literacy in Traditional Societies*. Cambridge, UK: Cambridge University Press.

———. 1977a. *The Domestication of the Savage Mind*. Cambridge, UK: Cambridge University Press.

———. 1977b. "Mémoire et apprentissage dans les sociétés avec et sans écriture." *L'Homme* 17: 42–49.

———. 1987. *The Logic of Writing and the Organization of Society*. Cambridge, UK: Cambridge University Press.

———. 1996. *The East in the West*. Cambridge, UK: Cambridge University Press.

———. 2004. *Capitalism and Modernity: The Great Debate*. Oxford: Polity.

———. 2007. *The Theft of History*. Cambridge, UK: Cambridge University Press.

———. 2009. *The Eurasian Miracle*. Oxford: Polity.

Goody, Jack, and Ian Watt. 1963. "The Consequences of Literacy." *Comparative Studies in Society and History* 5: 304–45.

Gordon, Michael, and Bernard Trainor. 2006. *Cobra II: The Inside Story of the Invasion and Occupation of Iraq*. New York: Vintage.

Goren-Inbar, N., et al. 2004. "Evidence of Hominin Control of Fire at Gesher Benot Ya'aqov, Israel." *Science* 204: 725–27.

Goudsblom, Johan, Eric Jones, and Stephen Mennell. 1996. *The Course of Human History: Economic Growth, Social Progress, and Civilization*. New York: M.E. Sharpe.

Gould, Stephen Jay. 1989. *Wonderful Life: The Burgess Shale and the Nature of History*. New York: Norton.

———. 1994. "The Evolution of Life on Earth." *Scientific American* 271: 84–91.

Gowlett, John. 2006. "The Early Settlement of Northern Europe: Fire History in the Context of Climate Change and the Social Brain." *Comptes Rendus de Palévolution* 5: 299–310.

Graff, David. 2002. *Medieval Chinese Warfare, 300–900*. London: Routledge.

Graff, David, and Robin Higham, eds. 2002. *A Military History of China*. Boulder, CO: Westview.

Graff, Harvey. 1987. *The Legacies of Literacy*. Bloomington: Indiana University Press.

Graham, Robin, et al. 2007. "Nutritious Subsistence Food Systems." *Advances in Agronomy* 92: 1–74.

Graham-Campbell, James, and Magdalena Valor, eds. 2006. *The Archaeology of Medieval Europe I: The Eighth to Twelfth Centuries*. Aarhus: Aarhus Universitetsforlag.

Granovetter, Mark. 1985. "Economic Action and Social Structure: The Problem of Embeddedness." *American Journal of Sociology* 91: 481–510.

Grayson, Donald, and David Meltzer. 2003. "A Requiem for North American Overkill." *Journal of Archaeological Science* 30: 585–93.

Grenville, Jane. 1999. *Medieval Housing*. London: Cassell.

Gress, David. 1998. *From Plato to NATO: The Idea of the West and Its Opponents*. New York: Free Press.

Griffin, Arthur. 2011. "Emergence of Fusion/Fission Cycling and Self-Organized Criticality from a Simulation Model of Early Complex Polities." *Journal of Archaeological Science* 38: 873–83.

Grigg, David. 1992. *The Transformation of Agriculture in the West*. Oxford: Blackwell.

Grimes, W. F. 1968. *The Excavation of Roman and Medieval London*. New York: Praeger.

Gundmundsson, Bruce. 1993. *On Artillery*. Westport, CT: Praeger.

Guo, Qinghua. 2010. *The* Mingqi *Pottery Buildings of Han Dynasty China, 206 BC–AD 220*. Eastbourse, UK: Sussex University Press.

Gupta, Akhil, and James Ferguson. 1997. "Culture, Power, Place." In Akhil Gupta and James Ferguson, eds., *Culture, Power, Place*: 1–29. Durham, NC: Duke University Press.

Haines, M., and Rick Steckel. 2000. *Childhood Mortality and Nutritional Status as Indicators of Standard of Living*. National Bureau of Economic Research Historical Paper 121, Cambridge, MA.

Haldon, John. 1990. *Byzantium in the Seventh Century*. Cambridge, UK: Cambridge University Press.

———. 1999. *Warfare, State and Society in the Byzantine World, 565–1204*. London: University College London Press.

———, ed. 2005. *General Issues in the Study of Medieval Logistics: Sources, Problems, Methodologies*. Leiden: Brill.

———, ed. 2007. *Byzantine Warfare*. Aldershot, UK: Ashgate.

———. 2008. *The Byzantine Wars*. London: History Press.

Halper, Stefan. 2010. *The Beijing Consensus: How China's Authoritarian Model Will Dominate the Twenty-First Century*. New York: Basic Books.

Halsall, Guy. 2003. *Warfare and Society in the Barbarian West 450–900*. London: Routledge.

———. 2007. *Barbarian Migrations and the Roman West, 367–568*. Cambridge, UK: Cambridge University Press.

Halverson, John. 1992. "Goody and the Implosion of the Literacy Thesis." *Man* n.s. 27: 301–17.

Hamblin, William. 2006. *Warfare in the Ancient Near East to 1600 BC*. London: Routledge.

Hamerow, T. 1983. *The Birth of a New Europe*. Chapel Hill: University of North Carolina Press.

Hansen, Mogens. 2006. *The Shotgun Method: The Demography of the Ancient Greek City-States*. Columbia: University of Missouri Press.

———. 2008. "An Update on the Shotgun Method." *Greek, Roman, and Byzantine Studies* 48: 259–86.

Hanson, Victor Davis. 1989. *The Western Way of War: Infantry Battle in Classical Greece*. New York: Oxford University Press.

———. 2001. *Carnage and Culture: Landmark Battles in the Rise of Western Power*. New York: Anchor.

Harding, Richard. 1999. *Seapower and Naval Warfare, 1660–1830*. London: Longman.
Harries, Meirion, and Susie Harries. 1991. *Soldiers of the Sun: The Rise and Fall of the Imperial Japanese Army, 1868–1945*. London: Heinemann.
Harris, Marvin. 1968. *The Rise of Anthropological Theory*. New York: Crowell.
Harris, William. 1989. *Ancient Literacy*. Cambridge, MA: Harvard University Press.
———. 2011. "Bois et déboisment dans la Méditerrannée antique." *Annales Histoires Sciences Sociales* 1: 105–40.
Harrison, Neil, ed. 2007. *Complexity in World Politics*. Albany: State University of New York Press.
Hartwell, Robert. 1962. "A Revolution in the Chinese Iron and Coal Industries during the Northern Sung, 960–1126 AD." *Journal of Asian Studies* 21: 153–62.
———. 1966. "Markets, Technology, and the Structure of Enterprise in the Development of the 11th-Century Chinese Iron and Steel Industry." *Journal of Economic History* 26: 29–58.
———. 1967. "A Cycle of Economic Change in Imperial China: Coal and Iron in Northeast China, 750–1350." *Journal of Economic and Social History of the Orient* 10: 102–59.
Harvey, Alan. 1989. *Economic Expansion in the Byzantine Empire 900–1200*. Cambridge, UK: Cambridge University Press.
Harvey, Sarah. 2010. "Iron Tools from a Roman Villa at Boscoreale, Italy." *American Journal of Archaeology* 114: 697–714.
Haskins, Charles. 1927/1971. *The Renaissance of the Twelfth Century*. Cambridge, MA: Harvard University Press.
Hassig, Ross. 1992. *War and Society in Ancient Mesoamerica*. Berkeley: University of California Press.
Hastings, David. 2009. "Filling the Gaps in the Human Development Index." United Nations Economic and Social Commission for Asia and the Pacific Working Paper WP/09/02. http://www.unescap.org/publications/detail.asp?id=1308.
Hatcher, John. 1993. *The History of the British Coal Industry I: Before 1700: Towards the Age of Coal*. Oxford: Oxford University Press.
Hathaway, Jane. 2008. *The Arab Lands under Ottoman Rule, 1516–1800*. London: Longmans.
Hawkes, Christopher, and P. J. Crummy. 1995. *Camulodunum II*. Colchester: Colchester Archaeological Report 11.
Hawkes, Christopher, and M. R. Hull. 1947. *Camulodunum I*. London: Reports of the Research Committee of the Society of Antiquaries 14.
Hayami, Yujiro. 2001. *Development Economics: From the Poverty to the Wealth of Nations*. Oxford: Oxford University Press.
Heath, Ian. 1979. *Byzantine Armies 886–1118*. Oxford: Osprey.
———. 1995. *Byzantine Armies AD 1118–1461*. Oxford: Osprey.

Heath, Shirley. 2003. "Literacy." In William Frawley, ed., *International Encyclopedia of Linguistics*, 2nd ed., 4 vols.: 2:503–6. New York: Oxford University Press.
Henry, Chris. 2004. *Napoleonic Naval Armaments, 1792–1815*. Oxford: Osprey.
Herbert, Sharon, and Andrea Berlin. 2003. "Excavations at Coptos (Qift) in Upper Egypt, 1987–1992." *Journal of Roman Archaeology* 53 (suppl.).
Herman, Mark, and Richard Berg. 2006. *Caesar: Conquest of Gaul*. Hanford, CA: GMT Games.
Hill, Donald. 1994. *Islamic Science and Engineering*. Edinburgh: Edinburgh University Press.
Hillman, Gordon, et al. 2001. "New Evidence of Lateglacial Cereal Cultivation at Abu Hureyra on the Euphrates." *The Holocene* 11: 383–93.
Hobhouse, Leonard, et al. 1914. "The Material Culture and Social Institutions of the Simpler Peoples." *Sociological Review* 7: 203–31, 332–68.
Hobson, John. 2004. *The Eastern Origins of Western Civilisation*. Cambridge, UK: Cambridge University Press.
Hodder, Ian. 1982. *Symbols in Action*. Cambridge, UK: Cambridge University Press.
———. 2006. *The Leopard's Tale: Revealing the Mysteries of Çatalhöyük*. London: Thames & Hudson.
Hodges, Richard, and David Whitehouse. 1983. *Mohamed, Charlemagne, and the Origins of Europe*. London: Duckworth.
Hodkinson, Stephen. 1988. "Animal Husbandry in the Greek Polis." In C. R. Whittaker ed., *Pastoral Economies in Classical Antiquity. Proceedings of the Cambridge Philological Society* 14 (suppl.): 35–73.
Hoepfner, Wolfram, and Ernst-Ludwig Schwandner. 1994. *Haus und Stadt im klassischen Griechenland*. 2nd ed. Munich: Deutscher Kunstverlag.
Hoffman, Philip. 2011. Review of Morris 2010. *Journal of Economic History* 71: 545–47.
Hoffmann-Salz, Julia. 2011. *Die wirtschaftlichen Auswirkungen der römischen Eroberung: vergleichende Untersuchungen der Provinzen Hispania Tarraconensis, Africa Proconsularis und Syria*. Stuttgart: Historia Einzelschrift 218.
Hogg, Ian. 1992. *The New Illustrated Encyclopedia of Firearms*. New York: Booksales.
Holland, John. 1995. *Hidden Order: How Adaptation Builds Complexity*. Cambridge, MA: Perseus Books.
Hollins, David. 2003. *Austrian Napoleonic Artillery, 1792–1815*. London: Osprey.
Holstein, E. 1980. *Mitteleuropäische Eichenchronologie*. Mainz: von Zabern.
Hong, S., et al. 1996. "A Reconstruction of Changes in Copper Production and Copper Emissions to the Atmosphere during the Past 7000 Years." *Science of the Total Environment* 188: 183–93.
Hopkins, Keith. 1978. *Conquerors and Slaves*. Cambridge, UK: Cambridge University Press.
———. 1980. "Taxes and Trade in the Roman Empire (200 BC–AD 200)." *Journal of Roman Studies* 70: 101–25.

———. 1983a. "Introduction." In Peter Garnsey, Keith Hopkins, and C. R. Whittaker, eds., *Trade in the Ancient Economy*: ix–xxv. Cambridge, UK: Cambridge University Press.

———. 1983b. "Models, Ships and Staples." In Peter Garnsey and C. R. Whittaker, eds., *Trade and Famine in Classical Antiquity*: 84–109. Cambridge, UK: Cambridge University Press.

———. 2002. "Rome, Taxes, Rents and Trade." In Walter Scheidel and Sitta von Reden, eds., *The Ancient Economy*: 190–230. Edinburgh: Edinburgh University Press.

———. 2009. "The Political Economy of the Roman Empire." In Morris and Scheidel, *Dynamics of Ancient Empires*, 178–204.

Hoskins, W. G. 1953. "The Rebuilding of Rural England, 1570–1640." *Past and Present* 4: 44–59.

Hourani, Albert. *A History of the Arab Peoples*. 2nd ed. New York: Warner, 2003.

Houston, R. A. 1983. "Literacy and Society in the West, 1500–1850." *Social History* 8: 269–93.

———. 1988. *Literacy in Early Modern Europe: Culture and Education, 1500–1800*. London: Longman.

Hsu, Cho-yun. 1965. *Ancient China in Transition: An Analysis of Social Mobility, 722–222 BC*. Stanford: Stanford University Press.

———. 1980. *Han Agriculture: The Formation of the Early Chinese Agrarian Economy (206 BC–AD 220)*. Seattle: University of Washington Press.

———. 1999. "The Spring and Autumn Period." In Loewe and Shaughnessy, *Cambridge History of Ancient China*, 545–86.

Hu, Yaowu, et al. 2006. "Stable Isotopic Analysis of Human Bones from Jiahu Site, Henan, China." *Journal of Archaeological Science* 33: 1319–30.

———. 2008. "Stable Isotopic Analysis of Humans from Xiaojingshan Site." *Journal of Archaeological Science* 35: 2960–65.

Huang, Philip. 1985. *The Peasant Economy and Social Change in North China*. Stanford: Stanford University Press.

———. 1990. *The Peasant Family and Rural Development in the Lower Yangzi Region, 1350–1988*. Stanford: Stanford University Press.

———. 2002. "Development or Involution in Eighteenth-Century Britain and China?" *Journal of Asian Studies* 61: 501–38.

Huang, Ray. 1970. "Military Expenditures in Sixteenth-Century Ming China." *Oriens Extremus* 17: 39–62.

Hudson, Kenneth. 1979. *World Industrial Archaeology*. Cambridge, UK: Cambridge University Press.

Huffman, James. 2010. *Japan in World History*. Oxford: Oxford University Press.

Hunt, Edwin, and James Murray. 1999. *A History of Business in Medieval Europe 1200–1550*. Cambridge, UK: Cambridge University Press.

Ifrah, Georges. 2001. *The Universal History of Computing: From the Abacus to the Quantum Computer*. New York: Wiley.

Ikeguchi, Mamoru. 2007. "The Dynamics of Agricultural Locations in Roman Italy." PhD dissertation, King's College London.

Imber, Colin. 2002. *The Ottoman Empire*. London: Palgrave.
Insoll, Timothy. 1999. *The Archaeology of Islam*. Oxford: Blackwell.
International Institute for Strategic Studies. 2001. *The Military Balance 2001*. London: Routledge.
———. 2009. *The Military Balance 2009*. London: Routledge.
Iqbal, Muzaffar. 2009. *The Making of Islamic Science*. 2nd ed. Kuala Lumpur: Islamic Book Trust.
Ireland, Bernard, and Eric Grove, eds. 1997. *Jane's War at Sea 1897–1997*. London: HarperCollins.
Jacob, Margaret. 1997. *Scientific Culture and the Making of the Industrial West*. New York: Oxford University Press.
Jacques, Martin. 2009. *When China Rules the World: The Rise of the Middle Kingdom and the End of the Western World*. London: Allen Lane.
Jameson, Michael, et al. 1994. *A Greek Countryside: The Southern Argolid from Prehistory to the Present*. Stanford: Stanford University Press.
Jami, Catherine. 1994. "Learning Mathematical Sciences during the Early and Mid-Ch'ing." In Benjamin Elman and Alexander Woodside, eds., *Education and Society in Late Imperial China, 1600–1900*: 223–56. Berkeley: University of California Press.
Jansen, Marius. 2000. *The Making of Modern Japan*. Cambridge, MA: Harvard University Press.
Jiang, Lepin, and Li Liu. 2006. "New Evidence for the Origins of Sedentism and Rice Domestication in the Lower Yangzi River, China." *Antiquity* 80: 355–61.
Jing, Yuan, et al. 2008. "Meat-Acquisition Patterns in the Neolithic Yangzi River Valley, China." *Antiquity* 82: 351–66.
Johnson, Allen, and Timothy Earle. 2000. *The Evolution of Human Societies: From Foraging Group to Agriculture*. 2nd ed. Stanford: Stanford University Press.
Johnson, Gregory. 1973. *Local Exchange and Early State Development in Southwest Iran*. Ann Arbor, MI: Museum of Anthropology Occasional Papers 51.
Johnson, Matthew. 1996. *An Archaeology of Capitalism*. Oxford: Blackwell.
Johnson, William, and Holt Parker, eds. 2009. *Ancient Literacies: The Culture of Reading in Greece and Rome*. New York: Oxford University Press.
Jones, Eric. 2003. *The European Miracle: Environments, Economies and Geopolitics in the History of Europe and Asia*. 3rd ed. Cambridge, UK: Cambridge University Press.
Jones, Seth. 2009. *In the Graveyard of Empires: America's War in Afghanistan*. New York: Norton.
Jongman, Willem. 2007a. "The Early Roman Empire: Consumption." In Scheidel et al., *Cambridge Economic History*, 592–618.
———. 2007b. "Gibbon Was Right: The Decline and Fall of the Roman Economy." In Olivier Hekster et al., eds., *Crises and the Roman Empire*: 183–99. Leiden: Brill.
———. 2009. "Archaeology, Demography, and Roman Economic Growth." In Bowman and Wilson, *Quantifying the Roman Economy*, 115–26.

Jörgensen, Christer, et al. 2006. *Fighting Techniques of the Early Modern World, AD 1500–1763: Equipment, Combat Skills, and Tactics*. New York: Thomas Dunne Books.

Jursa, Michael. 2010. "The Ancient Near East: Fiscal Regimes, Political Structures." Paper presented at the Premodern Fiscal Regimes conference, Stanford University, May 27.

Kaegi, Walter. 1992. *Byzantium and the Early Islamic Conquests*. Cambridge, UK: Cambridge University Press.

———. 2003. *Heraclius: Emperor of Byzantium*. Cambridge, UK: Cambridge University Press.

Kaestle, Carl. 1985. "The History of Literacy and the History of Readers." *Review of Research in Education* 12: 11–53.

Kagan, Robert. 2012. *The World America Made*. New York: Knopf.

Kaplan, Robert. 2005. "How We Would Fight China." *The Atlantic* 295 (5): 49–64.

Karetzky, Patricia. 1996. *Court Art of the Tang*. Lanham, MD: University Press of America.

Katzmaryk, P. T., et al. 2005. "Resting Metabolic Rate and Daily Energy Expenditure among Two Indigenous Siberian Groups." *American Journal of Human Biology* 6: 719–30.

Kedar, Benjamin. 1976. *Merchants in Crisis: Genoese and Venetian Men of Affairs and the Fourteenth-Century Depression*. New Haven: Yale University Press.

Keegan, John. 1993. *A History of Warfare*. New York: Vintage.

Keeley, Lawrence. 1996. *War Before Civilization*. New York: Oxford University Press.

Keen, Maurice. 1999. *Medieval Warfare: A History*. Oxford: Oxford University Press.

Keenleyside, Anne, et al. 2009. "Stable Isotopic Evidence in a Greek Colonial Population." *Journal of Archaeological Science* 36: 51–63.

Keightley, David. 1999. "The Shang: China's First Historical Dynasty." In Loewe and Shaughnessy, *Cambridge History of Ancient China*, 232–91.

Kemp, Barry. 1989. *Ancient Egypt*. Cambridge, UK: Cambridge University Press.

Kennedy, Hugh. 2001. *The Armies of the Caliphs: Military and Society in the Early Islamic State*. London: Routledge.

Kennedy, Paul. 1987. *The Rise and Fall of the Great Powers*. New York: Vintage.

Kern, Stephen. 2003. *The Culture of Time and Space 1880–1918*. 2nd ed. Cambridge, MA: Harvard University Press.

Khan, Iqtidar Alam. 2004. *Gunpowder and Firearms: Warfare in Medieval India*. New Delhi: Oxford University Press.

Kierman, Frank, and John Fairbanks, eds. 1974. *Chinese Ways in Warfare*. Cambridge, MA: Harvard University Press.

Kieschnick, John. 2003. *The Impact of Buddhism on Chinese Material Culture*. Princeton: Princeton University Press.

King, Anthony. 1999. "Diet in the Roman World: A Regional Inter-Site Comparison of the Mammal Bones." *Journal of Roman Archaeology* 12: 168–202.

King, Philip, and Lawrence Stager. 2001. *Life in Biblical Israel*. Louisville, KY: Westminster John Knox.

Kirch, Patrick. 2010. *How Chiefs Become Kings: Divine Kingship and the Rise of Archaic States in Ancient Hawai'i*. Berkeley: University of California Press.

Kitchen, Andrew, et al. 2010. "Genetic Analysis of Human Head and Clothing Lice Indicates an Early Origin of Clothing Use in Archaic Hominins." Paper presented at the 79th annual meeting of the American Association of Physical Anthropologists. In *Abstracts of AAPA Poster and Podium Sessions*: 154. http://physanth.org/annual-meeting/2010/79th-annual-meeting-2010/2010%20AAPA%20Abstracts.pdf.

Kitchen, Kenneth. 1986. *The Third Intermediate Period (1100–650 BC) in Egypt*. Warminster, UK: Aris & Philips.

Kittler, Ralf, et al. 2003. "Molecular Evolution of *Pediculus humanus* and the Origin of Clothing." *Current Biology* 13: 1414–17.

Kleiber, M. 1961. *The Fire of Life: An Introduction to Animal Energetics*. New York: Wiley.

Klein, Richard. 2009. *The Human Career*. 3rd ed. Chicago: University of Chicago Press.

Klein, Richard, and Blake Edgar. 2002. *The Dawn of Human Culture*. New York: Wiley.

Koepke, Nikola, and Joerg Baten. 2005. "Agricultural Specialization and Height in Ancient and Medieval Europe." *Explorations in Economic History* 45: 127–46.

Kornicki, Peter. 2000. *The Book in Japan: A Cultural History from the Beginnings to the Nineteenth Century*. Honolulu: University of Hawaii Press.

Krautheimer, Charles. 1983. *Three Christian Capitals: Topography and Politics. Rome, Constantinople, Milan*. Berkeley: University of California Press.

Kristiansen, Kristian. 2004. "Genes versus Agents: A Discussion of the Widening Theoretical Gap in Archaeology." *Archaeological Dialogues* 11: 77–132.

Kron, Geofrey. 2005. "Anthropometry, Physical Anthropology, and the Reconstruction of Ancient Health, Nutrition, and Living Standards." *Historia* 54: 68–83.

———. Forthcoming. "The Use of Housing Evidence as a Possible Index of Social Equality and Prosperity in Classical Greece and Early Industrial England."

Kuhn, Dieter. 2009. *The Age of Confucian Rule: The Song Transformation of China*. Cambridge, MA: Harvard University Press.

Kuper, Adam. 1983. *Anthropology and Anthropologists*. 2nd ed. London: Routledge Kegan Paul.

Kusan, D. 2000. "Rapport synthétique sur les recherches archéobotaniques dans le sanctuaire d'Héra de l'Île de Samos." *Pallas* 52: 99–108.

Kuzmin, Yaroslav. 2006. "Chronology of the Earliest Pottery in East Asia." *Antiquity* 80: 362–71.

Kylander, M., et al. 2005. "Refining the Preindustrial Atmospheric Pb-Isotope Evolution Curve in Europe Using an 8000 Year Old Peat Core from NW Spain." *Earth and Planetary Science Letters* 240: 467–85.

Kyriakidis, Savvas. 2011. *Warfare in Late Byzantium, 1204–1453*. Leiden: Brill.

Laiou, Angeliki, ed. 2002. *The Economic History of Byzantium: From the Seventh through the Fifteenth Century*. Washington, DC: Dumbarton Oaks.

Laitin, David, et al. 2012. "Geographic Axes and the Persistence of Cultural Diversity." *Proceedings of the National Academy of Sciences* 110: 10.1073/pnas.1205338109.

Lanchester, F. W. 1916. *Aircraft in Warfare: The Dawn of the Fourth Arm*. London: Constable.

———. 1956. "Mathematics in Warfare." In James Newman, ed., *The World of Mathematics*: 4:2139–57. New York: Simon & Schuster.

Landes, David. 1983. *Revolution in Time: Clocks and the Making of the Modern World*. Cambridge, MA: Harvard University Press.

———. 1998. *The Wealth and Poverty of Nations*. New York: Norton.

Lanehart, Rita, et al. 2011. "Dietary Adaptation during the Longshan Period in China: Stable Isotope Analysis at Liangchengzhen (Southeastern Shandong)." *Journal of Archaeological Science* 38: 2171–81.

Lapidus, Ira. *A History of Islamic Societies*. 2nd ed. Cambridge, UK: Cambridge University Press, 2002.

Larsen, Clark. 1995. "Biological Changes in Human Populations with Agriculture." *Annual Review of Anthropology* 24: 185–213.

———. 2006. "The Agricultural Revolution as Environmental Catastrophe." *Quaternary International* 150: 12–20.

Lawrence, A. W. 1965. "Ancient Egyptian Fortifications." *Journal of Egyptian Archaeology* 51: 69–71.

———. 1996. *Greek Architecture*. 5th ed., revised by R. A. Tomlinson. New Haven: Yale University Press.

Lee, A. D. 2007. *War in Late Antiquity*. Oxford: Blackwell.

Lee, Richard. 1979. *The !Kung San: Men, Women, and Work in a Foraging Society*. Cambridge, UK: Cambridge University Press.

Lee, Thomas. 1985. *Government Education and Examinations in Sung China*. New York: St. Martin's.

———. 2000. *Education in Traditional China: A History*. Leiden: Brill.

Legouilloux, M. 2000. "L'alimentation carnée au Ier millenaire avant J.-C. en Grèce continentale et dans les Cyclades." *Pallas* 52: 69–95.

Leonard, Robert. 2001. "Evolutionary Archaeology." In Ian Hodder, ed., *Archaeological Theory Today*: 65–97. Oxford: Blackwell.

Leonard, W., and M. Robertson. 1992. "Nutritional Requirements in Human Evolution: A Bioenergetics Approach." *American Journal of Human Biology* 4: 179–85.

———. 1997. "Comparative Primate Energetics and Hominid Evolution." *American Journal of Physical Anthropology* 102: 265–81.

Lepingwell, John. 1987. "The Laws of Combat? Lanchester Reexamined." *International Security* 12 (1): 89–134.

Le Roy Ladurie, Emmanuel. 1966. *Les paysans de Languedoc*. 2 vols. Paris: SEVPEN.

Levi, Barbara, et al. 1987–88. "Civilian Casualties from 'Limited' Nuclear Attacks on the USSR." *International Security* 12 (3): 168–89.

Lewis, Mark. 1990. *Sanctioned Violence in Early China*. Albany: State University of New York Press.

———. 1999a. "Warring States Political History." In Loewe and Shaughnessy, *Cambridge History of Ancient China*, 587–650.

———. 1999b. *Writing and Authority in Early China*. Albany: State University of New York Press.

———. 2000. "The Han Abolition of Universal Military Service." In van de Ven, *Warfare in Chinese History*, 33–76.

———. 2006. *The Construction of Space in Early China*. Albany: State University of New York Press.

———. 2007. *The Early Chinese Empires: Qin and Han*. Cambridge, MA: Harvard University Press.

———. 2009a. *China between Empires: The Northern and Southern Dynasties*. Cambridge, MA: Harvard University Press.

———. 2009b. *China's Cosmopolitan Empire: The Tang Dynasty*. Cambridge, MA: Harvard University Press.

Lewis, M. J. T. 1994. "The Origins of the Wheelbarrow." *Technology and Culture* 35: 453–75.

Li, Chungxiang, et al. 2011. "Ancient DNA Analysis of Desiccated Wheat Grains from a Bronze Age Cemetery in Xinjiang, China." *Journal of Archaeological Science* 38: 115–19.

Li, Feng. 2003. "Feudalism and the Western Zhou." *Harvard Journal of Asiatic Studies* 63: 115–44.

———. 2006. *Landscape and Power in Early China: The Crisis and Fall of the Western Zhou 1045–771 BC*. Cambridge, UK: Cambridge University Press.

Li, Xiating, et al. 1996. *Art of the Houma Foundry*. Princeton: Princeton University Press.

Li, Xueqin. 1985. *Eastern Zhou and Qin Civilization*. New Haven: Yale University Press.

Littauer, M., and Jan Crouwel. 1981. *Wheeled Vehicles and Ridden Animals in the Ancient Near East*. Leiden: Brill.

Liu, Li. 2004. *The Chinese Neolithic*. Cambridge, UK: Cambridge University Press.

———. 2006. "Urbanization in China: Erlitou and Its Hinterland." In Storey, *Urbanism in the Preindustrial World*, 161–89.

Liu, Li, and Xingcan Chen. 2003. *State Formation in Early China*. London: Duckworth.

———. 2012. *The Archaeology of China: From the Late Palaeolithic to the Early Bronze Age*. Cambridge, UK: Cambridge University Press.

Liu, Li, et al. 2007a. "The Earliest Rice Domestication in China." *Antiquity* 81 (313). http://www.antiquity.ac.uk/projgall/liu1/index.html.

———. 2007b. "Evidence for the Early Beginning (c. 9000 ca. BP) of Rice Domestication: A Response." *The Holocene* 17: 1059–68.

———. 2011. "Plant Exploitation of the Last Foragers at Shizitan in the Middle Yellow River Valley, China." *Journal of Archaeological Science* 38: 3524–32.

———. Forthcoming. "A Functional Analysis of Grinding Stones from an Early Holocene Site at Donghulin, North China." *Journal of Archaeological Science.*

Liu, Shufen. 2001. "Jiankang and the Commercial Empire of the Southern Dynasties." In Scott Pearce et al., eds., *Culture and Power in the Reconstitution of the Chinese Realm, 200–600*: 35–52. Cambridge, MA: Harvard University Press.

Liu, Xinru. 1988. *Ancient India and Ancient China: Trade and Religious Exchanges, AD 1–600.* Delhi: Oxford University Press.

———. 1996. *Silk and Religion: An Exploration of Material Life and the Thought of People, AD 600–1200.* Delhi: Oxford University Press.

Liu, Xinyi, et al. 2009. "River Valleys and Foothills: Changing Archaeological Perceptions of North China's Earliest Farms." *Antiquity* 83: 82–95.

Lloyd, Christopher. 1986. *Explanation in Social History.* Oxford: Blackwell.

Lo, Jung-Pang. 1955. "The Emergence of China as a Sea Power in the Late Sung and Early Yuan Periods." *Far Eastern Quarterly* 14: 489–503.

———. 1958a. "China's Paddle-Wheel Boats: The Mechanized Craft Used in the Opium War and Their Historical Background." *Qinghua Journal of Chinese Studies* 5: 189–211.

———. 1958b. "The Decline of the Early Ming Navy." *Oriens Extremus* 5: 149–68.

———. 1969. "Maritime Commerce and Its Relation to the Sung Navy." *Journal of Economic and Social History of the Orient* 12: 57–101.

Lo Cascio, Elio. 1997. "Produzione monetaria, finanza pubblica ed economia nel principato." *Rivista storica italiana* 109: 650–77.

Lo Cascio, Elio, and Paolo Malanima. 2011. "Ancient and Pre-Modern Economies. GDP in the Roman Empire and Early Modern Europe." Paper presented at the Quantifying Long-Run Economic Development conference, Venice, March 21–25, 2011. http://www.paolomalanima.it/default_file/Papers/ANCIENT-PRE-MODERN-ECONOMIES.pdf.

Lock, Peter, and Guy Sanders, eds. 1996. *The Archaeology of Medieval Greece.* Oxford: Oxbow.

Lockridge, K. A. 1974. *Literacy in Colonial New England: An Inquiry into the Social Context of Literacy in the Early Modern West.* New York: Norton.

Loewe, Michael. 1974. "The Campaigns of Han Wu-ti." In Kierman and Fairbanks, *Chinese Ways in Warfare*, 67–122.

———, ed. 1986. *The Cambridge History of China I: The Ch'in and Han Empires, 221 BC–AD 220.* Cambridge, UK: Cambridge University Press.

Loewe, Michael, and Edward Shaughnessy, eds. 1999. *The Cambridge History of Ancient China.* Cambridge, UK: Cambridge University Press.

Lombard, Marlize. 2011. "Quartz-Tipped Arrows Older Than 60ka: Further Use-Trace Evidence from Sibudu, KwaZulu-Natal, South Africa." *Journal of Archaeological Science* 38: 1918–30.
Loomis, Robert. 1998. *Wages, Welfare Costs and Inflation in Classical Athens*. Ann Arbor: University of Michigan Press.
Lopez, Robert. 1951. "The Dollar of the Middle Ages." *Journal of Economic History* 11: 209–34.
Lorge, Peter. 2005. *War, Politics and Society in Early Modern China, 900–1795*. London: Routledge.
———. 2008. *The Asian Military Revolution: From Gunpowder to the Bomb*. Cambridge, UK: Cambridge University Press.
Lu, Liancheng. 2005. "The Eastern Zhou and the Growth of Regionalism." In Chang and Xu, *Formation of Chinese Civilization*, 203–47.
Lu, Liancheng, and Yan Wenming. 2005. "Society during the Three Dynasties." In Chang and Xu, *Formation of Chinese Civilization*, 141–201.
Luttwak, Edward. 1976. *The Grand Strategy of the Roman Empire*. Baltimore: Johns Hopkins University Press.
———. 2009. *The Grand Strategy of the Byzantine Empire*. Cambridge, MA: Harvard University Press.
Lynn, John, ed. 1989. *Tools of War: Instruments, Ideas, and Institutions of Warfare, 1445–1871*. Urbana: University of Illinois Press.
———, ed. 1993. *Feeding Mars: Logistics in Western Warfare from the Middle Ages to the Present*. Boulder, CO: Westview.
———. 1997. *Giant of the Grand Siècle: The French Army, 1610–1714*. Cambridge, UK: Cambridge University Press.
———. 1999. *The Wars of Louis XIV, 1667–1714*. New York: Longman.
Lytle, Ephraim. 2010. "Fish Lists in the Wilderness: The Social and Economic History of a Boiotian Price Decree." *Hesperia* 79: 253–303.
MacDonald, Nathan. 2008. *What Did the Ancient Israelites Eat?* Grand Rapids, MI: Eerdmans.
MacMullen, Ramsay. 1963. *Soldier and Civilian in the Later Roman Empire*. Cambridge, MA: Harvard University Press.
———. 1982. "The Epigraphic Habit in the Roman Empire." *American Journal of Philology* 103: 233–46.
Maddison, Angus. 2003. *The World Economy: Historical Statistics*. Paris: OECD Publishing.
———. 2005. *Growth and Interaction in the World Economy: The Roots of Modernity*. Washington, DC: American Enterprise Institute Press.
———. 2007a. *Chinese Economic Performance in the Long Run 960–2030 AD*. Paris: OECD Publishing.
———. 2007b. *Contours of the World Economy 1–2030 AD: Essays in Macroeconomic History*. New York: Oxford University Press.
Maisels, Charles. 1990. *The Emergence of Civilization: From Hunting and Gathering to Agriculture, Cities, and the State in the Near East*. London: Routledge.

Makdisi, George. 1981. *The Rise of Colleges: Institutions of Learning in Islam and the West*. Edinburgh: Edinburgh University Press.

Malanima, Paolo. 2000. "The Energy Basis for Early Modern Growth, 1650–1820." In Maarten Prak, ed., *Early Modern Capitalism: Economic and Social Change in Europe, 1400–1800*: 49–66. London: Routledge.

———. 2007. "Wages, Productivity and Working Time in Italy 1300–1913." *Journal of European Economic History* 36: 127–74.

———. 2010. "The Long Decline of a Leading Economy: GDP in Central and Northern Italy, 1300–1913." *European Review of Economic History* 15: 169–219.

———. 2010–11. "The Path towards the Modern Economy: The Role of Energy." *Rivista di Politica Economica* (April–June): 1–30. http://www.paolomalanima.it/default_file/Papers/ENERGY_AND_GROWTH.pdf.

———. 2011. "Energy Consumption and Energy Crisis in the Roman World." Paper presented at the American Academy in Rome, June 15–16.

Malanima, Paolo, and Elio Lo Cascio. 2009. "GDP in Pre-Modern Agrarian Economies (1–1820 AD): A Revision of the Estimates." *Rivista di storia economica* 25: 387–415.

Mallory, J. P., and Victor Mair. 2008. *The Tarim Mummies*. London: Thames & Hudson.

Malthus, Thomas. 1798. *An Essay on the Principle of Population*. 1st ed. London: P. Johnson.

Mango, Cyril. 1985. *Le développement urbain de Constantinople (IVe–VIIe siècles)*. Paris: de Boccard.

Mann, Charles. 2005. *1491: New Revelations of the Americas Before Columbus*. New York: Knopf.

———. 2011. *1493: Uncovering the New World Columbus Created*. New York: Knopf.

Mann, Michael. 1986. *The Sources of Social Power I: A History of Power from the Beginning to AD 1760*. Cambridge, UK: Cambridge University Press.

Manning, J. G., and Ian Morris, eds. 2005. *The Ancient Economy: Evidence and Models*. Stanford: Stanford University Press.

Marcus, Joyce. 1992. *Mesoamerican Writing Systems: Propaganda, Myth, and History in Four Ancient Civilizations*. Princeton: Princeton University Press.

Martinez, Ignacio, et al. 2012. "On the Origin of Language: The Atapuerca Evidence." Paper presented at the American Association of Physical Anthropologists annual meeting, Portland, OR, April 14.

Maschner, Herbert, ed. 1996. *Darwinian Archaeologies*. New York: Academic Press.

Masood, Ehsan. 2009. *Science and Islam: A History*. London: Icon.

Massie, Robert. 1993. *Dreadnought: Britain, Germany, and the Coming of the Great War*. New York: Ballantine Books.

May, Timothy. *The Mongol Art of War: Chinggis Khan and the Mongol Military System*. London: Pen & Sword, 2007.

Mayewski, P. A., et al. 2005. "Holocene Climate Variability." *Quaternary Research* 62: 243–55.
Maynes, M. J. 1984. *Schooling for the People: Comparative Local Studies of Schooling History in France and Germany, 1750–1850*. London: Holmes and Meier.
Mays, S., and N. Beavan. 2012. "An Investigation of Diet in Early Anglo-Saxon England Using Carbon and Nitrogen Stable Isotope Analysis of Human Bone Collagen." *Journal of Archaeological Science* 39: 867–74.
Mazarakis Ainian, Alexander. 1997. *From Rulers' Dwellings to Temples: Architecture, Religion, and Society in Early Iron Age Greece*. Jonsered, Sweden: Studies in Mediterranean Archaeology.
———. 1998. "Skala Oropou." *Praktika tis en Athinais Arkhaiologikis Etaireia* 1998: 132–44.
Mazumdar, Sucheta. 1998. *Sugar and Society in China: Peasants, Technology, and the World Market*. Cambridge, MA: Harvard University Press.
Mazzaoui, Maureen. 1981. *The Italian Cotton Industry in the Later Middle Ages, 1100–1600*. Cambridge, UK: Cambridge University Press.
McClellan, Thomas. 2006. "Early Fortifications: The Missing Walls of Jericho." *Baghdader Mitteilungen* 18: 593–610.
McCloskey, Deirdre. 1994. *Knowledge and Persuasion in Economics*. Cambridge, UK: Cambridge University Press.
McCormick, Michael. 2001. *Origins of the European Economy: Communications and Commerce, AD 300–900*. Cambridge, UK: Cambridge University Press.
McCormick, Michael, et al. 2013. "Climate Change under the Roman Empire and Its Successors, 100 BC–800 AD: A First Synthesis Based on Multi-Proxy Natural Scientific and Historical Evidence." *Journal of Interdisciplinary History* 44.
McDermott, Joseph. 2006. *A Social History of the Chinese Book: Books and Literati Culture in Late Imperial China*. Hong Kong: Hong Kong University Press.
McEnroe, John. 1982. "A Typology of Minoan Neopalatial Houses." *American Journal of Archaeology* 86: 3–19.
McGeer, Eric. 2008. *Sowing the Dragon's Teeth: Byzantine Warfare in the Tenth Century*. Washington, DC: Dumbarton Oaks.
McGillivray, Mark. 1991. "The Human Development Index: Yet Another Redundant Composite Development Indicator?" *World Development* 19: 1461–68.
McGillivray, Mark, and Howard White. 2006. "Measuring Development? The UNDP's Human Development Index." *Journal of International Development* 5: 183–92.
McGuire, Randall. 1983. "Breaking Down Cultural Complexity." *Advances in Archaeological Method and Theory* 6: 91–142.
McKitterick, David. 1998. "The Beginning of Printing." In Christopher Allmand, ed., *The New Cambridge Medieval History*: 7:287–98. Cambridge, UK: Cambridge University Press.
McNab, Chris. 2009. *Armies of the Napoleonic Wars*. London: Osprey.

McNett, Charles. 1970a. "A Cross-Cultural Method for Predicting Nonmaterial Traits in Archeology." *Behavior Science Notes* 5: 195–212.

———. 1970b. "A Settlement Pattern Scale of Cultural Complexity." In Naroll and Cohen, *Handbook of Method in Cultural Anthropology*, 872–86.

———. 1973. "Factor Analysis of a Cross-Cultural Sample." *Behavior Science Notes* 8: 233–57.

McNiven, Ian, et al. 2012. "Dating Aboriginal Stone-Walled Fishtraps at Lake Condah, Southeast Australia." *Journal of Archaeological Science* 39: 268–86.

Megaloudi, F., et al. 2007. "Plant Offerings from the Classical Necropolis of Limenas, Thasos, North Greece." *Antiquity* 81: 933–43.

Meharg, Andrew, et al. 2012. "First Comprehensive Peat Depositional Records for Tin, Lead and Copper Association with Antiquity of Europe's Largest Cassiterite Deposits." *Journal of Archaeological Science* 39: 717–27.

Mesoudi, Alex. 2011. *Cultural Evolution: How Darwinian Theory Can Explain Human Culture & Synthesize the Social Sciences*. Chicago: University of Chicago Press.

Mighall, T. M., et al. 2009. "Ancient Copper and Lead Pollution Records from a Raised Bog Complex in Central Wales, UK." *Journal of Archaeological Science* 36: 1509–15.

Milanovic, Branko. 2006. "An Estimate of Average Income and Inequality in Byzantium around the Year 1000." *Review of Income and Wealth* 52: 449–70.

Milanovic, Branko, Peter Lindert, and Jeffrey Williamson. 2007. *Measuring Ancient Inequality*. National Bureau of Economic Research Working Paper 13550, Cambridge, MA.

Miller, David. 1998. *The Cold War: A Military History*. London: Pimlico.

Miller, John and Scott Page. 2007. *Complex Adaptive Systems: An Introduction to Computational Models of Social Life*. Princeton: Princeton University Press.

Miller, R., et al. 1986. "Experimental Approaches to Ancient Near Eastern Archery." *World Archaeology* 18: 178–95.

Milwright, Marcus. 2010. *An Introduction to Islamic Archaeology*. Edinburgh: Edinburgh University Press.

Miskimin, Harry. 1969. *The Economy of Early Renaissance Europe, 1300–1460*. Englewood Cliffs, NJ: Prentice Hall.

———. 1977. *The Economy of Later Renaissance Europe, 1460–1600*. Cambridge, UK: Cambridge University Press.

Missiou, Anna. 2010. *Literacy and Democracy in Fifth-Century Athens*. Cambridge, UK: Cambridge University Press.

Mitch, David. 1992. *The Rise of Popular Literacy in Victorian England*. Philadelphia: University of Pennsylvania Press.

Mithen, Steven. 2003. *After the Ice: A Global Human History 20,000–5000 BC*. Cambridge, MA: Harvard University Press.

Moeller, Nadine. 2006. "The First Intermediate Period: A Time of Famine and Climate Change?" *Ägypten und Levante* 15: 153–67.

Mokyr, Joel. 2010. *The Enlightened Economy: An Economic History of Britain, 1700–1850*. New Haven: Yale University Press.
Monson, Andrew. 2012. *From the Ptolemies to the Romans: Political and Economic Change in Egypt*. Cambridge, UK: Cambridge University Press.
Moore, Andrew, et al. 2000. *Village on the Euphrates*. New York: Oxford University Press.
Morel, Jean-Paul. 2007. "Early Rome and Italy." In Scheidel et al., *Cambridge Economic History*, 487–510.
Morgan, Lewis Henry. 1877/1974. *Ancient Society, or Researches in the Lines of Human Progress from Savagery through Barbarism to Civilisation*. Gloucester, MA: Peter Smith.
Morley, Neville. 1996. *Metropolis and Hinterland: The City of Rome and the Italian Economy, 200 BC–AD 200*. Cambridge, UK: Cambridge University Press.
Morowitz, Harold. 2002. *The Emergence of Everything: How the World Became Complex*. New York: Oxford University Press.
Morris, Ellen Fowler. 2005. *The Architecture of Imperialism: Military Bases and the Evolution of Foreign Policy in Egypt's New Kingdom*. Leiden: Brill.
Morris, Ian. 1986. "Gift and Commodity in Archaic Greece." *Man* 21: 1–17.
———. 1987. *Burial and Ancient Society: The Rise of the Greek City-State*. Cambridge, UK: Cambridge University Press.
———. 1991. "The Early Polis as City and State." In John Rich and Andrew Wallace-Hadrill, eds., *City and Country in the Ancient World*: 24–57. London: Routledge.
———. 1992. *Death-Ritual and Social Structure in Classical Antiquity*. Cambridge, UK: Cambridge University Press.
———. 1997. "An Archaeology of Equalities? The Greek City-States." In Tom Charlton and Deborah Nichols, eds., *The Archaeology of City-States*: 91–105. Washington, DC: Smithsonian Institution.
———. 2000. *Archaeology as Cultural History: Words and Things in Iron Age Greece*. Oxford: Blackwell.
———. 2003. "Mediterraneanization." *Mediterranean Historical Review* 18: 30–55.
———. 2004. "Economic Growth in Ancient Greece." *Journal of Institutional and Theoretical Economics* 160: 709–42.
———. 2005. "Archaeology, Standards of Living, and Greek Economic History." In Manning and Morris, *Ancient Economy*, 91–126.
———. 2006. "The Growth of Greek Cities in the First Millennium BC." In Storey, *Urbanism in the Preindustrial World*, 26–51.
———. 2007. "Early Iron Age Greece." In Scheidel et al., *Cambridge Economic History*, 211–41.
———. 2009. "The Greater Athenian State." In Morris and Scheidel, *Dynamics of Ancient Empires*, 99–177.
———. 2010. *Why the West Rules—For Now: The Patterns of History, and What They Reveal about the Future*. New York: Farrar, Straus and Giroux.

———. Forthcoming. *War! What Is It Good For?* New York: Farrar, Straus and Giroux.
Morris, Ian, et al. 2007. "Introduction." In Scheidel et al., *Cambridge Economic History*, 1–12.
Morris, Ian, and Walter Scheidel, eds. 2009. *The Dynamics of Ancient Empires: State Power from Assyria to Byzantium*. New York: Oxford University Press.
Morris, Sarah. 1992. *Daidalos and the Origins of Greek Art*. Princeton: Princeton University Press.
Mote, Frederick. 1977. "The Transformation of Nanking, 1350–1400." In Skinner, *City in Late Imperial China*, 101–54.
———. 1999. *Imperial China, 900–1800*. Berkeley: University of California Press.
Mrozowski, Stephen. 2006. *The Archaeology of Class in Urban America*. Cambridge, UK: Cambridge University Press.
Müldner, Gundula, and M. P. Richards. 2005. "Fast or Feast: Reconstructing Diet in Later Medieval England by Stable Isotope Analysis." *Journal of Archaeological Science* 32: 39–48.
———. 2007. "Stable Isotope Evidence for 1500 Years of Human Diet at the City of York, UK." *American Journal of Physical Anthropology* 133: 682–97.
Murdock, George, and Caterina Provost. 1973. "Measurement of Cultural Complexity." *Ethnology* 12: 379–92.
Murphey, Rhoads. 1977. *The Outsiders: The Western Experience in India and China*. Ann Arbor: University of Michigan Press.
———. 1999. *Ottoman Warfare 1500–1700*. London: Routledge.
Murray, Sarah. Forthcoming. "Imports, Trade, and Society in Early Greece." PhD dissertation, Stanford University.
Mutschler, Fritz-Heiner, and Achim Mittag, eds. 2009. *Conceiving the Empire: China and Rome Compared*. New York: Oxford University Press.
Nadel, D. 1996. "The Organisation of Space in a Fisher-Hunter-Gatherers' Camp at Ohalo II, Israel." In M. Otte, ed., *Nature et culture*: 373–88. Liège: Université de Liège.
Nagl, John. 2005. *Learning to Eat Soup with a Knife: Counterinsurgency Lessons from Malaya and Vietnam*. Updated ed. Chicago: University of Chicago Press.
Naroll, Raoul. 1956. "A Preliminary Index of Social Development." *American Anthropologist* 58: 687–715.
———. 1970. "The Culture-Bearing Unit in Cross-Cultural Surveys." In Naroll and Cohen, *Handbook of Method in Cultural Anthropology*, 721–65.
Naroll, Raoul, and Ronald Cohen, eds. 1970. *A Handbook of Method in Cultural Anthropology*. Garden City, NY: Natural History Press.
National Intelligence Council. 2012. *Global Trends 2030: Alternative Worlds*. Washington, DC: Government Printing Office.
Neal, D., et al. 1990. *Excavations of the Iron Age, Roman, and Mediaeval Settlement at Gorhambury, St. Albans*. London: HBMC.

Needham, Joseph. 1971. *Science and Civilisation in China IV Part 3: Civil Engineering and Nautics*. Cambridge, UK: Cambridge University Press.

Needham, Joseph, and Robin Yates. 1994. *Science and Civilisation in China V: Chemistry and Chemical Technology. Part 6: Military Technology: Missiles and Sieges*. Cambridge, UK: Cambridge University Press.

Netz, Reviel. 2002. "Counter-Culture: Towards a History of Greek Numeracy." *History of Science* 40: 321–52.

———. 2011. "The Bibliosphere of Ancient Science (Outside of Alexandria)." *NTM Zeitschrift für Geschichte der Wissenschaften, Technik und Medizin* 19: 239–69.

———. Forthcoming. *Space, Scale, Canon: Parameters of Ancient Literary Culture*.

Nevett, Lisa. 2000. "A Real Estate 'Market' in Classical Greece? The Example of Town Housing." *Annual of the British School at Athens* 95: 329–44.

Nevins, Andrew, et al. 2009a. "Evidence and Argumentation: A Reply to Everett." *Language* 85: 671–81.

———. 2009b. "Pirahã Exceptionality: A Reassessment." *Language* 85: 355–404.

Nicolle, David. 1992. *Romano-Byzantine Armies 4th–9th Centuries*. Oxford: Osprey.

———, ed. 2002. *A Companion to Medieval Arms and Armour*. Woodridge, UK: Boydell and Brewer.

Nieboer, Hans J. 1910. *Slavery as an Industrial System*. The Hague: Nyhoff.

Nienhauser, William. 1994. *The Grand Scribe's Records VII: Memoirs of Pre-Han China*. Bloomington: Indiana University Press.

Nims, C. F. 1965. *Thebes of the Pharaohs: Pattern for Every City*. London: Elek Books.

Nishijima, Sadao. 1986. "The Economic and Social History of Former Han." In Loewe, *Cambridge History of China*, 551–607.

Nissen, Hans. 1988. *The Early History of the Ancient Near East, 9000–2000 BC*. Chicago: University of Chicago Press.

Niven, Laura. 2006. *The Palaeolithic Occupation of Vogelherd Cave: Implications for the Subsistence Behaviour of Late Neanderthals and Early Modern Humans*. Tübingen: Kerns.

Norman, Jeremy, ed. 2005. *From Gutenberg to the Internet: A Sourcebook on the History of Information Technology*. Novato, CA: Historyofscience.com.

Norris, Robert, and Hans Kristensen. 2006. "Global Nuclear Stockpiles, 1945–2006." *Bulletin of the Atomic Scientists* 62 (4): 64–67.

North, Douglass. 1981. *Structure and Change in Economic History*. New York: Norton.

North, Douglass, et al. 2009. *Violence and Social Orders: A Conceptual Framework for Interpreting Recorded Human History*. Cambridge, UK: Cambridge University Press.

North, Richard. 2009. *Ministry of Defeat: The British War in Iraq, 2003–2009*. London: Continuum.

Nosworthy, Brent. 1990. *The Anatomy of Victory: Battle Tactics, 1689–1763*. New York: Hippocrene Books.

Oates, David, et al. Forthcoming. *Excavations at Tell Brak III: The Uruk and Ubaid Periods*. Cambridge, UK: McDonald Institute.

Oates, Joan. 1979. *Babylon*. London: Thames & Hudson.

Ober, Josiah. 2008. *Democracy and Knowledge: Innovation and Learning in Classical Athens*. Princeton: Princeton University Press.

———. 2010. "Wealthy Hellas." *Transactions of the American Philological Association* 140: 241–86.

O'Keefe, Tadhag, ed. 2008. *The Archaeology of Medieval Europe II: Twelfth to Sixteenth Centuries*. London: University College London.

Ong, Walter J. 1982. *Orality and Literacy*. London.

Osborne, Roger. 2008. *Civilization: A New History of the Western World*. New York: Pegasus.

Packer, George. 2005. *The Assassin's Gate: America in Iraq*. New York: Farrar, Straus and Giroux.

Pader, Ellen Jane. 1982. *Symbolism, Social Relations and the Interpretation of Mortuary Remains*. Oxford: British Archaeological Reports.

Page, Scott. 2010. *Diversity and Complexity*. Princeton: Princeton University Press.

Paine, S. C. M. 2003. *The Sino-Japanese War of 1894–1895*. Cambridge, UK: Cambridge University Press.

Pamuk, Sevket. 2007. "The Black Death and the Origins of the 'Great Divergence' across Europe, 1300–1600." *European Review of Economic History* 11: 289–317.

Panella, C., and A. Tchernia. 1994. "Produits agricoles transportés en amphores: l'huile et surtout le vin." In *L'Italie d'Auguste à Dioclétian*: 145–65. Rome: École française à Rome.

Park, Jang-Sik, et al. 2007. "Transition in Cast Iron Technology of the Nomads of Mongolia." *Journal of Archaeological Science* 34: 1187–96.

———. 2008. "A Technological Transition in Mongolia Evident in Microstructure, Chemical Composition, and Radiocarbon Age of Cast Iron Artifacts." *Journal of Archaeological Science* 35: 2465–70.

Park, Jang-Sik, and Thilo Rehren. 2011. "Large-Scale 2nd to 3rd Century AD Bloomery Iron Smelting in Korea." *Journal of Archaeological Science* 38: 1180–90.

Parker, A. J. 1992. *Ancient Shipwrecks of the Mediterranean and Roman Provinces*. Oxford: British Archaeological Reports.

———. 2008. "Artifact Distributions and Wreck Locations: The Archaeology of Roman Commerce." In Robert Hohlfelder, ed., *The Maritime World of Ancient Rome*: 6:177–96. Ann Arbor, MI: Memoirs of the American Academy in Rome.

Parker, Geoffrey. 1988/1996. *The Military Revolution: Military Innovation and the Rise of the West, 1500–1800*. 2nd ed. Cambridge, UK: Cambridge University Press.

———, ed. 2005. *The Cambridge History of Warfare*. Cambridge, UK: Cambridge University Press.

Parker Pearson, Michael. 1982. "Mortuary Practices, Society and Ideology." In Ian Hodder, ed., *Symbolic and Structural Archaeology*: 99–113. Cambridge, UK: Cambridge University Press.

Parkinson, William, and Michael Galaty, eds. 2010. *Archaic State Interaction: The Eastern Mediterranean in the Bronze Age*. Santa Fe: School for American Research.

Parsons, Talcott. 1964. "Evolutionary Universals in Society." *American Sociological Review* 29: 339–57.

———. 1966. *Societies: Evolutionary and Comparative Perspectives*. Englewood Cliffs, NJ: Prentice Hall.

———. 1971. *The System of Modern Societies*. Englewood Cliffs, NJ: Prentice Hall.

Paterson, John. 1982. "'Salvation from the Sea': Amphorae and Trade in the Roman World." *Journal of Roman Studies* 72: 146–57.

Pattison, R. 1982. *On Literacy: The Politics of the Word from Homer to the Age of Rock*. Oxford: Oxford University Press.

Peace, William. 1988. "Vere Gordon Childe and American Anthropology." *Journal of Anthropological Research* 44: 417–33.

Peacock, D. P. S., and Dyfri Williams. 1986. *Amphorae and the Roman Economy*. London: Longman.

Peebles, Christopher, and Susan Kus. 1977. "Some Archaeological Correlates of Ranked Societies." *American Antiquity* 42: 421–48.

Peña, Theodore. 2007. *Roman Pottery in the Archaeological Record*. Cambridge, UK: Cambridge University Press.

Perdue, Peter. 2005. *China Marches West: The Qing Conquest of Central Eurasia*. Cambridge, MA: Harvard University Press.

Peregrine, Peter, and Melvin Ember, eds. 2001–3. *Encyclopedia of Prehistory*. 9 vols. New York: Kluwer/Plenum.

Perkins, Dwight. 1969. *Agricultural Development in China, 1368–1968*. Chicago: Aldine.

Perla, Peter. 1990. *The Art of Wargaming: A Guide for Professionals and Hobbyists*. Annapolis, MD: U.S. Naval Institute Press.

Peterson, Christian, and Gideon Shelach. 2012. "Jiangzhai: Social and Economic Organization of a Middle Neolithic Chinese Village." *Journal of Archaeological Science* 31: 265–301.

Petrucci, Armando. 1992. *"Scriptores in urbibus": alfabetismo e cultura scritta nell'Italia altomediovale*. Bologna: Mulino.

Philip, Graham. 1989. *Metal Weapons of the Early and Middle Bronze Ages in Syria-Palestine*. Oxford: British Archaeological Reports.

Picornell Gelabert, Llorenç, et al. 2011. "The Ethnoarchaeology of Firewood Management in the Fang Villages of Equatorial Guinea, Central Africa: Implications for the Interpretation of Wood Fuel Remains from Archaeological Sites." *Journal of Anthropological Archaeology* 30: 375–84.

Piggott, Stuart. 1983. *The Earliest Wheeled Transport*. London: Thames & Hudson.

Pinker, Steven. 2002. *The Blank Slate: The Modern Denial of Human Nature*. New York: Viking.

———. 2011. *The Better Angels of Our Nature: Why Violence Has Declined.* New York: Penguin.

Pollard, Elizabeth. 2008. "Placing Greco-Roman History in World Historical Context." *Classical World* 102: 53–68.

Pollock, Susan. 1999. *Ancient Mesopotamia.* Cambridge, UK: Cambridge University Press.

Pomeranz, Kenneth. 2000. *The Great Divergence: China, Europe, and the Making of the Modern World Economy.* Princeton: Princeton University Press.

———. 2011. "How Big Should Historians Think? A Review Essay on *Why the West Rules—For Now* by Ian Morris." *Cliodynamics* 2: 304–29.

Porter, Anne. 2012. *Mobile Pastoralism and the Formation of Near Eastern Civilizations: Weaving Together Society.* Cambridge, UK: Cambridge University Press.

Postgate, Nicholas. 1994a. *Early Mesopotamia.* London: Routledge.

———. 1994b. "How Many Sumerians per Hectare? Probing the Anatomy of an Early City." *Cambridge Archaeological Journal* 4: 47–65.

Potts, Daniel T. 1999. *The Archaeology of Elam.* Cambridge, UK: Cambridge University Press.

Powell, Barry. 2009. *Writing: Theory and History of the Technology of Civilization.* Oxford: Blackwell.

Preece, R., et al. 2006. "Humans in the Hoxnian: Habitat, Context and Fire Use at Beeches Pit, West Stow, Suffolk, UK." *Journal of Quaternary Science* 21: 485–96.

Prendergast, Mary, et al. 2009. "Resource Intensification in the Late Upper Paleolithic: A View from Southern China." *Journal of Archaeological Science* 36: 1027–37.

Prieto, Albert, and Joseph Carter. 2003. *Living off the Chora: Food and Diet in Ancient Pantanello.* Austin, TX: Institute for Classical Archaeology.

Pryce, Huw, ed. 2006. *Literacy in Medieval Celtic Societies.* Oxford: Oxford University Press.

Pulak, Cemal. 2010. "Uluburun Shipwreck." In Cline, *Oxford Handbook of the Bronze Age Aegean*, 862–76.

Py, Michel. 1993. *Les Gaulois du Midi: de la fin du l'âge du bronze à la conquête romaine.* Paris: Hachette.

Raaflaub, Kurt, and Nathan Rosenstein, eds. 1999. *War and Society in the Ancient and Medieval Worlds.* Cambridge, MA: Center for Hellenic Studies.

Radcliffe-Brown, Arthur. 1936/1957. *A Natural Science of Society.* Glencoe, IL: Free Press.

Rathbone, Dominic. 1996. "Monetisation, Not Price-Inflation, in Third-Century AD Egypt?" In C. E. King and D. G. Wigg, eds., *Coin Finds and Coin Use in the Roman World*: 321–39. Berlin: Mann Verlag.

———. 1997. "Prices and Price Formation in Roman Egypt." In Jean Andreau et al., eds., *Prix et formation des prix dans les économies antiques*: 183–244. Saint-Bertrand-des-Comminges: Musée Archéologique.

———. 2006. "The 'Muziris' Papyrus (SB XVIII 13167): Financing Roman Trade with India." In *Alexandrian Studies II in Honour of Mostafa el Abbadi. Bulletin de la société d'archéologie d'Alexandrie* 46: 39–50.

———. 2009. "Earnings and Costs: Living Standards in the Roman Economy (I–III c. AD)." In Bowman and Wilson, *Quantifying the Roman Economy*, 299–326.

Rawski, Evelyn. 1978. *Education and Popular Literacy in Ch'ing China*. Ann Arbor: University of Michigan Press.

Rawson, Jessica. 1988. "A Bronze-Casting Revolution in the Western Zhou and Its Influence on the Provincial Industries." In Robert Maddin, ed., *The Beginning of the Use of Metals and Alloys*: 228–38. Cambridge, MA: MIT Press.

———. 1999. "Western Zhou Archaeology." In Loewe and Shaughnessy, *Cambridge History of Ancient China*, 352–449.

Ray, Debraj. 1998. *Development Economics*. Princeton: Princeton University Press.

Razeto, Anna. 2011. "Imperial Structures and Urban Forms: A Comparative Study of Capital Cities in the Roman and Han Empires." PhD thesis, University College London.

Reitsema, Laurie, et al. 2010. "Preliminary Evidence for Medieval Polish Diet from Carbon and Nitrogen Stable Isotopes." *Journal of Archaeological Science* 37: 1413–23.

Renfrew, Colin. 1973. "Monuments, Mobilization and Social Organization in Neolithic Wessex." In Colin Renfrew, ed., *The Explanation of Culture Change*: 539–58. London: Duckworth.

Renson, V., et al. 2008. "Roman Road Pollution Assessed by Elemental and Lead Isotope Geochemistry in Belgium." *Applied Geochemistry* 23: 3253–66.

Reuther, Oskar. 1926. *Die Innenstadt von Babylon (Merkes)*. Leipzig: Hinrichs.

Richards, Michael, et al. 2000. "Neanderthal Diet at Vindija and Neanderthal Predation: The Evidence from Stable Isotopes." *Proceedings of the National Academy of Sciences* 97: 7663–66.

———. 2008. "Isotopic Dietary Analysis of a Neanderthal and Associated Fauna from the Site of Jonzac (Charante-Maritime), France." *Journal of Human Evolution* 55: 179–85.

Richards, Michael, and Ralf Schmitz. 2009. "Isotopic Evidence for the Diet of the Neanderthal Type Specimen." *Antiquity* 82: 553–59.

Richerson, Peter, and Robert Boyd. 2000. "Complex Societies: The Evolutionary Dynamics of a Crude Superorganism." *Human Nature* 10: 253–89.

———. 2005. *Not by Genes Alone*. Chicago: University of Chicago Press.

Ricklefs, Robert. 2001. *The Economy of Nature*. 5th ed. New York: Freeman.

Ricks, Thomas. 2006. *Fiasco: The American Military Adventure in Iraq*. New York: Penguin.

———. 2009. *The Gamble: General Petraeus and the American Military Adventure in Iraq*. New York: Penguin.

Ridley, Charles. 1973. "Educational Theory and Practice in Late Imperial China: The Teaching of Writing as a Specific Case." PhD thesis, Stanford University.

Rikhye, Ravi, et al. 2010. *Concise World Armies 2009*. Alexandria, VA: General Data LLC. http://www.globalsecurity.org.

Riley, Nancy, and James McCarthy. 2003. *Demography in the Age of Postmodernism*. Cambridge, UK: Cambridge University Press.

Roaf, Michael. 1989. "'Ubaid Social Organization and Social Activities as Seen from Tell Madhhur." In Elizabeth Henrickson and Ingolf Thuesen, eds., *Upon This Foundation: The 'Ubaid Reconsidered*: 91–146. Copenhagen: Museum Tusculanum.

———. 1990. *Cultural Atlas of Mesopotamia*. New York: Facts on File.

Roberts, Benjamin, et al. 2009. "The Development of Metallurgy in Eurasia." *Antiquity* 83: 1012–22.

Roberts, Keith. 2010. *Pike and Shot Tactics 1590–1660*. Oxford: Osprey.

Roberts, Michael. 1967. *Essays in Swedish History*. London Weidenfeld & Nicholson.

Robinson, David M., et al. 1929–52. *Excavations at Olynthus*. 14 vols. Baltimore: Johns Hopkins University Press.

Rodger, N. A. M., ed. 2004. *A Naval History of Britain II: 1649–1815*. Cambridge, UK: Cambridge University Press.

Rogers, Clifford, ed. 1995. *The Military Revolution Debate: Readings on the Military Transformation of Early Modern Europe*. Boulder, CO: Westview.

———, ed. 2010. *The Oxford Encyclopedia of Medieval Warfare and Military Technology*. Oxford: Oxford University Press.

Rose, Susan. 2002. *Medieval Naval Warfare, 1000–1500*. London: Routledge.

Rosenthal, Jean-Laurent, and Bin Wong. 2011. *Before and Beyond Divergence: The Politics of Economic Change in China and Europe*. Princeton: Princeton University Press.

Rossabi, Morris. 1988. *Khubilai Khan: His Life and Times*. Berkeley: University of California Press.

Rostow, Walt. 1960. *The Stages of Economic Growth: A Non-Communist Manifesto*. 1st ed. Cambridge, UK: Cambridge University Press.

Roth, Jonathan. 1999. *The Logistics of the Roman Army at War, 264 BC–AD 235*. Leiden: Brill.

Rothenberg, Gunther. 1978. *The Art of Warfare in the Age of Napoleon*. Bloomington: Indiana University Press.

———. 2006. *The Napoleonic Wars*. Washington, DC: Smithsonian.

Rowe, William. 2009. *China's Last Empire: The Great Qing*. Cambridge, MA: Harvard University Press.

Rowland, David. 2006. *The Stress of Battle: Quantifying Human Performance in Combat*. London: HMSO.

Rowlands, Michael. 1988. "A Question of Complexity." In Daniel Miller et al., eds., *Domination and Resistance*: 29–40. London: Allen & Unwin.

Rowlandson, Jane. 1996. *Landowners and Tenants in Roman Egypt: The Social Relations of Agriculture in the Oxyrhynchite Nome*. Oxford: Clarendon.

Rowney, Don Karl, ed. 1984. *Soviet Quantitative History*. Beverly Hills, CA: Sage.

Rozman, Gilbert. 1973. *Urban Networks in Ch'ing China and Tokugawa Japan*. Princeton: Princeton University Press.

Rubinger, Richard. 2007. *Popular Literacy in Early Modern Japan*. Honolulu: University of Hawaii Press.
Ruitenbeek, Klaas. 1993. *Carpentry and Building in Late Imperial China*. Leiden: Brill.
Sabin, Philip. 2007. *Lost Battles: Reconstructing the Great Clashes of the Ancient World*. London: Continuum.
———. 2012. *Simulating War: Studying Conflict through Simulation Games*. London: Continuum.
Sabin, Philip, et al., eds. 2008. *The Cambridge History of Greek and Roman Warfare*. 2 vols. Cambridge, UK: Cambridge University Press.
Safar, Fuad, et al. 1981. *Eridu*. Baghdad: State Organization of Antiquities and Heritage.
Sagara, Ambuj, and Adil Najam. 1998. "The Human Development Index: A Critical Review." *Ecological Economics* 25: 249–64.
Sage, Steven. 1992. *Ancient Sichuan and the Unification of China*. Albany: State University of New York Press.
Sakharov, Andrei. 1990. *Memoirs*. New York: Knopf.
Salamon, M., et al. 2008. "The Consilience of Historical and Isotopic Approaches in Reconstructing the Medieval Mediterranean Diet." *Journal of Archaeological Science* 35: 1667–72.
Saliba, George. 2007. *Islamic Science and the Making of the European Renaissance*. Cambridge, MA: MIT Press.
Saller, Richard. 2005. "Framing the Debate over Growth in the Ancient Economy." In Manning and Morris, *Ancient Economy*, 223–38.
Salmon, Pierre. 1974. *Population et dépopulation dans l'empire romain*. Brussels: Latomus.
Sanderson, M. 1972. "Literacy and Social Mobility in the Industrial Revolution in England." *Past and Present* 56: 75–104.
Sanderson, Stephen. 1990. *Social Evolutionism: A Critical History*. Oxford: Blackwell.
Savage, Stephen. 1981. *The Theories of Talcott Parsons*. New York: St. Martin's.
Sawyer, Jack, and Robert LeVine. 1966. "Cultural Dimensions: A Factor Analysis of the World Ethnographic Sample." *American Anthropologist* 68: 708–31.
Sawyer, Ralph. 2011. *Ancient Chinese Warfare*. New York: Basic Books.
Saxe, Arthur. 1970. "Social Dimensions of Mortuary Practices." PhD thesis, University of Michigan.
Scheidel, Walter. 2001. "Progress and Problems in Roman Demography." In Walter Scheidel, ed., *Debating Roman Demography*: 1–81. Leiden: Brill.
———. 2002. "A Model of Demographic and Economic Change in Roman Egypt after the Antonine Plague." *Journal of Roman Archaeology* 15: 97–114.
———. 2003. "Germs for Rome." In Catharine Edwards and Greg Woolf, eds., *Rome the Cosmopolis*: 158–76. Cambridge, UK: Cambridge University Press.
———. 2004. "Creating a Metropolis: A Comparative Demographic Perspective."

In William Harris and Giovanni Ruffini, eds., *Ancient Alexandria between Egypt and Greece*: 1–31. Leiden: Brill.

———. 2007. "Demography." In Scheidel et al., *Cambridge Economic History*, 38–86.

———. 2009a. "In Search of Roman Economic Growth." *Journal of Roman Archaeology* 22: 46–70.

———. 2009b. "The Monetary Systems of the Han and Roman Empires." In Scheidel, *Rome and China*, 137–207.

———, ed. 2009c. *Rome and China: Comparative Perspectives on Ancient World Empires*. New York: Oxford University Press.

———. 2010a. "Physical Wellbeing in the Roman World." Version 3.0. Princeton/Stanford Working Papers in Classics no. 091001. http://www.princeton.edu/~pswpc/.

———. 2010b. "Real Wages in Early Economies: Evidence for Living Standards from 1800 BCE to 1300 CE." *Journal of the Economic and Social History of the Orient* 53: 425–62. Princeton/Stanford Working Papers in Classics no. 090904. http://www.princeton.edu/~pswpc/.

———. 2010c. "Roman Wellbeing and the Economic Consequences of the 'Antonine Plague.'" Version 3.0. Princeton/Stanford Working Papers in Classics no. 011001. http://www.princeton.edu/~pswpc/.

Scheidel, Walter, and Steven Friesen. 2009. "The Size of the Economy and the Distribution of Income in the Roman Empire." *Journal of Roman Studies* 99: 61–91. Princeton/Stanford Working Papers in Classics no. 010901. http://www.princeton.edu/~pswpc/.

Scheidel, Walter, Ian Morris, and Richard Saller, eds. 2007. *The Cambridge Economic History of the Greco-Roman World*. Cambridge, UK: Cambridge University Press.

Schepartz, Lynne, et al., eds. 2009. *New Directions in the Skeletal Biology of Greece*. Princeton: American School of Classical Studies.

Schmandt-Besserat, Denise. 1992. *Before Writing*. 2 vols. Austin: University of Texas Press.

Schmidt, B., and W. Gruhle. 2003. "Klimaextreme in römischen Zeit—ein Strukturanalyse dendrochronologische Daten." *Archäologisches Korrespondenzblatt* 33: 421–27.

Schofield, Roger. 1968. "The Measurement of Literacy in Pre-Industrial England." In Goody, *Literacy in Traditional Societies*, 311–25.

———. 1973. "Dimensions of Illiteracy, 1750–1850." *Explorations in Economic History* 10: 437–54.

Schudson, Michael. 1981. *Discovering the News: A Social History of American Newspapers*. New York: Basic Books.

Scott-Gall, Hugo. 2001. "An Interview with . . . Prof. Ian Morris." *Goldman Sachs Fortnightly Thoughts* 23 (December 15): 5–7.

Seeberg, Vilma, ed. 1990. *Literacy in China: The Effect of the National Development Context on Literacy Levels, 1949–79*. Bochum: Brockmeyer.

Service, Elman. 1962. *Primitive Social Organization: An Evolutionary Perspective.* 1st ed. New York: Random House.

———. 1975. *Origins of the State and Civilization.* New York: Academic Press.

Shaanxi Institute of Archaeology. 2008. "The Upper Paleolithic Longwangcan Site in Shaanxi." *Chinese Archaeology* 8: 32–36.

Shackel, Paul. 2009. *An Archaeology of American Labor and Working Class Life.* Gainesville: University of Florida Press.

Shanks, Michael, and Christopher Tilley. 1987. *Archaeology and Social Theory.* Oxford: Polity.

———. 1992. *Re-Constructing Archaeology: Theory and Practice.* 2nd ed. London: Routledge.

Shanxi Fieldwork Team. 2005. "Monumental Structure from Ceremonial Precinct at Taosi Walled-Town in 2003." *Chinese Archaeology* 5: 51–58.

Shao, Wangping. 2005. "The Formation of Civilization: The Interaction Sphere of the Longshan Period." In Chang and Xu, *Formation of Chinese Civilization,* 85–123.

Shaughnessy, Edward. 1988. "Historical Perspectives on the Introduction of the Chariot into China." *Harvard Journal of Asiatic Studies* 48: 189–237.

———. 1999. "Western Zhou History." In Loewe and Shaughnessy, *Cambridge History of Ancient China,* 292–351.

Shaw, Ian. 1991. *Egyptian Warfare and Weapons.* Oxford: Shire Publications.

Shennan, Stephen. 2002. *Genes, Memes and Human History: Darwinian Archaeology and Cultural Evolution.* London: Thames & Hudson.

Sherratt, Andrew. 1997. *Economy and Society in Prehistoric Europe.* Edinburgh: Edinburgh University Press.

Sigalos, Eleutherios. 2004. *Housing in Medieval and Post-Medieval Greece.* Oxford: British Archaeological Reports International Series 1291.

Silberbauer, G. 1981. *Hunter and Habitat in the Central Kalahari Desert.* Cambridge, UK: Cambridge University Press.

Simmons, Ian. 1996. *Changing the Face of the Earth: Culture, Environment, History.* 2nd ed. Oxford: Blackwell.

Singer, Charles, et al. 1954–57. *A History of Technology.* 5 vols. Oxford: Oxford University Press.

Singer, Joel. 1980. *The Correlates of War: Testing Some Realpolitik Models.* New York: Free Press.

Singer, P. W. 2009. *Wired for War: The Robotics Revolution and Conflict in the 21st Century.* New York: Penguin.

Sirks, A. 1991. "The Size of the Grain Distributions in Imperial Rome and Constantinople." *Athenaeum* 79: 215–37.

Skinner, William, ed. 1977a. *The City in Late Imperial China.* Stanford: Stanford University Press.

———. 1977b. "Introduction: Urban Development in Imperial China." In Skinner, *City in Late Imperial China,* 3–31.

Slicher van Bath, B. H. 1963. *The Agrarian History of Western Europe A.D. 500–1850*. London: Arnold.
Smail, Daniel. 2010. *Goods and Debts in Mediterranean Europe*. Draft manuscript.
Smil, Vaclav. 1983. *Biomass Energies: Resources, Links, Constraints*. New York: Plenum.
———. 1991. *General Energetics*. Boulder, CO: Westview.
———. 1994. *Energy in World History*. Boulder, CO: Westview.
———. 2008. *Energy in Nature and Society: General Energetics of Complex Systems*. Cambridge, MA: MIT Press.
———. 2010. *Why America Is Not a New Rome*. Cambridge, MA: MIT Press.
Smiley, Jane. 2011. "Who Cares What a Robot Thinks? You Will." *Washington Post*, January 30. http://www.washingtonpost.com/wp-dyn/content/article/2011/01/28/AR2011012806988.html.
Smith, A. H. V. 1997. "Provenance of Coals from Roman Sites in England and Wales." *Britannia* 28: 297–324.
Smith, Adam T. 2003. *The Political Landscape*. Berkeley: University of California Press.
Smith, Anthony D. 1973. *The Concept of Social Change: A Critique of the Functionalist Theory of Social Change*. London: Routledge Kegan Paul.
Smith, Elizabeth, and Michael Wolfe, eds. 1998. *Technology and Resource Use in Medieval Europe: Cathedrals, Mills, and Mines*. Aldershot, UK: Variorum.
Smith, Michael, et al. 2012. "Archaeology as a Social Science." *Proceedings of the National Academy of Sciences* 109: 7617–21.
Smith, Paul, and Richard von Glahn, eds. 2003. *The Song-Yuan-Ming Transition in Chinese History*. Cambridge, MA: Harvard University Press.
Smith, Thomas C. 1955. *Political Change and Industrial Development in Japan: Government Enterprise, 1868–1880*. Stanford: Stanford University Press.
Snodgrass, Anthony. 1980. "Iron and Early Metallurgy in the Mediterranean." In Theodore Wertime and James Muhly, eds., *The Coming of the Age of Iron*: 335–74. New Haven: Yale University Press.
———. 1989. "The Coming of the Iron Age in Greece: Europe's First Bronze/Iron Transition." In Marie-Louise Stig-Sørenson and Richard Thomas, eds., *The Bronze-Iron Transition in Europe*: 1:22–35. Oxford: British Archaeological Reports International Series 483.
———. 1994. "Response: The Archaeological Aspect." In Ian Morris, ed., *Classical Greece: Ancient Histories and Modern Archaeologies*: 197–200. Cambridge, UK: Cambridge University Press.
So, Kwan-wai. 1975. *Japanese Piracy in Ming China during the Sixteenth Century*. East Lansing: Michigan State University Press.
Solow, Andrew. 2005. "Power Laws without Complexity." *Ecology Letters* 8: 361–63.
Soltow, Lee, and E. Stevens. 1981. *The Rise of Literacy and the Common School in the United States: A Socioeconomic Analysis to 1870*. Chicago: University of Chicago Press.

Sørenson, Brent. 2009. "Energy Use by Eem Neanderthals." *Journal of Archaeological Science* 36: 2201–5.
Sørenson, Brent, and W. Leonard. 1997. "Comparative Primate Energetics and Hominid Evolution." *American Journal of Physical Anthropology* 102: 265–81.
———. 2001. "Neanderthal Energetics and Foraging Efficiency." *Journal of Human Evolution* 40: 483–95.
Spalinger, Anthony. 2005. *War in Ancient Egypt: The New Kingdom*. Oxford: Wiley-Blackwell.
Spence, Jonathan. 1990. *The Search for Modern China*. New York: Norton.
Spencer, Herbert. 1857. "Progress: Its Laws and Cause." *Westminster Review* 67: 445–85.
———. 1874–96. *The Principles of Sociology*. 3 vols. New York: Appleton.
Srinivasan, T. N. 1994. "Human Development: A New Paradigm or Reinvention of the Wheel?" *American Economic Review* 84: 238–43.
Stager, Lawrence. 1985. "The Archaeology of the Family in Ancient Israel." *Bulletin of the American Schools of Oriental Research* 260: 1–35.
Standage, Tom. 2007. *The Victorian Internet: The Remarkable Story of the Telegraph and the Nineteenth Century's On-Line Pioneers*. New York: Walker & Co.
Starr, Paul. 2005. *The Creation of the Media: Political Origins of Mass Communication*. New York: Basic Books.
Steckel, Rick, and Jerome Rose, eds. 2002. *The Backbone of History: Health and Nutrition in the Western Hemisphere*. Cambridge, UK: Cambridge University Press.
Steinby, Eva Margareta, ed. 1993–2000. *Lexicon Topographicum Urbis Romae*. 6 vols. Rome: Quasar.
Steinhardt, Nancy. 1990. *Chinese Imperial City Planning*. Honolulu: University of Hawaii Press.
Steinmetz, Sebald. 1898–99. "Classification des types sociaux." *L'Année Sociologique* 3: 43–147.
Stephan, Robert. Forthcoming. "House Size, Living Standards, and Economic Growth in the Roman World." PhD dissertation, Stanford University.
Stephens, W. B. 1976. "Illiteracy in Devon during the Industrial Revolution, 1754–1844." *Journal of Educational Administration and History* 8: 1–5.
———. 1977. "Illiteracy and Schooling in the Provincial Towns, 1640–1870." In D. Reeder, ed., *Urban Education in the Nineteenth Century*: 27–40. London: Taylor and Francis.
Stève, M.-J., and Hermann Gasche. 1971. *L'acropole de Suse*. Paris: Mémoires de la délégation archéologique française en Iran 46.
Stone, Lawrence. 1964. "The Educational Revolution in England, 1560–1640." *Past and Present* 28: 41–80.
———. 1969. "Literacy and Education in England 1640–1900." *Past and Present* 42: 69–139.
Storey, Glenn. 1997. "The Population of Ancient Rome." *Antiquity* 71: 966–78.

——, ed. 2006. *Urbanism in the Preindustrial World: Cross-Cultural Approaches.* Tuscaloosa: University of Alabama Press.

Street, Brian. 1984. *Literacy in Theory and Practice.* Cambridge, UK: Cambridge University Press.

——. 1987. "Orality and Literacy as Ideological Constructions: Some Problems in Cross-Cultural Studies." *Culture and History* 2: 7–30.

Streusand, Douglas. 2010. *The First Gunpowder Empires: The Ottomans, Safavids, and Mughals.* Boulder, CO: Westview.

Swanson, R. N. 1999. *The Twelfth-Century Renaissance.* Manchester, UK: Manchester University Press.

Swope, Kenneth. 2005. "Crouching Tigers, Secret Weapons: Military Technology Employed during the Sino-Japanese-Korean War, 1592–1598." *Journal of Military History* 69: 11–42.

——. 2009. *A Dragon's Head and a Serpent's Tail: Ming China and the First Great East Asian War, 1592–1598.* Norman: University of Oklahoma Press.

Tafoya, Dennis. 2010. *The Effective Organization: Practical Application of Complexity Theory and Organizational Design to Maximize Performance in the Face of Emerging Events.* London: Routledge.

Tainter, Joseph. 1975. "Social Inference and Mortuary Practices: An Experiment in Numerical Classification." *World Archaeology* 7: 1–15.

——. 1978. "Mortuary Practices and the Study of Prehistoric Social Systems." *Advances in Archaeological Method and Theory* 1: 105–41.

——. 1988. *The Collapse of Complex Societies.* Cambridge, UK: Cambridge University Press.

Tao, Dawei, et al. 2011. "Starch Grain Analysis for Groundstone Tools from Neolithic Baiyinchanghan Site: Implications for Their Function in Northeast China." *Journal of Archaeological Science* 38: 3577–83.

Tatje, Terrence, and Raoul Naroll. 1970. "Two Measures of Societal Complexity." In Naroll and Cohen, *Handbook of Method in Cultural Anthropology*, 766–833.

Taylor, James. 1983. *Lanchester Models of Warfare.* 2 vols. Arlington, VA: Operations Research Society of America.

Tchernia, André. 1986. *Le vin de l'Italie romaine: essai de l'histoire économique d'après les amphores.* Paris: École française à Rome.

Teltser, Patrice, ed. 1995. *Evolutionary Archaeology.* Tucson: University of Arizona Press.

Temin, Peter. 2006. "Estimating GDP in the Early Roman Empire." In Elio Lo Cascio, ed., *Innovazione tecnica e progresso economico nel mondo romano*: 31–54. Bari: Edipuglia.

Thieme, H. 2005. "The Lower Paleolithic Art of Hunting." In Clive Gamble and M. Parr, eds., *The Hominid Individual in Context*: 115–32. London: Routledge.

Thomas, Keith. 1986. "The Meaning of Literacy in Early Modern England." In G. Baumann, ed., *The Written Word*: 97–131. Oxford: Oxford University Press.

Thomas, Rosalind. 1992. *Literacy and Orality in Ancient Greece*. Cambridge, UK: Cambridge University Press.
Thompson, E. P. 1963. *The Making of the English Working Class*. London: Victor Gollancz.
Thorp, Robert. 1983. "Origins of Chinese Architectural Style: The Earliest Plans and Building Types." *Archives of Asian Art* 36: 22–39.
———. 2006. *China in the Early Bronze Age*. Philadelphia: University of Pennsylvania Press.
Thrupp, Sylvia. 1972. "Medieval Industry 1000–1500." In Carlo Cipolla, ed., *The Fontana Economic History of Europe I: The Middle Ages*: 221–73. Glasgow: Fontana.
Tilly, Charles. 1984. *Big Structures, Large Processes, Huge Comparisons*. New York: Russell Sage Foundation.
Tomber, Roberta. 2008. *Indo-Roman Trade*. London: Duckworth.
Totman, Conrad. 1989. *The Green Archipelago: Forestry in Preindustrial Japan*. Berkeley: University of California Press.
———. 1993. *Early Modern Japan*. Berkeley: University of California Press.
———. 2000. *A History of Japan*. Oxford: Blackwell.
Triandaphyllou, Sevi, et al. 2008. "Isotopic Dietary Reconstruction of Humans from Middle Bronze Age Lerna, Argolid, Greece." *Journal of Archaeological Science* 35: 3028–34.
Trigger, Bruce. 1980. *Gordon Childe: Revolutions in Archaeology*. London: Thames & Hudson.
———. 1998. *Sociocultural Evolution*. Oxford: Blackwell.
———. 2003. *Understanding Early Civilizations*. Cambridge, UK: Cambridge University Press.
———. 2006. *A History of Archaeological Thought*. 2nd ed. Cambridge, UK: Cambridge University Press.
Trinkaus, Erik, and Hong Shang. 2008. "Anatomical Evidence for the Antiquity of Human Footwear." *Journal of Archaeological Science* 35: 1928–33.
Tufte, Edward. 2001. *The Visual Display of Quantitative Information*. New York: Graphics Press.
Turchin, Peter. 2003. *Historical Dynamics: Why States Rise and Fall*. Princeton: Princeton University Press.
———. 2006. *War and Peace and War: The Life Cycles of Imperial Nations*. New York: Pi Press.
———. 2009. "A Theory for Formation of Large Empires." *Journal of Global History* 4: 191–217.
———. 2011. "Warfare and the Evolution of Social Complexity: A Multilevel-Selection Approach." *Structure and Dynamics* 4 (3): 1–37.
Turchin, Peter, et al. 2006. "East-West Orientation of Historical Empires and Modern nations." *Journal of World Systems Research* 12: 218–29.
Turchin, Peter, and Sergey Nefedov. 2009. *Secular Cycles*. Princeton: Princeton University Press.

Turner, Howard. 1997. *Science in Medieval Islam*. Austin: University of Texas Press.

Twitchett, Denis. 1957a. "The Fragment of the T'ang Ordinances of the Department of Waterways Discovered at Tun-huang." *Asia Major* 6: 23–79.

———. 1957b. "The Monasteries and China's Economy in Medieval Times." *Bulletin of the School of Oriental and African Studies* 19: 526–49.

———. 1959. "Lands under State Cultivation during the T'ang Dynasty." *Journal of the Economic and Social History of the Orient* 2: 162–203, 335–36.

———. 1961a. *Land Tenure and the Social Order in T'ang and Sung China*. London: School of Oriental and African Studies.

———. 1961b. "Some Remarks on Irrigation under the T'ang." *T'oung Pao* 48: 175–94.

———. 1966. "The T'ang Market System." *Asia Major* 12: 202–48.

———. 1968. "Merchant, Trade, and Government in Late T'ang." *Asia Major* 14: 63–95.

———. 2000. "Tibet in Tang's Grand Strategy." In van de Ven, *Warfare in Chinese History*, 106–79.

Tylor, Edward. 1871. *Primitive Culture: Researches into the Development of Mythology, Philosophy, Religion, Language, Art and Custom*. 2 vols. London: John Murray.

ul Haq, Mahbub. 1995. *Reflections on Human Development*. New York: Oxford University Press.

Unger, Richard. 1984. "Energy Sources for the Dutch Golden Age: Peat, Wind, and Coal." *Research in Economic History* 9: 221–53.

United Nations. 2006. *2003 Energy Statistics Yearbook*. New York: United Nations.

United Nations Development Programme. 2011. *Human Development Report 2011: Sustainability and Equity: A Better Future for All*. New York: United Nations Development Programme.

Upham, Stedman. 1987. "A Theoretical Consideration of Middle Range Societies." In Drennan and Uribe, *Chiefdoms in the Americas*, 345–67.

Valla, François, et al. 1999. "Le natufien final et les nouvelles fouilles à Mallaha (Eynan), Israel 1996–1997." *Journal of the Israel Prehistoric Society* 28: 105–76.

van Creveld, Martin. 2004. *Supplying War: Logistics from Wallenstein to Patton*. 2nd ed. Cambridge, UK: Cambridge University Press.

van de Mieroop, Marc. 1997. *The Ancient Mesopotamian City*. Oxford: Oxford University Press.

———. 2004. *King Hammurabi of Babylon*. Oxford: Wiley-Blackwell.

———. 2010. *A History of Ancient Egypt*. Oxford: Wiley-Blackwell.

van der Spek, R. 2008. "Commodity Prices in Babylon, 385–61 BC." www.iisg.nl/hpw/babylon.php.

van de Ven, Hans, ed. 2000. *Warfare in Chinese History*. Leiden: Brill.

van Geel, B., et al. 1996. "Archaeological and Palynological Indications of an

Abrupt Climate Change in the Netherlands, and Evidence for Climatological Teleconnections around 2630 BP." *Journal of Quaternary Science* 11: 451–60.
van Wees, Hans. 2004. *Greek Warfare*. London: Duckworth.
van Zanden, Jan Luit. 1999. "Wages and the Standards of Living in Europe, 1500–1800." *European Review of Economic History* 3: 175–98.
Verbruggen, J. F. 1997. *The Art of War in Western Europe during the Middle Ages*. Amsterdam. 2nd ed. Woodbridge, UK: Boydell Press.
———. 2004. "The Role of Cavalry in Medieval Warfare." *Journal of Medieval Military History* 3: 46–71.
Vermeij, Geerat. 2004. *Nature: An Economic History*. Princeton: Princeton University Press.
———. 2010. *The Evolutionary World: How Adaptation Explains Everything from Seashells to Civilization*. New York: Tomas Dune/St. Martin's.
Vika, Efrossini. 2011. "Diachronic Dietary Reconstructions in Ancient Thebes, Greece: Results from Stable Isotope Analysis." *Journal of Archaeological Science* 38: 1157–63.
Vika, Efrossini, et al. 2009. "Aristophanes and Stable Isotopes: A Taste for Freshwater Fish in Classical Thebes (Greece)?" *Antiquity* 83: 1076–83.
Vika, Efrossini, and Tatiana Theodoropoulou. 2012. "Re-investigating Fish Consumption in Greek Antiquity: Results from $\delta^{13}C$ and $\delta^{15}C$ Analysis from Fish Bone Collagen." *Journal of Archaeological Science* 39: 1618–27.
Vionis, A. 2006. "The Archaeology of Ottoman Villages in Central Greece: Ceramics, Housing and Everyday Life in Post-Medieval Boeotia." In A. Erkanal-Öktü et al., eds., *Studies in Honour of Itayat Erkanal*: 784–800. Istanbul: Homer Kitabevi.
von Falkenhausen, Lothar. 1999. "The Waning of the Bronze Age: Material Culture and Social Developments, 770–481 BC." In Loewe and Shaughnessy, *Cambridge History of Ancient China*, 450–544.
———. 2006. *Chinese Society in the Age of Confucius (1000–250 BC)*. Los Angeles: Cotsen Institute.
Vroom, Johanna. 1998. "Early Modern Archaeology in Central Greece: The Contrasts of Artefact Rich and Sherdless Sites." *Journal of Mediterranean Archaeology* 11: 131–64.
Wachsmann, Shelley. 1998. *Seagoing Ships and Seamanship in the Bronze Age Levant*. College Station: Texas A&M University.
Wagner, Donald. 1993. *Iron and Steel in Ancient China*. Leiden: Brill.
———. 2008. *Science and Civilisation in China V: Chemistry and Chemical Technology. Part 11: Ferrous Metallurgy*. Cambridge, UK: Cambridge University Press.
Waley-Cohen, Joanna. 2006. *The Culture of War in China: Empire and the Military under the Qing Dynasty*. London: I. B. Tauris.
Wallace-Hadrill, Andrew. 1994. *Houses and Society in Pompeii and Herculaneum*. Princeton: Princeton University Press.

Wang, Zhongshu. 1982. *Han Civilization*. Trans. K. C. Chang. New Haven: Yale University Press.
Ward, William, and Martha Joukowsky, eds. 1992. *The Crisis Years: The 12th Century BC*. Dubuque, IA: Kendall-Hunt.
Ward-Perkins, Bryan. 2005. *The Fall of Rome and the End of Civilization*. Oxford: Oxford University Press.
Watkins, T. 1990. "The Origins of the House and Home?" *World Archaeology* 21: 336–47.
Watson, Andrew. 1982. *Agricultural Innovation in the Early Islamic World*. Cambridge, UK: Cambridge University Press.
Welch, Stephen. 2008. *Chandragupta: Great Battles of the Mauryan Empire, India, 319–261 BC*. Hanford, CA: GMT Games.
Wendt, Alexander. 2003. "Why a World State Is Inevitable." *European Journal of International Relations* 9: 491–542.
Westad, Odd Arne. 2005. *The Global Cold War*. Cambridge, UK: Cambridge University Press.
White, Leslie. 1943. "Energy and the Evolution of Culture." *American Anthropologist* 45: 335–56.
———. 1949. *The Science of Culture*. New York: Grove Press.
———. 1959. *The Evolution of Culture*. New York: McGraw-Hill.
White, R., and Philip Barker. 1998. *Wroxeter: Life and Death of a Roman City*. London: Tempus.
Wickham, Christopher. 2005. *Framing the Early Middle Ages: Europe and the Mediterranean 400–800*. Oxford: Oxford University Press.
Wilkins, Helen. 2009. "Transformational Change in Proto-Buildings: A Quantitative Study of Thermal Behavior and Its Relationship with Social Functionality." *Journal of Archaeological Science* 36: 150–56.
Willard, Daniel. 1962. *Lanchester as a Force in History: An Analysis of Land Battles of the Years 1618–1905*. McLean, VA: Research Analysis Corporation.
Wilson, Andrew. 2009a. "Approaches to Quantifying Roman Trade." In Bowman and Wilson, *Quantifying the Roman Economy*, 213–49.
———. 2009b. "Indicators for Roman Economic Growth." *Journal of Roman Archaeology* 22: 46–61.
Wilson, David Sloan. 2002. *Darwin's Cathedral: Evolution, Religion, and the Nature of Society*. Chicago: University of Chicago Press.
Wiseman, D. J. 1985. *Nebuchadnezzar and Babylon*. New York: Oxford University Press.
Wolf, Martin. 2011. "East and West Converge on a Problem." *Financial Times*, January 11. http://www.ft.com/cms/s/0/4f590ec6-1dce-11e0-badd-00144feab 49a.html#axzz1AqLSQCea.
Wolff, Hendrik, et al. 2011. "Classification, Detection and Consequences of Data Error: Evidence from the Human Development Index." *Economic Journal* 121: 843–70.
Wong, Bin. 1997. *China Transformed*. Ithaca, NY: Cornell University Press.

Woolgar, C. M., et al., eds. 2009. *Food in Medieval England: Diet and Nutrition.* New York: Oxford University Press.
Woolley, Leonard, and Max Mallowan. 1976. *Ur Excavations VII: The Old Babylonian Period.* London: Oxford University Press.
Wrangham, Richard. 2009. *Catching Fire.* London: Profile.
Wrangham, Richard, and Dale Petersen. 1996. *Demonic Males: Apes and the Origins of Human Violence.* New York: Mariner.
Wright, Arthur. 1978. *The Sui Dynasty.* New York: Knopf.
Wright, Henry, and Gregory Johnson. 1975. "Population, Exchange, an Early State Formation in Southwestern Iran." *American Anthropologist* 77: 267–89.
Wright, Quincy. 1965. *A Study of War.* 2nd ed. Chicago: University of Chicago Press.
Wrigley, E. A. 1988. *Continuity, Chance and Change: The Character of the Industrial Revolution in England.* Cambridge, UK: Cambridge University Press.
Wu, Hung. 1999. "The Art and Architecture of the Warring States Period." In Loewe and Shaughnessy, *Cambridge History of Ancient China,* 651–744.
Xiong, Victor. 1999. "The Land-Tenure System of Tang China: A Study of the Equal Field System and the Turfan Documents." *T'oung Pao* 85: 328–90.
Yadin, Yigael. 1963. *The Art of Warfare in Biblical Lands.* 2 vols. New York: McGraw-Hill.
Yang, Hong. 2003. "Changes in Urban Architecture, Interior Design, and Lifestyles between the Han and Tang Dynasties." In Wu Hung, ed., *Between Han and Tang: Visual and Material Culture.* Beijing: Wenwu.
Yang, Lien-Sheng. 1947. "Notes on the Economic History of the Chin Dynasty." *Harvard Journal of Asiatic Studies* 9: 107–85.
Yates, Robin. 1999. "Early China." In Raaflaub and Rosenstein 1999: 7–45.
Yoffee, Norman. 2005. *Myths of the Archaic State.* Cambridge, UK: Cambridge University Press.
Yokell, Carol. 2004. *Modeling Socioeconomic Evolution and Continuity in Ancient Egypt: The Value and Limitations of Zooarchaeological Analyses.* Oxford: Archeopress.
Yon, M. 1997. *La cité d'Ougarit sur le tell de Ras Shamra.* Paris: Editions recherché sur les civilisations.
Yoyotte, Jean, et al., eds. 1987. *Tanis, l'or des pharaohs.* Paris: Galeries nationals du grand palais.
Yü, Ying-shih. 1967. *Trade and Expansion in Han China: A Study in the Structure of Sino-Barbarian Economic Relations.* Berkeley: University of California Press.
Zangger, Eberhard, et al. 1997. "The Pylos Regional Archaeological Project, Part II: Landscape Evolution and Site Preservation." *Hesperia* 66: 549–641.
Zhang, Jia-Fu, et al. 2011. "The Palaeolithic Site of Longwangcan in the Middle Yellow River Valley, China." *Journal of Archaeological Science* 38: 1537–50.
Zhang, Yue, et al. 2010. "Zooarchaeological Perspectives on the Chinese Early and

Late Paleolithic from the Ma'anshan Site (Guizhou, Southern China)." *Journal of Archaeological Science* 37: 2066–77.

Zhang, Zhongpei. 2005. "The Yangshao Period: Prosperity and the Transformation of Prehistoric Society." In Chang and Xu, *Formation of Chinese Civilization*, 43–83.

Zhao, Dingxin. Forthcoming. *The Rise of the Confucian-Legalist State and Patterns of Chinese History*. Chicago: University of Chicago Press.

Zhijun, Z. 1998. "The Middle Yangtze Region in China Is One Place Where Rice Was Domesticated: Phytolith Evidence from the Diaotonghuan Cave, Northern Jiangxi." *Antiquity* 77: 885–97.

Zurndorfer, Harriet. 2003. "Beyond Sinology." *Journal of the Economic and Social History of the Orient* 46: 355–71.